入门与进阶系列

U0743017

期货交易
入门与进阶

张亮　梁雷超　等编著

电子工业出版社

Publishing House of Electronics Industry

北京·BEIJING

内 容 简 介

本书主要介绍期货的基础知识、分析技术（基本面分析技术和各种分析技术）、不同期货品种的实战交易技巧和交易策略。

本书首先着眼于期货实战应用，然后探讨深层次的技巧问题。书中附有大量的案例，通过这些案例介绍知识点。每个案例都是笔者精心挑选的，投资者反复练习、举一反三，就可以真正掌握交易技巧，从而学以致用。

本书适合新老期民、中小散户、职业操盘手和专业期评人士阅读，更适合那些有志于在这个充满风险、充满寂寞的征程上默默前行的征战者和屡败屡战、愈挫愈勇并最终战胜失败、战胜自我的勇者阅读。

图书在版编目（CIP）数据

期货交易入门与进阶 / 张亮等编著. —北京：电子工业出版社，2017.8（2025.11重印）

（入门与进阶系列）

ISBN 978-7-121-31320-2

Ⅰ. ①期…　Ⅱ. ①张…　Ⅲ. ①期货交易－基本知识　Ⅳ. ①F713.35

中国版本图书馆 CIP 数据核字（2017）第 072741 号

策划编辑：高洪霞
责任编辑：徐津平
印　　刷：北京盛通数码印刷有限公司
装　　订：北京盛通数码印刷有限公司
出版发行：电子工业出版社
　　　　　北京市海淀区万寿路 173 信箱　邮编　100036
开　　本：720×1000　1/16　印张：22　字数：453 千字
版　　次：2017 年 8 月第 1 版
印　　次：2025 年 11 月第 22 次印刷
定　　价：59.80 元

凡所购买电子工业出版社图书有缺损问题，请向购买书店调换。若书店售缺，请与本社发行部联系，联系及邮购电话：（010）88254888，88258888。

质量投诉请发邮件至 zlts@phei.com.cn，盗版侵权举报请发邮件至 dbqq@phei.com.cn。

本书咨询联系方式：（010）51260888-819，faq@phei.com.cn。

前　　言

在金钱遍地、充满魔力、诱惑迷人的期货市场中，利益的驱动使投资者对市场的认识陷入一种非理性状态，从而屡犯错误。然而，市场没有记忆，同类的错误总是不断地沉渣泛起，让人一犯再犯，步入深渊。所以，投资者一定要认清市场的本质，认识到市场中只有赢家和输家，弄清市场操作的通病，理解市场基本的教义，并以此为镜。

笔者在投资生涯前期，曾走过很长时间的弯路，也曾几度陷入经济危机和心理危机，甚至怀疑市场上有无走出痛苦、走向成功的方法。事实上成功并不遥远，财富就在身边。这就是本书写作的主题。

为什么要写这本书

现在，市面上关于期货的图书不算少，但大多只讲解一些投资理财理念和原则，虽然在某种程度上使投资者受益，但并没有讲解高胜算的操作模式，也没有把期货行情分析软件融入期货实战操作中。

本书主要通过实例剖析来讲解期货的 K 线图、趋势线、通道线、形态、均线、MACD、BOLL、KDJ、SAR、OBV、VR 和基本面分析技术，以及期货的套期保值和套利、期货交易的技巧和实战炒期货。

本书在讲解上由浅入深，循序渐进，先着眼于期货交易实战应用，然后探讨深层次的技巧问题。

本书结构

本书共分 13 章，具体章节安排如下。

- 第 1 章：首先讲解期货的基础知识，如期货交易的起源、基本特征、类型、与现货交易和远期交易的关系；接着讲解商品期货、金融期货和期货市场结构；最后讲解期货行情分析软件。

- 第 2 章：讲解期货交易的分析技术，即基本面分析和技术分析。

- 第 3 章到第 6 章：讲解期货交易的 K 线图分析技巧、均线分析技巧、趋势线分析技巧和指标分析技巧（MACD、BOLL、KDJ、SAR、OBV、VR）。

- 第 7 章到第 9 章：讲解不同期货品种的实战交易技巧，包括棉花、小麦、早籼稻、大豆、铜、铝、锌、铅、钢材、黄金、白银、燃料油、橡胶、塑料、焦炭、PTA、沪深 300 股指期货、上证 50 股指期货、中证 500 股指期货、5 年期国债期货和 10 年期国债期货的实战交易技巧。

- 第 10 章到第 13 章：讲解期货交易的策略，包括期货的套期保值和套利、期货交易的技巧和实战炒期货。

本书特色

本书的特色归纳如下。

- 实用性：首先着眼于炒期货实战应用，然后探讨深层次的技巧问题。

- 详尽的实例：每章都有大量的案例，通过这些案例介绍知识点。每一个案例都是笔者精心挑选的，投资者反复练习、举一反三，就可以真正掌握操盘技巧，从而学以致用。

- 全面性：本书包含了期货的所有知识，分别是期货的基础知识、期货行情软件的下载、安装和使用技巧、基本面分析技术、K 线分析技巧、均线分析技巧、趋势线分析技巧、指标分析技巧（如 KDJ、MACD、BOLL 等）、不同期货品种（如铅、钢材、黄金、白银、燃料油、橡胶、塑料、焦炭等）的实战交易技巧、期货的套期保值和套利、期货交易的技巧和实战炒期货。

- 在内容表现上形象生动、图文并茂：为了能够让期货投资者在学习知识的同时不至于枯燥，因此在内容表现上，笔者采用了大量的图表、图形，以使整本书的风格生动、形象。

本书适合的读者

本书适合新老期民、中小散户、职业操盘手和专业期评人士阅读，更适合那些有志于在这个充满风险、充满寂寞的征程上默默前行的征战者和屡败屡战、愈挫愈勇并最终战胜失败、战胜自我的勇者阅读。

创作团队

本书由张亮、梁雷超等编著，以下人员对本书的编写提出过宝贵意见并参与了部分编写工作，他们是刘志隆、王冲冲、吕雷、王高媛、张志伟、周飞、葛钰秀、王英茏、陈锐杰等。

由于时间仓促，加之水平有限，书中的缺点和不足之处在所难免，敬请读者批评指正。

目　　录

第1章 期货交易快速入门

期货市场是一个金钱飞舞的博弈市场，要想成为真正的赢家，就必须了解期货的基础知识和期货市场结构，只有这样才能掌握投资对象和投资市场的本质，才能在大局上把握分寸、赢得先机。

本章主要内容包括：

- 期货交易的起源
- 期货交易与现货交易、远期交易的关系
- 期货交易的基本特征
- 期货合约和类型
- 期货市场与证券市场
- 商品期货
- 金融期货
- 期货市场结构
- 期货行情分析软件

1.1 初识期货交易

期货，英文是 Futures，是从"未来"一词演变而来的，指交易双方不必在买卖发生的初期就交收实货，而是共同约定在未来的某一个时间交收实货，因此我国就称其为"期货"。

1.1.1 期货交易的起源

期货市场最早源于欧洲。早在古希腊和古罗马时期，就出现过中央交易场所、大宗易货交易，以及带有期货贸易性质的交易活动。当时的罗马议会大厦广场、雅典的大交易市场就曾是这样的中心交易场所。

到 12 世纪，这种交易方式在英、法等国的发展规模很大，专业化程度也很高。1251 年，英国大宪章正式允许外国商人到英国参加季节性交易会。后来，在贸易中出现了对在途货物提前签署文件，列明商品品种、数量和价格，预交保证金购买，进而交易的现象。

1571 年，英国创建了事实上第一家集中的商品市场——伦敦皇家交易所，在其原址上后来成立了伦敦国际金融期货期权交易所。其后，荷兰的阿姆斯特丹建立了第一家谷物交易所，比利时的安特卫普开设了咖啡交易所。1666 年，伦敦皇家交易所毁于伦敦大火，但交易仍在当时伦敦城的几家咖啡馆中继续进行。

17 世纪前后，荷兰在期货交易的基础上发明了期权交易方式，在阿姆斯特丹交易中心形成了交易郁金香的期权市场。1726 年，另一家商品交易所在法国巴黎诞生。

1.1.2 期货交易与现货交易、远期交易的关系

期货交易作为一种特殊的交易方式，它的形成经历了从现货交易到远期交易，最后到期货交易的复杂演变过程，它是人们在贸易过程中不断追求交易效率、降低交易成本与风险的结果。在现代发达的市场经济体系中，期货市场作为重要的组成部分，与现货市场、远期市场共同构成既各有分工而又密切联系的多层次的有机体。

1. 期货交易与现货交易

期货交易与现货交易不同的地方有 7 点，如图 1.1 所示。

（1）买卖的直接对象不同

现货交易买卖的直接对象是商品本身，有样品、有实物、看货定价。而期货交易买卖的直接对象是期货合约，是买进或卖出多少手或多少张期货合约。

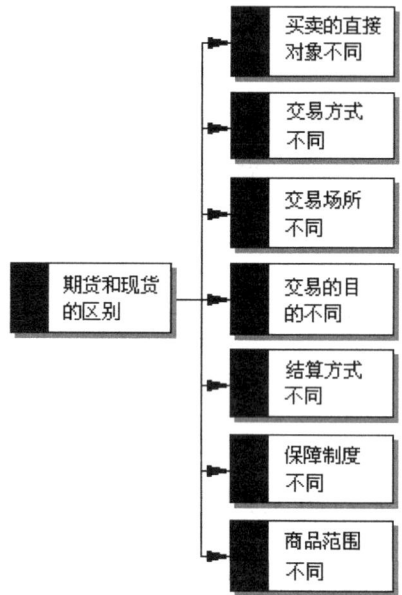

图 1.1　期货交易和现货交易的区别

（2）交易方式不同

现货交易一般是一对一谈判签订合同，具体内容由双方商定，签订合同之后若不能兑现，就要诉诸于法律。期货交易是以公开、公平竞争的方式进行交易的，一对一谈判交易（或称私下对冲）被视为违法。

（3）交易场所不同

现货交易一般分散进行，如粮油、日用工业品、生产资料都是由一些贸易公司、生产厂商、消费厂家分散进行交易的，只有一些生鲜和个别农副产品是以批发市场的形式来进行集中交易。但是，期货交易必须在交易所内依照法规进行公

开、集中交易，不能进行场外交易。

（4）交易的目的不同

现货交易是一手钱、一手货的交易，马上或一定时期内进行实物交收和货款结算。期货交易的目的不是到期获得实物，而是通过套期保值回避价格风险或投资获利。

（5）结算方式不同

现货交易是货到款清，无论时间多长，都是一次或数次结清。期货交易由于实行保证金制度，所以必须每日结算盈亏，实行逐日盯市制度。

（6）保障制度不同

现货交易有《合同法》等法律保护，合同不兑现即毁约时要用法律或仲裁的方式解决。期货交易除了国家的法律和行业、交易所规则之外，主要是以保证金制度为保障，来保证到期兑现。

（7）商品范围不同

现货交易的品种是一切进入流通的商品，而期货交易的品种是有限的，主要是农产品、石油、金属商品、初级原材料和金融产品。

2. 期货交易与远期交易

期货交易与远期交易的区别有 5 点，如图 1.2 所示。

（1）交易对象不同

期货交易的对象是标准化合约，远期交易的对象主要是实物商品。

（2）功能作用不同

期货交易的主要功能之一是发现价格，远期交易中的合同缺乏流动性，所以不具备发现价格的功能。

（3）履约方式不同

期货交易有实物交割和对冲平仓两种履约方式，远期交易最终的履约方式是实物交收。

图 1.2　期货交易与远期交易的区别

（4）信用风险不同

期货交易实行每日无负债结算制度，信用风险很小，远期交易从交易达成到最终实物交割有很长一段时间，此期间市场会发生各种变化，任何不利于履约的行为都可能出现，信用风险很大。

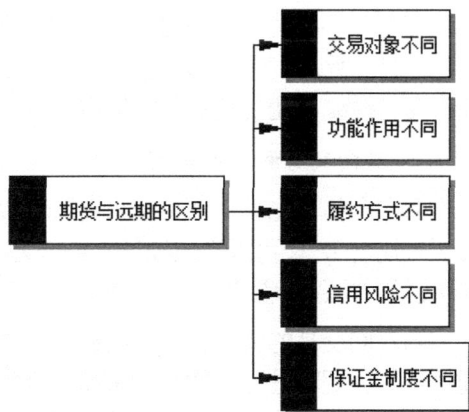

（5）保证金制度不同

期货交易有特定的保证金制度，远期交易是否收取或收多少保证金由交易双方私下商定。

1.1.3 期货交易的基本特征

期货交易的基本特征有 5 点，如图 1.3 所示。

1. 合约标准化

期货交易是通过买卖期货合约进行的，而期货合约是标准化的。期货合约标准化指的是除价格外，期货合约的所有条款都是预先由期货交易所规定好的，具有标准化的特点。期货合约标准化给期货交易带来极大便利，交易双方不需对交易的具体条款进行协商，节约交易时间，减少交易纠纷。

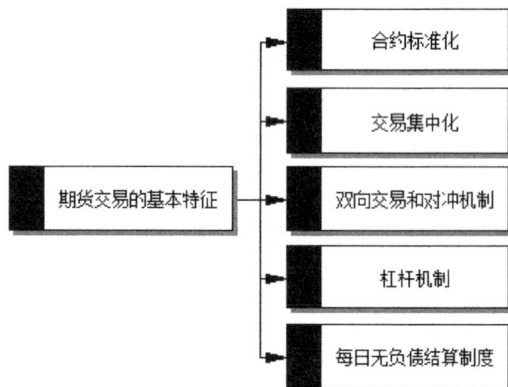

图 1.3　期货交易的基本特征

2. 交易集中化

期货交易必须在期货交易所内进行。期货交易所实行会员制，只有会员方能进场交易。那些处在场外的广大客户若想参与期货交易，只能委托期货经纪公司代理交易。所以，期货市场是一个高度组织化的市场，并且实行严格的管理制度，期货交易最终在期货交易所内集中完成。

3. 双向交易和对冲机制

双向交易，也就是期货交易者既可以买入期货合约作为期货交易的开端（称为买入建仓），又可以卖出期货合约作为交易的开端（称为卖出建仓），也就是通常所说的"买空卖空"。

与双向交易的特点相联系的还有对冲机制，在期货交易中大多数交易并不是通过合约到期时进行实物交割来履行合约的，而是通过与建仓时的交易方向相反的交易来解除履约责任。具体地说就是买入建仓之后可以通过卖出相同合约的方式解除履约责任，卖出建仓后可以通过买入相同合约的方式解除履约责任。

提醒：期货交易的双向交易和对冲机制的特点，吸引了大量期货投机者参与交易，因为在期货市场上，投机者有双重的获利机会，期货价格上升时，可以低买高卖来获利，价格下降时，可以通过高卖低买来获利，并且投机者可以通过对冲机制免除进行实物交割的麻烦，投机者的参与大大增加了期货市场的流动性。

4. 杠杆机制

期货交易实行保证金制度，也就是说交易者在进行期货交易时需缴纳少量的保证金，一般为成交合约价值的 5%～10%，就能完成数倍乃至数十倍的合约交易，期货交易的这种特点吸引了大量投机者参与期货交易。

期货交易具有的以少量资金就可以进行较大价值额的投资的特点，被形象地称为杠杆机制。期货交易的杠杆机制使期货交易具有高收益、高风险的特点。

5. 每日无负债结算制度

期货交易实行每日无负债结算制度，也就是在每个交易日结束后，对交易者当天的盈亏状况进行结算，在不同交易者之间根据盈亏进行资金划转，如果交易者亏损严重，保证金账户资金不足时，则要求交易者必须在下一日开市前追加保证金，以做到"每日无负债"。

期货市场是一个高风险的市场，为了有效地防范风险，将因期货价格不利变动给交易者带来的风险控制在有限的幅度内，从而保证期货市场的正常运转。

1.1.4　期货合约

期货交易，交易的是期货合约。说起合约，我们就会想到密密麻麻的一纸文书。是的，期货合约确实涉及大量的文件和文书工作，但期货合约并非一纸文字，它是通过期货交易所达成的一项具有法律约束力的协议，即同意在将来买卖某种商品的契约。

如果用专业术语讲，期货合约是指期货交易所统一制订的、规定在将来某个特定时间和地点交割一定数量和质量的实物商品或金融商品的标准化合约。期货合约的标准化条款包括 7 项，如图 1.4 所示。

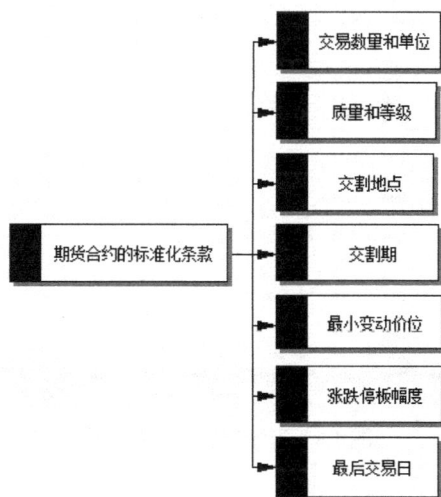

期货合约的标准化条款
- 交易数量和单位
- 质量和等级
- 交割地点
- 交割期
- 最小变动价位
- 涨跌停板幅度
- 最后交易日

图 1.4　期货合约的标准化条款

1. 交易数量和单位

每种期货合约都规定了统一的、标准化的数量和数量单位，统称“交易单位”。

1 手，例如郑州商品交易所规定白糖期货合约的交易单位为 10 吨，用术语说，这就是最小的交易单位。在期货市场，不可以买 6 吨或卖 9 吨白糖，买卖数量必须是合约交易单位 10 吨的倍数。

2. 质量和等级

期货合约规定了统一的、标准化的质量等级，一般采用国家制定的商品质量等级标准。例如，大连商品交易所大豆期货的交割标准采用国标。

3. 交割地点

期货合约为期货交易的实物交割指定了标准化的、统一的实物商品的交割仓库，以保证实物交割的正常运行。

4. 交割期

期货合约对进行实物交割的月份做了规定。新期民在进行交易时，一定要注意每种商品都有几种不同的合约，每个合约标着不同的月份，例如大连商品交易所的玉米的交割期分别是 1 月、3 月、5 月、7 月、9 月和 11 月。

到底该买玉米的哪个合约呢？一般情况下是买卖主力合约，即成交量最大的合约，如图 1.5 所示为玉米期货的所有合约，通过成交量可以看出“玉米 1705”是当前主力合约。

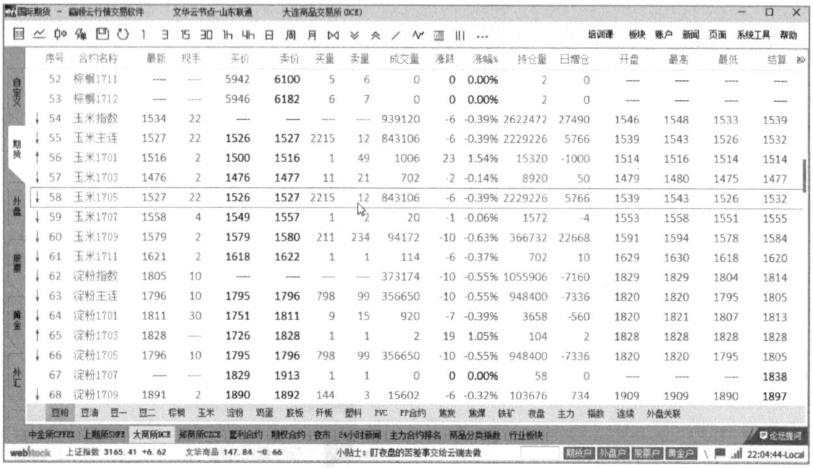

序号	合约名称	最新	现手	买价	卖价	买量	卖量	成交量	涨跌	涨幅%	持仓量	日增仓	开盘	最高	最低	结算
52	棕榈1711	---	---	5942	6100	5	6	0	0	0.00%	2	0	---	---	---	---
53	棕榈1712	---	---	5946	6182	6	7	0	0	0.00%	2	0	---	---	---	---
↓ 54	玉米指数	1534	22	---	---	---	---	939120	-6	-0.39%	2622472	27490	1546	1548	1533	1539
↓ 55	玉米主连	1527	22	1526	1527	2215	12	843106	-6	-0.39%	2229226	5766	1539	1543	1526	1532
↑ 56	玉米1701	1516	2	1500	1516	1	49	1006	23	1.54%	15320	-1000	1514	1516	1514	1514
↓ 57	玉米1703	1476	2	1476	1477	11	21	702	-2	-0.14%	8920	50	1479	1480	1475	1477
↓ 58	玉米1705	1527	22	1526	1527	2215	12	843106	-6	-0.39%	2229226	5766	1539	1543	1526	1532
↓ 59	玉米1707	1558	4	1549	1557	1	2	20	-1	-0.06%	1572	-4	1553	1558	1551	1555
↓ 60	玉米1709	1579	2	1579	1580	211	234	94172	-10	-0.63%	366732	22668	1591	1594	1578	1584
↓ 61	玉米1711	1621	2	1618	1622	1	1	114	-6	-0.37%	702	10	1629	1630	1618	1620
↓ 62	淀粉指数	1805	10	---	---	---	---	373174	-10	-0.55%	1055906	-7160	1829	1829	1804	1814
↓ 63	淀粉主连	1796	10	1795	1796	798	99	356650	-10	-0.55%	948400	-7336	1820	1820	1795	1805
↓ 64	淀粉1701	1811	30	1751	1811	9	15	920	-7	-0.39%	3658	-560	1820	1821	1807	1813
↑ 65	淀粉1703	1828	---	1726	1828	1	1	2	19	1.05%	104	2	1828	1828	1828	1828
↓ 66	淀粉1705	1796	10	1795	1796	798	99	356650	-10	-0.55%	948400	-7336	1820	1820	1795	1805
67	淀粉1707	---	---	1829	1913	1	1	0	0	0.00%	58	0	---	---	---	1838
↓ 68	淀粉1709	1891	2	1890	1892	144	3	15602	-6	-0.32%	103676	734	1909	1909	1890	1897

图 1.5　玉米期货的所有合约

5. 最小变动价位

最小变动价位是指期货交易时买卖双方报价所允许的最小变动幅度，每次报价时价格的变动必须是这个最小变动价位的整数倍。

例如，大连商品交易所的玉米期货合约的最小变动价位是 1 元/吨，那么，在买卖玉米期货时，就不可能出现 2197.6 元/吨的价格。

6. 涨跌停板幅度

涨跌停板幅度是指每个交易日期货合约的成交价格不能高于或低于该合约上一个交易日的结算价的一定幅度。例如，大连商品交易所的玉米期货合约的涨跌停板幅度为上一个交易日结算价的 4%。

7. 最后交易日

最后交易日是指期货合约停止买卖的最后截止日期。每种期货合约都有一定的月份限制，到了合约月份的一定时期，就要停止合约的买卖，准备进行实物交割。

例如，玉米 1705 合约，其最后交易日是 2017 年 5 月的第十个交易日，即到了第十个交易日后就不再交易，然后在其后的两个交易日进行玉米实物交割。

1.1.5　期货的类型

按照期货合约对应的标的物的不同，期货可以分为农产品期货、金属期货、能源期货、外汇期货、利率期货（包括中长期债券期货和短期利率期货）和股指期货等几个大类。其中，前三种标的物都是实物商品，一般被统称为商品期货；后三种标的物都是金融指标，一般被称为金融期货。近年来还出现了一些特殊的期货品种，例如化工品期货、天气期货、商品指数期货等，被称为非传统期货。

提醒：在所有期货品种中，只有商品期货和金融期货中的股指期货可以上市交易，所以这是本书重点讲解的内容。

期货的类型如图 1.6 所示。

1.1.6　期货市场与证券市场

期货市场是买卖期货合约的市场，而期货合约在本质上是未来商品的代表符号，因而期货市场与商品市场有着内在的联系。但就实物商品买卖转换成合约的买卖这一点而言，期货合约在外部形态上表现为相关商品的有价证券，这一点与证券市场有相似之处。

证券市场上流通的股票和债券可以说是股份有限公司所有权的标准化合同和债券发行者的债权债务标准化合同。人们买卖的股票、债券和期货合约，都是一种投资凭证。但是，期货市场与证券市场有 4 点重要区别，如图 1.7 所示。

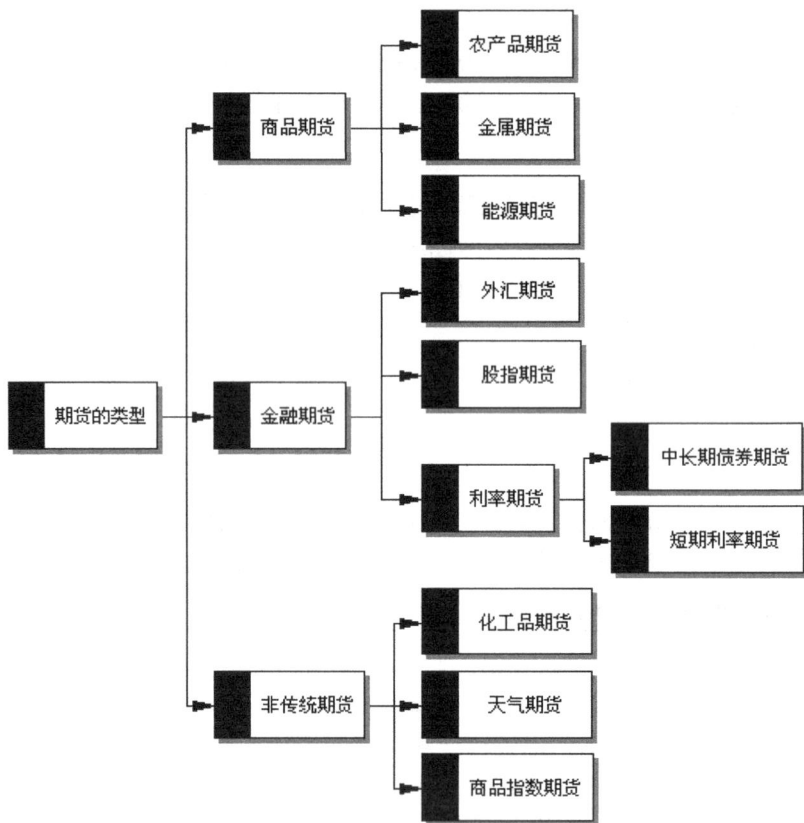

图 1.6　期货的类型

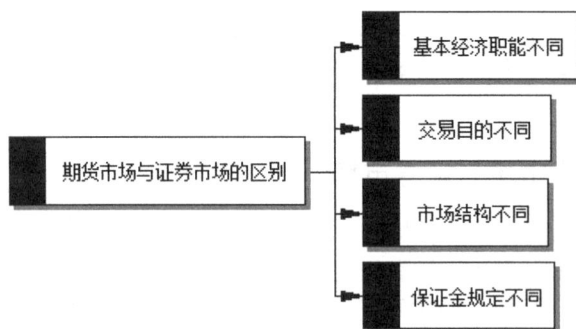

图 1.7　期货市场与证券市场的区别

1. 基本经济职能不同

证券市场的基本职能是资源配置和风险定价，期货市场的基本职能是规避风险和价格发现。

2. 交易目的不同

证券交易的目的是获取利息、股息等收入和资本利得。期货交易的目的是规避现货市场价格风险或获取投机利润。

3. 市场结构不同

证券市场分为一级市场（发行市场）和二级市场（流通市场），期货市场并不区分一级市场和二级市场。

4. 保证金规定不同

证券一般采用现货交易方式，须交纳全额资金；期货交易只需缴纳期货合约价值一定比例的保证金。

1.2　商品期货

国际期货市场的发展，大致经历了由商品期货到金融期货、交易品种不断增加、交易规模不断扩大的过程。

1.2.1　什么是商品期货

商品期货是指标的物为实物商品的期货合约。商品期货历史悠久、种类繁多，主要包括农产品期货、金属期货和能源期货等。

1. 农产品期货

1848 年芝加哥期货交易所（CBOT）的诞生及 1865 年标准化合约被推出后，随着现货生产和流通的扩大，不断有新的期货品种出现。除小麦、玉米、大豆等谷物期货外，从 19 世纪后期到 20 世纪初，随着新的交易所在芝加哥、纽约、堪萨斯等地出现，棉花、咖啡、可可等经济作物，黄油、鸡蛋及后来的生猪、活牛、猪腩等畜禽产品，木材、天然橡胶等林产品期货也陆续上市。

2. 金属期货

最早的金属期货交易诞生于英国。1876 年成立的伦敦金属交易所（LME）开启了金属期货交易之先河。当时的名称是伦敦金属交易公司，主要从事铜和锡的期货交易。1899 年，伦敦金属交易所将每天上下午进行两轮交易的做法引入到铜、锡交易中。1920 年，铅、锌两种金属也在伦敦金属交易所正式上市交易。工业革命之前的英国原本是一个铜出口国，但工业革命却成为其转折点。由于从国外大量进口铜作为生产资料，所以需要通过期货交易转移铜价波动带来的风险。

伦敦金属交易所自创建以来，一直生意兴隆，至今伦敦金属交易所的期货价格依然是国际有色金属市场的晴雨表。目前主要交易品种有铜、锡、铅、锌、铝、镍、白银等。美国金属期货的出现晚于英国。19 世纪后期到 20 世纪初以来，美国经济从以农业为主转向建立现代工业生产体系，期货合约的种类逐渐从传统的农产品扩大到金属、贵金属、制成品、加工品等。纽约商品交易所（COMEX）成立于 1933 年，由经营皮革、生丝、橡胶和金属的交易所合并而成，交易品种有黄金、白银、铜、铝等，其中 1974 年推出的黄金期货合约，在 20 世纪七八十年代的国际期货市场上具有较大影响。

3. 能源期货

20 世纪 70 年代初发生的石油危机，给世界石油市场带来巨大冲击，石油等能源产品价格剧烈波动，直接导致了石油等能源期货的产生。目前，纽约商品交易所（NYMEX）和伦敦国际石油交易所（IPE）是世界上最具影响力的能源产品交易所，上市的品种有原油、汽油、取暖油、天然气和丙烷等。

1.2.2 商品期货市场的功能

商品期货市场在稳定与促进市场经济发展方面有 5 项功能，具体如下。

1. 回避价格风险的功能

期货市场最突出的功能就是为生产经营者提供回避价格风险的手段，即生产经营者通过在期货市场上进行套期保值业务来回避现货交易中价格波动带来的风险，锁定生产经营成本，实现预期利润。也就是说，期货市场弥补了现货市场的不足。

2. 发现价格的功能

在市场经济条件下，价格是根据市场供求状况形成的。期货市场上来自四面八方的交易者带来了大量的供求信息，标准化合约的转让又增加了市场流动性，期货市场中形成的价格能真实地反映供求状况，同时又为现货市场提供了参考价格，起到了"发现价格"的功能。

3. 有利于市场供求和价格的稳定

首先，期货市场上交易的是在未来一定时间履约的期货合约。它能在一个生产周期开始之前，就使商品的买卖双方根据期货价格预期商品未来的供求状况，指导商品的生产和需求，起到稳定供求的作用。

其次，由于投机者的介入和期货合约的多次转让，使买卖双方应承担的价格风险平均分散到参与交易的众多交易者身上，减少了价格变动的幅度和每个交易者承担的风险。

4. 节约交易成本

期货市场为交易者提供了一个能安全、准确、迅速成交的交易场所，提高交易效率，不发生"三角债"，有助于市场经济的建立和完善。

5. 期货交易是一种重要的投资工具，有助于合理利用社会闲置资金

1.2.3 我国商品期货市场的发展

我国期货市场产生于 20 世纪 80 年代末。随着改革开放的逐步深化，价格体制逐步放开。这时，不解决价格调控的滞后性问题，就难以满足供求双方对远期价格信息的需要。

1988 年 5 月，国务院决定进行期货市场试点。1990 年 10 月 12 日中国郑州粮食批发市场经国务院批准，以现货交易为基础，正式引入期货交易机制，从而作为我国第一家商品期货市场，迈出了中国期货市场发展的第一步。

20 世纪 90 年代，我国期货市场发展走上了一个"小高潮"。但是，由于人们认识上的偏差，尤其是受到部门和地方利益的驱动，在缺乏统一管理和没有完善法规的情况下，中国期货市场出现盲目高速发展的趋势。到 1993 年年底，全国期货交易所达到 50 多家，期货经纪公司 300 多家，而各类期货兼营机构不尽其数。这个超常规的发展也给期货市场带来了一系列问题，如交易所数量过多、交易品种严重重复、期货机构运作不规范、地下期货交易四处泛滥、从业人员鱼龙混杂且良莠不齐。这些都严重制约了我国期货市场的进一步发展，并且导致了人们对期货市场的种种误解。

为了遏止期货市场盲目发展，国务院授权中国证监会从 1993 年开始对期货市场主体进行了大规模的清理整顿和结构调整。至 1999 年年底，经过 7 年的清理整顿，各项措施基本到位，监管效率明显提高，市场秩序趋于正常。

经过清理整顿和结构调整，上海、大连、郑州三家期货交易所因相对管理规范、运作平稳而得到保留，150 余家期货经纪公司经过最后的增资审核而得以继续从事期货经纪业务。

经过几年的运作，在优胜劣汰的市场规律选择之下，一批管理比较规范、运作较为平稳、发展相对成熟的期货品种脱颖而出，例如，上海商品交易所的铜、铝，大连商品交易所的大豆，郑州商品交易所的小麦。同时经过资格考试和认定，产生了一批具有期货从业资格的从业人员队伍。在 2000 年 12 月 28 日，成立了行业自律组织——中国期货业协会，标志着我国期货业正式成为一个具有自律管理功能的整体。

至此，经过十年的发展，我国期货市场的主体结构趋于完善，一个相对独立的期货业基本形成。同时，期货市场发挥了应有的作用，一是形成了以期货交易所为核心的较为规范的市场组织体系，二是为相关企业提供了一个套期保值的场所，三是为广大投资者提供了一个良好的投资场所。

1.3 金融期货

自美国芝加哥期货交易所创办以来，期货市场已有 160 多年的历史，但期货市场的大发展却是从 20 世纪 70 年代金融期货出现开始的。

1.3.1 初识金融期货

金融期货指交易双方在金融市场上，以约定的时间和价格，买卖某种金融工具的具有约束力的标准化合约，是以金融工具为标的物的期货合约。金融期货一般分为三类，即利率期货、外汇期货和股指期货。

- 利率期货指以利率为标的物的期货合约。世界上最先推出的利率期货是在 1975 年由美国芝加哥商业交易所推出的美国国民抵押协会的抵押证期货。利率期货主要包括以长期国债为标的物的长期利率期货和以两个月短期存款利率为标的物的短期利率期货。

- 外汇期货指以汇率为标的物的期货合约。外汇期货是适应各国对外贸易和金融业务的需要而产生的，目的是借此规避汇率风险。1972 年美国芝加哥商业交易所的国际外汇市场推出第一张外汇期货合约并获得成功。其后，英国、澳大利亚等国相继建立外汇期货的交易市场，外汇期货交易成为一种世界性的交易品种。目前国际上外汇期货合约交易所涉及的货币主要有英镑、美元、德国马克、日元、瑞士法郎、加拿大元、法国法郎、澳大利亚元及欧洲货币单位等。

- 股指期货是指以股票指数为标的物的期货合约。股指期货是目前金融期货市场最热门和发展最快的期货交易。股指期货不涉及股票本身的交割，其价格根据股票指数计算，合约以现金清算形式进行交割。

1.3.2 金融期货的特点

金融期货的特点共有 4 项，如图 1.8 所示。

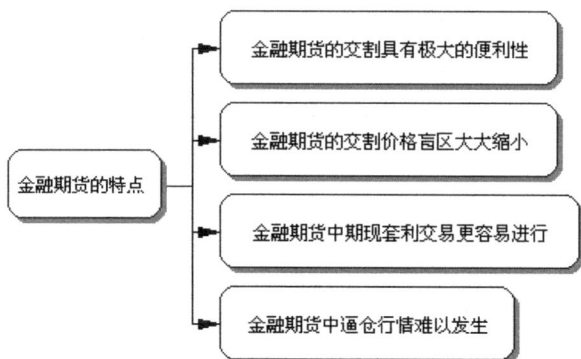

图 1.8　金融期货的特点

1. **金融期货的交割具有极大的便利性**

在期货交易中，实际交割的比例很小。实际交割时，普通商品期货的交割比较复杂。除了对交割时间、交割地点、交割方式进行严格的规定以外，还要对交割等级进行严格的划分，实物商品的清点、运输等也比较烦琐。

相比之下，金融期货的交割显然要简便得多。因为在金融期货交易中，像股指期货及美元定期存款等品种的交割一般采取现金结算，即在期货合约到期时根据价格变动情况，由交易双方交收价格变动的差额。这种现金结算的方式自然比实物交收来得简便。

此外，即使有些金融期货（如外汇期货和各种债券期货）也要发生实物交收，但由于这些产品具有的同质性及基本上不存在运输成本，其交割也比普通商品期货便利得多。

2. **金融期货的交割价格盲区大大缩小**

在商品期货中，会存在较大的交割成本，这些交割成本会给多空双方均带来一定的损耗。

例如，大豆的交割价为 2000 元/吨，即使这个价格与当时当地的现货价是一致的，但对于按此价格的卖方来说，实际上可能只得到了 1970 元/吨，因为必须扣除运输入库、检验、交割等费用；对买方来说，加上运输提库费与交割费等实际上可能要花 2020 元/吨。这两者之间相差的 50 元便是价格盲区。

在金融期货中，由于基本上不存在运输成本和入库出库费，因此这种价格盲区就大大缩小了。对于采用现金交割的品种而言，价格盲区甚至根本消失了。

3. **金融期货中期现套利交易更容易进行**

在商品期货中，投机者进行的套利交易基本上集中在跨月套利（Spread，也称价差套利）这种形式上。期现套利交易之所以很少采用，与商品现货交易额外费用高、流动性差及难于进行有关。而在金融期货交易中，由于金融现货市场本身具有额外费用低、流动性好及容易进行这些特点，所以吸引了一批有实力的机构专门从事期现套利交易。

期现套利交易在金融期货中盛行，一方面促进了期货交易的流动性，另一方面也使得期货价格与现货价格之间的差额始终保持在一个合理的范围内。

4. **金融期货中逼仓行情难以发生**

在商品期货中，有时会出现逼仓行情。通常，逼仓行情的表现是期货价格与现货价格有着较大的差价，这种差价远超出了合理范围，并且在交割或临近交割时期货价格也不收敛于现货价格。

更严重的逼仓行情是操纵者同时控制现货与期货，1980 年在美国的白银期货上就曾经出现过一次，1989 年在 CBOT 也发生过一轮大豆逼空行情。

然而，在世界金融期货史上，逼仓行情却从来都没发生过。金融期货中逼仓行情之所以难以发生，首先是因为金融现货市场是一个庞大的市场，庄家操纵不了；其次是因为强大的期现套利力量的存在，他们将会埋葬那些企图发动逼仓行情的庄家；最后，一些实行现金交割的金融期货，期货合约最后的交割价就是当时的现货价，这等于是建立了一个强制收敛的保证制度，彻底杜绝了逼仓行情发生的可能。

1.3.3　金融期货与商品期货的区别

金融期货和商品期货在交易机制、合约特征、机构安排方面并无二致，但二者也有如下不一样的地方。

第一，有些金融期货没有真实的标的资产（如股指期货），而商品期货交易的对象是具有实物形态的商品，例如农产品等。

第二，股指期货在交割日以现金清算，利率期货可以通过证券的转让清算，商品期货则可以通过实物所有权的转让进行清算。

第三，金融期货合约到期日都是标准化的，一般有到期日在 3 月、6 月、9 月、12 月四种。商品期货合约的到期日根据商品特性的不同而不同。

第四，金融期货适用的到期日比商品期货要长，美国政府长期国库券的期货合约有效期限可长达数年。

第五，持有成本不同。将期货合约持有到期满日所需的成本费用即持有成本，包括三项：贮存成本、运输成本和融资成本。各种商品需要仓储存放，需要付仓储费用，金融期货合约的标的物所需的贮存费用较低，有些如股指则甚至不需要贮存费用。如果金融期货的标的物存放在金融机构，则还有利息，例如，股票的股利、外汇的利息等，有时这些利息会超出存放成本，产生持有收益（负持有成本）。

第六，投机性能不同。由于金融期货市场对外部因素的反应比商品期货更敏感，所以期货价格的波动更频繁、更大，也比商品期货具有更强的投机性。

1.4　期货市场结构

期货市场由投资者、期货交易所、期货公司、期货监管机构和期货行业自律机构组成，如图 1.9 所示。

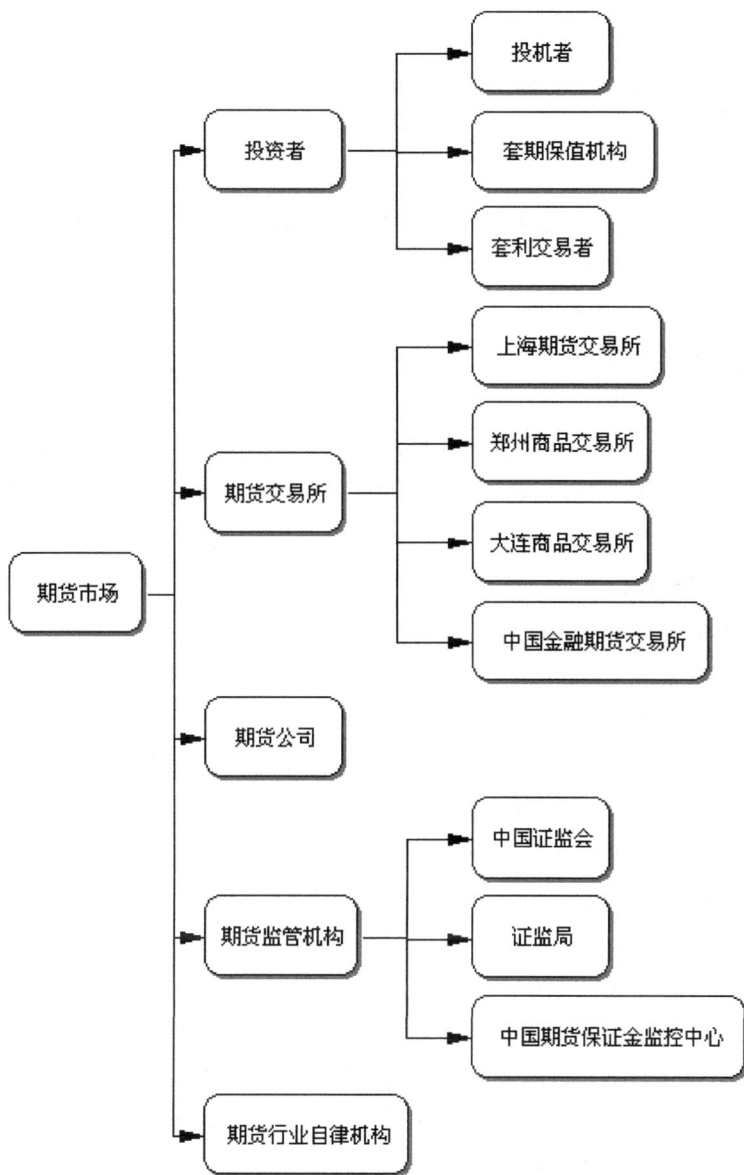

图 1.9　期货市场结构

1.4.1　投资者

期货市场的投资者包括三种，分别是投机者、套期保值机构和套利交易者。

1. 投机者

"投机"一词用于期货、证券交易行为中，并不是"贬义词"，而是"中性词"，指根据对市场的判断，把握机会，利用市场出现的价差进行买卖，从中获得利润的交易行为。投机者可以"买空"，也可以"卖空"。投机的目的很直接，就是获得价差利润。但投机是有风险的。

根据持有期货合约时间的长短，投机可分为三类，分别是长线投机者、短线投机者和逐小利者。

- 长线投机者在买入或卖出期货合约后，通常将合约持有几天、几周甚至几个月，待价格对其有利时才将合约对冲。
- 短线交易者一般进行当日或某个交易节的期货合约买卖，其持仓不过夜。
- 逐小利者，又称"抢帽子者"，他们的技巧是利用价格的微小变动进行交易来获取微利，一天之内他们可以做多个回合的买卖交易。

投机者是期货市场的重要组成部分，是期货市场必不可少的润滑剂。投机交易增强了市场的流动性，承担了套期保值交易转移的风险，是期货市场正常运营的保证。

2. 套期保值机构

套期保值就是买入（卖出）与现货市场数量相当、但交易方向相反的期货合约，以期在未来某个时间通过卖出（买入）期货合约来补偿现货市场价格变动所带来的实际价格风险。

保值的类型最基本的可分为买入套期保值和卖出套期保值。

- 买入套期保值是指通过期货市场买入期货合约以防止因现货价格上涨而遭受损失的行为。
- 卖出套期保值则指通过期货市场卖出期货合约以防止因现货价格下跌而造成损失的行为。

套期保值是期货市场产生的原动力。无论是农产品期货市场，还是金属、能源期货市场，其产生都是源于生产经营过程中面临现货价格剧烈波动而带来风险时自发形成的买卖远期合同的交易行为。这种远期合约买卖的交易机制经过不断完善，例如将合约标准化、引入对冲机制、建立保证金制度等，从而形成现代意义的期货交易。企业通过期货市场为生产经营买了保险，保证了生产经营活动的可持续发展。可以说，没有套期保值，期货市场也就不是期货市场了。

3. 套利交易者

套利是指同时买进和卖出两张不同种类的期货合约。交易者买进自认为是"便宜的"合约，同时卖出那些"高价的"合约，从两个合约价格间的变动关系中获利。在进行套利时，交易者注意的是合约之间的相互价格关系，而不是绝对价格水平。

1.4.2　期货交易所

我国境内现有 4 家期货交易所，有 3 家上市的是商品期货所，分别是上海期货交易所、郑州商品交易所和大连商品交易所。而中国金融期货交易所上市的是金融期货品种。

1. 上海期货交易所

上海期货交易所（简称上期所）是依照有关法规设立的，履行有关法规规定的职能，按照其章程实行自律性管理的法人，并受中国证监会集中统一监督管理。交易所目前上市交易的有铜、铝、锌、锡、铅、镍、黄金、白银、天然橡胶、燃油、线材、螺纹钢、热卷板和沥青共 14 个品种的标准合约。

打开期货行情分析软件，单击“上期所 SHFE”选项卡，就可以看到上海期货交易所交易品种的报价信息，如图 1.10 所示。

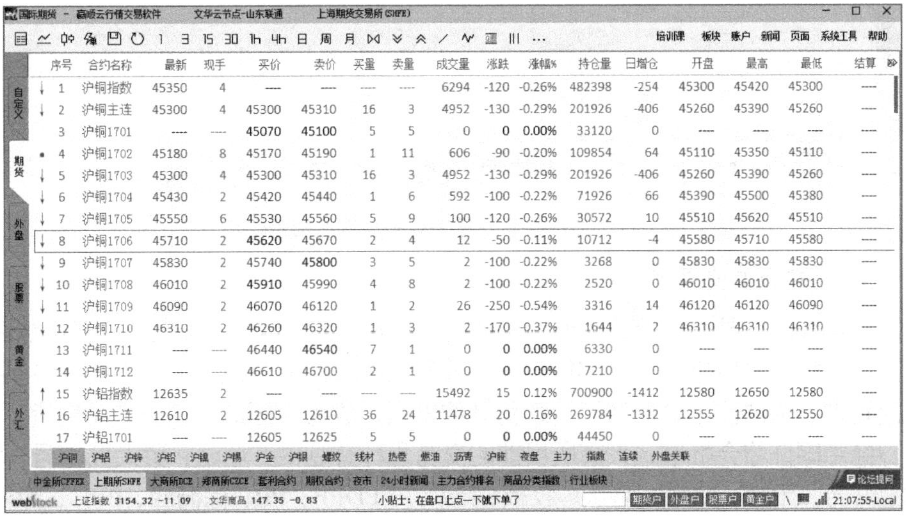

序号	合约名称	最新	现手	买价	卖价	买量	卖量	成交量	涨跌	涨幅%	持仓量	日增仓	开盘	最高	最低	结算
1	沪铜指数	45350	4	----	----	----	----	6294	-120	-0.26%	482398	-254	45300	45420	45300	----
2	沪铜主连	45300	4	45300	45310	16	3	4952	-130	-0.29%	201926	-406	45260	45390	45260	----
3	沪铜1701	----	----	45070	45100	5	5	0	0	0.00%	33120	0	----	----	----	----
4	沪铜1702	45180	8	45170	45190	1	11	606	-90	-0.20%	109854	64	45110	45350	45110	----
5	沪铜1703	45300	4	45300	45310	16	3	4952	-130	-0.29%	201926	-406	45260	45390	45260	----
6	沪铜1704	45430	2	45420	45440	1	6	592	-100	-0.22%	71926	66	45390	45500	45380	----
7	沪铜1705	45550	6	45530	45560	5	9	100	-120	-0.26%	30572	10	45510	45620	45510	----
8	沪铜1706	45710	2	45620	45670	2	4	12	-50	-0.11%	10712	-4	45580	45710	45580	----
9	沪铜1707	45830	2	45740	45800	3	5	2	-100	-0.22%	3268	0	45830	45830	45830	----
10	沪铜1708	46010	2	45910	45990	4	8	2	-100	-0.22%	2520	0	46010	46010	46010	----
11	沪铜1709	46090	2	46070	46120	1	2	26	-250	-0.54%	3316	14	46120	46120	46090	----
12	沪铜1710	46310	2	46260	46320	1	3	2	-170	-0.37%	1644	2	46310	46310	46310	----
13	沪铜1711	----	----	46440	46540	7	1	0	0	0.00%	6330	0	----	----	----	----
14	沪铜1712	----	----	46610	46700	2	1	0	0	0.00%	7210	0	----	----	----	----
15	沪铝指数	12635	2	----	----	----	----	15492	15	0.12%	700900	-1412	12580	12650	12580	----
16	沪铝主连	12610	2	12605	12610	36	24	11478	20	0.16%	269784	-1312	12555	12620	12550	----
17	沪铝1701	----	----	12605	12625	5	5	0	0	0.00%	44450	0	----	----	----	----

图 1.10　上海期货交易所交易品种的报价信息

2. 郑州商品交易所

郑州商品交易所（简称郑商所）成立于 1990 年 10 月 12 日，是经国务院批准成立的国内首家期货市场试点单位，在现货交易成功运行两年以后，于 1993 年 5 月 28 日正式推出期货交易。1998 年 8 月，郑商所被国务院确定为全国三家期货交易所之一，隶属于中国证券监督管理委员会垂直管理。

郑商所曾先后推出小麦、玉米、大豆、绿豆、芝麻、棉纱、花生仁、建材和国债等期货交易品种，目前经中国证监会批准交易的品种有白糖、玻璃、棉花、硬麦、强麦、菜油、菜粕、菜籽、硅铁、锰硅、籼稻、甲醇、PTA 和动力煤（郑煤）等期货品种。

提醒：郑州小麦和棉花期货已纳入全球报价体系，在发现未来价格、套期保值等方面发挥积极作用。“郑州价格”已成为全球小麦和棉花价格的重要指标。

打开期货行情分析软件，单击“郑商所 CZCE”选项卡，就可以看到郑州商品交易所交易品种的报价信息，如图 1.11 所示。

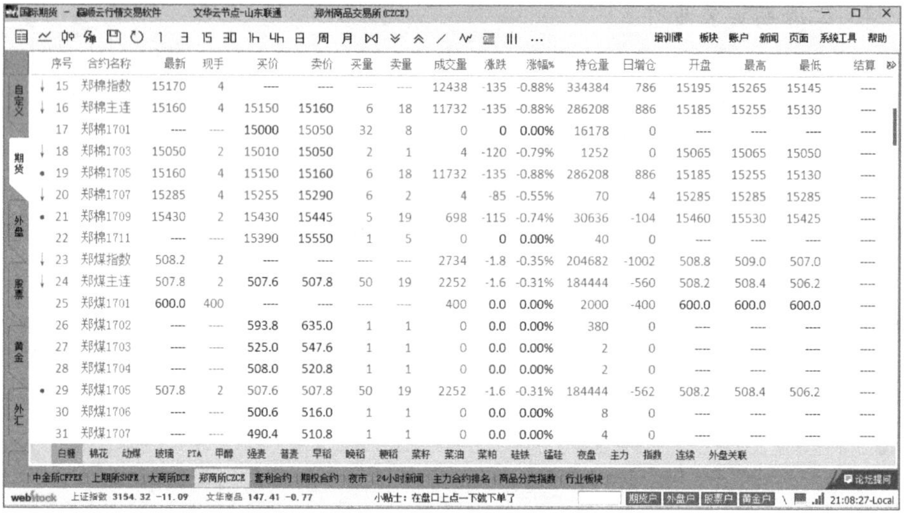

序号	合约名称	最新	现手	买价	卖价	买量	卖量	成交量	涨跌	涨幅%	持仓量	日增仓	开盘	最高	最低	结算
15	郑棉指数	15170	4	----	----	----	----	12438	-135	-0.88%	334384	786	15195	15265	15145	----
16	郑棉主连	15160	4	15150	15160	6	18	11732	-135	-0.88%	286208	886	15185	15255	15130	----
17	郑棉1701	----	----	15000	15050	32	8	0	0	0.00%	16178	0	----	----	----	----
18	郑棉1703	15050	2	15010	15050	2	1	4	-120	-0.79%	1252	0	15065	15065	15050	----
19	郑棉1705	15160	4	15150	15160	6	18	11732	-135	-0.88%	286208	886	15185	15255	15130	----
20	郑棉1707	15285	4	15255	15290	6	2	4	-85	-0.55%	70	4	15285	15285	15285	----
21	郑棉1709	15430	2	15430	15445	5	19	698	-115	-0.74%	30636	-104	15460	15530	15425	----
22	郑棉1711	----	----	15390	15550	1	5	0	0	0.00%	40	0	----	----	----	----
23	郑煤指数	508.2	2	----	----	----	----	2734	-1.8	-0.35%	204682	-1002	508.8	509.0	507.0	----
24	郑煤主连	507.8	2	507.6	507.8	50	19	2252	-1.6	-0.31%	184444	-560	508.2	508.4	506.2	----
25	郑煤1701	600.0	400	----	----	----	----	400	0.0	0.00%	2000	-400	600.0	600.0	600.0	----
26	郑煤1702	----	----	593.8	635.0	1	1	0	0.0	0.00%	380	0	----	----	----	----
27	郑煤1703	----	----	525.0	547.6	1	1	0	0.0	0.00%	2	0	----	----	----	----
28	郑煤1704	----	----	508.0	520.8	1	1	0	0.0	0.00%	2	0	----	----	----	----
29	郑煤1705	507.8	2	507.6	507.8	50	19	2252	-1.6	-0.31%	184444	-562	508.2	508.4	506.2	----
30	郑煤1706	----	----	500.6	516.0	1	1	0	0.0	0.00%	8	0	----	----	----	----
31	郑煤1707	----	----	490.4	510.8	1	1	0	0.0	0.00%	4	0	----	----	----	----

图 1.11　郑州商品交易所交易品种的报价信息

3. 大连商品交易所

大连商品交易所（简称大商所）成立于 1993 年 2 月 28 日，是经国务院批准的三家期货交易所之一，是实行自律性管理的法人。成立以来，大商所始终坚持规范管理、依法治市，保持了持续稳健的发展，成为中国最大的农产品期货交易所。经中国证监会批准，大商所目前的交易品种有豆粕、豆油、黄大豆 1 号、黄大豆 2 号、玉米、淀粉、鸡蛋、胶板、纤板、LLDPE、PP、棕榈油、PVC、塑料、焦炭、焦煤和铁矿石等期货品种。

提醒：大连商品交易所目前已发展成为世界第二大大豆期货市场。

打开期货行情分析软件，单击“大商所 DCE”选项卡，就可以看到大连商品交易所交易品种的报价信息，如图 1.12 所示。

4. 中国金融期货交易所

中国金融期货交易所是经国务院同意，中国证监会批准，由上海期货交易所、郑州商品交易所、大连商品交易所、上海证券交易所和深圳证券交易所共同发起设立的交易所，于 2006 年 9 月 8 日在上海成立。

中国金融期货交易所的成立，对于深化资本市场改革，完善资本市场体系，发挥资本市场功能，具有重要的战略意义。目前，中国金融期货交易所正积极筹划推出股票指数期货、期权，并深入研究开发国债、外汇期货及期权等金融衍生产品。中国金融期货交易所将致力于打造一个健康规范、高效透明、功能齐备、技术先进的现代化金融衍生品交易中心。

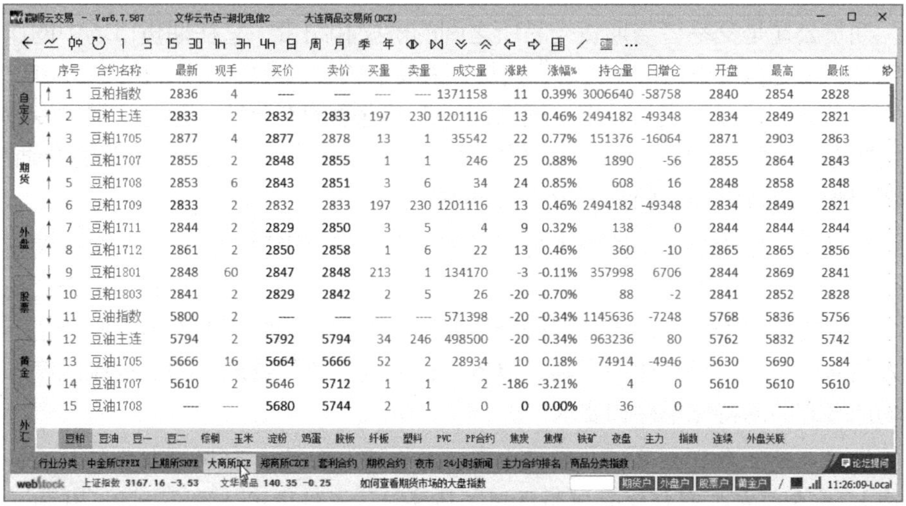

序号	合约名称	最新	现手	买价	卖价	买量	卖量	成交量	涨跌	涨幅%	持仓量	日增仓	开盘	最高	最低
1	豆粕指数	2836	4	----	----	----	----	1371158	11	0.39%	3006640	-58758	2840	2854	2828
2	豆粕主连	2833	2	2832	2833	197	230	1201116	13	0.46%	2494182	-49348	2834	2849	2821
3	豆粕1705	2877	4	2877	2878	13	1	35542	22	0.77%	151376	-16064	2871	2903	2863
4	豆粕1707	2855	2	2848	2855	1	1	246	25	0.88%	1890	-56	2855	2864	2843
5	豆粕1708	2853	6	2843	2851	3	6	34	24	0.85%	608	16	2848	2858	2848
6	豆粕1709	2833	2	2832	2833	197	230	1201116	13	0.46%	2494182	-49348	2834	2849	2821
7	豆粕1711	2844	2	2829	2850	3	5	4	9	0.32%	138	0	2844	2844	2844
8	豆粕1712	2861	2	2850	2858	1	6	22	13	0.46%	360	-10	2865	2865	2856
9	豆粕1801	2848	60	2847	2848	213	1	134170	-3	-0.11%	357998	6706	2844	2869	2841
10	豆粕1803	2841	2	2829	2842	2	5	26	-20	-0.70%	88	-2	2841	2852	2828
11	豆油指数	5800	2	----	----	----	----	571398	-20	-0.34%	1145636	-7248	5768	5836	5756
12	豆油主连	5794	2	5792	5794	34	246	498500	-20	-0.34%	963236	80	5762	5832	5742
13	豆油1705	5666	16	5664	5666	52	2	28934	10	0.18%	74914	-4946	5630	5690	5584
14	豆油1707	5610	2	5646	5712	1	1	2	-186	-3.21%	4	0	5610	5610	5610
15	豆油1708	----	----	5680	5744	2	1	0	0	0.00%	36	0	----	----	----

图 1.12 大连商品交易所交易品种的报价信息

目前，中国金融期货交易所上市交易的品种有 5 个，分别是沪深 300 股指期货、上证 50 股指期货、中证 500 股指期货、5 年期国债期货和 10 年期国债期货。

打开期货行情分析软件，单击“中金所 CFFEX”选项卡，就可以看到中国金融期货交易所交易品种的报价信息，如图 1.13 所示。

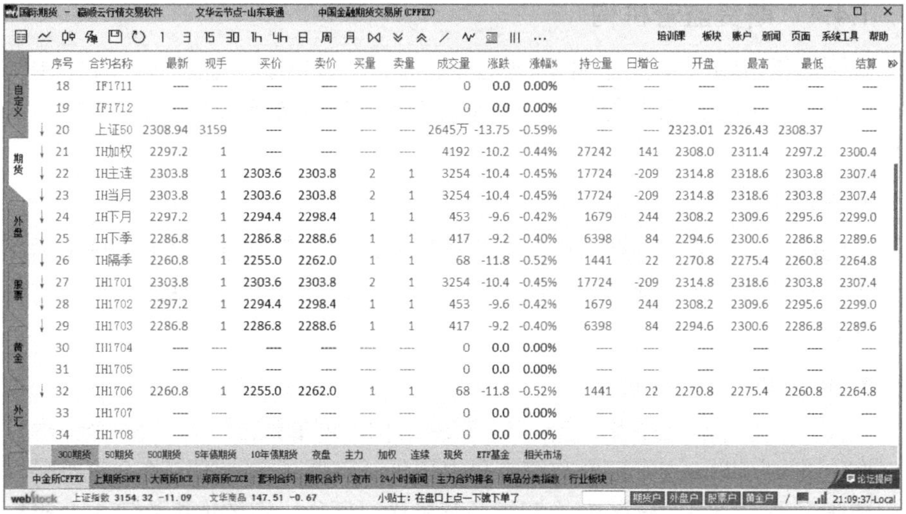

序号	合约名称	最新	现手	买价	卖价	买量	卖量	成交量	涨跌	涨幅%	持仓量	日增仓	开盘	最高	最低	结算
18	IF1711	----	----	----	----	----	----	0	0.0	0.00%	----	----	----	----	----	----
19	IF1712	----	----	----	----	----	----	0	0.0	0.00%	----	----	----	----	----	----
20	上证50	2308.94	3159	----	----	----	----	2645万	-13.75	-0.59%	----	----	2323.01	2326.43	2308.37	----
21	IH加权	2297.2	1	----	----	----	----	4192	-10.2	-0.44%	27242	141	2308.0	2311.4	2297.2	2300.4
22	IH主连	2303.8	1	2303.6	2303.8	2	1	3254	-10.4	-0.45%	17724	-209	2314.8	2318.6	2303.8	2307.4
23	IH当月	2303.8	1	2303.6	2303.8	2	1	3254	-10.4	-0.45%	17724	-209	2314.8	2318.6	2303.8	2307.4
24	IH下月	2297.2	1	2294.4	2298.4	1	1	453	-9.6	-0.42%	1679	244	2308.2	2309.6	2295.6	2299.0
25	IH下季	2286.8	1	2286.8	2288.6	1	1	417	-9.2	-0.40%	6398	84	2294.6	2300.6	2286.8	2289.6
26	IH隔季	2260.8	1	2255.0	2262.0	1	1	68	-11.8	-0.52%	1441	22	2270.8	2275.4	2260.8	2264.8
27	IH1701	2303.8	1	2303.6	2303.8	2	1	3254	-10.4	-0.45%	17724	-209	2314.8	2318.6	2303.8	2307.4
28	IH1702	2297.2	1	2294.4	2298.4	1	1	453	-9.6	-0.42%	1679	244	2308.2	2309.6	2295.6	2299.0
29	IH1703	2286.8	1	2286.8	2288.6	1	1	417	-9.2	-0.40%	6398	84	2294.6	2300.6	2286.8	2289.6
30	IH1704	----	----	----	----	----	----	0	0.0	0.00%	----	----	----	----	----	----
31	IH1705	----	----	----	----	----	----	0	0.0	0.00%	----	----	----	----	----	----
32	IH1706	2260.8	1	2255.0	2262.0	1	1	68	-11.8	-0.52%	1441	22	2270.8	2275.4	2260.8	2264.8
33	IH1707	----	----	----	----	----	----	0	0.0	0.00%	----	----	----	----	----	----
34	IH1708	----	----	----	----	----	----	0	0.0	0.00%	----	----	----	----	----	----

图 1.13 中国金融期货交易所交易品种的报价信息

1.4.3　期货公司

期货公司是依法设立的、接受客户委托、按照客户的指令，以自己的名义为客户进行期货交易并收取交易手续费的中介组织。其交易结果由客户承担。

期货公司是交易者与期货交易所之间的桥梁和纽带，它在期货市场中的作用主要是：接受客户委托，代理期货交易，拓展市场参与者的范围，扩大市场规模，节约交易成本，提高交易效率，增强期货市场竞争的充分性；为客户提供专业的咨询服务，充当客户的交易顾问，帮助客户提高交易的决策效率和决策的准确性；对客户账户进行管理，控制客户交易风险。

在我国，期货公司是按照《公司法》、《期货交易管理暂行条例》及《期货经纪公司管理办法》的规定成立的企业法人。设立期货公司，除了必须符合《公司法》规定的成立条件外，还必须符合注册资本限额、高级管理人员任职资格、业务人员从业资格、经纪业务规则、财务会计制度、风险管理、内部控制制度和经营场地等方面的特殊条件和要求。

提醒：设立期货公司，必须经中国证监会审核批准，取得《期货经纪业务许可证》，并在国家工商行政管理局办理工商登记。未经中国证监会批准，任何单位和个人不得设立或者变相设立期货公司。

期货公司规模各异，组织结构亦不尽相同，但一般包括财务部、客户服务部、交易部、结算部、现货交割部、研发部和行政管理部等部门。根据目前的规定，期货经纪公司只能代理最终客户交易，不能从事自营业务或代理其他期货公司交易。

1.4.4　期货监管机构

我国期货市场形成了由中国证监会、证监局（证监会各地派出机构）、中国期货保证金监控中心、期货交易所、中国期货业协会共同组成的"五位一体"的监管体系。

- 中国证监会

中国证监会作为中国期货市场的监管机关，近年来为防范风险、规范运作，出台了一系列措施，对交易所、期货公司、投资者和其他期货从业人员等进行监督管理。

- 证监局

目前，中国证监会在省、自治区、直辖市和计划单列市设立了36个证券监管局，在上海和深圳设立了证券监管专员办事处。证监局由中国证监会直接领导，其主要职责是：负责对辖区内的期货经营机构、期货投资咨询机构等中介机构的期货业务活动进行监督管理，依法查处期货违法、违规案件。

● 中国期货保证金监控中心

中国期货保证金监控中心的主管部门是中国证监会，其主要职责是：依照有关规定对保证金安全实施监控，进行每日稽查，发现问题应当立即报告国务院期货监督管理机构。中国期货保证金监控中心对维护投资者的合法权益、保证投资者的资金安全是相当重要的。投资者可以每天登录中国期货保证金监控中心的官方网站查询自己的账户情况，确保账户信息的完整和准确。

在浏览器的地址栏中输入"http://www.cfmmc.com"，然后按 Enter 键，就会进入中国期货保证金监控中心网站的首页，如图 1.14 所示。

图 1.14　中国期货保证金监控中心网站的首页

单击导航栏中的"结算查询"，就会进入投资者查询服务系统，然后输入用户名、密码和验证码后，单击"提交"按钮即可，如图 1.15 所示。

图 1.15　投资者查询服务系统

提醒：为了便于投资者了解各种期货信息，下面列出期货市场组织架构的相关网站，具体如下。

中国证监会的网址是：http://www.csrc.gov.cn。

中国期货保证金监控中心的网址是：http://www.cfmmc.com。

中国期货业协会的网址是：http://www.cfachina.org。

中国金融期货交易所的网址是：http://www.cffex.com.cn。

上海期货交易所的网址是：http://www.shfe.com.cn。

郑州商品交易所的网址是：http://www.czce.com.cn。

大连商品交易所的网址是：http://www.dce.com.cn。

1.4.5　期货行业自律机构

期货行业协会是依法成立的期货行业自律性组织，其会员由期货行业的从业机构和个人组成，是保障期货投资者利益、协调行业机构利益的重要工具，是联系期货经营机构和政府的重要桥梁和纽带，是政府对期货市场进行宏观调控管理的得力助手，是"政府—协会—交易所"三级管理体系的重要组成部分。期货行业协会从保护行业内部公平竞争、促进行业整体的健康发展及维护行业长远利益的目标出发，对全体会员及其市场交易行为实施管理。

中国期货业协会（以下简称协会）成立于 2000 年 12 月 29 日，协会的注册地和常设机构设在北京。协会是根据《社会团体登记管理条例》设立的全国期货行业自律性组织，为非营利性的社会团体法人。协会接受中国证监会和国家社会团体登记管理机关的业务指导和管理。

协会的宗旨是：贯彻执行国家法律法规和国家有关期货市场的方针政策，发挥政府与行业之间的桥梁和纽带作用，实行行业自律管理，维护会员的合法权益，维护期货市场的公开、公平、公正原则，开展对期货从业人员的职业道德教育、专业技术培训和严格管理，促进中国期货市场规范、健康、稳定的发展。

协会由以期货经纪机构为主的团体会员、期货交易所特别会员和在期货行业从业的个人会员组成。会员大会是协会的最高权力机构，每 3 年举行一次。

理事会是会员大会闭会期间的协会常设权力机构，对会员大会负责，理事会每年至少召开一次会议。理事会设 25 ~ 30 名理事，包括会员理事和特别会员理事。理事任期 3 年，可连选连任。

理事会下设研究发展委员会、从业人员行为监察委员会、法律委员会三个专业委员会。协会设会长一名，副会长 2 ~ 3 名，任期 3 年，会长连选连任不超过两届。协会实行会长办公会制度和理事会领导下的秘书长负责制。办公会成员由会长、副会长、秘书长组成，在理事会闭会期间行使理事会授权的职责，会长办公会至少每季度召开一次。协会秘书长由会长提名，中国证监会核准、理事会聘任，秘书长为协会的副会长，专职主持协会的日常工作。目前协会常设机构秘书处已经形成了包括办公室、会员部、培训部、研究部在内的三部一室的内部组织结构。

协会经费来源由会员入会费、年会费、特别会员费、社会捐赠、在核准的业务范围内开展活动或服务的收入等其他合法收入构成。

中国期货业协会自成立以来，在行业自律、从业人员管理、服务会员、宣传教育和内部建设等方面做了大量的工作，为建立有效的自律管理体系、推动期货市场的稳步发展做出了积极的努力。

1.5　期货行情分析软件

想在期货市场中盈利，不仅要时时关注全球动态，特别是与大宗商品价格走势相关的信息，还要不断学习投资技术和策略。通过基本面分析，投资者可以预测未来一段时间内价格的涨跌，但在具体买卖操作时，还需要技术分析来落实、把关。

提醒：投资者一般利用基本面对价格的大趋势做出判断，然后再利用技术分析进行确认。

为了更好地进行期货投资，下面讲解期货行情分析软件——赢顺云行情软件（国际期货）的下载、安装与基本操作技巧。

1.5.1　期货行情分析软件的下载与安装

在浏览器的地址栏中输入"http://www.cifco.net"，然后按 Enter 键，进入中国国际期货有限公司网站的首页，如图 1.16 所示。

图 1.16　中国国际期货有限公司网站的首页

单击右侧的"软件下载"超链接，进入软件下载页面，在这里可以看到常见的期货行情分析软件，如文华行情软件（文华 WH6 高清版）、澎博行情软件等，如图 1.17 所示，其中文华行情软件功能最为强大。

图 1.17　软件下载页面

单击"文华行情软件（文华 WH6 高清版）"对应的"下载"超链接，弹出"新建下载任务"对话框，如图 1.18 所示。

单击"下载"按钮，就可以成功下载文华行情软件了。

下载成功后，就可以看到文华行情软件的安装文件图标，然后双击该图标，弹出确定安装对话框，如图 1.19 所示。

图 1.18　"新建下载任务"对话框

图 1.19　确定安装对话框

单击"开始安装"按钮后，选择软件的安装路径，默认是 C 盘，如图 1.20 所示。

若想修改安装目录，单击"浏览"按钮即可。这时使用默认设置，单击"下一步"按钮，开始解压文件并安装，如图 1.21 所示。

图 1.20　选择软件的安装路径　　　　　图 1.21　解压文件

文件解压完成后，就成功安装了该软件，并显示安装成功对话框，如图 1.22 所示。

软件安装成功后，可以在桌面上看到期货软件的快捷图标，如图 1.23 所示。

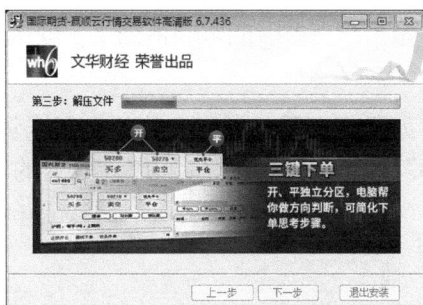

图 1.22　安装成功对话框　　　　　图 1.23　期货软件的快捷图标

1.5.2　期货行情分析软件的基本操作

双击桌面上的期货软件的快捷图标 ，就可以进入期货行情分析软件，默认状态下看到的是上海期货交易所交易品种的报价信息，如图 1.24 所示。

图 1.24　上海期货交易所交易品种的报价信息

单击窗口下方的不同选项卡，就可以看到不同期货交易所交易品种的报价信息。

如果想查看某期货合约的分时走势图，单击该合约即可。假设单击"沪铜1703"，就可以看到铜在 2017 年 3 月的期货合约的分时走势图，如图 1.25 所示。

图 1.25　沪铜 1703 合约的分时走势图

在分时走势图下，再按 Enter 键就可以看到沪铜 1703 合约的日 K 线图，如图 1.26 所示。

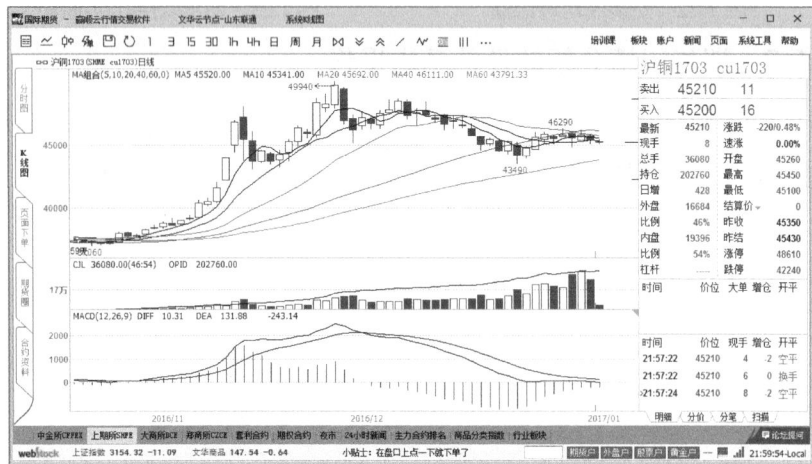

图 1.26　沪铜 1703 合约的日 K 线图

单击工具栏中的"30"，就可以看到 30 分钟 K 线图；单击"1"，就可以看到 1 分钟 K 线图；单击"周"，就可以看到周 K 线图。30 分钟 K 线图如图 1.27 所示。

图 1.27　沪铜 1703 合约的 30 分钟 K 线图

第 2 章　期货交易的分析技术

期货交易是一个残酷的博弈过程，充满了机遇和风险。想要在期货市场中生存下来，就必须学习各种分析技术，包括基本面分析和技术分析。

本章主要内容包括：

- 初识分析技术
- 基本面分析与技术分析的联系
- 供给对期货商品价格的影响
- 需求对期货商品价格的影响
- 利率和汇率对期货商品价格的影响
- 经济波动周期对期货商品价格的影响
- 政治和政策因素对期货商品价格的影响
- 技术分析成立的前提条件
- 技术分析的类型和优缺点
- 技术分析与出入市时机的选择
- 技术分析的反面意见
- 技术分析应用注意事项

2.1　初识分析技术

要想在期货市场中成为赢家，必须要有正确分析和预测期货价格变化趋势的能力，因为这是期货交易成败的关键。所以，每个期货投资者都必须十分重视期货价格变化趋势的分析和预测。分析和预测期货价格走势的方法很多，基本上可分为基本面分析和技术分析两种。

2.1.1　初识基本面分析

基本面分析是研究商品价格涨跌的长期性因素和根本性因素，是通过分析期货商品的供求状况及其影响因素，来解释和预测期货价格变化趋势的方法。

商品供求状况及影响其供求的众多因素对现货市场商品价格产生重要影响，所以通过分析商品供求状况及其影响因素的变化，可以帮助现货交易者预测和把握商品期货价格变化的基本趋势。

需要注意的是，基本面分析是长线交易者最重要的分析方法，是把期货商品的内在价值分析放在首位，这也是技术分析者成功操作的前提，否则就会掉入市场主力设计好的陷阱里。

2.1.2 初识技术分析

技术分析是以预测期货市场价格变化的未来趋势为目的，以图表形态、技术指标等为手段，对市场展开的包括归纳、排除、分析、确认、比较、决策、验证等在内的一系列的研究方法和手段。

技术分析的基本观点是：所有期货商品的实际供需量及其背后起引导作用的各种因素，包括交易市场上每个投资者对未来的希望、担心、恐惧、猜测等，都集中反映在期货商品的价格及交易量上，因而研究它们是最直接、最有效的。

技术分析有很多种，重要的有 K 线、K 线形态、趋势、理论分析和各种技术指标等。另外，要注意技术分析是艺术，而不是科学，对于一种 K 线图，有许多种解释，到底哪一种正确，则是仁者见仁、智者见智。

2.1.3 基本面分析与技术分析的联系

基本面分析和技术分析都认为期货商品价格是由供求关系所决定的，但基本面分析主要是根据对影响供需关系的各种因素的分析来预测期货商品未来的价格走势，技术分析则是根据价格本身的变化来预测期货商品价格的未来走势。

技术分析的逻辑是：只要价格上涨，不管是什么原因，需求一定超过了供给，后市就理应看好；只要价格下跌，不管是什么原因，供给一定超过了需求，后市就应该看跌。

技术分析所依赖的图表本身并不能导致市场的涨跌，它只是简明地显示了市场投资者现行的乐观或悲观心态，而技术分析者则正是从中窥出价格后期变化的可能性。

大多数投资者，要么说自己是技术分析派，要么说自己是基本面分析派，实际上很多投资者两手兼备。绝大部分基本面分析者对图表分析的基本立场有适当的了解，同时，绝大部分技术分析者对经济基础也至少有走马观花的印象。

但问题是，在大多数情况下，图表的预测和基本面的分析南辕北辙。当一场重要的市场运动初露端倪时，市场常常表现得颇为奇特，从基本面上找不出什么理由。恰恰是在这种趋势萌生的关键时刻，两种分析方法分歧最大。等趋势发展了一段时间后，两者对市场的理解又协调起来，可这个时候往往来得太迟，投资者已经无法下手了。

总之，期货市场价格是实体经济的超前指标，即大众常识的超前指标。实体经济的新发展在被统计报告等资料揭示之前，早已在市场上实际发生作用，已经被市场消化吸收了。所以，一些最为剧烈的牛市或熊市在开始的时候，几乎找不到表明实体经济已改变了的资料，等到好消息或坏消息纷纷出笼时，新趋势早已滚滚向前了。

技术分析者往往非常自信，当大众常识同市场变化"驴唇不对马嘴"时，也能够"众人皆醉唯我独醒"，应对自如。他们乐于领先一步，当少数派，因为他们明白，个中原因迟早会大白于天下，不过那肯定是事后诸葛亮，他们既不愿意也没有必要坐等，从而失去良机。

2.2 基本面分析

期货交易是以现货交易为基础的。期货价格与现货价格之间有着十分紧密的联系。商品供求状况及影响其供求的众多因素对现货市场商品价格产生重要影响，因而也必然会对期货价格产生重要影响。所以，通过分析商品供求状况及其影响因素的变化，可以帮助期货交易者预测和把握商品期货价格变化的基本趋势。

在期货市场中，期货商品价格不仅受商品供求状况的影响，而且还受其他许多非供求因素的影响。这些非供求因素包括：金融货币因素、政治因素、政策因素、投机因素和心理预期等。因此，期货商品价格走势基本因素分析需要综合地考虑这些因素的影响。

2.2.1 供给对期货商品价格的影响

经济学的名言是：从长期看，商品的价格最终反映的必然是供求双方力量均衡点的价格。因此，商品供求状况对商品期货价格具有重要的影响。基本面分析主要分析的就是供求关系。

商品供求状况的变化与价格的变动是互相影响、互相制约的。商品价格与供给成反比，供给增加，价格下降；供给减少，价格上升。商品价格与需求成正比，需求增加，价格上升；需求减少，价格下降。

在其他因素不变的条件下，供给和需求的任何变化，都可能影响商品价格变化。一方面，商品价格的变化受供给和需求变动的影响。另一方面，商品价格的变化又反过来对供给和需求产生影响：价格上升，供给增加，需求减少；价格下降，供给减少，需求增加。

这种供求与价格互相影响、互为因果的关系，使商品供求分析更加复杂化，

即不仅要考虑供求变动对价格的影响，还要考虑价格变化对供求的反作用。期货
商品供给分析主要有三个因素，如图 2.1 所示。

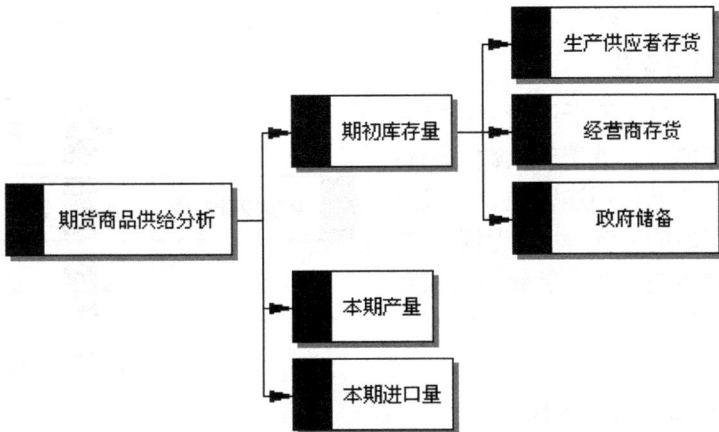

图 2.1　期货商品供给分析

1. 期初库存量

期初库存量是指上年度或上季度积存下来可供社会继续消费的商品实物量。
根据存货所有者身份的不同，可以分为生产供应者存货、经营商存货和政府储备。

- 生产供应者存货和经营商存货可根据价格变化随时上市供给，可视为市场
  商品可供量的实际组成部分。
- 政府储备的目的在于为全社会整体利益而储备，不会因一般的价格变动而
  轻易投放市场。当市场供给出现严重短缺、价格猛涨时，政府可能动用它
  来平抑物价，对市场供给产生重要影响。

2. 本期产量

本期产量是指本年度或本季度的商品生产量。它是市场商品供给量的主体，
其影响因素也甚为复杂。从短期看，它主要受生产能力的制约，也受资源和自然
条件、生产成本及政府政策的影响。不同商品生产量的影响因素可能相差很大，
必须对具体商品生产量的影响因素进行具体的分析，以便能较为准确地把握其可
能的变动。

3. 本期进口量

本期进口量是对国内生产量的补充，通常会随着国内市场供求平衡状况的变
化而变化。同时，进口量还会受到国际和国内市场价格差、汇率、国家进出口政
策及国际政治因素的影响而变化。

2.2.2　需求对期货商品价格的影响

商品市场的需求量是指在一定时间、地点和价格条件下买方愿意购买并有能力购买的某种商品数量。期货商品需求分析主要有三个因素，如图 2.2 所示。

1. 国内消费量

国内消费量主要受消费者的收入水平或购买能力、消费者人数、消费结构变化、商品新用途发现、替代品的价格及获取的方便程度等因素的影响，这些因素变化对期货商品需求及价格的影响往往大于对现货市场的影响。

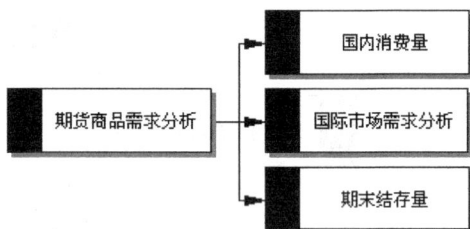

图 2.2　期货商品需求分析

2. 国际市场需求分析

稳定的进口量虽然量值大，但对国际市场价格影响甚小；不稳定的进口量虽然量值小，但对国际市场价格影响很大。出口量是本国生产和加工的商品销往国外市场的数量，它是影响国内需求总量的重要因素之一。分析其变化应综合考虑影响出口的各种因素的变化情况，如国际、国内市场供求状况，内销和外销价格比，本国出口政策和进口国进口政策变化，关税和汇率变化等。例如，我国是玉米出口国之一，玉米出口量是影响玉米期货价格的重要因素。

3. 期末结存量

期末结存量具有双重的作用，一方面，它是商品需求的组成部分，是正常的社会再生产的必要条件；另一方面，它又在一定程度上起着平衡短期供求的作用。当本期商品供不应求时，期末结存量将会减少；反之就会增加。因此，分析本期期末结存量的实际变动情况，即可从商品实物运动的角度看出本期商品的供求状况及其对下期商品供求状况和价格的影响。

2.2.3　利率和汇率对期货商品价格的影响

期货商品交易与金融货币市场有着紧密的联系。利率的高低、汇率的变动都直接影响商品期货价格的变动。

1. 利率

利率调整是政府紧缩或扩张经济的宏观调控手段。利率的变化对金融衍生品交易影响较大，而对商品期货的影响较小。

例如 1994 年开始，为了抑制通货膨胀，中国人民银行大幅度提高利率水平，提高中长期存款和国库券的保值贴补率，导致国债期货价格狂飙，1995 年 5 月 18

日，国债期货被国务院命令暂停交易。

2. 汇率

期货市场是一种开放性市场，期货价格与国际市场商品价格紧密相联。国际市场商品价格的比较必然涉及到各国货币的交换比值，即汇率。

汇率是本国货币与外国货币交换的比率。当本币贬值时，即使外国商品价格不变，以本国货币表示的外国商品价格也将上升，反之则下降。因此，汇率的高低变化必然影响相应的期货价格变化。

据测算，美元对日元贬值 10%，日本东京谷物交易所的进口大豆价格会相应下降 10%左右。同样，如果人民币对美元贬值，那么国内大豆期货价格也会上涨。主要出口国的货币政策，如巴西在 1998 年其货币雷亚尔大幅贬值，使巴西大豆的出口竞争力大幅增强，相对而言，大豆供应量增加，对芝加哥大豆价格产生负面影响。

2.2.4　经济波动周期对期货商品价格的影响

商品市场波动通常与经济波动周期紧密相关，期货价格也不例外。由于期货市场是与国际市场紧密相联的开放市场，因此，期货市场价格波动不仅受国内经济波动周期的影响，而且还受世界经济景气状况的影响。

经济周期一般由衰退、萧条、复苏和繁荣四个阶段构成，如图 2.3 所示。

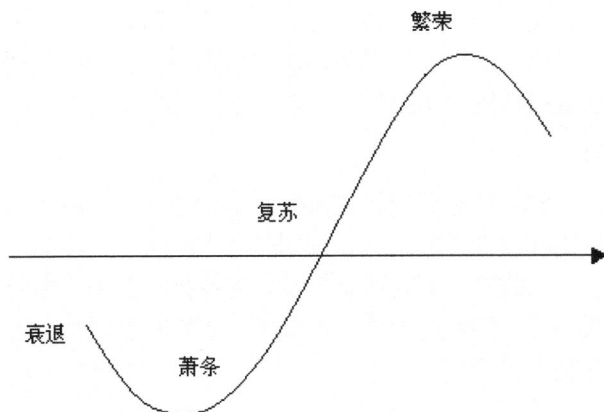

图 2.3　经济波动周期的四个阶段

- 衰退阶段出现在经济周期高峰过去后，经济开始滑坡，由于需求的萎缩，供给大大超过需求，价格迅速下跌。
- 萧条阶段是经济周期的谷底，供给和需求均处于较低水平，价格停止下跌，处于低水平。

- 复苏阶段开始时是前一周期的最低点，产出和价格均处于最低水平。随着经济的复苏，生产的恢复和需求的增长，价格也开始逐步回升。
- 繁荣阶段是经济周期的高峰阶段，投资需求和消费需求的不断扩张超过了产出的增长，刺激价格迅速上涨到较高水平。

在整个经济周期演化过程中，价格波动略滞后于经济波动。以上是经济周期四个阶段的一般特征。

例如，在20世纪70年代初期，西方国家先后进入所谓的"滞胀"时期，经济大幅度衰退，价格却仍然猛烈上涨，经济的停滞与严重的通货膨胀并存。

20世纪八九十年代以来，经济波动幅度大大缩小，并且价格总水平只涨不跌，衰退和萧条期下降的只是价格上涨速度而非价格的绝对水平。当然，这种只涨不跌是指价格总水平而非所有的具体商品价格，具体商品价格仍然是有升有降。

进入20世纪90年代中期以后，一些新兴市场经济国家，如韩国、东南亚国家等，受到金融危机的冲击，导致一些商品的国际市场价格大幅下滑。但是，全球经济并没有陷入全面的危机之中，欧美国家经济持续向好。

因此，认真观测和分析经济周期的阶段和特点，对于正确地把握期货市场价格走势具有重要意义。

如何才能准确把握经济波动周期呢？经各国统计部门和众多经济学家、统计学家对经济数据进行广泛的统计分析表明，一些指标循环运行领先于经济周期，被称为先行指标；也有一些指标循环运行与经济周期同步，被称为同步指标；还有一些指标循环运行滞后于经济周期，被称为滞后指标。通过对多个指标的研究，投资者可以对宏观经济运行做出初步判断。经济指标如图2.4所示。

1. 先行指标

先行指标，又称超前指标或领先指标，是指在总体经济活动达到高峰或低谷之前，先行出现高峰或低谷的指标。利用先行指标可以预测总体经济何时扩张，何时达到高峰；何时收缩，何时落至低谷。先行指标很多，主要有金融机构新增贷款、企业定货指标、房地产土地购置面积、土地开发面积、采购经理人指数、新订单数量和存货水平等。

2. 同步指标

同步指标，又称一致指标，是指其达到高峰和低谷的时间与总体经济活动出现高峰和低谷的时间大致相同的指标。同步指标可以描述总体经济的运行轨迹，确定总体经济运行的高峰和低谷位置。同步指标很多，主要有国内生产总值、工业总产值和社会消费品零售总额等。

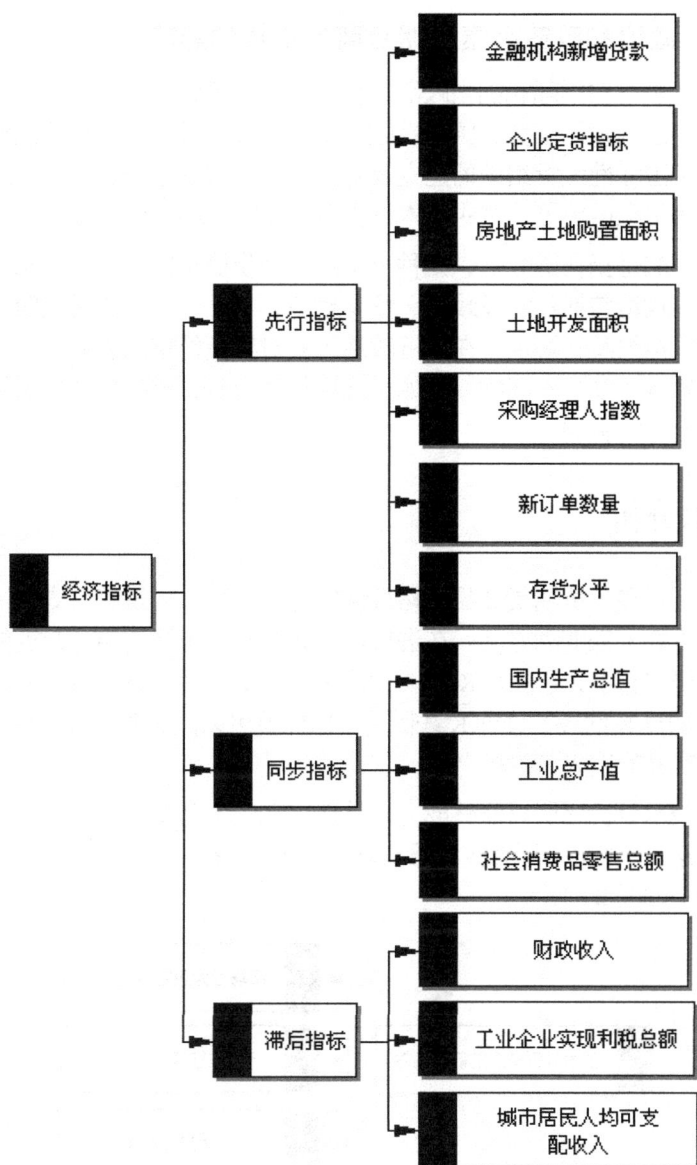

图 2.4 经济指标

3. 滞后指标

滞后指标，又称落后指标，是指其达到高峰和低谷的时间晚于总体经济活动出现高峰和低谷的时间的指标。该指标有助于分析前一个经济循环是否已结束，下一个循环将如何变化。同步指标很多，主要有财政收入、工业企业实现利税总额和城市居民人均可支配收入等。

2.2.5　政治和政策因素对期货商品价格的影响

期货市场价格对国际和国内政治气候、相关政策的变化十分敏感。政治因素主要指国际和国内政治局势、国际性政治事件的爆发及由此引起的国际关系格局的变化、各种国际性经贸组织的建立及有关商品协议的达成、政府对经济干预所采取的各种政策和措施等。这些因素将会引起期货市场价格的波动。

政策的影响是指在国际上，某种上市品种期货价格往往受到其相关的国家政策影响，这些政策包括：农业政策、贸易政策、食品政策和储备政策等，其中也包括国际经贸组织及其协定。在分析政治因素对期货价格的影响时，应注意不同的商品所受影响程度是不同的。例如国际局势紧张时，对战略性物资价格的影响就比对其他商品的影响大。

2.3　技术分析

技术分析重在分析期货商品价格行情的历史走势，通过其历史行情走势来预测和判断价格的未来变动方向。在进行技术分析时，应坚持由远及近的原则，即从长期趋势研究着手，分析月 K 线图和周 K 线图，然后再分析较短的时间周期内的 K 线图，如日 K 线图、分钟 K 线图等。这样就可以做到明大势，并从市场细节动向中寻找有利的出入市时机。

注意，技术分析之所以能够成立，是建立在三个基本假设基础上的。如果投资者不认可这三个假设，那么技术分析就不可取了。技术分析成立的前提条件（三个基本假设）如图 2.5 所示。

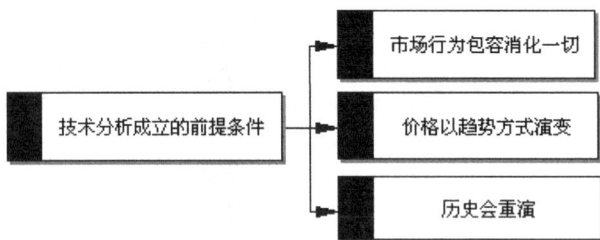

图 2.5　技术分析成立的前提条件

这三个基本假设字数不多，但可谓字字含金。在过去刚开始学习时，有点不以为然，但随着学习的深入、了解的加深，才慢慢发现，这三个基本假设是对技术分析的智慧的总结，确实蕴涵着博大精深的含义在里面。

2.3.1　市场行为包容消化一切

市场行为包容消化一切，看起来有点绝对化。这样的绝对字眼本不该出现在

"没有绝对"的技术分析研究里。投资者要明白，技术分析是没有绝对的，但却有"概率最大"的。为何不少投资者把技术分析看成一门艺术，本质上就是由于这里有一个任人发挥的空间，没有绝对，但有概率最大。谁的研判准确率高，那么就相应地代表了其在这个市场中的艺术水平程度。

提醒：投资者一定要明白，学会技术分析后，不要以为自己天下无敌了。随着在实战中慢慢提高，你会渐渐明白技术分析的艺术性。

市场行为包容消化一切，是指能够影响期货商品价格的任何因素，包括政治、经济、政策、供求关系、投机心理、内幕消息和自然灾害等，实际上都反映在其价格之中。

提醒：这个断语听起来有些武断，但读者花工夫推敲一下，确实是这样的。

我们知道，如果需求大于供给，那么价格必然上涨；如果供给大于需求，那么价格必然下跌。这个供求规律是所有经济的、基础的预测方法的出发点。

我们把它反过来，只要价格上涨，不论是什么具体的原因，需求一定超过了供给，其后市看好；只要价格下跌，也不管是什么原因，供给一定超过了需求，其后市看淡。

其实，技术分析者通常不理会价格涨跌的原因，而且在价格趋势形成的早期或市场正处在关键转折点时，往往没有人确切了解市场为什么如此这般古怪。恰恰是在这种至关紧要的时刻，技术分析者常常独辟蹊径，一语中的。所以，随着实战水平的提高，遇上这种情况越多，"市场行为包容消化一切"这一点就越发显出不可抗拒的魅力。

顺理成章，既然影响市场价格的所有因素最终必定要通过市场价格反映出来，那么研究价格就足够了。所以江恩曾经说过，如果你坐在自己家中或者自己的办公室里，静静地研究你的图表（K 线图），并依据明确无误的迹象进行交易，那么你就可以取得更大的成功。

实际上，技术分析者是通过研究价格图表及大量的辅助技术指标，让市场自己揭示它最可能的走势，而不是凭他的"精明"来征服市场。

2.3.2　价格以趋势方式演变

"趋势"，可别小看这两个字，它在技术分析里可以带来无限的机会，同时也可能带来无限的风险，就看如何去对待这个问题了。

技术分析的核心就是趋势，技术分析的意义是：要在一个趋势发展的早期，及时准确地把它揭示出来，从而达到顺着趋势交易的目的。

技术分析者认为，对于一个既成的趋势来说，下一步往往是沿着现存趋势的方向继续演变，其掉头反向的可能性要小得多。

当然，趋势是有尽头的，在向上的"趋势"里，最终的结局往往就是变成一个向"下"的趋势，反之也相同。"没有只涨不跌的商品，也没有只跌不涨的商品"，这句话完全可以看成是对"趋势"上下运动的较为明了的注解。价格以趋势方式演变，并且其趋势倾向于持续发展，如图2.6所示。

图2.6　价格以趋势方式演变，并且其趋势倾向于持续发展

2.3.3　历史会重演

技术分析和市场行为学与人类心理学有着千丝万缕的联系。比如价格形态，它们通过一些特定的价格图表形状表现出来，而这些图形表示了人们对某市场看好或看淡的心理。其实这些图形在过去的几百年里早已广为人知并被分门别类了。既然它们在过去很管用，就不妨认为它们在未来同样有效，因为它们是以人类心理为根据的，而人类心理从来就是"江山易改，本性难移"。"历史会重演"说得具体一点就是，打开未来之门的钥匙隐藏在历史里，或者说将来是过去的翻版。

如图2.7所示为白糖指数的日K线图。在A处，价格有效突破底部形态的颈线位后，出现了一波不错的上涨行情，如果在这一波行情中赚到了钱，那么在B处时，价格再次有效突破底部形态颈线，就要敢于大胆做多，从而抓住其后的上涨行情。

在三大假设之下，技术分析有了自己的理论基础。第一条肯定了研究市场行为就意味着全面考虑了影响价格的所有因素，第二条和第三条使得我们找到的规律能够应用于期货市场的实际操作中。

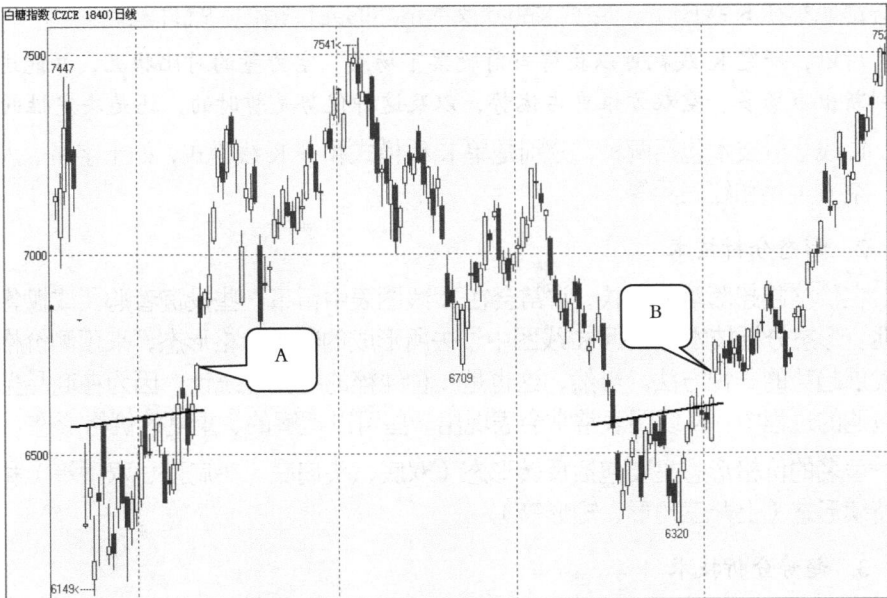

图 2.7　白糖指数的日 K 线图

2.3.4　技术分析的类型

技术分析发展到今天，形成了多种技术分析门派，创造了多种独立的技术分析体系。主要的技术分析类型有 5 种，如图 2.8 所示。

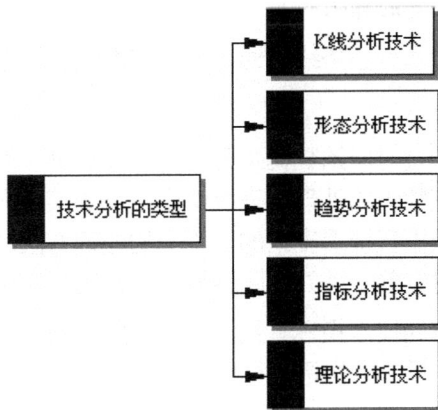

图 2.8　技术分析的类型

1．K 线分析技术

K 线分析技术主要是利用单纯的 K 线图来预测价格的未来走向。价格是一切变化的前提，是趋势运动里最重要的研究部分。最高价、最低价、开盘价、收盘价等都显示在 K 线图上，是绝大部分技术指标的先行指标和统计基础。

所以，研究 K 线就可以获得当前股票市场多、空力量的对比状况，并能进一步判断出市场多、空双方谁更占优势，以及这种优势是暂时的，还是决定性的。

K 线分析技术包括两种，分别是单 K 线模式和多 K 线模式，如十字星、大阳线、空方尖兵和红三兵等。

2. 形态分析技术

在价格起起落落的时候，常常会在 K 线图表中留下一些投资者购买或抛售的预兆。形态分析技术是根据 K 线图中过去所形成的特定价格形态，来预测价格未来发展趋势的一种方法。当然，这也是一种纯粹的经验性统计，因为在商品抛售或抢购的过程中，K 线图表常常会表现出一些可以理解的、重复的价格形态。

著名的价格形态主要包括反转形态（双底、头肩底、头肩顶、双顶等）和各种持续形态（上升三角形、矩形等）。

3. 趋势分析技术

趋势分析技术是按照一定的方法和原则，在价格走势图中绘制直线，然后根据 K 线和这些直线的穿越情况来预测价格未来走势的方法。

当然，切线的画法不是凭空乱画的，它通常是根据价格阶段性的高点或低点，以及趋势的支撑部位或阻力部位来画线的，当然也有的是根据神秘的自然法则或数学规律来画线的。这些线条的产生符合一定的市场交易心理和自然规律，因而在有些时候也会产生一定的作用。

常用的趋势分析技术有趋势线、通道线、支撑线、压力线和黄金分割线等。

4. 指标分析技术

指标分析技术是通过对原始数据（开盘价、收盘价、最低价、最高价、成交量、成交金额、成交笔数）的处理，来反映出市场的某一方面深层的内涵，这些内涵是很难通过原始数据直接看出来的。不同的处理方法产生不同的指术指标，即每一种技术指标都对应着一种处理原始数据的方法。

目前，应用于股市的技术指标有几百种，按照不同的计算原理和反映状况，可大致分为趋向指标、反趋向指标、量价指标和压力支撑指标等。

- 趋向指标：是识别和追踪有趋势的图形类指标，其特点是不试图猜顶和测底，如均线、MACD 指标、SAR 指标等。

- 反趋向指标：又称振荡指标，是识别和追踪趋势运行的转折点的图形类指标，其特点是具有强烈的捕顶和捉底的意图，对市场转折点较敏感，如随机指标 KDJ、强弱指标 RSI 等。

- 量价指标：是通过成交量变动来分析和捕捉价格未来走势的图形类指标，其特点是以"成交量是市场元气"为依据，揭示成交与价格的涨跌关系，如 OBV 指标、VOL 指标等。
- 压力支撑指标：又称通道指标，是通过顶部轨道线和底部轨道线，试图捕捉行情的顶部和底部的图形类指标，其特点是具有明显的压力线，也有明显的支撑线，如 BOLL 指标、XSTD 指标。

提醒：对于指标的应用，要记住经典图形的意义，但要根据大势和主力特征进行认真识别，因为有时很可能是主力发的假信号，即通过纵操价格绘制假指标图形，如果投资者信以为真，则很可能一买就套、一卖就涨。

5．理论分析技术

技术分析的研究要有理论支持，市场中的理论非常多，但常用的却不是太多。比较常用的投资理论有道氏理论、波浪理论、江恩理论和亚当理论等。

总的来讲，从时间上看，K 线和指标分析技术有利于短线交易；趋势和形态分析技术有利于中长线交易。从结果上看，这 4 类技术分析方法尽管考虑的出发点和表达方式不尽相同，但是彼此并不排斥，在使用上可以相互借鉴和融合。但投资者要明白，市场上不存在确切无误的指标或公式，即使是那些最常见的、总体上最可靠的分析方法和分析结论，也只能以一种概率性的表述而存在，不可能不出问题。因为市场的本质是博弈对立的，正与反不可能那么清楚，否则就没有人会输钱，更不会有人赢钱。

2.3.5　技术分析的优缺点

技术分析的优缺点如图 2.9 所示。

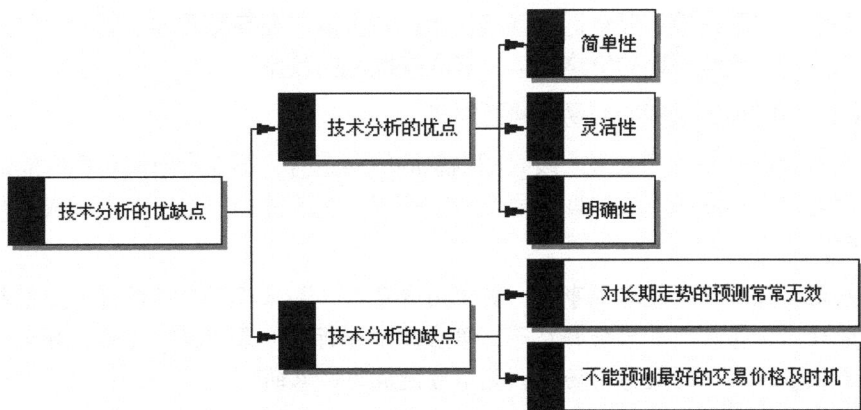

图 2.9　技术分析的优缺点

1. 技术分析的优点

技术分析的优点有 3 项，分别是简单性、明确性和灵活性。

（1）简单性

价格走势图把各种变量之间的关系及其相互作用的结果清晰地表现出来，把复杂的因果关系变成了简单的价格走势图。以图看势，就很容易把握价格变化的趋势，并且利用计算机查看技术分析相当方便。

（2）明确性

在图表中可以出现明显的底部或顶部形态，也可以看到各种买卖信号，它们的出现可以提示投资者做好交易准备。同样，一些主要的支撑位或均线被突破，往往也意味着巨大的机会或风险来临。这些就是技术分析的明确性，但明确性并不等于准确性。

（3）灵活性

技术分析可以适用于任何交易媒价和任何时间尺度，不管是做期货、外汇，还是黄金、股票，无论是分析上百年的市场走势，还是几个小时的标的物价格走势，其基本技术分析的原理都是相同的。只要调出任何一个标的物的价格走势图，就可以获取有关价格的信息，并进行走势分析，即预测其未来走势。

2. 技术分析的缺点

技术分析的缺点有两项，分别是对长期走势的预测常常无效和不能预测最好的交易价格及时机。

（1）对长期走势的预测常常无效

技术分析只能分析期货商品短期价格走势的变化，决定期货商品长期价格走势的是国家宏观政策、经济运行环境、市场资金供应和商品质地等因素。单纯运用技术分析来预测长期的价格走势，其准确性往往较差。

（2）不能预测最好的交易价格及时机

技术分析只能预测未来一段时间内总的价格走势，不能指出该时期内的最高价在何处，也不能指出该时期的最低价在哪里，更不能指出每一次上升或下跌的持续时间。

总之，技术分析是客观事物，其使用者是人，如果投资者不懂得心理控制、资金管理、交易技巧和市场特征等，单靠技术分析这一条"腿"走路，那么在一个具有较多不确定性的交易市场中，是不可能成为赢家的。

2.3.6　技术分析与出入市时机的选择

我们炒期货，一般都是先分析市场行情，然后选择出入市时机。期货市场的杠杆作用注定了时机是交易成败的关键。投资者要明白，即使看对了大趋势，仍然存在赔钱的可能。因为期货交易是保证金交易，保证金在 10%左右，价格朝不利的方向哪怕变化得并不大，投资者也有可能被扫地出门。

提醒：这与股票交易不同，股价跌了，投资者可以拿着等一等，一般股价总有一天会涨回来，从而由投机变成了投资。

在期货市场中，"买了走着瞧"这一套行不通。在市场预测阶段，技术分析或基本分析都可以采用，但是到了选择具体出入市时机时，就只能靠技术分析了。

也就是说，只要做交易，就得按部就班地完成两个步骤：第一步，预测市场，可以是基本面分析，也可以是技术分析，还可以是综合应用；第二步，预测出入市时机，只能依靠技术分析。

2.3.7　技术分析的反面意见

在讨论技术分析时，往往会出现一些大同小异的疑问，如预言自我应验、过去是否能预测未来等。下面来详细讲解一下。

1. 预言自我应验

有不少投资者也许心中会有这样的疑问：

近年来，绝大部分 K 线形态流传广泛。很多投资者把它们牢记于心，常常根据 K 线形态不约而同地行动，于是每当 K 线形态发出看涨或看跌的信号时，买者或卖者一涌而上，结果产生了"预言自我应验"的现象。

事实上，K 线形态很客观，而研读 K 线形态是一门艺术。K 线形态几乎从来没有清楚得能让有经验的投资者意见一致。疑虑重重、困惑不解、仁者见仁、智者见智才是家常便饭。

即使大多数投资者预测一致、所见略同，他们也不一定在同一时刻以同样的方式入市。有些投资者也许预测到信号将会出现，便"先下手为强"；还有些投资者等信号出现后再下手；也有一些投资者等信号出现并验证后再下手。因此，所有人在同一时刻以同一种方式入市的可能性甚微，如图 2.10 所示。

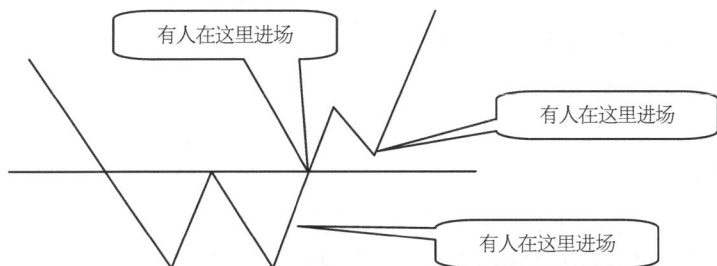

图 2.10　不同的投资者在不同的位置进场

投资者一定要明白，唯有供求规律才能决定牛市或熊市的发生和发展。技术分析者势单力薄，绝不能凭白无故地靠自己的买进或卖出引发市场的重大变化。要是能做到这一点，早就该发大财了。

2. 过去是否能预测未来

用过去的价格走势信息能否有效地预测未来价格走势呢？这是一个比较大的争议。很多投资者常常拿这个问题来反对技术分析，并且常常因此来嘲笑技术分析者。

首先我们要明白，每一种预测方法，从天气预报到基本面分析，都是建立在对历史数据的研究之上的，除了这些资料，我们还能依靠什么资料呢？

从统计学的角度来看，统计学包括描述统计学和推导统计学。在技术分析中，以 K 线图表来显示价格的运动轨迹属于描述统计学，分析价格并做出预测则属于推导统计学，如图 2.11 所示。

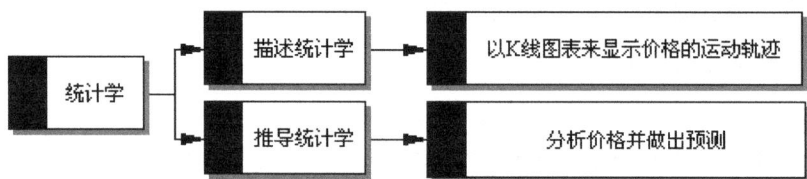

图 2.11　过去可以预测未来吗

所以，技术分析与其他任何一项预测一样，都是建立在历史数据资料之上的。如果投资者怀疑技术分析在这方面的立足点，那么只好把所有以过去研究未来的学问一古脑儿都推翻，当然其中包括基本面分析。

提醒：技术分析最大的优势是不用担心数据资料的可信度，而基本面分析则有数据资料和预测推断在可信度上的双重风险。

3. 随机漫步理论

随机漫步理论，又称随机游走，是指期货商品价格的变动是随机且不可预测的。期货商品价格的变动，就像一个在广场上行走的人一样，价格的下一步将走向哪里，是没有规律的。在期货市场中，价格的走向受到多方面因素的影响。一件不起眼的小事也可能对市场产生巨大的影响。

所有的投资市场确实都具备一定的随机性，或者说"噪音"，但认为所有的价格变化都是随机的，却并非实情。

投资者可以想一下，当市场趋势明朗时，这个趋势对我们是否有用呢？我们是否可以把它当成我们的朋友呢？具有实战经验的投资者都知道，趋势一旦走出来，就是我们最好的朋友，只要我们顺势而为，并且能好好地把握趋势的节奏，我们就可以成为市场中的大赢家。

对于刚入门的投资者来说，期货商品的价格好像都在胡乱运动，没有规律。其实，如果我们不理解具体的过程和规则，那么任何过程都会显得杂乱无章。

例如，一张心电图，在外行看来，就像一长串杂乱无章的音符，但在一个训练有素的医生眼中，其中每个小波折都充满了意义，肯定不是随机的。

对没有花功夫研究期货市场行为规律的投资者来说，市场运行可能是随机的。随着实战经验和技术的提高，随机的错觉逐渐消失，慢慢就会出现价格的运动是随机和规律的结合。

提醒：K 线图表可以帮助那些能够读懂它的人，更确切地说，是那些可以把看到的图表信息消化吸收的人。

2.3.8　技术分析应用注意事项

技术分析作为一种投资分析工具，在应用时应该注意以下 3 点。

1. 技术分析应该与基本面分析结合起来使用

虽然技术分析有较高的预测成功率，但是在运用技术分析的同时，必须注意结合基本面分析。对于商品期货来讲，制约期货价格的根本因素是商品的供求关系，而基本面分析恰恰是从分析供求关系入手的。因此，技术分析应该与基本面分析结合起来使用。

2. 注意多种技术分析方法的综合研判，切忌片面地使用某一种技术分析

投资者应全面考虑各种技术分析方法对未来的预测，综合这些方法得到的结果，最终得出一个合理的多空双方力量对比的描述。实践证明，单独使用一种技术分析方法有相当大的局限性和盲目性。如果应用多种技术分析方法后得到同一个结论，那么依据这个结论出错的机会就很小，而仅靠一种方法得到的结论出错的机会就大。为了减少自己的失误，应尽量多掌握一些技术分析方法。

3. 前人和别人得出的结论要通过自己实践验证后才能放心地使用

期货市场能给人们带来巨大的收益，上百年来研究期货的人层出不穷，分析的方法各异，使用同一种分析方法的风格也不同。前人和别人得到的结论是在一定的特殊条件和特定环境中得到的，随着市场环境的改变，前人和别人成功的方法自己使用时也有可能失败。

第 3 章　期货交易的 K 线分析技巧

K 线分析是最基本的技术分析手段，是所有投资者入市之初就必须掌握的内容。对于短线投资者来说，K 线分析更是其行走市场的重要法宝，甚至是其唯一有效的获利工具。

本章主要内容包括：

- K 线的组成、意义和分类
- K 线运用要注意的问题
- 单根 K 线应用技巧
- 反转形态及其基本要领
- 头肩形反转形态
- 三重顶、三重底、圆顶、圆底和 V 形反转形态
- 三角形持续形态
- 旗形持续形态
- 矩形持续形态

3.1　K 线概述

K 线是用来记录交易市场行情价格的，因其形状如同两端有蕊芯的蜡烛，故西方国家称之为蜡烛图（在我国习惯称之为阴阳线）。

K 线起源于日本德川幕府时代的 1710 年以后。当时日本大阪的堂岛大米会所开始经营世界最早的期货合约，K 线就是为记录大米每天涨跌的价格而发明的。

K 线实际上是为考察市场心理提供了一种可视化的分析方法，它简捷而直观，虽不具备严格的逻辑推理性，但是却有相当可信的统计意义。它真实、完整地记录了市场价格的变化，反映了价格的变化轨迹。

与西方国家的线形图相比，K 线图要早 100 年左右，并且其表达形式更丰富、更直观、更灵活，如图 3.1 所示。

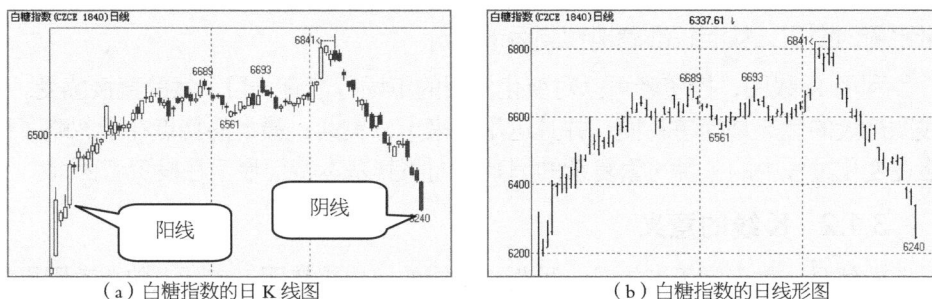

（a）白糖指数的日 K 线图　　　　　（b）白糖指数的日线形图

图 3.1　K 线图与线形图的对比

经过 300 年的演化，特别是经过西方社会近 20 多年的推广，K 线技术目前已被广泛应用于全世界的期货市场、股票市场、外汇市场、现货市场和黄金白银市场等领域，成为技术分析中的最基本的方法之一。

3.1.1　K 线的组成

K 线是一条柱状的线条，由实体和影线组成。在实体上方的影线称为上影线，在实体下方的影线称为下影线。实体分阳线和阴线，当收盘价高于开盘价时，实体部分一般是红色或白色，称为阳线；当收盘价低于开盘价时，实体部分一般是绿色或黑色，称为阴线，如图 3.2 所示。

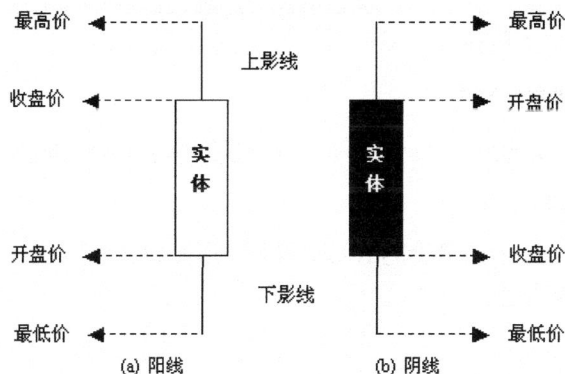

图 3.2　阳线和阴线

K 线的绘制也很简单，它由四个基本数据组成，分别是开盘价、最高价、最低价和收盘价。在日 K 线图中，"开盘价"就是某一个交易日开始进行交易时的第一笔成交价格；"最高价"就是某一个交易日成功交易的最高价格；"最低价"就是某一个交易日成功交易的最低价格；"收盘价"就是某一个交易日结束交易时的最后一笔成交价格。

K 线具有直观、立体感强、携带信息量大的特点，它吸收了我国古代阴阳学说，蕴涵着丰富的东方哲学思想，能充分显示价格趋势的强弱，显示买卖双方力量平衡的变化，从而较准确地预测后市。

利用 K 线图，投资者可以对变化多端的市场行情有一目了然的直接感受。K 线图最大的优点是简单易懂，并且运用起来十分灵活；最大的特点在于忽略了价格在变化过程中的各种纷繁复杂的因素，而将其基本特征显示在投资者面前。

3.1.2　K 线的意义

K 线是一种无字天书，是一种阴阳交错的历史走势图，实际上包含着因果关系。从日 K 线图上看，上一个交易日是当前交易日的"因"，当前交易日是上一个交易日的"果"；而当前交易日又是下一个交易日的"因"，下一个交易日是当前交易日的"果"。正是这种因果关系的存在，分析师才能根据 K 线的阴阳变化找出市场规律，并以此预测价格走势。

K 线的规律是：一些典型的 K 线或 K 线组合出现在某一个位置时，价格将会按照某种趋势运行，当这些典型的 K 线或 K 线组合再次出现在类似位置时，就会重复历史的情况。如底部出现早晨之星，价格往往会由此止跌回升，掌握这个规律后，当再遇到底部出现早晨之星时，就可以判断价格反转在即，认真分析行情后可以考虑择机建仓。

K 线的规律是投资者在长期实战操作中摸索出来的，作为刚入门的投资者，需要在学习别人经验的基础上，通过实战来提高自己观察和分析 K 线的能力，只有这样才能掌握 K 线的规律，从而灵活地应用 K 线。

3.1.3　K 线的分类

按形态来分，K 线可以分为三种，分别是阳线、阴线和同价线。

1. 阳线

阳线即收盘价高于开盘价的 K 线，阳线按实体大小可分为大阳线、中阳线和小阳线，如图 3.3 所示。

2. 阴线

阴线即收盘价低于开盘价的 K 线，阴线按实体大小可分为大阴线、中阴线和小阴线，如图 3.4 所示。

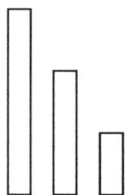

图 3.3　大阳线、中阳线和小阳线　　图 3.4　大阴线、中阴线和小阴线

3. 同价线

同价线是指收盘价等于开盘价,两者处于同一个价位的一种特殊形式的 K 线,同价线常以"十"字形和"T"字形表现出来,所以又称十字线和 T 字线。同价线按上、下影线的长短、有无,又可分为长十字线、十字线、T 字线、倒 T 字线和一字线,如图 3.5 所示。

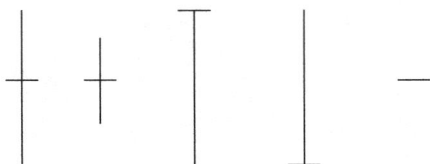

图 3.5　长十字线、十字线、T 字线、倒 T 字线和一字线

按时间来分,K 线可以分为两种,分别是短周期 K 线和中长期 K 线。其中,短周期 K 线包括 1 分钟 K 线、3 分钟 K 线、5 分钟 K 线、10 分钟 K 线、15 分钟 K 线、30 分钟 K 线、1 小时 K 线、3 小时 K 线和日 K 线等。

在日 K 线图状态下,单击工具栏上的"30"按钮,就可以看到白糖指数的 30 分钟 K 线图,如图 3.6 所示。

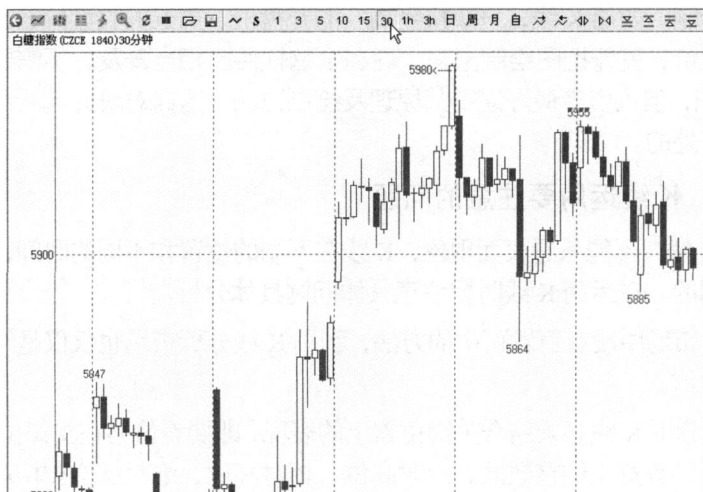

图 3.6　白糖指数的 30 分钟 K 线图

中长期 K 线包括周 K 线、月 K 线、季 K 线和年 K 线等。单击工具栏上的"周"按钮,就可以看到白糖指数的周 K 线图,如图 3.7 所示。

图 3.7　白糖指数的周 K 线图

提醒：按下键盘上的 F8 键，可以实现不同分析周期的切换。

不同的 K 线有不同的作用，短周期 K 线反映的是价格短期走势，长周期 K 线反映的是价格长期走势。

所有 K 线的绘制方法都相同，即取某一时段的开盘价、收盘价、最高价、最低价进行绘制。如周 K 线，只须找到周一的开盘价、周五的收盘价、一周中的最高价和最低价，就能把图绘制出来。现在电脑软件已相当普及，不需要手工绘制各种 K 线图，但投资者最好懂得其原理及绘制方法，这样对研究判断商品价格走势是很有好处的。

3.1.4　K 线运用要注意的问题

初学 K 线，不能只看表面现象，K 线在不同的位置和不同的时间，所表达的信息是不同的。在运用 K 线时要注意具体问题具体分析。

第一，市场中没有百发百中的方法，利用 K 线分析市场也仅仅是经验性的方法，不能迷信。

第二，分析 K 线必须结合关键位置上的表现，即要看价格在支撑位、压力位、成交密集区、有意义的整数区、绝对高位、相对高位、绝对低位和相对低位等关键位置的表现形式。

第三，K 线分析方法必须与其他方法相结合，用其他分析方法已经做出了买卖决策后，再用 K 线选择具体的出入市时机。

第四，注意对关键 K 线的分析，即对大阳线、大阴线及重要的 K 线组合的分析，另外还要关注重要 K 线的成交量。

第五，分析 K 线，要看一系列 K 线的重心走向，也就是 K 线均价的走向。

第六，根据自己的实战经验，加深认识和理解 K 线和 K 线组合的内在和外在的意义，并在此基础上不断修改、创造和完善一些 K 线组合，做到"举一反三，触类旁通"。

总之，对于 K 线，最重要的是它的相对位置，不同的位置意味着不同的价格区间；其次是它是什么模样的，是带影线还是不带影线、多长或多短等；最后才是它的颜色，是阴线还是阳线。千万不要因为大阳线或大阴线就匆忙下结论。

3.2　单根 K 线

无数的 K 线组成了一幅连续的 K 线分析图，但每根 K 线都有其自身的含义。K 线可以分为强势 K 线、较强势 K 线、弱强势 K 线和无势 K 线。

3.2.1　强势 K 线

强势 K 线共有 4 种，分别是光头光脚阳线、光头光脚阴线、大阳线和大阴线，如图 3.8 所示。注意这些强势 K 线出现在趋势的末端时，很可能会盛极而衰。

（1）光头光脚阳线：意味着极端强势上涨，后市看多。

（2）光头光脚阴线：意味着极端强势下跌，后市看空。

（3）大阳线：意味着强势上涨，后市看多。

（4）大阴线：意味着强势下跌，后市看空。

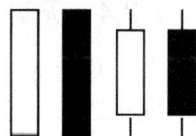

3.2.2　较强势 K 线

图 3.8　强势 K 线

较强势 K 线共有 4 种，分别是光头阳线、光头阴线、光脚阳线和光脚阴线，如图 3.9 所示。注意这些较强势 K 线出现在趋势的末端时，已显示出疲软之势。

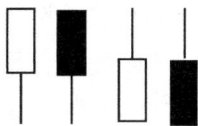

图 3.9　较强势 K 线

（1）光头阳线：意味着较强势上涨，影线表示曾一度遭遇空方反击。

（2）光头阴线：意味着较强势下跌，影线表示曾一度遭遇多方反击。

（3）光脚阳线：意味着较强势上涨，影线表示遇到空方反击了。

（4）光脚阴线：意味着较强势下跌，影线表示遇到多方反击了。

提醒：这四种 K 线都说明对方曾经反击过，尽管尚未成功，但要注意反击开始了。

3.2.3　弱强势 K 线

弱强势 K 线从图形上看是 4 种，但其实是两种，1 和 2 是一种，3 和 4 是一种，如图 3.10 所示。如果弱强势 K 线出现在趋势的末端，则往往有变局的意味。

弱强势 K 线 1 和 2 如果出现在连续上涨的顶部，则称之为上吊线，表示曾遇到剧烈反击，后市有变；如果出现在连续下跌的底部，则称之为锤子线，表示曾遇到过剧烈反击，后市有变。

图 3.10　弱强势 K 线

弱强势 K 线 3 和 4 如果出现在连续上涨的顶部，则称之为射击之星或流星线，意味着摸高受阻，后市有变；如果出现在连续下跌的底部，则称之为倒锤子线，意味着曾经大涨，后市有变。

提醒：弱强势 K 线都有较长的影线，出现在连续运动后，说明对手剧烈反击过，后市有变。

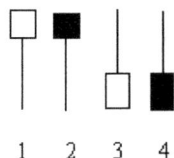

3.2.4　无势 K 线

无势 K 线表示趋势僵持不下，但如果出现在趋势的末端，比前面的大阴阳线更有变局之意，如图 3.11 所示。

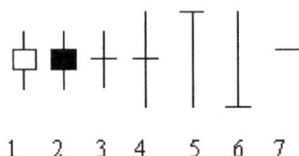

图 3.11　无势 K 线

无势 K 线 1、2 和 3 分别表示小阳线、小阴线和十字星线，当它们出现时，一般不能确定后市运动方向。但在连续上涨后出现，说明涨势停顿，后市有变；在连续下跌后出现，说明跌势停顿，后市有变。

无势 K 线 4 为长十字线，又称为长十字星线，其意义与十字星线一样，但疲软的性质和僵持的意义更强烈。

无势 K 线 5 为如果出现在连续上涨的顶部，称之为风筝钱，这表明曾遇到剧烈反击，后市有变；如果出现在连续下跌的底部，则称之为多胜线，这表明曾遇到剧烈反击，后市有变。

无势 K 线 6 为如果出现在连续上涨的顶部，称之为灵位线，这表明摸高受阻，后市有变；如果出现在连续下跌的底部，则称之为空胜线，这表明曾遇到过剧烈反击，后市有变。

提醒：前面这 6 种无势 K 线，说明多、空双方僵持不下，失去了方向感，但在连续涨、跌势的末端，则往往意味着情况不妙。

无势 K 线 7 为一字线，说明开盘价、收盘价、最高价和最低价在同一个价位，出现于股市中的涨跌停板处。

总体来说，阳线实体越长，越有利于价格上涨，阴线实体越长，越有利于价格下跌；但连续强势上涨后，谨防盛极而衰；连续强势下跌之后，可能否极泰来。如果影线相对实例来说非常小，则可以忽略不计，即等同于没有；如果影线很长，则说明多、空双方争斗非常剧烈，后市不确定。十字星的出现往往是过渡信号，而不是反转信号，它意味着市场暂时失去了方向感，投资者可以继续观察几个交易日。

3.2.5　单根 K 线应用技巧

投资者往往用单根 K 线分析后市行情，并且利用单根 K 线进行交易的冲动投机者不在少数，所以市场主力常常在单根 K 线上做文章，企图获取较高的收益。所以在日常交易中，经常可以看到一些奇怪的现象。

例如，在收盘前几分钟期货价格突然大幅上涨或下跌，收盘价被拉高或打压很多；或在日 K 线图中，期货价格突然在极短时间内大涨或大跌 200 多点，然后又迅速回到先前水平，就跟什么也没有发生一样。

这些都是主力拉高和打压期货价格的手法，用来控制 K 线的变动，诱使投资者进行交易。这种方法对于主力来说简单易行，用极小的代价就可以换取丰厚的利润，所以一个交易日的 K 线较容易出现陷阱。这种现象几乎每天都会出现，并最终造成 K 线分析者的亏损。

K 线的理论意义是从大量的实践和统计中总结出来的，从准确性上看也相对较高，但是在操作中还要认真配合 K 线所处的位置，而不能仅仅以类似的经验简单推断。

未来期货价格走势判断必须是建立在整体期货价格趋势的基础上，才有它的价值，而不能仅以一两天期货价格的动向就轻易下结论。以点带面、管中窥豹是十分危险而且不负责任的。

例如，同样一根大阳线，在突破头肩底形态时，它的意义可以代表买气的旺盛，第二天期货价格很可能借势上涨。但在连续大幅暴跌后出现，它所代表的只是一个超跌反弹而已，绝不能代表买气旺盛。

再例如，一根大阴线通常代表卖气衰竭，卖方占绝对优势，预示着第二个交易日期货价格通常会继续下跌。但是，在实际交易中，我们有时可以见到这样的情况，期货价格在一个价位处波动，突然有一日期货价格一开盘就高开，随后迅速下跌，在前一天收盘价处止跌企稳，随后整日横向波动直至收盘。从K线图上看，这是一个典型的光头光脚的大阴线，但事实上，它是高开的结果，不具有任何指导意义，更不能单纯地以前面所述的大阴线意义来对待。

因此，投资者一定要明白，前面讲解的单根K线的意义只是它的理论含义。而在实际操作中，投资者判断的重点在于期货价格所处的位置，如果期货价格处于大跌后的底部区域，则任何K线都是为主力建仓做多服务的；如果期货价格处于上涨趋势中，则任何K线都是为期货价格继续上涨服务的；只要是期货价格处于顶部阶段，任何K线都是为主力出货或做空建仓服务的；只要期货价格处于下降趋势中，任何K线都是为期货价格继续下跌服务的。下面通过大阳线和大阴线来具体讲解一下。

如图3.12所示为郑棉的日K线图。郑棉价格连续大幅下跌后，又开始急跌，连续跳空低开大阴线，逼多头交出手中的筹码。2008年11月7日，价格大幅下跌后拉出一根带有上影线的大阳线，这里是超跌快速反弹，第二个交易日又大幅下跌，第三个交易日又低开。总之，通过低位的连续逼空，让多头胆战心惊，让他们在恐惧中交易手中的筹码。

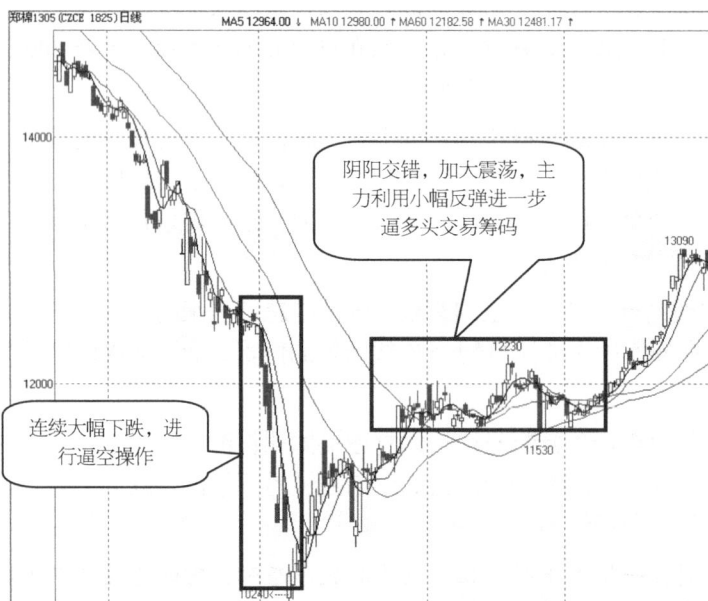

图3.12 郑棉的日K线图

期货价格经过大幅下跌后，进入底部区域，任何大阳线和大阴线都是为主力建仓做多服务的。

按键盘上的"Ctrl"+"→"组合键,向右移动 K 线图。在这里可以看到在上涨途中,大阴线和大阳线都是为了洗盘,洗盘后还会继续上涨,如图 3.13 所示。

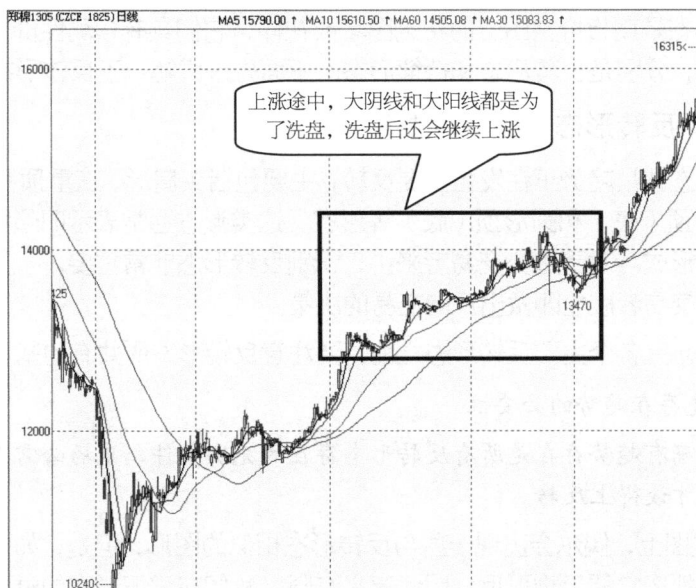

图 3.13　上涨途中的大阴线和大阳线

按键盘上的"Ctrl"+"→"组合键,向右移动 K 线图。期货价格经过多次大幅拉升后进入高位区,大阴线和大阳线都是为了出货或做空建仓服务的,如图 3.14 所示。

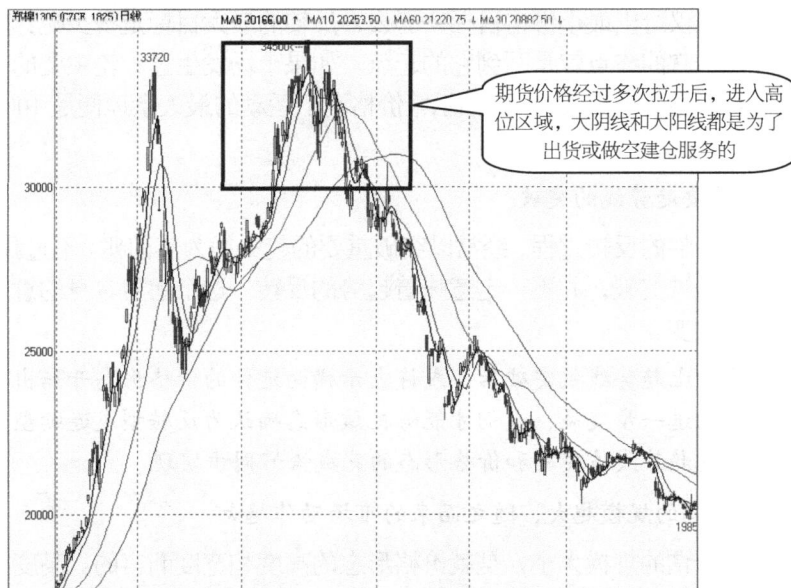

图 3.14　高位区域的大阳线和大阴线

3.3　K线反转形态

K线形态是期货价格图上的特定图案或花样，它们具有预测性价值。K线形态分为两种，分别是反转形态和持续形态。下面先来讲解一下反转形态。

3.3.1　反转形态及其基本要领

反转形态就是趋势正在发生重要反转，主要包括头肩形、三重顶（底）、双顶（底）、V形顶（底）和圆形顶（底）等形态。这类形态通常表示旧趋势结束、一个新的趋势形成。对于趋势交易者来讲，识别反转形态非常重要。一旦出现反转形态，趋势交易者应立即做出反向交易的决策。

在单独研究各个主要反转形态之前，要注意反转形态所共有的基本要领。

1．事先存在趋势的必要性

市场上确有趋势存在是所有反转形态存在的先决条件。市场必需先有明确的趋势，然后才谈得上反转。

在K线图上，偶尔会出现一些与反转形态相似的图形，但是，如果事前并无趋势存在，那么它便无物可反，因此意义有限。我们在辨识形态的过程中，正确把握趋势的总体结构，有的放矢地对最可能出现一定形态的阶段提高警惕是成功的关键。

正因为反转形态事先必须有趋势可反，所以它才具备了测算意义。绝大多数测算技术仅仅给出最小价格目标。那么，反转的最大目标是多少呢？就是事前趋势的起点，它的终点就是回到它的起点。如果市场发生过一轮主要的牛市，并且主要反转形态已经完成，那么预示着价格向下运动的最大余地便是100%地回撤整个牛市。

2．重要趋势线的突破

即将降临的反转过程，经常以突破重要的趋势线为其前兆。不过我们要记住，主要趋势线被突破，并不一定意味着趋势的反转。这个信号本身的意义是，原趋势正有所改变。

主要向上趋势线被突破后，或许表示横向延伸的价格形态开始出场，之后，随着事态的进一步发展，我们才能够把该形态确认为反转型或连续型。在有些情况下，主要趋势线被突破和价格形态的完成恰好同步实现。

3．形态的规模越大，随之而来的市场动作越大

这里所谓的规模大小，是就价格形态的高度和宽度而言的。高度标志着形态波动性的强弱，而宽度则代表着该形态从发展到完成所花费的时间的多少。

形态的规模越大，即价格在形态内摆动的范围（高度）越大、经历的时间（宽度）越长，那么该形态就越重要，随之而来的价格运动的余地就越大。

4. 顶和底的差别

顶部形态与底部形态相比，"顶"的持续时间短但波动性更强。在顶部形态中，价格波动不但幅度更大，而且更剧烈，它的形成时间也较短。底部形态通常具有较小的价格波动幅度，但耗费的时间较长。正因如此，辨别和捕捉市场底部比捕捉其顶部通常来得容易些，损失也相应少些。

对喜欢"猜顶"的朋友来说，一定要注意价格通常倾向于跌快而升慢，因此顶部形态尽管难于对付，却也自有其引人之处。通常，投资者在捕捉住熊市的卖出机会时比抓住牛市的买入机会时盈利快得多。事实上，一切都是风险与回报之间的平衡。较高的风险从较高的回报中获得补偿，反之亦然。顶部形态虽然很难捕捉，却也更具盈利的潜力。

5. 交易量在验证向上突破信号时更具重要性

交易量一般应该顺着市场趋势的方向相应地增长，这是验证所有价格形态完成与否的重要线索。任何形态在完成时，均应伴随着交易量的显著增加。但是，在趋势的顶部反转过程的早期，交易量并不如此重要。一旦熊市潜入，市场惯于"因自重而下降"。技术分析者当然希望看到在价格下跌的同时，交易活动也更为活跃，不过，在顶部反转过程中，这不是关键。然而，在底部反转过程中，交易量的相应扩张却是绝对必需的。如果价格向上突破时，交易量形态并未呈现出显著增长的态势，那么整个价格形态的可靠性就值得怀疑了。

3.3.2　头肩形反转形态

头肩形反转形态是最著名、最可靠的反转形态，其形态图形如图 3.15 所示。

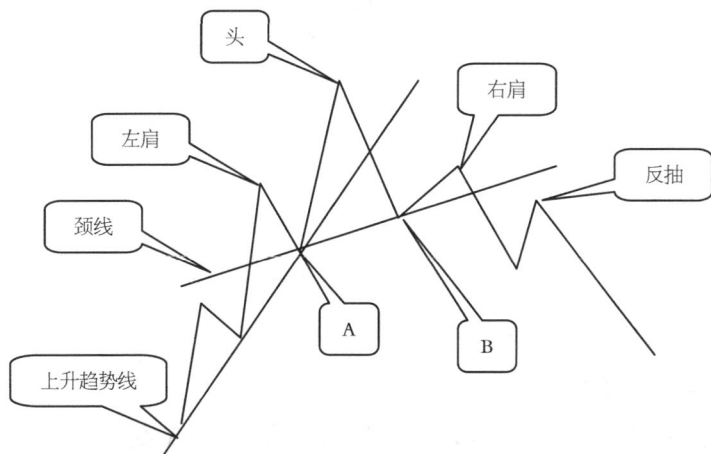

图 3.15　头肩形反转形态

在头肩形反转形态中，左肩和右肩的高度差不多相同，头比两肩高。下面来看一下头肩形的形成过程。

在形成左肩的过程中，上升趋势一如既往，毫无反转的迹向。其回调过程也很正常，即回调到 A 点受到上升趋势线的支撑。

在形成头的过程中，虽然价格创出了新高，但一般情况下成交量会减少。虽然这个变化本身并不具有重要意义，但是这时候，投资者一定要警惕了，脑海中要亮起黄色警示灯。

价格在回调时，出现了一些更令人不解的问题，即这次回调跌破了上升趋势线，然后在 B 点止跌，止跌后反弹高度没有突破前期高点，也没有突破上升趋势线，即右肩高点比头低，也没有突破上升趋势线，一般情况下成交量也会减少，这表明上升趋势很可能就此结束。

左肩回调低点 A 和头部回调低点 B 的连线就是头肩形的颈线。颈线可以是水平直线，也可以是向下或向上倾斜的直线。

如果价格跌破颈线，则表明头肩形反转形态形成。

一般情况下，价格跌破颈线后会有反抽，即价格重新反弹到颈线附近，但不会再突破颈线。

如图 3.16 所示是沪胶指数的日 K 线图，在这里可以看到沪胶指数经过多次拉升后，在顶部形成了头肩形反转形态。

图 3.16　沪胶指数的日 K 线图

形成头肩形的各要素具体如下。

- 事先是上升趋势。
- 左肩伴随着较大的交易量，之后市场向下调整到 A 点。
- 缩量上涨，创出新高，即形成头部。

- 随后的下跌低于左肩，且接近前一个向上反弹低点 A。
- 第三轮的上冲具有明显的缩量，并且无力再创出新高。
- 再次下跌，并且跌破颈线。
- 反抽，但没有突破颈线，再下跌并且创出新低。

利用头肩形反转形态，可以测算下跌的目标价格，具体方法是：先计算出从头到颈线的垂直距离，然后从颈线向下减去同样的距离，就是下跌的目标价格。

例如，头所在的位置是 150，颈线所在的位置是 120，那么下跌的目标价格是：

120 −（150−120）= 90 元

注意这是下跌的最小目标价格，而实际上价格常常会跌过这个价格。不过，如果我们对最小目标心中有数，那么对判断市场行情是否还有足够空间是很有帮助的。

当然，最大目标是原先趋势的整个范围。例如，原先的牛市是从 50 涨到 130，那么从顶反转形态得出的下跌最大目标是 50，即从哪里来，还到哪里去。

3.3.3　其他头肩形反转形态

其他头肩形反转形态包括倒头肩形、复杂的头肩形和流产的头肩形。

1. 倒头肩形

头肩形底，又称倒头肩形，它恰好与头肩形顶互为镜像，如图 3.17 所示。

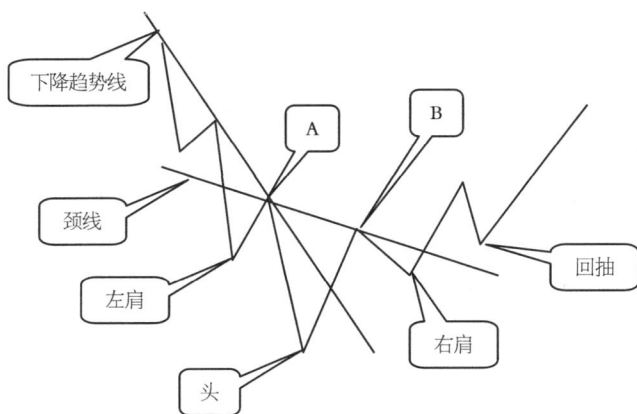

图 3.17　倒头肩形

倒头肩形有三个清楚的低点，其中头（中间的低点）稍低于两肩低点。收盘价格有效突破颈线，是该形态得以完成的必要条件，而且它的测算空间方法与头肩形是一样的。

头肩形与倒头肩形最重要的区别在于成交量。在判断倒头肩形形态及其突破时，成交量起到相当关键的验证作用。头肩形形成的下跌具有"因自重而下跌"的倾向性，因此在底部，当市场发动一轮牛市时，必得具有较多的成交量才行，也就是说，必须具有显著增强的买进推力。

颈线可以是水平的，也可以是向上倾斜的，这两种情况差别不大；如果颈线向下倾斜，则是市场疲弱的一种表现。

如图 3.18 所示为棕榈油指的日 K 线图，在这里可以看到棕榈油指经过大幅下跌后，在底部形成了倒头肩形反转形态。

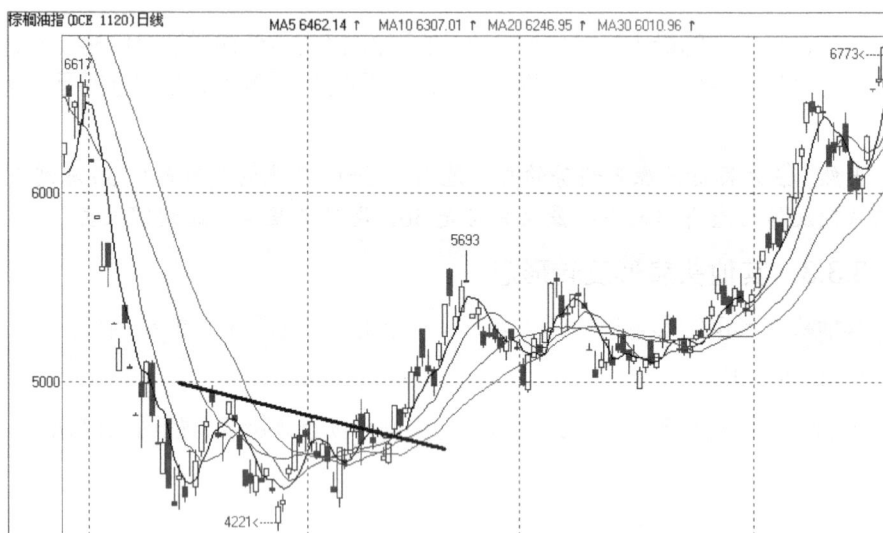

图 3.18　棕榈油指的日 K 线图

2. 复杂头肩形形态

在 K 线图中，标准的头肩形形态很少，一般都是一些头肩形的变体，称为复杂头肩形。这种形态可能呈现出双头或二个左肩和二个右肩的情况。对付这种情况有个窍门，那就是利用头肩形形态所具有的强烈的对称倾向。单个的左肩通常对应着单个的右肩，双重左肩则使出现双重右肩的可能性增加了不少。

3. 流产的头肩形形态

一旦价格突破了颈线，头肩形形态就完成了，市场也就不应再返回颈线的另一边。在顶部，一旦颈线被向下突破了，那么只要随后有任何一个收盘价返回到颈线上方，都是重要的信号，表明此次突破可能是无效信号。

显而易见，这就是流产头肩形的由来。此类形态起初貌似典型的头肩形反转，但在其演化过程中的一定时间，价格会突然恢复原来的趋势。

如图 3.19 所示为豆油指数的日 K 线图，在这里可以看到豆油指数走出了一个流产的头肩形形态。

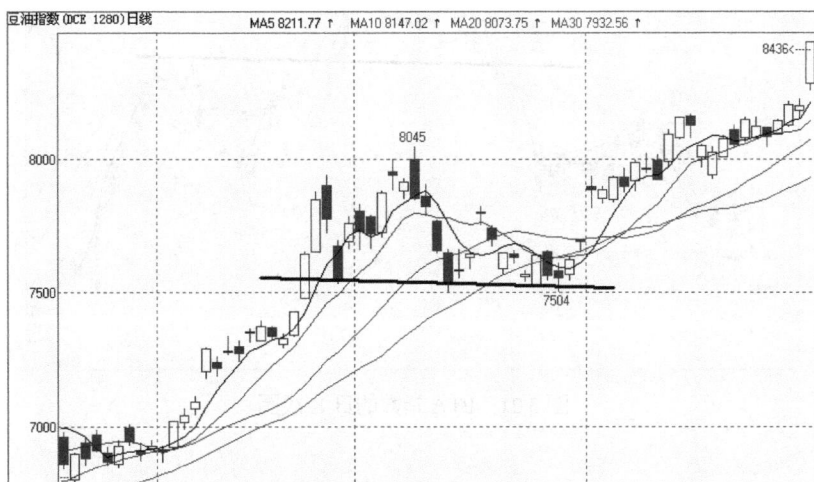

图 3.19 豆油指数的日 K 线图

3.3.4 三重顶和三重底

三重顶和三重底是前面讲解的头肩形的变形，并且前面讲解的各项要素几乎都适用于三重顶和三重底。

三重顶的三个高点处在同一个水平位置，每次上涨的成交量一般都为缩量。当前面的两个低点被价格跌破后，本形态完成，如图 3.20 所示。

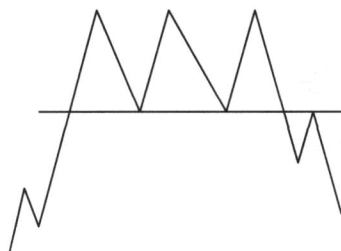

图 3.20 三重顶

三重顶的测算空间方法与头肩形是一样的。在价格跌破颈线后，回抽很少并再次站上颈线。

如图 3.21 所示为 PTA 指数的日 K 线图，在这里可以看到 PTA 指数经过拉升后，在顶部形成了三重顶反转形态。

三重底与三重顶镜像，三个低点处在同一个水平位置，当价格突破颈线时，表示形态完成，注意在突破颈线时要放量，否则可能是诱多，如图 3.22 所示。

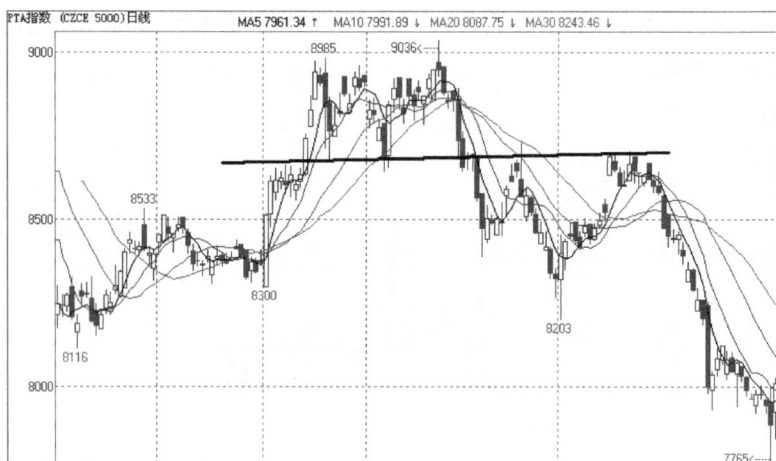

图 3.21　PTA 指数的日 K 线图

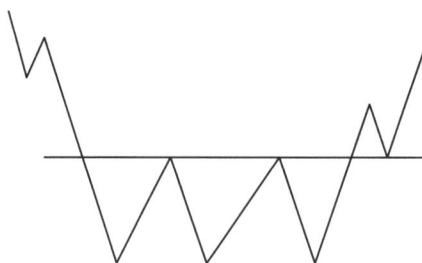

图 3.22　三重底

三重顶和三重底只是头肩形形态的变形，这里不再重复。

3.3.5　双重顶和双重底

双重顶和双重底反转形态比三重顶和三重底常见得多，这种形态仅次于头肩形，出现得很频繁，并且易于辨认。双重顶又被称为 M 顶，其图形如图 3.23 所示。

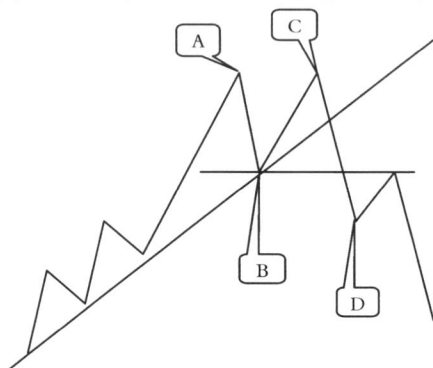

图 3.23　双重顶

下面来看一下双重顶的形成过程。

在上升趋势中,市场在 A 点确立了新的高点,通常其成交量会有所增加。然后是缩量回调,回调到 B 点受到上升趋势线的支撑,这时技术形态表现良好。

接着上冲到 C 点,收盘价无法再创新高,然后又开始下跌。此时,一个潜在的双重顶很可能要形成。

注意到这里只是可能,因为双重顶反转形态成立的必要条件,只有在收盘价格突破前一个低点 B 的支撑后,这个反转才成立。只有价格跌破前期低点 B,并且回抽没能再次站上颈线时,才表示双重顶形态形成。

如图 3.24 所示为豆粕指数的日 K 线图,在这里可以看到豆粕指数经过连续拉升后,在顶部形成了双重顶反转形态。

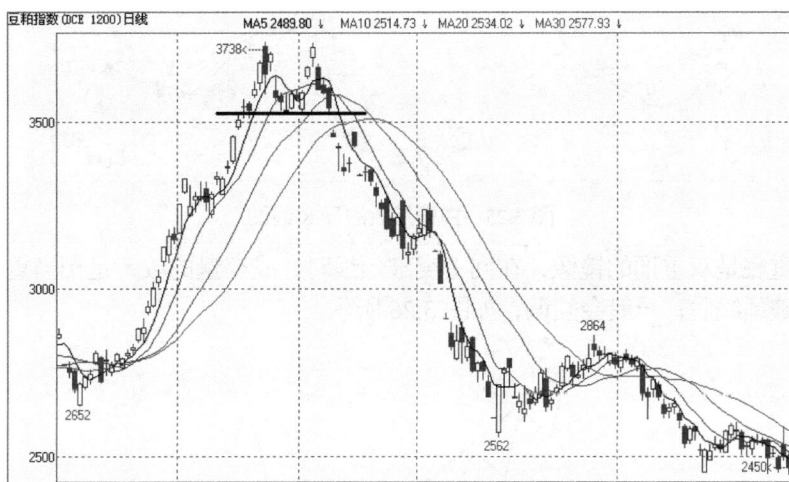

图 3.24　豆粕指数的日 K 线图

双重顶的测算空间方法与头肩形是一样的。

另外,投资者还要注意,双重顶的两个峰并不处于严格相同的水平线上,有时,第二峰相当疲弱,达不到第一峰的高度,这种情况我们可以理解。但当第二峰超过第一峰时,初看起来是向上突破,即恢复了上升趋势,对于这一点,我们要高度重视,否则追高做多,就会被套在最高点上。

在判断突破是否成立时,首先看收盘价是否超过前一个高峰,而不能仅看日内是否穿越。其次,我们还要考虑其突破的高度,如果超过第一个高点 3% 左右,则很可能突破成功。再次,我们可以考虑突破的时间,如果连续两到三天,收盘价都在第一个高峰之上,则表明突破很可能成功。

在牛市中,双重顶的第二峰高于第一峰是相当正常的现象,因为这是市场主力在诱多，是牛市陷阱。

如图 3.25 所示为白糖指数的日 K 线图，在这里形成的双重顶，第二峰就高于第一峰，但突破高点后的第二天就来了一根大阴线，宣布这里是假突破，即双顶成立。

图 3.25　白糖指数的日 K 线图

双重底是双重顶的镜像，在向上突破颈线时，成交量的放大是相当重要的，并且突破颈线后，一般会回调，如图 3.26 所示。

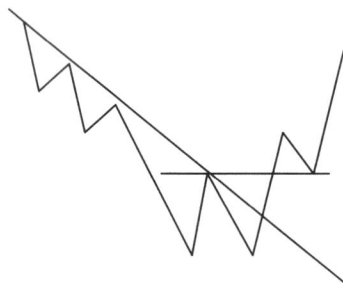

图 3.26　双重底

如图 3.27 所示为美棉指数的周 K 线图，在这里可以看到美棉指数经过大幅下跌后，在底部形成了双重底反转形态。

注意，在判断双重顶或双重底时，形态的规模很重要。双峰之间持续的时间越长、形态的高度越大，则即将来临的反转的潜力就越大。这一点对于所有的反转形态都成立。

一般情况下，在最有力的双重顶或双重底形态中，市场至少应该在双峰或双谷之间持续一个月，有时甚至可能达到两三个月之久。

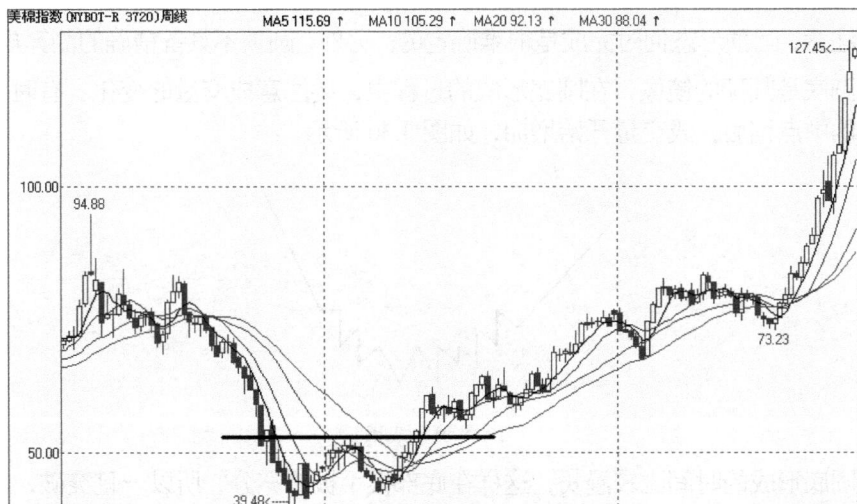

图 3.27　美棉指数的周 K 线图

3.3.6　圆顶和圆底

在圆顶图形中，可以看到从上升到下降的变化是极为平缓的，即上升趋势逐步失去上升的动力，慢慢地转化为新的下降趋势，如图 3.28 所示。

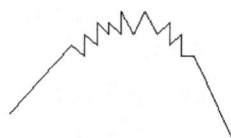

图 3.28　圆顶

如图 3.29 所示为豆粕指数的日 K 线图，在这里可以看到豆粕指数经过连续拉升后，在顶部形成了圆顶反转形态。

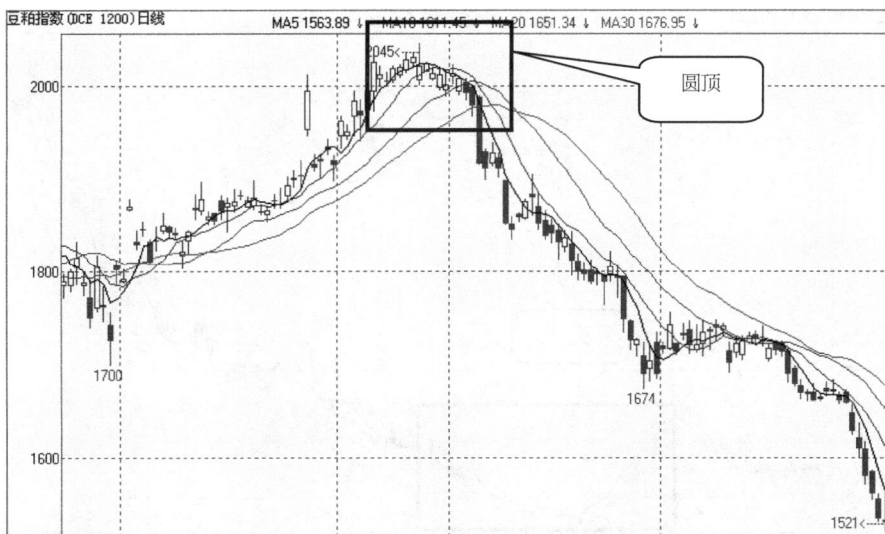

图 3.29　豆粕指数的日 K 线图

注意，圆顶形态何时完成是很难确定的。另外，圆顶不具备精确的测算规则。

圆底是圆顶的镜像，在圆底形成的过程中，要注意成交量的变化。有时，在圆底的中点稍后，成交量开始增加，如图 3.30 所示。

图 3.30 圆底

圆底形成的时间比较漫长，这样在底部换手极为充分，所以一旦突破，常常会有一轮可观的上涨行情。但圆底没有明显的买入信号，入市过早可能会陷入漫长的筑底行情中，这时若价格不涨而略有下挫，几个星期甚至几个月都看不到希望，那么投资者很可能受不了这种时间折磨，在价格向上攻击之前一抛了之，这样就错过了一段好的行情。投资者在具体操作时，要多观察成交量，因为它们都是圆弧形，当价格上冲时，并且成交量也在放大，要敢于买进。如果成交量萎缩，则股价上冲也不能参与。

如图 3.31 所示为玉米指数的日 K 线图，在这里可以看到玉米指数在回调过程中形成了圆底反转形态。

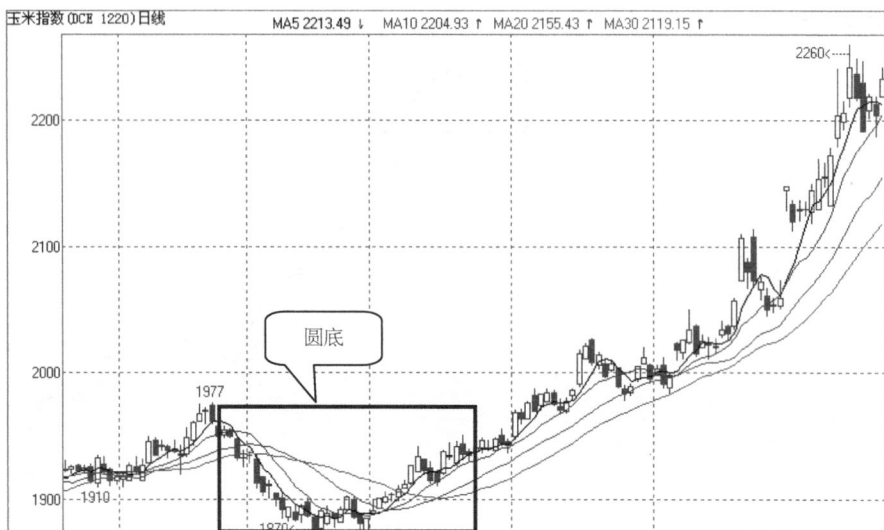

图 3.31 玉米指数的日 K 线图

3.3.7　V 形反转形态

V 形反转形态可谓神出鬼没，在其出现时很难判断，但这种反转形态还很常见。前面讲解的各种反转形态，价格都有一段横向延伸的时间，投资者能够利用这个机会研究市场行情，仔细地探索其未来的运动方向。但 V 形反转形态代表的是剧烈的市场反转，同市场逐步改变方向的一般方式不同。当它发生时，几乎没有先兆，趋势会出人意料地突然转向，随即向相反的方向剧烈地运动。

V 形反转形态如图 3.32 所示。

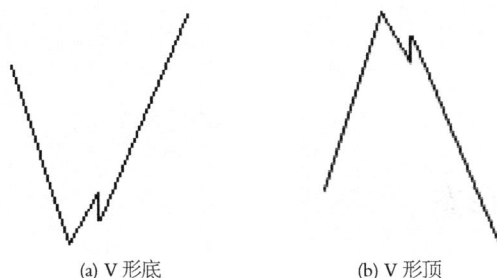

(a) V 形底　　　　　　(b) V 形顶

图 3.32　　V 形反转形态

如图 3.33 所示为 PTA 指数的日 K 线图，在这里可以看到 PTA 指数经过大幅下跌后，在底部形成了 V 形底反转形态。

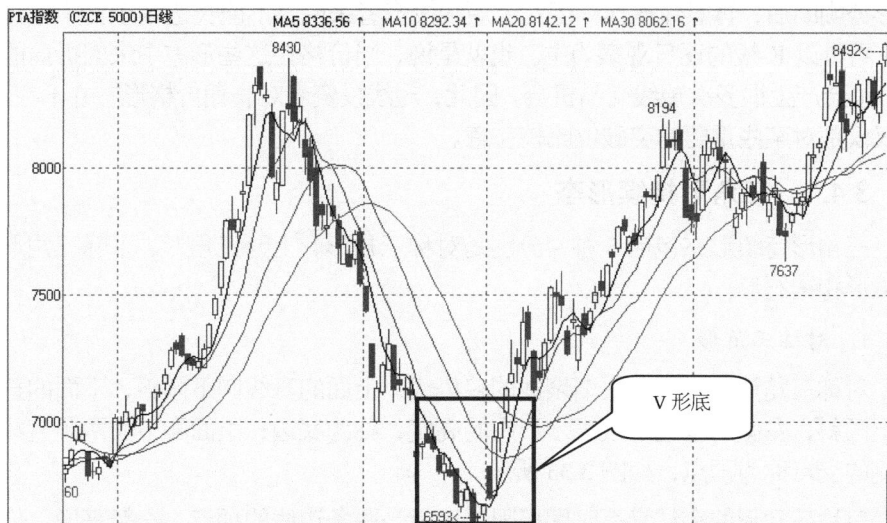

图 3.33　PTA 指数的日 K 线图

如图 3.34 所示为沪铝指数的日 K 线图，在这里可以看到沪铝指数经过拉升后，在顶部形成了 V 形顶反转形态。

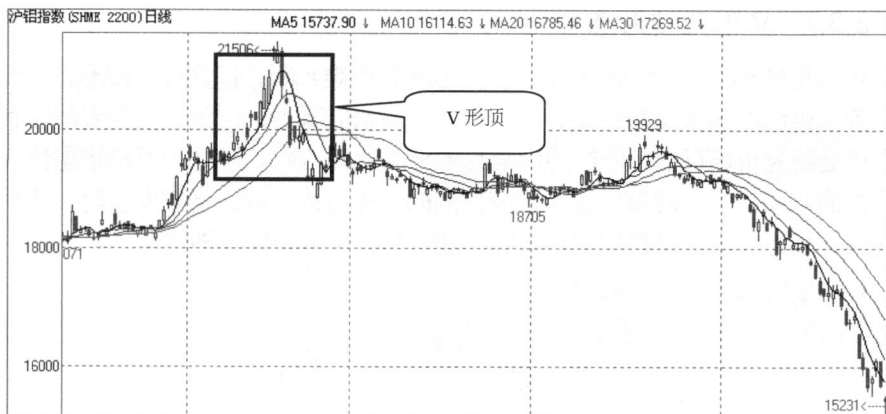

图 3.34　沪铝指数的日 K 线图

3.4　K 线持续形态

持续形态的完成过程往往不会超过三个月，而且多数出现在日 K 线图上，周 K 线图上很少出现，在月 K 线图中几乎没有出现过。整理时间不长的原因是：整理经不起太多的时间消耗，士气一旦疲软，则继续原有趋势就会产生较大的阻力。

对于持续形态，如果是中长线投资者，在整个持续形态中可以不进行操作，待形势明朗后，再具体操作。但对于短线投资者来说，不能长达 3 个月不进行操作，可以以 K 线的逐日观察为主。也就是说，当价格在这些形态中来回折返的时候，也会产生很多次短线交易机会。因此，短线投资者对长期价格形态并不在意，而仅仅是对某些重要的突破位比较在意。

3.4.1　三角形持续形态

三角形持续形态包括 5 种，分别是对称三角形、上升三角形、下降三角形、喇叭形和钻石形。

1．对称三角形

对称三角形具有两条逐渐聚拢的趋势线，上面的直线向下倾斜，下面的直线向上倾斜，左侧的垂直虚线表示形态的高度，称为底边；上面和下面两条直线在右侧的交点称为顶点，如图 3.35 所示。

对称三角形的完结具有时间极限，这就是两条边线的顶点。一般来说，价格应该在三角形横向宽度的一半到四分之三之间的某个位置上，顺着原趋势方向突围而出，该宽度就是从左侧竖直的底边到右侧顶点的距离。因为两条聚拢的边线必定相交，所以只要画出了两条边线，就可以测得上述距离。

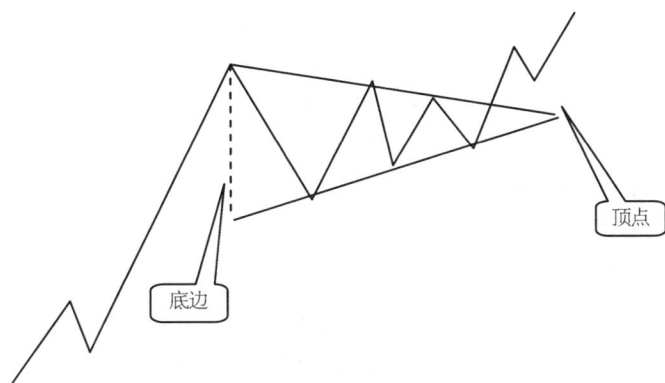

3.35　对称三角形

价格在对称三角形中运行的时间一般在一个月左右,最长一般不超过三个月。

如图 3.36 所示为豆油指数的日 K 线图,在这里可以看到豆油指数经过一段时间上涨后开始回调,在回调过程中,出现了对称三角形调整形态。在这里运行了 25 个交易日,第 26 个交易日跳空高开突破了上边线的压制,第 27 个交易日略作回调,然后就开始一路上涨。

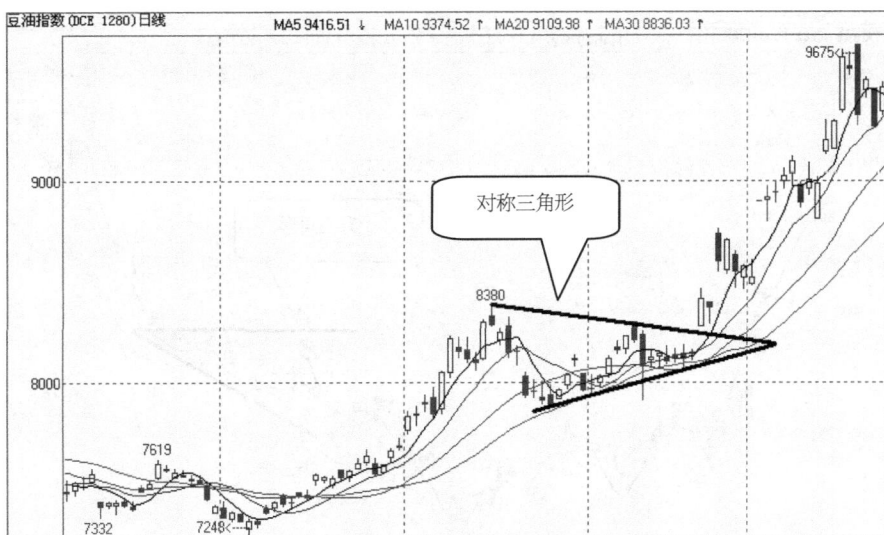

图 3.36　豆油指数的日 K 线图

2. 上升三角形

上升三角形的下边线是向上倾斜的,上边线是水平的,一般来说,它属于看涨形态,如图 3.37 所示。

上升三角形显示多空双方在该范围内的较量，在较量中多方稍占上风，空方在其特定的价格水平不断沽售，但并不急于出货，也不看好后市，于是股价每升到理想水平便沽出，这样同一个价格的沽售就形成了一条水平的供给线。不过市场的买力很强，他们不待股价回落到上次的低点，便迫不急待地买进，因此形成一条向右上方倾斜的需求线。

上升三角形在形成过程中，成交量不断萎缩，向上突破压力线时要放大量，并且突破后一般会有回抽，在原来高点连接处止跌回升，从而确认突破

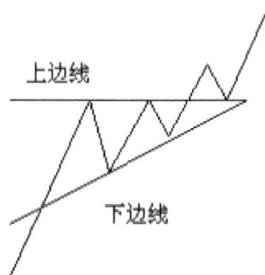

图 3.37　上升三角形

有效。上升三角形是买进信号，为了安全，最后在价格突破压力线后，小幅回调再创新高时买进。

如图 3.38 所示为 PTA 指数的日 K 线图，在这里可以看到 PTA 指数盘出底部后，开始横向盘整，在这个过程中，出现了上升三角形调整形态。在这里运行了 22 个交易日，第 23 个交易日跳空高开突破了上边线的压制，第 24 个交易日略作回调，然后就开始一路上涨。

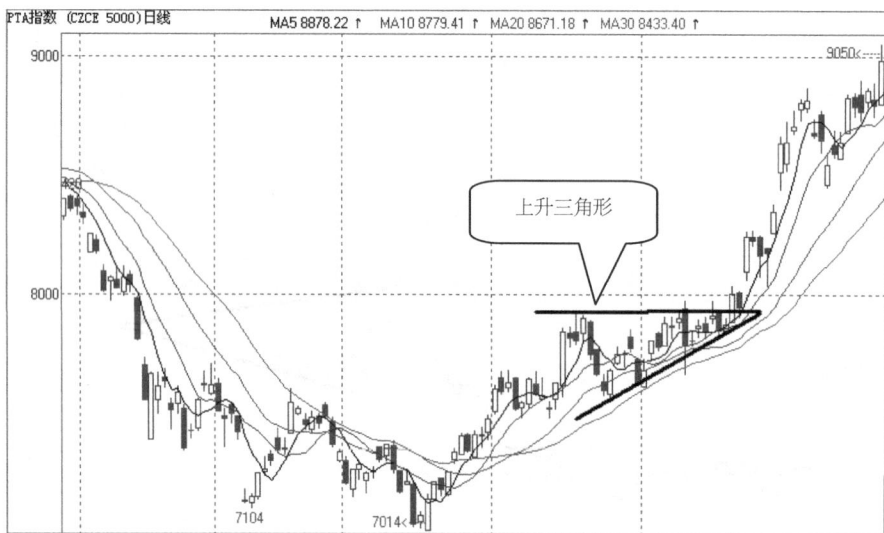

图 3.38　PTA 指数的日 K 线图

3. 下降三角形

下降三角形是上升三角形的镜像，一般情况下，它属于下跌形态。下降三角形的上边线是向下倾斜的，下边线是水平的，这种形态说明卖方比买方更积极主动，如图 3.39 所示。

在下降三角形形成的过程中，看淡的一方不断地增加沽售压力，价格还没回升到上次高点便再沽出，而看好的一方坚守着某一个价格的防线，使价格每回落到该水平线便获得支撑。

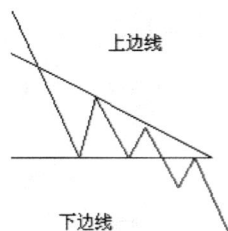

图 3.39　下降三角形

在下降三角形形成的过程中，成交量不断放大，向下突破压力线时可以放量也可以不放量，并且突破后一般会有回抽，在原来支撑线附近受阻，从而确认向下突破有效。下降三角形是卖出信号，投资者可在跌破支撑线后，止损离场。

如图 3.40 所示为沪铝指数的日 K 线图，在这里可以看到沪铝指数经过快速下跌后，进入了横向盘整区域，在这里形成了下降三角形，沪铝指数突破下边支撑线后，又开始快速下跌。

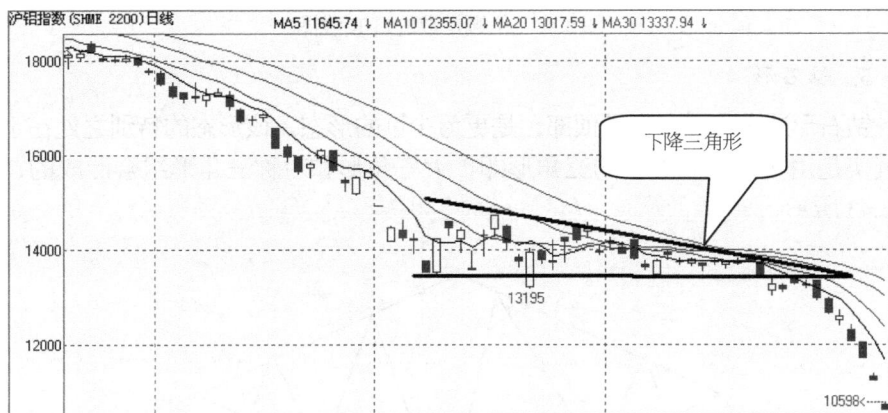

图 3.40　沪铝指数的日 K 线图

4．喇叭形

喇叭形是三角形的变体，相对较为少见，它其实是反向的三角形。前面讲解的三角形的两边是向内聚拢的，而喇叭形与此正相反，即两条边线逐渐分离，呈现出扩大三角形的轮廓，如图 3.41 所示。

喇叭形通常发生在顶部，其中三个高点一个比一个高，而两个低点，一个比一个低。当第三个高点的回落突破了第二个低点之后，本形态就完成了。

如图 3.42 所示为伦铜指数的日 K 线图，在这里可以看到伦铜指数在高位盘整过程中，形成了喇叭形。当伦铜指数跌破第二个低点时，该形态成立，这时多

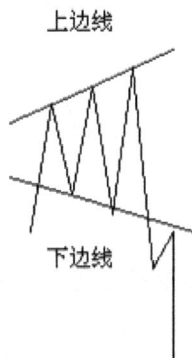

图 3.41　喇叭形

单止损离场，并可以反手做长线空单。

图 3.42　伦铜指数的日 K 线图

5. 钻石形

钻石形通常出现在市场顶部，是更为少见的形态。该形态的特别之处在于，它其实是由两个不同类型的三角形即扩大三角形和对称三角形组合而成的，如图 3.43 所示。

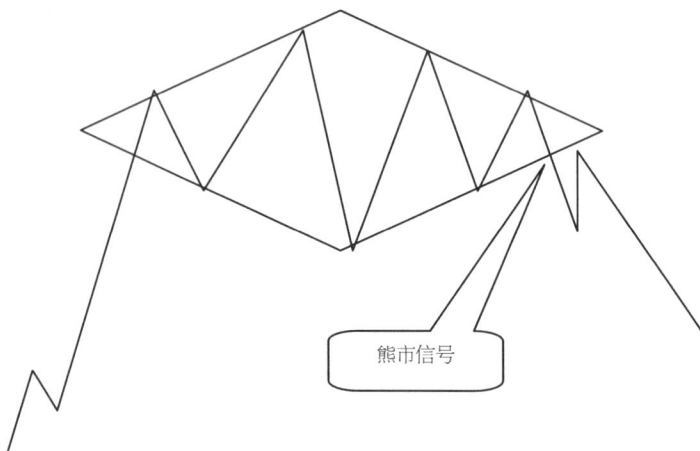

图 3.43　钻石形

在钻石形态中，先是两根边线逐渐分离，然后两条边线再逐渐聚拢，围成了与钻石相似的图形，该形态也是因此而得名的。

如图 3.44 所示为棕榈油指的日 K 线图。棕榈油指在经过宽幅震荡过程中，形成了钻石形态，注意在该形态形成时，多单要果断止损出局并反手建空单。

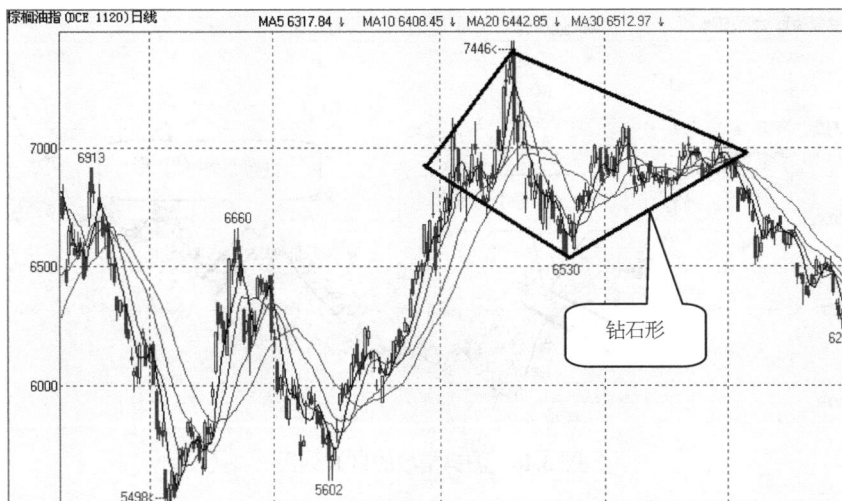

图 3.44 棕榈油指的日 K 线图

3.4.2 旗形持续形态

旗形持续形态在期货市场是相当常见的。旗形与平行四边形或矩形相似，是由两条相互平行的趋势线围成的，如图 3.45 所示。

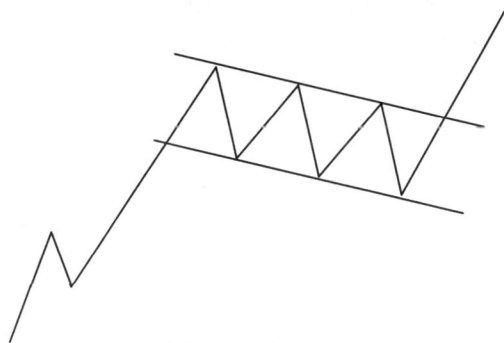

图 3.45 旗形

旗形通常发生在市场急剧运动之后，代表着趋势的短暂休整。在其形成过程中，成交量一般是减少的，然后在突破上边线压制时要放量。

提醒：旗形持续的时间一般较短，大约 1～3 个星期。在上升趋势中，以有效突破上边线为标志；在下降趋势中，以有效突破下边线为标志。

如图 3.46 所示为沪锌指数的日 K 线图，在这里可以看到上升趋势中的旗形和下降趋势中的旗形。

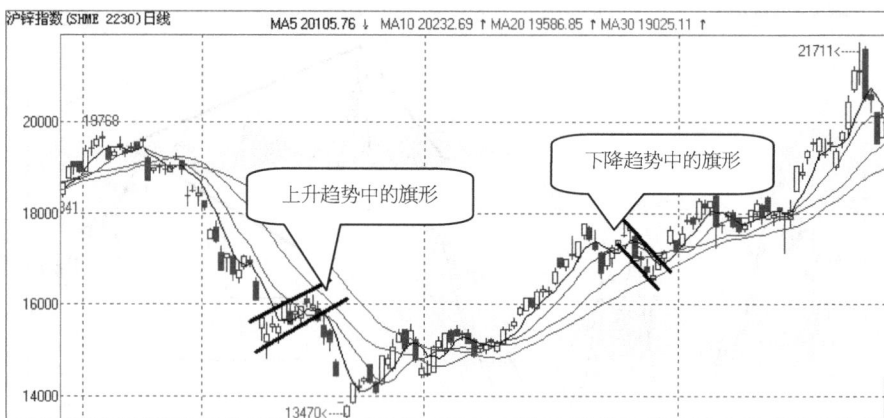

图 3.46　沪锌指数的日 K 线图

3.4.3　矩形持续形态

矩形易于辨认，价格在两条平行的水平直线之间横向盘整。有时，我们常常把矩形称为交易区间或密集成交区。矩形图形如图 3.47 所示。

在矩形形态形成的过程中，成交量不断减少，在上下反反复复运行，直到一方力量耗尽，出现突破方向为止。在矩形盘整过程中，投资者不介入为宜，如果向上突破，可采取做多策略；如果向下突破，则采取做空策略。

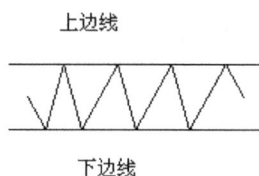

图 3.47　矩形

如图 3.48 所示为籼稻指数的日 K 线图，在这里可以看到看跌的矩形和看涨的矩形。

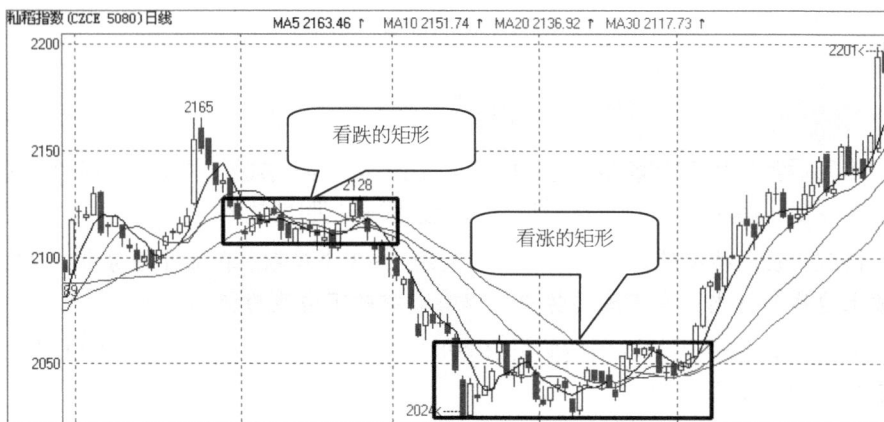

图 3.48　籼稻指数的日 K 线图

第4章 期货交易的均线分析技巧

均线是反映价格运行趋势的重要指标，其运行趋势一旦形成，将在一段时间内继续保持，趋势运行所形成的高点或低点又分别具有阻挡或支撑作用，因此均线指标所在的点位往往是十分重要的支撑位或阻力位，这就为我们提供了买进或卖出的有利时机，均线系统的价值也正在于此。

本章主要内容包括：

- 短期均线、中期均线、长期均线
- 均线的设置、背离和特性
- 见底信号的均线
- 做多信号的均线
- 见顶信号的均线
- 做空信号的均线
- 葛兰碧的均线买卖八法则

4.1 初识均线

均线是美国投资专家格兰维尔创建的，是由道氏分析理论的"三种趋势说"演变而来的，将道氏理论具体地加以数字化，从数字的变动中去预测期货商品价格未来短期、中期和长期的变动方向，为投资决策提供依据。

均线是移动平均线的简称，是指一定交易时间内的算术平均线。下面以 30 日均线为例来说明。将 30 日内的收盘价逐日相加，然后除以 30，就得出 30 日的平均值，再将这些平均值依先后次序连接成一条线，这条线就叫 30 日移动平均线，其他平均线算法以此类推。均线如图 4.1 所示。

4.1.1 短期均线

在各类短期均线中，比较常用的有 5 日、10 日、20 日和 30 日均线，下面分别进行讲解。

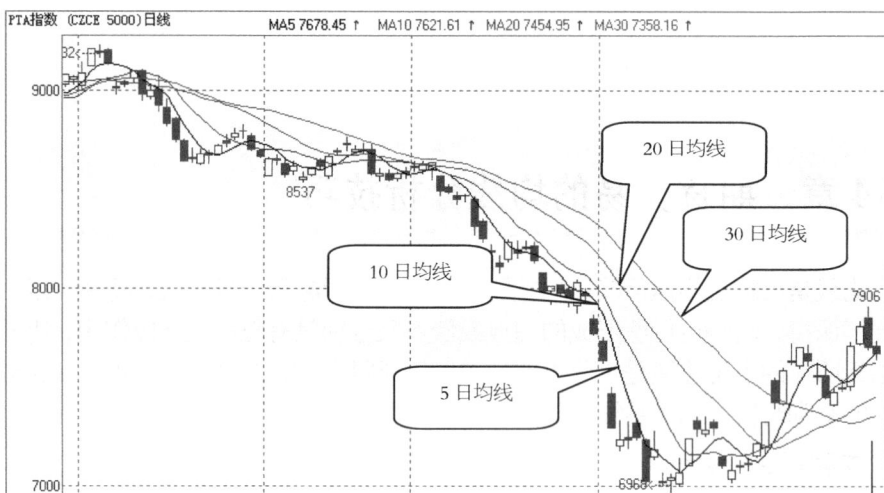

图 4.1　默认显示的是 5、10、20、30 日均线

1. 5 日均线

5 日均线是默认的均线，即 1 周交易日的平均价格，因为 1 周只有 5 个交易日。在实际生活中，人们常常用周作为时间单位，所以 5 日均线是短线判断的依据，只要价格不跌破 5 日均线，就说明价格处于极强势状态。

2. 10 日均线

10 日均线，又称半月线，是连续两周交易的平均价格，是考察价格在半个月内走势变化的重要参考线。相对于 10 日均线而言，5 日均线起伏较大，特别是在震荡时期，买卖的信号很难把握，所以很多短线投资者常以 10 日均线作为进出的依据。只要价格不跌破 10 日均线，就说明价格处于强势状态。

3. 20 日均线

20 日均线，又称月线，标志着价格在过去一个月中的平均交易价格达到了怎样的水平，在这一个月中，市场交易者是处于获利状态还是被套状态。20 日均线是考虑价格短期走势向中期走势演变的中继线。

4. 30 日均线

30 日均线具有特殊的重要性，它是价格短期均线和中期均线的分界线，日常使用频率非常高，常被用来与其他均线组合使用。30 日均线是短线主力的护盘线，这意味着价格突破 30 日均线，是市场短线主力进场的表现，只有不跌破 30 日均线，表明短线主力仍在其中。

提醒：有些短线主力会使用 25 日均线或 34 日均线作为短期的护盘线。

4.1.2　中期均线

在各类中期均线中，比较常用的有 45 日、60 日、90 日均线，下面分别进行讲解。

1．45 日均线

一个月的交易时间是 22 天，那么 45 天均线基本上就是两个月的均线，该均线是一条承接短期均线和中期均线的中继线，对于研判价格的中期行情，常常起到先知先觉的作用。

2．60 日均线

60 日均线是三个月的市场平均交易价格，也被称为季度线。这是一条比较常用、标准的中期均线，对于判断价格的中期走势有着重要的作用。

3．90 日均线

90 日均线是中期均线和长期均线的分界线，其特点是走势平滑、有规律，是判断中期运行趋势的重要依据。90 日均线常被主力相中，作为其中期护盘线。这意味着价格突破 90 日均线，是市场中线主力进场的表现，若不跌破 90 日均线，则表明中线主力仍在其中。

提醒：有些中线主力会使用 75 日均线或 100 日均线作为中期的护盘线。

4.1.3　长期均线

在各类长期均线中，比较常用的有 120 日、250 日均线，下面分别进行讲解。

1．120 日均线

120 日均线，又称半年线，其使用频率在长期均线组合中较高，利用该均线可以观察价格的长期走势。一般来说，在下降趋势中，它是年线的最后一道护身符；而在上升趋势中，它又是年线的前一个挡箭牌。年线被价格突破的市场震撼力比较大，意味着将进入长期上升趋势或长期下降趋势。

2．250 日均线

250 日均线，又称年线，是价格运行一年后的市场平均交易价格的反映，它是市场长期走势的生命线，也是"牛熊分界线"，是判断牛市是否形成或熊市是否来临的主要依据。250 日均线常被主力相中，作为其长期护盘线。这意味着价格突破 250 日均线，是市场长线主力进场的表现，若不跌破 250 日均线，则表明长线主力仍在其中。

提醒：有些长线主力会使用 225 日均线或 255 日均线作为长期的护盘线。

4.1.4 均线的设置

默认状态下，显示的是 5、10、20、30 日均线。如果只想显示 5 日、10 日和 60 日均线怎么办呢？下面具体讲解均线的设置方法。

在 K 线图中单击鼠标右键，在弹出的快捷菜单中选择"设置指标参数"命令，如图 4.2 所示。

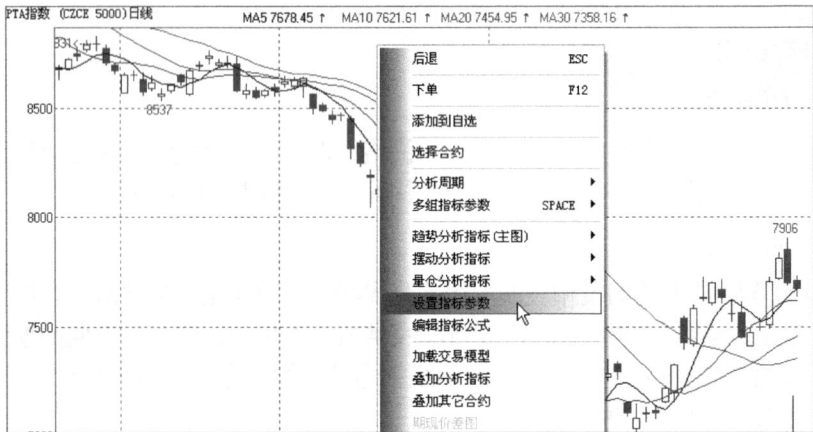

图 4.2 快捷菜单

此时弹出"指标参数修改"对话框，在这里可以看到默认的均线，如图 4.3 所示。

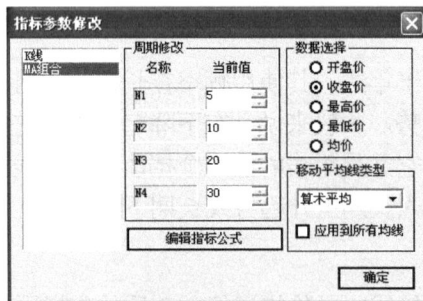

图 4.3 "指标参数修改"对话框

如果只想显示 5 日、10 日和 60 日均线，可把"N3"和"N4"对应的当前值都改为 60，然后单击"确定"按钮即可。

单击"编辑指标公式"按钮，弹出"指标公式编辑器"对话框，可以修改移动平均线的公式代码，如图 4.4 所示。

单击"公式说明"按钮，弹出"公式说明"对话框，可以看到移动平均线的使用方法，如图 4.5 所示。

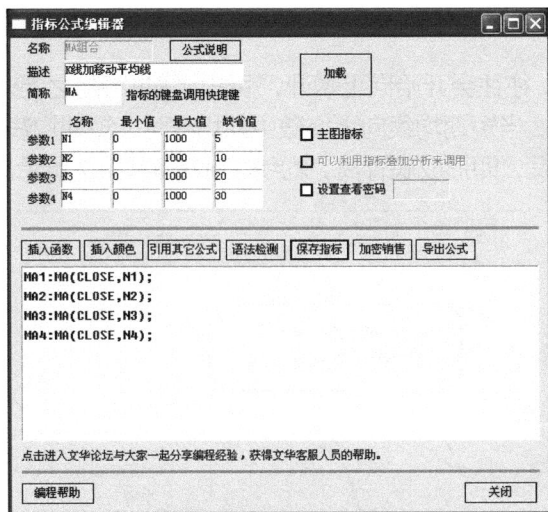

图 4.4　"指标公式编辑器"对话框　　　　图 4.5　"公式说明"对话框

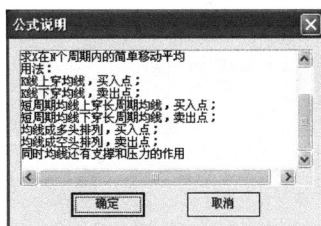

4.1.5　均线的背离

均线的背离是指不同周期的均线在实际运行中，短期均线与中、长期均线的运行方向相反，从而形成背离的现象。均线的背离又分为顶背离和底背离。

1.　顶背离

当价格处于阶段性的高位后，往往会开始向下整理，短期均线也将随之下行，但此时的中、长期均线可能还在上行的状态。当短期均线向下突破中期均线时，短期均线的运行方向与长期均线的运行方向相反，即形成顶背离。均线顶背离如图 4.6 所示。

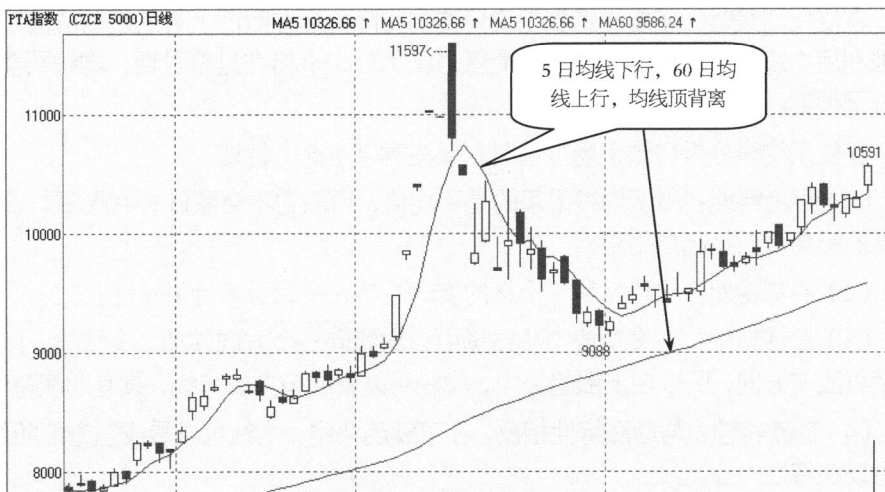

图 4.6　均线顶背离

2. 底背离

当价格处于阶段性的低位后，往往会开始向上攀升，短线均线也将随之上升，但中、长期均线还在下行的状态。当短期均线向上突破中期均线时，短期均线运行方向与长期均线的运行方向相反，即形成底背离。均线底背离如图 4.7 所示。

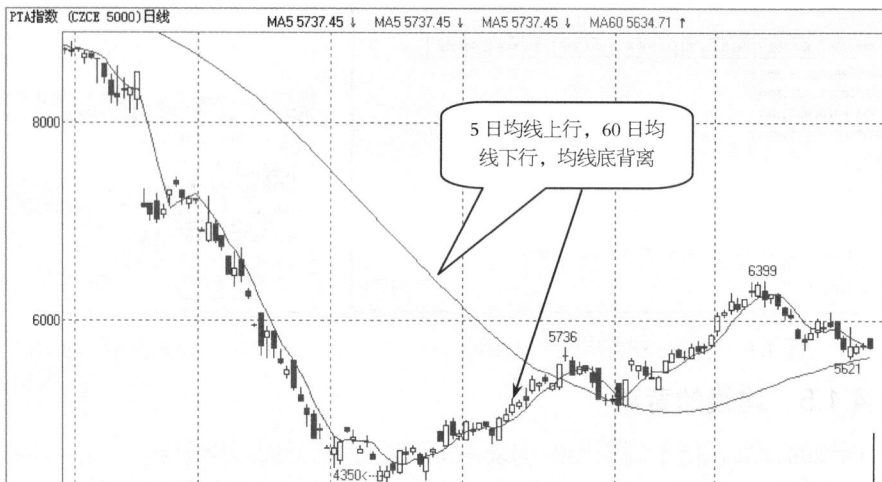

图 4.7　均线底背离

4.1.6　均线的特性

均线可以反映真实的价格变动趋势，即通常所说的上升趋势、下降趋势。借助各种均线的排列关系，可以预测价格的中长期趋势，同时再灵活应用 K 线技术，就可以实现低买高卖，从而获得较高的收益。

在使用均线时，还要注意到平均价格与实际价格在时间上有所超前或滞后，很难利用均线把握价格的最高点和最低点。另外，价格在盘整时期，均线买卖信号过于频繁。

在使用均线分析白银市场行情时，要注意以下 5 个特性。

（1）平稳特性：由于均线采用的是平均值，所以它不会像日 K 线图那样高高低低的震荡，而是起落平稳。

（2）趋势特性：均线反映了价格的变动趋势，所以具有趋势特性。

（3）助涨特性：在多头或空头市场中，均线向一个方向移动，会持续一段时间后再改变方向，所以在上涨趋势中，均线可以看成多方的防线，具有助涨特性。

（4）助跌特性：与助涨特性相反，在下跌趋势中，均线可以看成空方的防线，具有助跌特性。

（5）安定特性：通常越长期的均线，越能表现出安定特性，即价格涨势必须真正明确后，均线才会往上走；价格下落之初，均线还是向上走的，只有价格下落显著时，均线才会向下走。

4.2　见底信号的均线

均线图形有很多，可以大致分为 4 类，分别是见底信号的均线、做多信号的均线、见顶信号的均线和做空信号的均线。下面先来讲解一下见底信号的均线。

注意，本章用直线"━━━"表示短期均线，用虚线"………"表示中期均线，用点划线"－－－"表示长期均线。

4.2.1　黄金交叉形和银山谷形

黄金交叉形出现在上涨初期，是由两根均线组成的，一根时间短的均线由下向上穿过一根时间长的均线，并且时间长的均线是向上移动的。黄金交叉形如图 4.8 所示。

价格经过大幅下跌后，出现黄金交叉形，这是一个明显的见底信号，投资者可以积极做多。在黄金交叉形中，两线交叉的角度越大，见底信号越明显。在图 4.8 中，C 的见底信号最强，其次是 B，见底信号最差的是 A。

提醒：如果在周 K 线或月 K 线中出现黄金交叉形，则见底信号就更明显，并且会有一段较大的涨幅，中长期投资者可以开始进场。

银山谷形出现在上涨初期，由 3 根均线交叉组成，形成一个尖头向上的不规则三角形。银山谷形如图 4.9 所示。

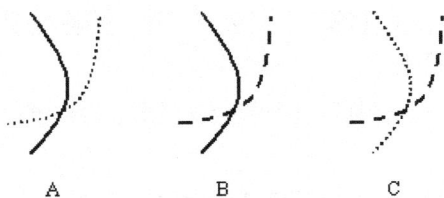

图 4.8　黄金交叉形　　　　　图 4.9　银山谷形

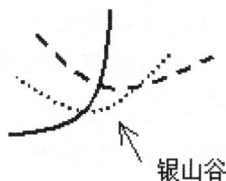

在银山谷形形成的过程中，尖头向上的不规则三角形的出现，表明多方力量积聚了相当大的上攻能量，是一个见底信号，也是激进型投资者的做多买进点。

如图 4.10 所示为白糖指数的日 K 线图。

白糖的价格经过一波下跌之后，先是创出 6337 低点，然后出现了反弹，随后再度下跌，并且创出了新低 6320。在这里要特别注意的是，价格在创出新低这一天，价格是低开高走，并且收盘收了一根大阳线，这表明跌破前低是一个诱空，即骗取散户手中的多单筹码。诱空就是一个看空信号，所以这一天可以轻仓介入多单。

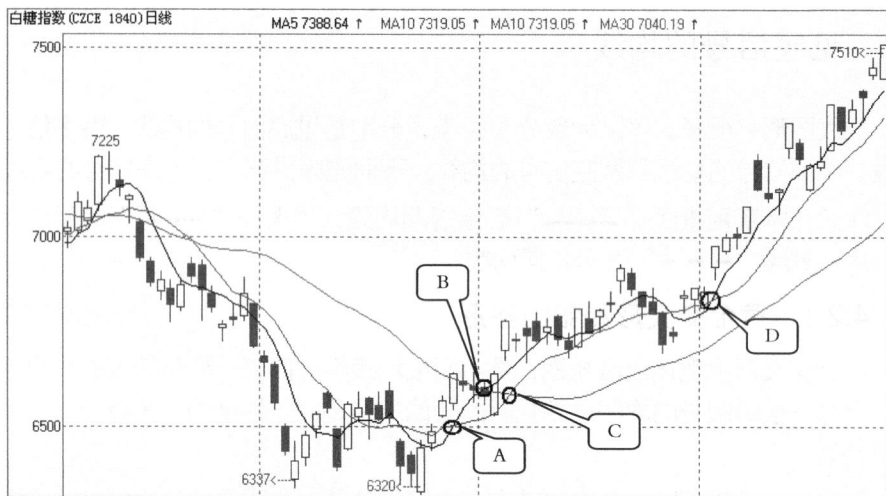

图 4.10　白糖指数的日 K 线图

随后价格继续上涨，并且站上了 5 日和 10 日均线，这表明最近 10 天做多的人都获利了，也表明短期价格有望继续走好，所以可以多单持有，并且可以继续做多。

接着价格仍上涨，在 A 处，5 日均线上穿 10 日均线，出现第一个黄金交叉形，这是看多信号，如果手中有多单，可以继续持有，没有多单，就要准备好逢低做多了。

在 B 处，5 日均线上穿 30 日均线，出现第二个黄金交叉形，价格继续看多，多单持有，并且继续采取逢低做多的策略。

在 C 处，10 日均线上穿 30 日均线，出现第三个黄金交叉形，价格继续看多，多单持有，并且可以继续逢低做多。

由 A、B 和 C 点组成的尖头向上的不规则三角形叫银山谷形，是一个见底信号，投资者可以继续持有多单，仍逢低做多。

随后价格继续上涨，并且价格是沿着 10 日均线上行的，即每当价格回落到 10 日均线附近，都可以介入多单。如果是短线高手，则可以在价格快速拉升时减持多单，等价格回落到 10 日均线附近时，再把仓位补回来，这样就可以实现最大化的盈利。

随着价格的不断上涨，价格出现了回调，虽然价格跌破 5 日和 10 日均线，但 30 日均线仍在上行，所以继续等做多信号的出现。

在 D 处，5 日均线上穿 10 日均线，再度出现黄金交叉形，这是一个新的做多信号，多单果断再入场。

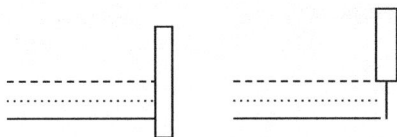

4.2.2　加速下跌形和蛟龙出海形

加速下跌形出现在下跌后期，在加速之前，均线系统呈缓慢或匀速下跌状态，在加速下跌时，短期均线和中期、长期均线的距离越拉越大。加速下跌形如图 4.11 所示。

从技术上来说，加速下跌形是一个止跌见底信号，它表示价格的下跌能量一下子得到较充分的释放，因此出现止跌现象。投资者见此图形，就不要再盲目看空做空了，可以根据 K 线见底信号，轻仓介入做多，等均线系统走好后，再加仓做多。

蛟龙出海的意思是像一条久卧海中的长龙，一下子冲天而起，其图形特征是：拉出大阳线，一下子把短期、中期和长期几根均线全部吞吃，有一种过五关斩六将的气势。蛟龙出海形如图 4.12 所示。

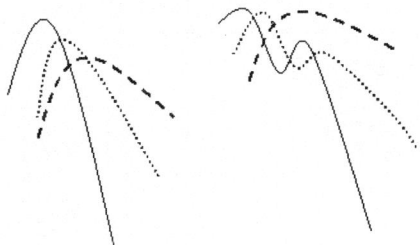

图 4.11　加速下跌形　　　　　　图 4.12　蛟龙出海形

蛟龙出海形是明显的见底信号，如果成交量随之放大，则说明主力已吸足筹码，现在就要直拉价格。这时投资者可以考虑买进，但要警惕主力用来诱多，所以投资者最好在拉出大阳线后，多观察几日，如果重心上移，则可再加码追进。

如图 4.13 所示为豆粕指数的日 K 线图。

在 A 处，均线由黏合开始向下发散，并且均线出现了加速下跌形。从价格上看，连续大幅跳空下跌之后，价格出了一根中阳线，这表明下跌动力已释放得差不多了，随后价格又站上了 5 日均线，表明价格有反弹要求，所以空单要保护好盈利或直接盈利出局，并且可以逢低建仓多单。

同理，在 B 处，均线也是由黏合开始向下发散，并且均线出现了加速下跌形。这时当价格出现了中阳线，并且站上 5 日均线后，空单就要及时获利出局，并且可以逢低建立多单，止损可以设置在前期低点附近。

如图 4.14 所示为豆粕指数的日 K 线图。豆粕的价格经过一波上涨之后，开始横盘调整，经过两个多月时间的调整，在 A 处，一根中阳线向上突破，同时站上了 5 日、10 日和 30 日均线，即出现蛟龙出海形，这是一个明显的看多信号，激进者可以开始进场做多，稳健投资者可以再观察几天。

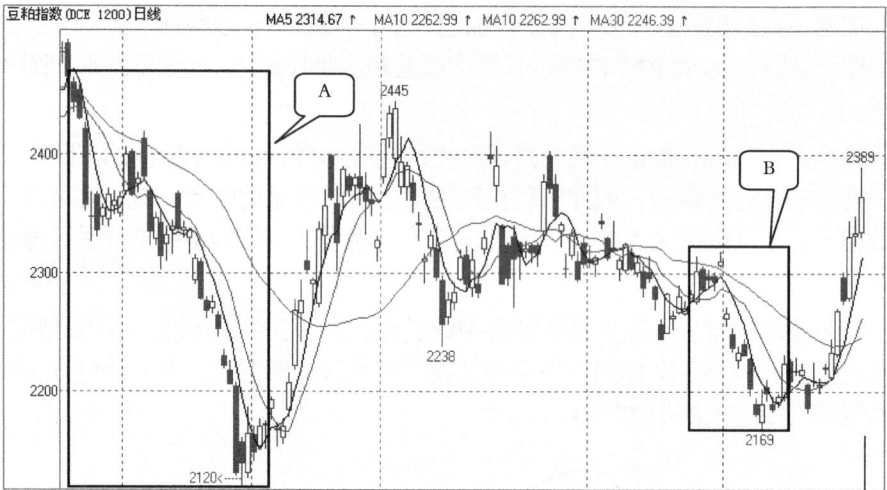

图 4.13　豆粕指数的日 K 线图

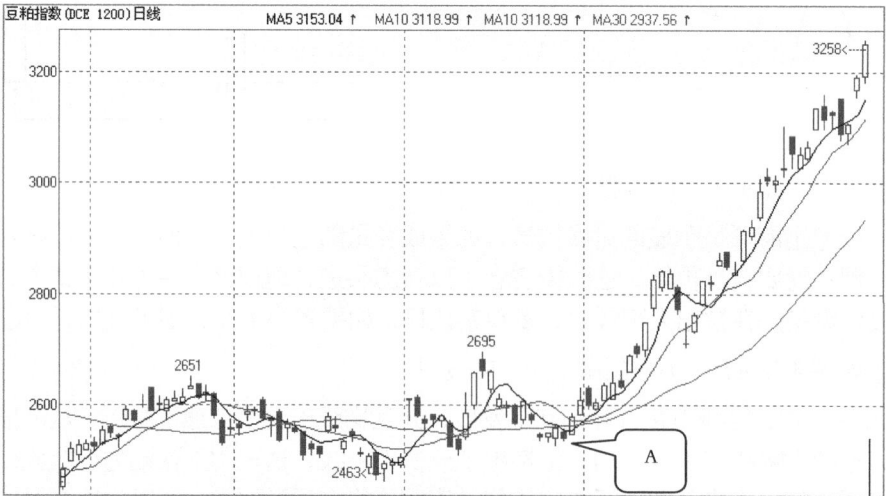

图 4.14　豆粕指数的日 K 线图

A 处出现中阳线后，接着又出现一根中阳线，这表明震荡行情很可能结束，随后就是趋势行情。趋势行情最大的特点就是价格总是沿着 5 日或 10 日均线上涨，所以投资者可以沿着 5 日均线不断逢低做多，并且要敢于持仓待涨，从而实现利润最大化。

4.3　做多信号的均线

做多信号的均线共有 6 种，分别是多头排列、金山谷形、首次黏合向上发散形、再次黏合向上发散形、上山爬坡形和逐浪上升形。下面分别讲解它们的技术图形、特征、技术含义和投资策略参考价值。

4.3.1　多头排列和金山谷形

多头排列出现在涨势中，由 3 根均线组成，最上面一根是短期均线，中间一根是中期均线，最下面一根是长期均线，并且 3 根均线呈向上圆弧状。多头排列的图形如图 4.15 所示。

多头排列是一个广义概念，后面所讲的首次黏合向上发散、再次黏合向上发散、上山爬坡形和逐浪上升形都属于它的范畴。

金山谷一定出现在银山谷之后，并且金山谷的不规则的尖头向上三角形与银山谷是相同的。金山谷可处于与银山谷相近的位置，也可高于银山谷。金山谷形如图 4.16 所示。

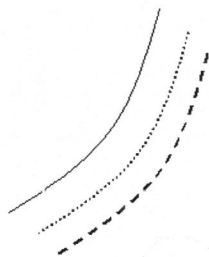

图 4.15　多头排列　　　　图 4.16　金山谷形

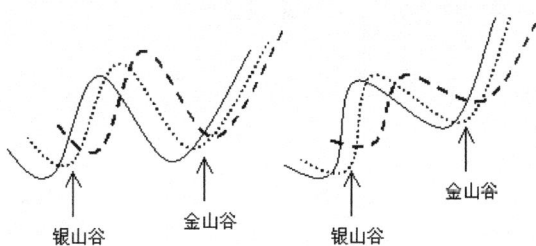

从技术上来说，金山谷形的买入信号的可靠性要比银山谷形强，因为金山谷形是对银山谷形做多信号的再一次确认，即多方力量积聚更加充分了，这时买入风险较小。

提醒：金山谷形与银山谷形相隔时间越长、所处位置越高，则价格上升潜力就越大。

一般来说，在上涨初期，当均线出现多头排列后，表明市场做多力量较强，往往会有一段升势。若均线呈多头排列，途中出现一些形象不好的 K 线图，也不要慌张，否则就会被主力洗盘出局。总之，在多头排列的初期和中期，可以积极做多，但在其后期，就应该谨慎，如图 4.17 所示。

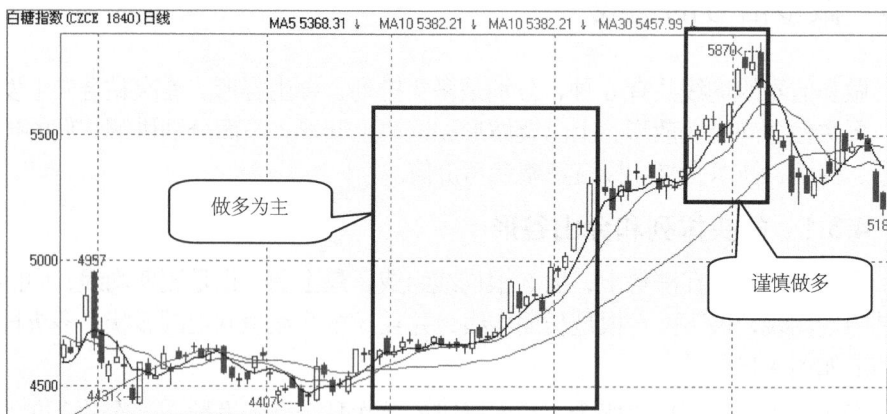

图 4.17　白糖指数的日 K 线图

如图 4.18 所示为 PTA 指数的日 K 线图。

在 2008 年经济危机期间，PTA 价格大幅下跌，从 9895 一路下跌到 4350，然后开始震荡盘底，接着开始震荡上行。

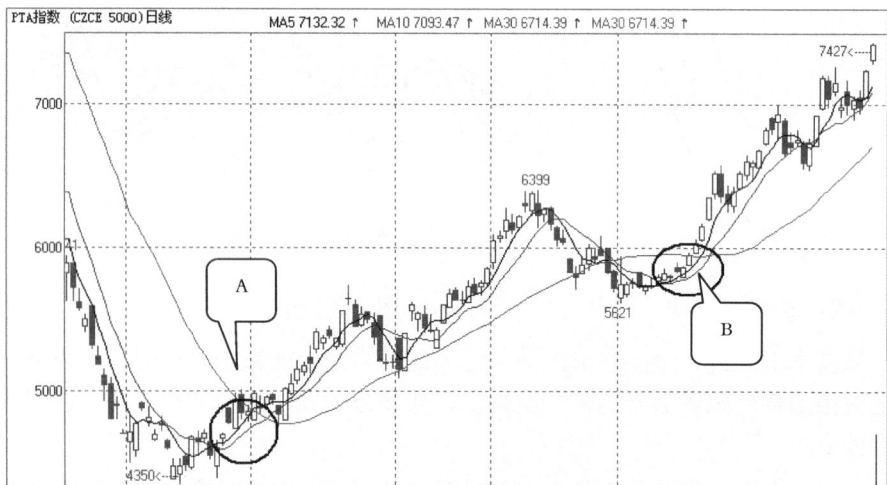

图 4.18　PTA 指数的日 K 线图

随着价格的上行，5 日均线上穿 10 日和 30 日均线，然后 10 日均线又上穿 30 日均线，即在 A 处形成了银山谷形，这是一个做多信号，我们随后可以逢低做多。

价格不断震荡上行，最高上涨到 6399，然后开始调整，经过 14 个交易日的下跌调整，探明调整低点 5821 后，价格又开始上涨，在 B 处，5 日均线上穿 10 日和 30 日均线，然后 10 日均线又上穿 30 日均线，形成了金山谷。金山谷形是一个做多信号，其做多信号比银山谷形还要强，所以投资者在 B 处要敢于做多。

4.3.2　首次黏合向上发散形和再次黏合向上发散形

首次黏合向上发散形可以出现在下跌后的横盘末期，也可以出现在上涨后的横盘末期，几根黏合在一起的均线同时以喷射状向上发散。首次黏合向上发散形如图 4.19 所示。

在首次黏合向上发散形中，黏合时间越长，则向上发散的力度越大，还要注意在向上发散时，要有成交量的支持，否则均线系统刚发散又会重新黏合，价格上涨也只是昙花一现。其次，在黏合向上发散初期买进风险较小，越到后面风险越大。还有一点要注意，当均线发散时，距离越大，则回调风险越大，如 5 日均线与 30 日均线距离大，一般都会回调。

再次黏合向上发散形，即第二次黏合向上发散形，少数情况下也有第三次、第四次，它们的技术特征是相同的。再次黏合向上发散形如图 4.20 所示。

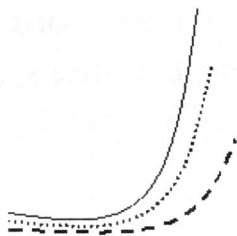

图 4.19　首次黏合向上发散形　　　图 4.20　再次黏合向上发散形

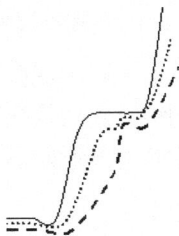

首次黏合向上发散形的出现，说明第一次向上发散是过去积弱太久或主力故意打压，经过调整后，多方又发动一次进攻，即再次发散，这时是投资者买入的机会，买入后成功机会将很大。

如图 4.21 所示为白糖指数的日 K 线图。白糖的价格经过一波下跌，探明最低点 4672 后，开始震荡盘底，接着开始震荡上升，在 A 处，均线出现了首次黏合向上发散，这表明下跌行情已结束，新的上涨行情开始，所以在这里要敢于沿着均线看多做多。

价格经过一段时间上涨后，出现了快速回调，然后在 B 处出现均线再次黏合向上发散形，这是新的买入信号，投资者要敢于再次进场做多。

4.3.3　上山爬坡形和逐浪上升形

上山爬坡形一般出现在上涨趋势中，短期、中期和长期均线基本上沿着一定的坡度往上移动。上山爬坡形如图 4.22 所示。

均线形态出现上山爬坡形，表明价格将有一段持续的升势。所以投资者见到此图形，要坚持做多，一路持有，直到这种均线形态有了改变。

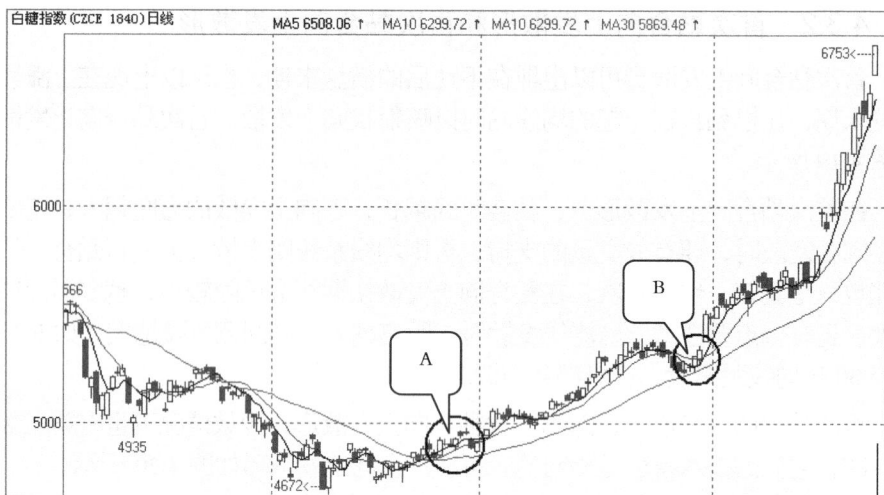

图 4.21　白糖指数 2010 年 3 月 5 日至 2010 年 10 月 25 日的日 K 线图

逐浪上升形一般出现在上涨趋势中，短期和中期均线上移时多次出现交叉现象，但长期均线以斜线状托着短期和中期均线往上攀升，一浪一浪往上走，浪形非常清楚。逐浪上升形如图 4.23 所示。

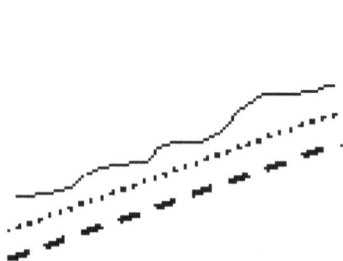

图 4.22　上山爬坡形

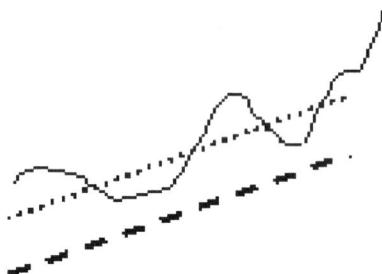

图 4.23　逐浪上升形

均线形态出现逐浪上升形，表明价格整体呈上升趋势，并往往按进二退一的方式前进，空方只能小施拳脚，即价格小幅回落，并无多大打击价格的能力，多方始终占据着主动地位。从技术上讲，逐浪上升形是买入信号，买进后要拿好手中的"白银"，因为涨幅一般不会太小，直到这种均线形态有了改变。

如图 4.24 所示为螺纹指数的日 K 线图。螺纹期货上市初期，价格震荡上行，均线系统出现了逐浪上升形，这是一个看涨信号，所以要采取逢低做多的策略。

价格经过一段时间的震荡上涨后，开始快速上涨，均线系统出现上山爬坡形，这是明显的看多信号，所以可以沿着 5 日均线和 10 日均线看多做多。

螺纹指数 (SHME 6880) 日线　　MA5 4813.82 ↑　MA10 4564.94 ↑　MA30 4139.44 ↑　MA30 4139.44 ↑

上山爬坡形

逐浪上升形

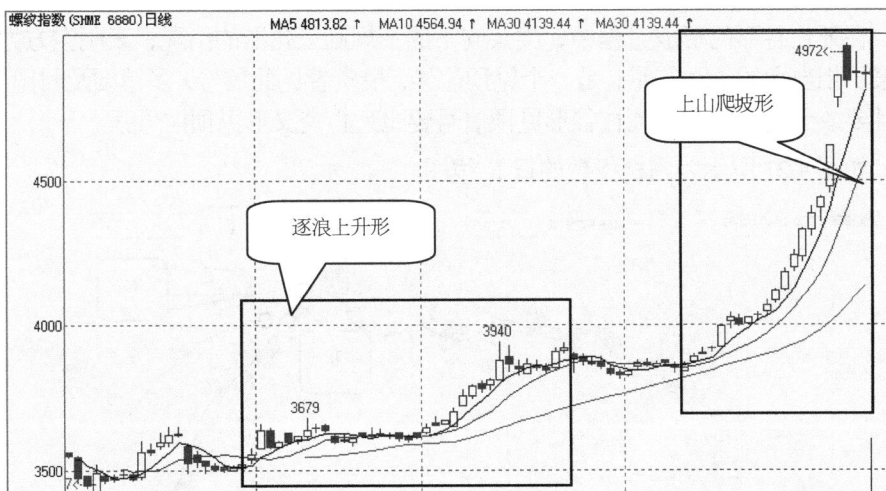

图 4.24　螺纹指数的日 K 线图

4.4　见顶信号的均线

见顶信号的均线共有 4 种，分别是死亡交叉形、死亡谷形、加速上涨形和断头铡刀形。下面来讲解一下它们的技术图形、特征、技术含义和投资策略参考价值。

4.4.1　死亡交叉形和死亡谷形

死亡交叉形出现在下跌初期，由两根均线组成，一根时间短的均线由上向下穿过一根时间长的均线，并且时间长的均线是向下移动的。死亡交叉形如图 4.25 所示。

价格经过大幅上涨后，出现死亡交叉形，这是一个明显的见顶信号，投资者可以积极做空。在死亡交叉形中，两线交叉的角度越大，见顶信号越明显。在图 4.25 中，C 的见顶信号最强，其次是 B，见顶信号最差的是 A。

提醒：如果在周 K 线或月 K 线中出现死亡交叉形，见顶信号就更明显，并且会有一段较大的跌幅，投资者清仓出局为妙。

死亡谷形出现在下跌初期，由 3 根均线交叉组成，形成一个尖头向下的不规则三角形。死亡谷形如图 4.26 所示。

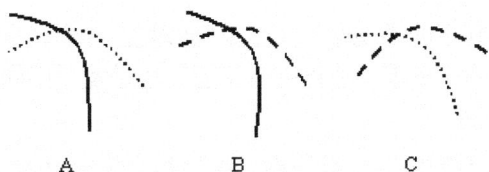

死亡谷

A　　　　　B　　　　　C

图 4.25　死亡交叉形　　　　　图 4.26　死亡谷形

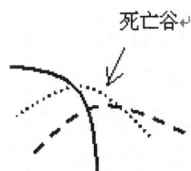

在死亡谷形的形成过程中，尖头向下的不规则三角形的出现，表明空方力量积聚了相当大的杀跌能量，是一个见顶信号，投资者见此信号，多单要及时出局，并且要敢于逢高做空。死亡谷形见顶信号要比死亡交叉形见顶信号强。

如图 4.27 所示为白糖指数的日 K 线图。

图 4.27　白糖指数的日 K 线图

白糖的价格从 5906 开始上涨，经过 64 个交易日，创出了 6841 高点，在这里要注意，在创出新高的这一天，价格收了一根带有长长上影线的中阴线，这意味着上涨行情可能结束，多单要特别小心。

随后价格不断下跌，在 A 处，5 日均线下穿 10 日均线，出现第一个死亡交叉形，这是均线见顶信号。所以前期逢高做的空单可以持有，如果手中还有多单，就要及时出局了。

随着价格的继续下跌，在 B 处，5 日均线下穿 30 日均线，出现第二个死亡交叉形，这表明价格继续看跌，后市继续逢高做空。

随后价格继续沿着 5 日均线下跌，在 C 处，10 日均线下穿 30 日均线，出现第三个死亡交叉形，这表明均线已完全看空，所以前期空单可以继续持有，并且要敢于逢高做空。

由 A、B 和 C 点组成的尖头向下的不规则三角形就叫做死亡谷形，也是一个均线见顶信号，投资者见其信号后，多单不能再抱有幻想，还是及早出局为好，并且可以逢高建立空单。

随后价格不断下跌，并且是沿着 10 日均线下跌，所以每当价格反弹到 10 日均线附近，都是不错的做空位置。

4.4.2　加速上涨形和断头铡刀形

加速上涨形出现在上涨后期，在加速上涨之前，均线系统呈缓慢或匀速的上升状态，在加速上升时，短期均线和中期、长期均线的距离越拉越大。加速上涨形如图 4.28 所示。

从技术上来说，加速上涨形是一种见顶信号，会引起价格急促掉头向下。投资者见此图形，应保持一份警觉，持币的不应再盲目跟进做多，多单应密切关注均线及 K 线图，如果出现相关见顶信号，就应马上获利出局。

断头铡刀形出现在上涨后期或高位盘整期，一根大阴线如一把刀，一下子把短期、中期和长期均线切断，收盘价在所有均线下方。断头铡刀形如图 4.29 所示。

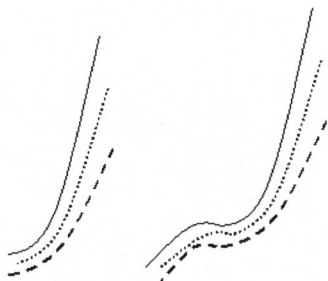

图 4.28　加速上涨形

图 4.29　断头铡刀形

断头铡刀形是一个明显的见顶信号，一般都会引起一轮大的跌势，对多方造成很大的伤害。所以多单见此信号，应及时出局，并且可以逢高做空。

如图 4.30 所示为沪铜指数的日 K 线图。

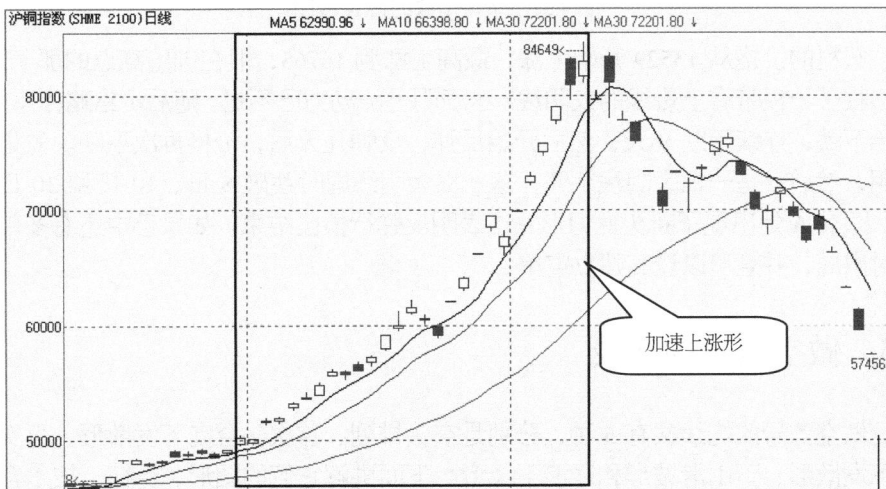

图 4.30　沪铜指数的日 K 线图

沪铜指数在开始上涨时是震荡上行，随后价格不断上涨，即在上涨的后期，价格连续拉出阳线，甚至涨停，均线出现了加速上涨形，即30日均线与5日均线之间的间距越来越大，这时多单就要小心了。一旦K线出现不好的信号，多单还是及早出局为好。

从其走势上看，均线加速上涨后，先是创出84649高点，之后出现了快速回调，虽然接着反弹，但从K线上看是一根中阴线，这表明价格上涨动力已不足，多单要注意保护盈利，并且可以逢高建立空单。随后价格就开始快速下跌，甚至连续出现跌停板。

如图4.31所示为塑料指数的日K线图。

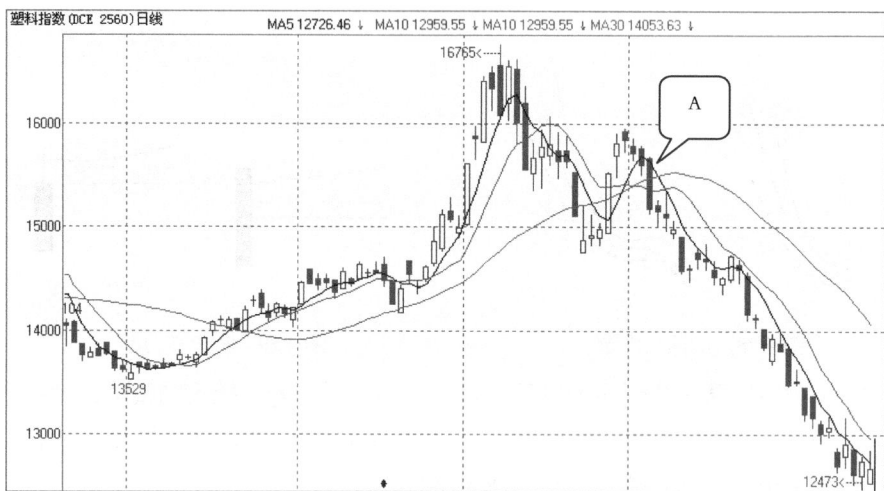

图4.31　塑料指数的日K线图

塑料的价格从13529开始上涨，最高上涨到16765，但在创出高点的那一天，价格收了一根带有上影线的大阴线，这表明上涨动力已不足。随后价格略作震荡，开始下跌，连续下跌9天，然后开始反弹，反弹几天后，价格再次下跌。先是三连阴，然后就是一根大阴线杀跌，这一根大阴线同时跌破5日、10日和30日均线，即在A处出现了断头铡刀形，这表明反弹行情已结束。如果手中还有多单要及时出局，并且可以逢高建立空单。

4.5　做空信号的均线

做空信号的均线共有5种，分别是空头排列、首次黏合向下发散形、再次合向下发散形、下山滑坡形和逐浪下降形。下面讲解它们的图形、特征、技术含义和投资策略参考价值。

4.5.1　空头排列、首次黏合向下发散形和再次黏合向下发散形

空头排列出现在下跌趋势中，由 3 根均线组成，最上面一根是长期均线，中间一根是中期均线，最下面一根是短期均线，并且 3 根均线呈向下圆弧状。空头排列的图形如图 4.32 所示。

空头排列是一个广义概念，后面所讲的首次黏合向下发散形、下山滑坡形和逐浪下降形都属于它的范畴。

首次黏合向下发散形可以出现在上涨后横盘末期，也可以出现在下跌后横盘末期，几根黏合在一起的均线同时以喷射状向下发散。首次黏合向下发散形的图形如图 4.33 所示。

在首次黏合向下发散形中，黏合时间越长，向下发散的力度越大。

再次黏合向下发散形即第二次黏合向下发散形，少数情况下也有第三次、第四次，它们的技术特征是相同的。再次黏合向下发散形的图形如图 4.34 所示。

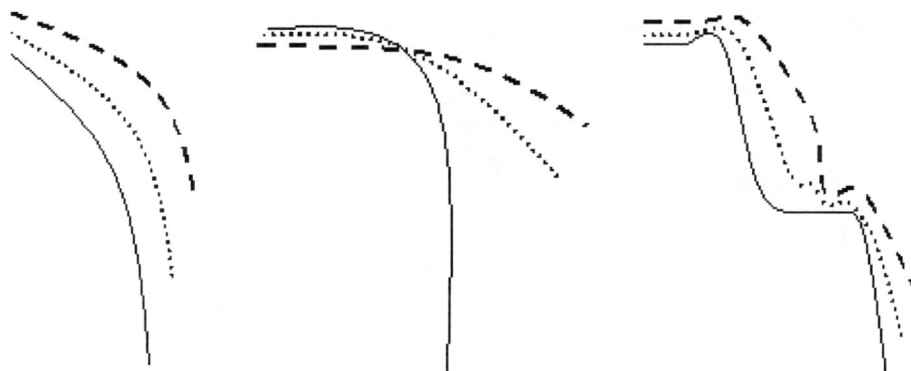

图 4.32　空头排列　　图 4.33　首次黏合向下发散形　　图 4.34　再次黏合向下发散形

在空头排列的初期和中期，以做空为主，而在其后期，就应该谨慎做空，如图 4.35 所示。

如图 4.36 所示为豆一指数的日 K 线图。

大豆的价格从 2464 开始反弹上涨，上涨到 2751 就开始高位震荡，这时均线慢慢黏合。在 A 处，均线出现了首次黏合，然后价格开始下跌，均线就由黏合开始向下发散。均线黏合向下发散，表明价格由震荡盘整变成了趋势性下跌，所以多单要及时离场，空单逢高进场。

随着价格的下跌，均线开始形成了明显的空头排列，这也是做空信号，所以在均线空头排列时，要采取逢高做空的策略，尽量不要去猜底抄底。

随着价格的不断下跌，价格开始出现了反弹，经过两次反弹，在 B 处，均线

再度出现了黏合，并开始向下发散。所以在 B 处可以做空，但只能轻仓做空，并且是短线的，原因是价格经过了较长时间的下跌，随时有见底的可能。

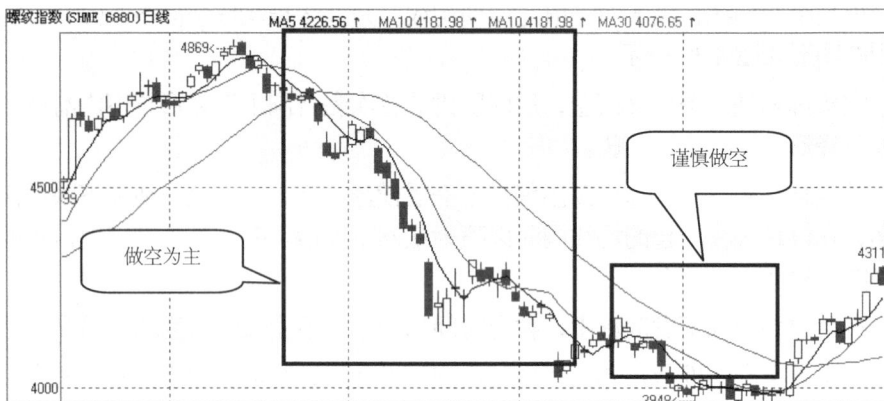

图 4.35　螺纹指数的日 K 线图

图 4.36　豆一指数的日 K 线图

4.5.2　下山滑坡形和逐浪下降形

下山滑坡形一般出现在下跌趋势中，短期、中期和长期均线基本上沿着一定的坡度往下移动。下山滑坡形的图形如图 4.37 所示。

均线形态出现下山滑坡形，表明价格将有一段持续的下跌，所以投资者见到此图形后，多单要第一时间清仓出局，否则就会损失惨重，另外，还要敢于逢高做空。

逐浪下降形一般出现在下跌趋势中，短期和中期均线下降时多次出现交叉现象，但长期均线以斜线状压着短期和中期均线往下走，且是一浪一浪地往下走，浪形非常清楚。逐浪下降形的图形如图 4.38 所示。

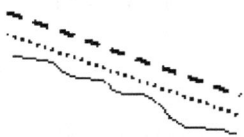

图 4.37　下山滑坡形　　　　　　　图 4.38　逐浪下降形

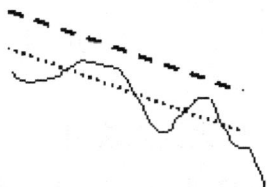

均线形态出现逐浪下降形，表明价格整体上呈下降趋势，并往往按退二进一的方式下滑，多方只能小施拳脚，即价格小幅上升，并无还手能力，空方始终占据着主动地位。从技术上讲，逐浪下降形是做空信号，任何时候逢高做空都是正确的。

如图 4.39 所示为螺纹指数的日 K 线图。

螺纹的价格从 4672 开始上涨，经过 30 个交易日的上涨，最高上涨到 4985，然后开始在高位震荡，随后开始快速下跌至 4673，接着又开始反弹，然后又震荡下跌，这里出现了逐浪下跌形，这是看跌均线，所以要采取逢高做空的策略。特别是价格上涨到 30 日均线附近时，要果断地建立空单。

价格震荡之后，就开始趋势性下跌，即均线出现了下山滑坡形，这是相当明显的看空信号，投资者可以沿着 5 日和 10 日均线看空做空，并且高位空单可以持有，从而实现利润最大化。

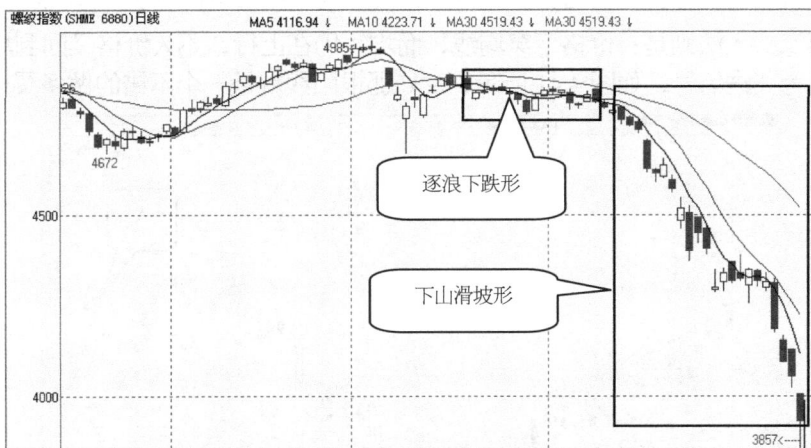

图 4.39　螺纹指数的日 K 线图

4.6 葛兰碧的均线买卖八法则

对于单根均线的研判方法，最为经典的是美国技术分析专家葛兰碧提出来的均线买卖八法则。葛兰碧的均线买卖八法则可以分为两类，分别是四大买入法则和四大卖出法则。

4.6.1 四大买入法则

第一买入法则是：均线从下降状态开始走平，同时价格从平均线下方突破平均线时，为买进信号，如图 4.40 所示，A 处那根阳线就是一个不错的做多买点。

图 4.40 螺纹指数的日 K 线图

提醒：采用的均线一般为 5 天、10 天、20 天、30 天、60 天等，天数越多，画出的曲线越平滑，天数越少，画出的曲线越陡。这里用的是 20 日均线。

第二买入法则是：价格下穿均线，而均线仍在上行，不久价格又回到均线之上时，为买进信号，如图 4.41 所示，A 处那根阳线就是一个不错的做多买点。

图 4.41 螺纹指数的日 K 线图

第三买入法则是：价格原在均线之上，之后价格突然下跌，但未跌破均线又上升，为买进信号，如图 4.42 所示，A 处那根阳线就是不错的做多买点。

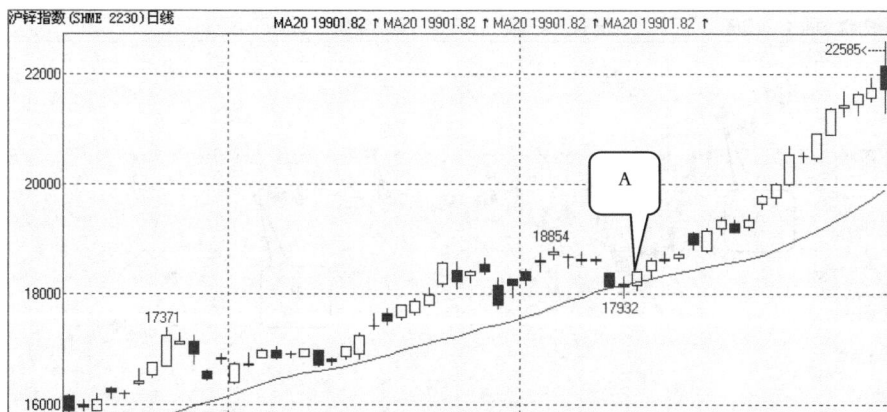

图 4.42　沪锌指数的日 K 线图

第四买入法则是：价格原在均线之下，之后价格突然暴跌，从而远离均线，物极必反，是买进时机，如图 4.43 所示。

提醒：笔者不提倡这种操作方法，尽管这种方法对于短线高手来说是一种不错的操作方法。这种方法是逆势操作的，操作不当很容易被套住，特别是在下跌初期。

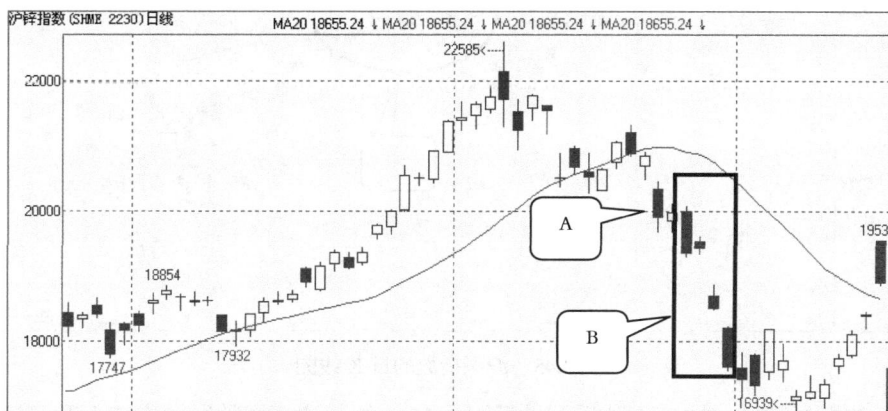

图 4.43　沪锌指数的日 K 线图

在 A 处如果做多买进，短线高手快进快出可能有一点小收益；如果在 B 处的任何一根阴线处做多买进，相信一定会被套住。总之，收益与风险不成比例，所以在这里不操作是最好的策略。

4.6.2　四大卖出法则

第一卖出法则是：均线从上升状态开始走平，同时价格从均线上方向下跌出均线时，为卖出信号或做空信号，如图 4.44 所示，A 处和 B 处都是不错的卖点或做空点。

图 4.44　沪锌指数的日 K 线图

第二卖出法则是：价格上穿均线，而均线仍在下行，不久价格又回到均线之下时，为卖出信号或做空点，如图 4.45 所示。

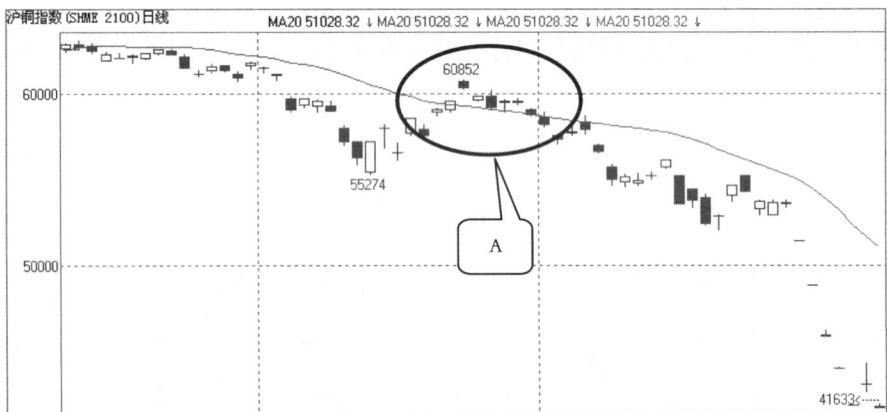

图 4.45　沪铜指数的日 K 线图

沪铜指数经过快速下跌后开始反弹，在 A 处，沪铜指数经过连续上升已站上 20 日均线，但只成功站上 5 天，并且这时均线仍在下行，第 6 个交易日跌破该均线，这是一个不错的卖出信号或做空点。

第三卖出法则是：价格原在均线之下，现价格突然上涨，但未涨到均线处又开始下跌时，为卖出信号或做空信号，如图 4.46 所示，A 处和 B 处的阴线是不错的卖点或做空点。

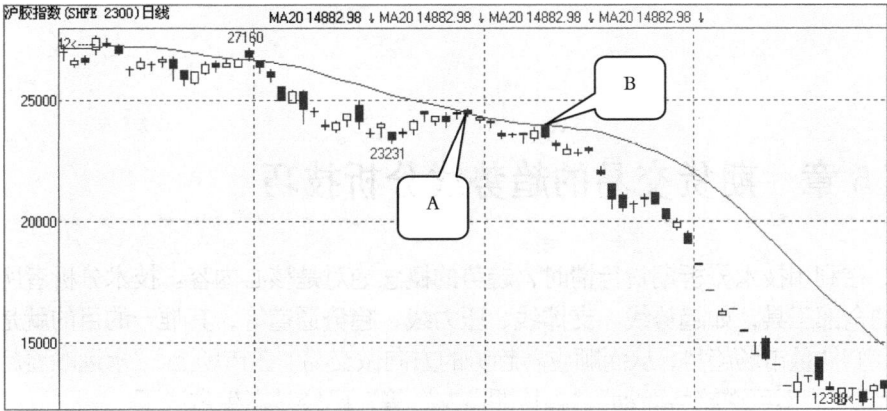

图 4.46　沪胶指数的日 K 线图

第四卖出法则是：价格原在均线之上，现突然暴涨而远离均线时，物极必反，是卖出信号或做空点，如图 4.47 所示，A 处那根大阳线就是不错的卖点或做空点。

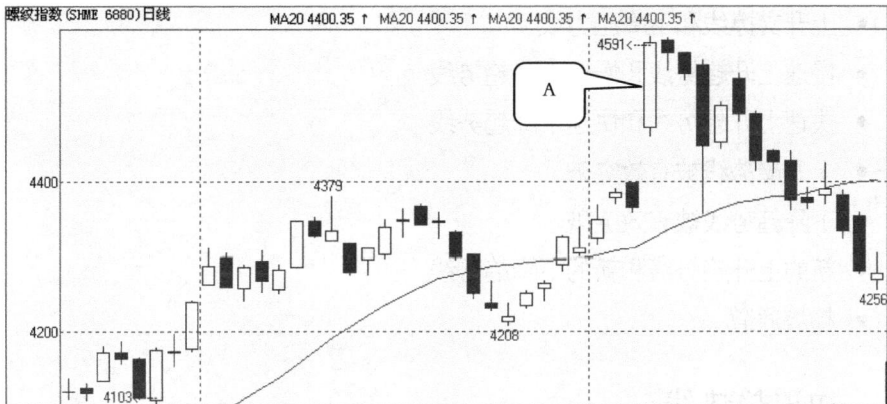

图 4.47　螺纹指数的日 K 线图

第5章　期货交易的趋势线分析技巧

在利用技术分析期货行情时，趋势的概念绝对是核心内容。技术分析者所使用的全部工具，如趋势线、支撑线、压力线、趋势通道等，其唯一的目的就是辅助我们估量市场趋势，从而顺应着趋势的方向做交易。在市场上，"永远顺着趋势交易""决不可逆趋势而动""趋势即良友"等，已经是老生常谈了。

本章主要内容包括：

- 趋势线的绘制、分类和作用
- 支撑线和压力线
- 上升支撑线和下降压力线
- 慢速上升趋势线和慢速下降趋势线
- 快速上升趋势线和快速下降趋势线
- 上升趋势线被有效突破
- 下降趋势线被有效突破
- 新的上升趋势线和新的下降趋势线
- 趋势通道

5.1　初识趋势线

期货市场中有句话是"不要与趋势抗衡"，就是说要顺应潮流、跟着趋势走。所以在期货投资过程中，只有看清大势（长期趋势），分清中期趋势，不为短期趋势的反向波动所困惑，才能成为真正的市场大赢家。

由于投资市场中参与的人和资金都是大规模的数据，因此一旦上升趋势或下降趋势形成，就将延续，直到被新的趋势所代替。期货商品在不同的时期都会沿着一定的趋势持续运行，所以通过趋势分析，可以预测和判断未来价格的走势，投资者可以根据具体情况采取适宜的、高效的投资策略，从而把握一些大机会，少犯一些原则性错误，成为市场中的赢家。

5.1.1　趋势线的绘制

趋势线的绘制方法很简单，在上升趋势中，将两个明显的反转低点连成一条直线，就可以得到上升趋势线，上升趋势线起支撑作用；在下降趋势中，将两个明显的反转高点连成一条直线，就可以得到下降趋势线，下降趋势线起阻力作用。如图 5.1 所示为白糖指数的上升趋势线和下降趋势线。

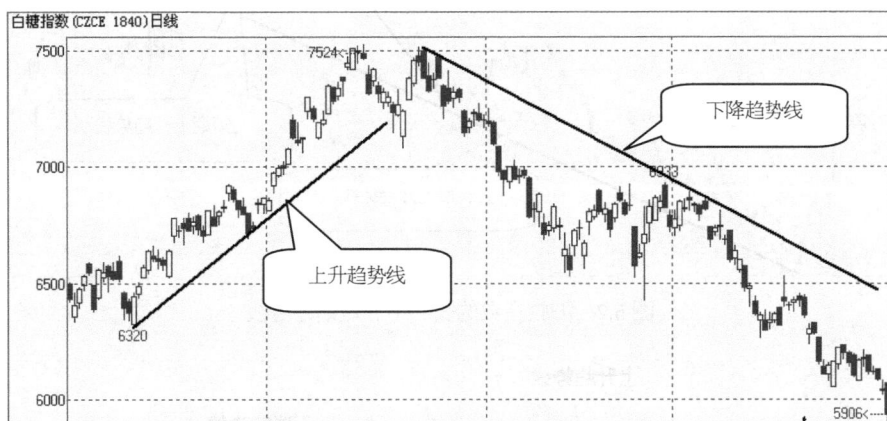

图 5.1　白糖指数的上升趋势线和下降趋势线

5.1.2　趋势线的分类

从方向上来讲，趋势线可分为上升趋势线和下降趋势线。上升趋势线预示价格的趋势是向上的，下降趋势线预示价格的趋势是向下的。

从时间上来说，趋势线可分为长期趋势线、中期趋势线和短期趋势线。长期趋势线是连接两个大浪的谷底或峰顶的斜线，跨度时间为几年，它对市场的长期走势将产生很大的影响；中期趋势线是连接两个中浪的谷底或峰顶的斜线，跨度时间为几个月，甚至一年以上，它对市场的中期走势将产生很大的影响；短期趋势线是连接两个小浪的谷底或峰顶的斜线，跨度时间不超过两个月，通常只有几个星期，甚至几天时间，它对市场的走势只起短暂影响，如图 5.2 所示。

5.1.3　趋势线的作用

趋势线简单、易学，它对期货商品的中长期走势有着相当重要的作用。趋势线对后市的价格起约束作用，上升趋势线可以支撑价格的上涨；下降趋势线对价格起压制作用。当趋势线被突破后，价格下一步的走势将沿新的趋势线运行，原有趋势线的作用会转换。上升趋势线的作用如图 5.3 所示。下降趋势线的作用如图 5.4 所示。

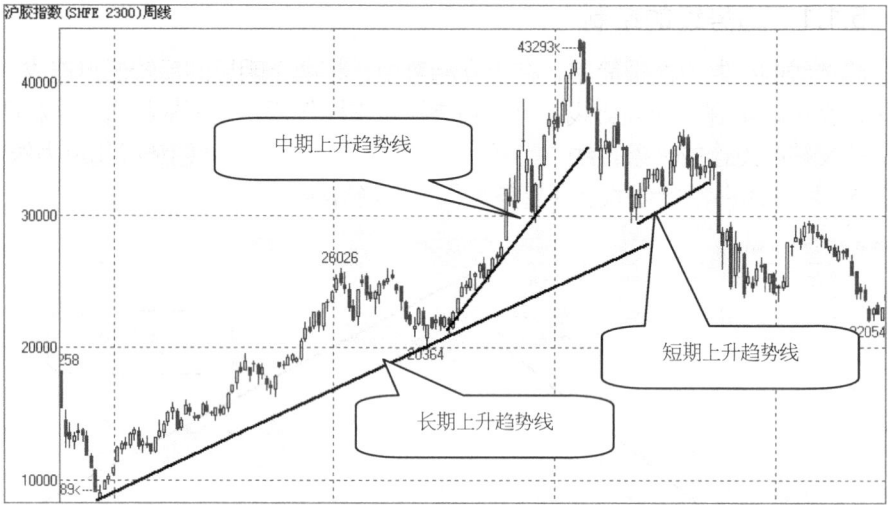

图 5.2　沪胶指数的长、中、短期趋势线

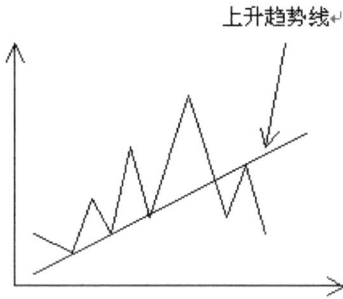

图 5.3　上升趋势线的作用　　　　　　图 5.4　下降趋势线的作用

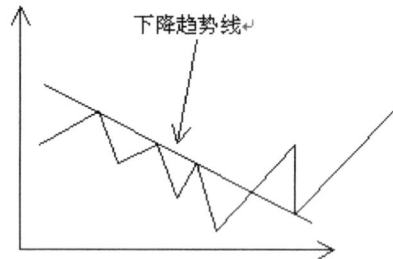

提醒：影响趋势线的可靠性因素一般有：趋势线被价格触及的次数、趋势线的倾斜角度和趋势线形成的时间跨度。一般来说，趋势线被价格触及的次数越多、倾斜角度越小、形成的时间跨度越长，其预测价格波动的可靠性越大。

5.2　支撑线和压力线

支撑线又称抵抗线，是指价格跌到某个价位附近时，价格停止下跌甚至回升。支撑线起到阻止价格继续下跌的作用。支撑线是价格运行 K 线图上每个谷底最低点之间的切线，意思是价格在此线附近具有相当高的买进意愿。

压力线又称阻力线，是指价格上涨到某个价位附近时，价格停止上涨甚至回落。压力线起到阻止价格继续上涨的作用。压力线是价格运行 K 线图上每个波峰最高点之间的切线。

5.2.1　支撑线和压力线的成因

支撑线和压力线是趋势分析的重要方法，其形成原因一般为价格在某个区域内上下波动，并且在该区域内累积了比较大的成交量，那么价格冲过或跌破该区域后，该区域自然成为价格的支撑线或压力线。注意，当压力线一旦被冲过，便会成为下一个跌势的支撑线；而支撑线一经跌破，将会成为下一个涨势的压力线。

支撑线和压力线并不仅产生于成交密集区。当行情恢复到上一波大涨或大跌行情的 50%左右时，会稍加休息，即在这个区间产生一条支撑线，原因是大多数投资者的心理因素所致，是技术上的卖出、买入价位。此外，投资者会自觉将当前价格与过去曾经出现的价格进行对比，所以阶段性的最低价位和最高价位往往也是投资者的心理支撑线和压力线。

5.2.2　支撑线和压力线的应用

支撑线可以使价格停止下跌，压力线可以使价格停止上涨，当形成支撑线和压力线后，投资者可预测未来价格涨跌的界限和区间。

支撑线和压力线被有效突破是长期趋势、中期趋势将发生变化的重要信号。有效突破的标志有两种情况，第一种是日 K 线图上的价格连续三天在支撑线或压力线外运行；第二种是收盘价突破支撑线或压力线超过 3%的幅度。

另外，支撑线和压力线之间存在互换的规律，其形成原因主要是投资者的心理因素。压力线一旦被冲过，便成为下一个跌势的支撑线；而支撑线一经跌破，将会成为下一个涨势的压力线。压力线转换成支撑线如图 5.5 所示。支撑线转换成压力线如图 5.6 所示。

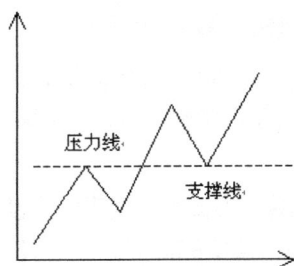

图 5.5　压力线转换成支撑线　　　　图 5.6　支撑线转换成压力线

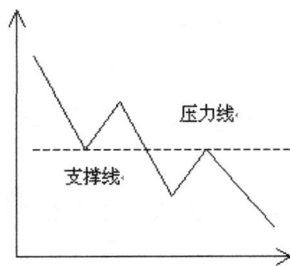

5.3　趋势线图形

利用趋势线可以预测和判断期货商品未来价格的走势，从而使投资者成为期货市场中的赢家。为了更好地运用趋势线，可以把上升趋势线进行细分，共 5 种，分别是上升支撑线、慢速上升趋势线、快速上升趋势线、上升趋势线被有效突破和新的上升趋势线。下降趋势线也可以细分成 5 种，分别是下降压力线、慢速下降趋势线、快速下降趋势线、下降趋势线被有效突破和新的下降趋势线。

5.3.1 上升支撑线和下降压力线

上升支撑线，又称上升趋势线，其特征是：价格回落的低点呈现明显的上移态势，此时，如果将最先出现或最具有代表意义的两个低点连接起来，就会形成一条向上的斜线。上升支撑线的图形如图 5.7 所示。

从技术上来讲，上升支撑线的出现表示空方的气势越来越弱，而多方的气势越来越强，投资者可以逢低吸筹，在转向之前持筹待涨，这样可以获得不错的收益。

下降压力线，又称下降趋势线，其特征是：价格回落的低点呈现明显的下移态势，此时，如果将最先出现或最具有代表意义的两个高点连接起来，就会形成一条向下的斜线。下降压力线的图形如图 5.8 所示。

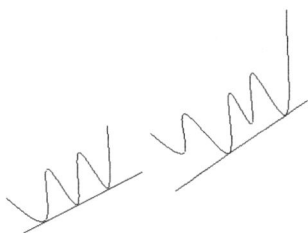

图 5.7　上升支撑线　　　　　　　图 5.8　下降压力线

从技术上来讲，下降压力线的出现表示多方的气势越来越弱，而空方的气势越来越强，投资者可以看空、做空，最好清仓离场，等转势后再进场。

如图 5.9 所示为豆粕指数的日 K 线图。豆粕从 3750 点开始回调，经过 21 个交易日的回调，最低下跌到 2990 点，然后价格在这个位置启稳，开始新的一波行情上涨。

豆粕第一波上涨的特征是：大阳线拉升，小阴小阳调整。这表明上涨力量强，做空力量弱，所以投资者可以在不断抬高自己的止盈位的同时，耐心持有多单，如果是短线高手，则日内还可以做短差，即当价格上涨到日内某个压力位时，先减仓，然后逢低再补回仓位。

第一波上涨用了 11 个交易日，随后开始横盘整理，但上升趋势保持完好，所以中线多单可以耐心持有，短线可以高抛低吸做短差，但仍以逢低做多为主，因为上升趋势是完好的，趋势是最好的朋友。

在 A 处，价格回调到上升趋势线附近，连续两天收小阳线，这表明回调有望结束，要敢于在这里加仓做多。随后价格开始上涨，在第二波上涨过程中，发现仍是大阳线上涨、小阴线回调，所以中线多单仍耐心持有，并不断提高止盈位。

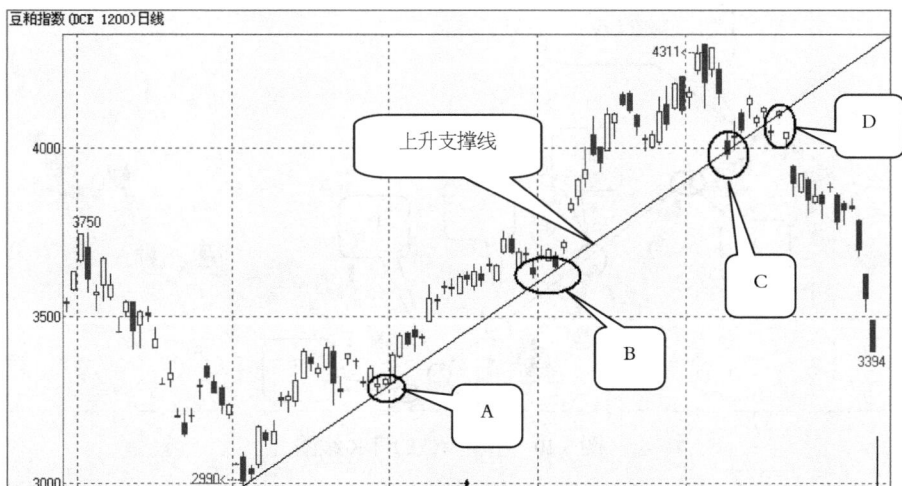

图 5.9　豆粕指数的日 K 线图

价格震荡上涨 18 个交易日后，再次出现回调，价格回调到上升趋势线附近，再次出现止跌信号，即在 B 处，投资者要敢于继续做多。

随后价格继续上涨，第三波上涨的初期，上涨力量很强，连续拉大阳线，并且没有出现回调，价格经过 19 个交易日的上涨，创出 4311 高点，但当天收了一根中阴线，这表明上涨动力已不足，多单要特别小心。创出新高的第二天，价格没有继续下跌，反弹高开高走，收了一根中阳线，这是一根诱多中阳线，要特别小心。

随后价格出现了快速下跌，当下跌到上升趋势线附近时，即 C 处，价格再度反弹上涨，但这一次的反弹力量很弱。

在 D 处，价格反复震荡之后，跌破了趋势线，这表明上涨行情结束，随后进入下跌行情，要快速转变思维，由前期的逢低做多思维，改为逢高做空思维。

如图 5.10 所示为塑料指数的日 K 线图。塑料在 4 月 15 日创出反弹高点 11905 后，开始震荡下跌。在 A 处，价格弱势反弹到下降压力线附近，这里抄底多单要及时出局，并且要敢于重仓做多，并且风险不大。

随后价格就开始大幅杀跌，连续下跌 10 个交易日，但最后两个交易日都是低开高走，这表明短线下跌动力已释放得差不多了，短线有反弹要求。所以空单可以减仓或清仓出局，等反弹到高位再介入。当然中线空单仍以持有为主，直到下降压力线被突破。

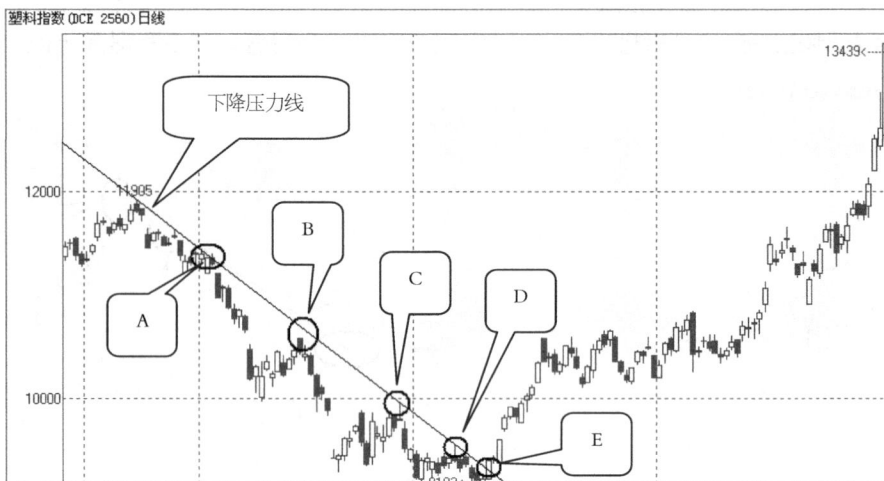

图 5.10　塑料指数的日 K 线图

　　价格反弹了 8 天，反弹到下降压力线附近，即 B 处，价格收了一根中阴线，这表明反弹很可能结束，所以抄底多单要及时出局，然后继续逢高建立空间。

　　同理，价格不断下跌，然后反弹，反弹到下降压力线附近，都是新的做空位置，即 C 和 D 处。当然随后价格的下跌、反弹甚至反转动力就会不断增强，所以越在后期下空单，越要特别小心，要时刻保护好盈利。

　　在 E 处，一根中阳线突破了下降压力线，这表明下降行情很可能结束，所以空单要及时获利了结，然后转变思维，开始逢低做多。

　　提醒：尽管市场涨跌不确定的因素很多，投资者为此追涨杀跌疲惫不堪，但它每个时期运行的方向都是很清楚的，只要在上升趋势线上方运行，就看多、做多，在下降趋势线下方运行，就看空、做空，这样操作就不会出大错。

5.3.2　慢速上升趋势线和慢速下降趋势线

　　慢速上升趋势线出现在以慢速上升趋势为主的快慢趋势线组合中，其维持时间比快速上升趋势线长，预示了价格运行的中长期趋势是向上的，具有长期支撑价格上升的作用。慢速上升趋势线的图形如图 5.11 所示。

　　价格只要在慢速上升趋势上方运行，就应该坚持看多、做多，采取逢低做多的策略。

　　慢速下降趋势线出现在以慢速下降趋势为主的快慢趋势线组合中，其维持时间比快速下降趋势线长，预示了价格运行的中长期趋势是向下的，具有长期压制价格上升的作用。慢速下降趋势线的图形如图 5.12 所示。

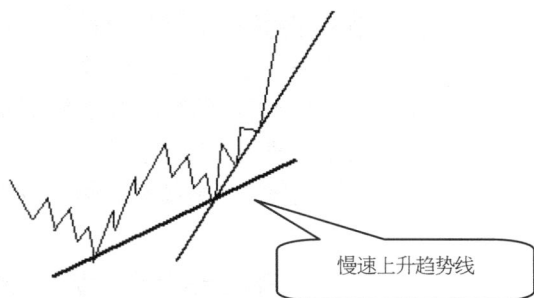

图 5.11　慢速上升趋势线

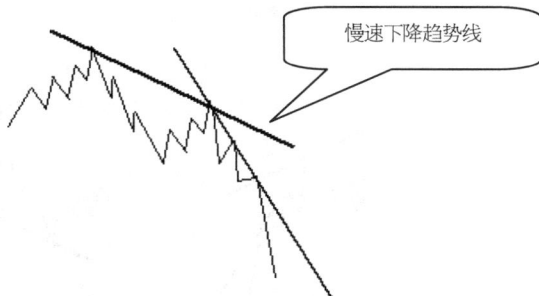

图 5.12　慢速下降趋势线

价格只要在慢速下降趋势线下方运行，就应该坚持看空、做空，采取逢高做空的策略。

5.3.3　快速上升趋势线和快速下降趋势线

快速上升趋势线可以出现在以慢速上升趋势为主的快慢趋势线组合中，也可以出现在以慢速下降趋势为主的快慢趋势线组合中，其维持时间比慢速趋势线短。快速上升趋势线的图形如图 5.13 所示。

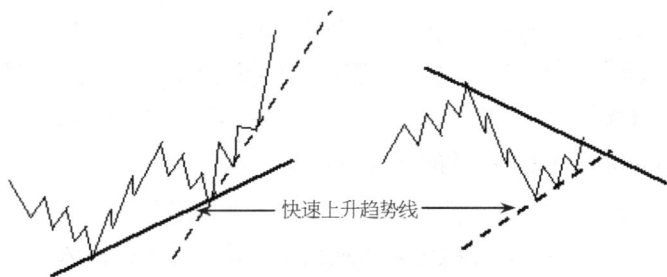

图 5.13　快速上升趋势线

快速上升趋势线预示了价格运行的短期趋势是向上的，具有短期支撑价格上升的作用。但是，快速上升趋势线在以慢速上升趋势线为主和以慢速下降趋势线为主的快慢趋势线组合中发挥的作用是不一样的。前者因为价格总体是向上的，所以投资者在快速上升趋势线上方做多获利机会较多，而后者因价格总体上处于下降态势，所以投资者在快速上升趋势线上方做多风险很大，一不小心就会被套。所以快速上升趋势出现在以慢速下降趋势线为主的快慢趋势线组合中时，除非是激进型投资者，同时对市场变化又十分敏感，可用少量资金抄底反弹，否则还是看空、做空为妙。

快速下降趋势线可以出现在以慢速上升趋势为主的快慢趋势线组合中，也可以出现在以慢速下降趋势为主的快慢趋势线组合中，其维持时间比慢速趋势线短。快速下降趋势线的图形如图 5.14 所示。

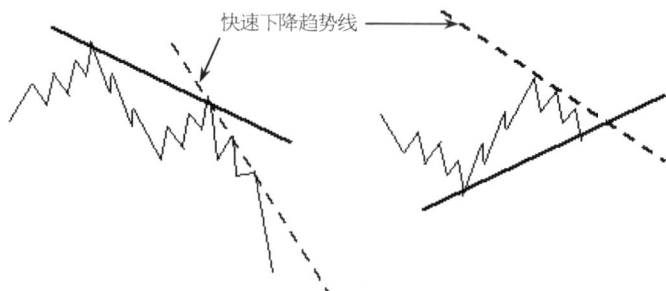

图 5.14　快速下降趋势线

快速下降趋势线预示了价格运行的短期趋势是向下的，具有短期压制价格上升的作用。但是，并不是快速下降趋势线出现后，就看空、做空。只有当快速下降趋势线出现在以慢速下降趋势线为主的快慢趋势线组合中时，才坚决看空、做空。

当快速下降趋势线出现在以慢速上升趋势线为主的快慢趋势线组合中时，因为价格总体是向上的，所以价格回落无论是在时间上，还是在空间上都较有限，价格最终还会继续上行。因此，在这里过分看空、做空是很危险的。

总之，当快速下降趋势线出现在以慢速上升趋势线为主的快慢趋势线组合中时，若是激进型投资者，并且对市场变化又十分敏感，则可以适时做空。一般投资者可以不理会短期波动，持筹待涨，这样就可以成为市场大赢家。

如图 5.15 所示为 PTA 指数的日 K 线图。

在 A 处，价格中有一根大阴线跌破了快速上升趋势线，这表明这一波连续 16 个交易日的上涨行情结束，短线进入下跌调整情中。所以在 A 处，多单要及时出局，并且可以逢高短线做空，下方目标可以看到慢速上升趋势线附近。

随后价格不断震荡下跌，在 B 处，价格回调到慢速上升趋势线附近，并且价格在这里收了一根见底 K 线，这表明回调行情可能结束，空单要及时出局，并且可以以慢速上升趋势线作为止损去做多。

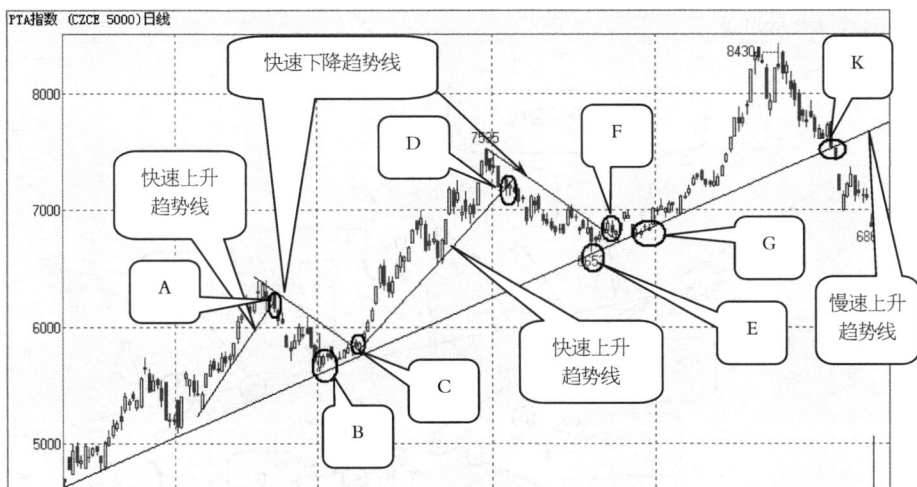

图 5.15　PTA 指数的日 K 线图

价格在上升趋势线附近不断震荡，但价格重心在上移。在 C 处，价格突破了快速下降趋势线，这进一步表明价格调整结束，要开始新的一波上涨了。所以在这里抄底多单持有，并且要敢于继续逢低做多。

接着价格就开始快速拉升，开始了新的一波上涨，这一波上涨用了 30 个交易日，最高上涨到 7535。然后在 D 处，价格又跌破了快速上升趋势线，这表明这一波上涨行情结束，后市又进入调整阶段。

调整阶段操作策略是：多单出局，逢高做空，下方可以看到慢速上升趋势线附近。

随着价格的不断震荡下跌，下跌到慢速上升趋势线附近，即 E 处，价格止跌开始反弹上涨。随着价格的不断震荡上涨，在 F 处，突破了快速下降趋势线，这进一步表明调整结束，后市迎来新的一波上涨。

价格没有立即上涨，而是出现了回调，但再次回调到慢速上升趋势线附近，即 G 处，价格再度得到支撑，这是最佳多单进场点。接着价格就开始新的一波上涨行情，最高创出 8430 高点，在高位震荡几天后，就开始下行。在 K 处，价格跌破了慢速上升趋势线，这表明整个上涨行情可能结束，无论是短线多单、中线多单或长线多单，都要及时出局，然后逢高建立空单。

如图 5.16 所示为 PTA 指数的日 K 线图。

PTA 在 4 月 6 日创下 8672 反弹高点后，就开始震荡下跌，先利用两个高点绘制慢速下降趋势线。PTA 震荡下跌 15 个交易日后，价格开始快速下跌，先绘制一条快速下降趋势线，每当价格反弹到快速下降趋势线附近时，就是不错的做空位置。所以在 A 和 B 处做空是相当不错的。

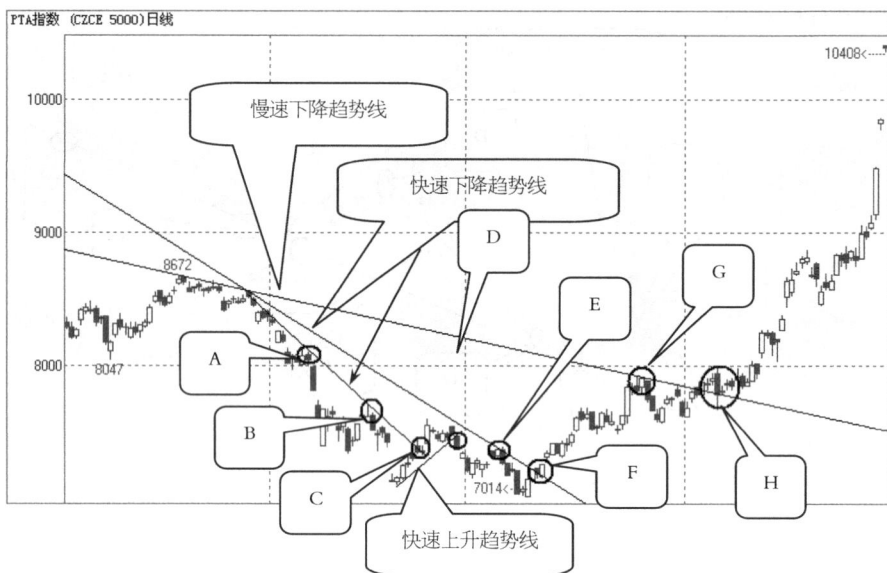

图 5.16　PTA 指数的日 K 线图

价格继续一段时间下跌之后，开始有力度的反弹，在 C 处，价格反弹站上了快速下降趋势线，这表明价格仍有继续反弹的要求，可以在这里做多。但投资者心里要明白，在没有突破慢速下降趋势线之前，价格的上涨只能按反弹处理。

价格在 C 处突破快速下降趋势线后，没有大幅上涨，反而出现了滞涨信号，这表明上涨无力，随时都有再度下跌的可能，在 D 处，价格跌破了快速上升趋势线，这表明快速下降趋势线的突破是诱多，所以继续逢高做多，并重新绘制新的快速下降趋势线。

在 E 处，价格反弹到新的快速下降趋势线附近，所以这里是一个做空位置，但要注意，价格已下跌较长时间，有盈利则要注意保护盈利。

在 F 处，价格突破了快速下降趋势线，空单出局，可以短线跟多，但在这里仅仅是反弹，一旦有不好信号，多单要及时出局。这一波反弹比较强，一路上涨到慢速下降趋势线附近，即 G 处，在这里多单要主动获利出局，并且可以轻仓做空。

价格连续下跌三天，然后开始震荡，这表明下跌动力为强，所以空单要及时出局。在 H 处，价格突破并站上了慢速下降趋势线，这表明新的一波上涨行情正在进行中，要及时转变思维，由前期的逢高做空，改为逢低做多。

5.3.4　上升趋势线被有效突破

上升趋势线被有效突破的条件有 3 个：第一个是出现在涨势中；第二个是期货商品的收盘价与上升趋势线破位处的下跌差幅至少有 3%；第三个是价格在上升趋势线下方收盘的时间在 3 天以上。

上升趋势线被有效突破后，该上升趋势线对价格就失去支撑作用，并且该上升趋势线由支撑作用转变成压制作用，即压制价格再度上升。上升趋势线被有效突破，对多方是非常不利的，多单要及时出局，并且要敢于逢高建立空单。

如图 5.17 所示为白糖指数的日 K 线图。

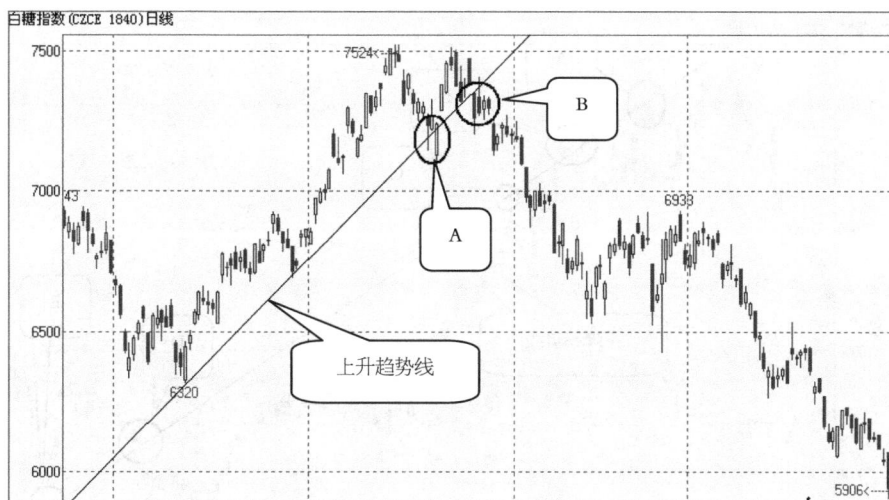

图 5.17　白糖指数的日 K 线图

白糖的价格创出 6320 低点后，开始不断拉升上涨，经过 45 个交易日的上涨，创出 7524 高点，但在创出高点的这一天，价格收了一根十字线，这表明多空双方搏杀很激烈。

创出高点后的第 2 个交易日，价格高开低走，收了一根光脚阴线，这表明下跌力量较强，随后价格不断震荡下跌，当价格下跌到上升趋势线附近，即 A 处，价格先是跌破了上升趋势线，但仅一天，并且当天收了一根低开高走的大阳线，随后价格又站上了上升趋势线。所以 A 处是一个上升趋势线的假突破，是一个看多信号，仍可以短线逢低做多。

价格继续上涨，但在上涨到 7500 附近时，价格出现了滞涨，然后价格开始震荡下跌，在 B 处，价格跌破了上升趋势线。在这里要注意，价格跌破了上升趋势线后，连续 4 天都没有站上上升趋势线，这表明价格很有可能已有效跌破上升趋势线。所以如果手中还有多单，要及时出局，并且可以逢高做空。

5.3.5　下降趋势线被有效突破

下降趋势线被有效突破的条件有 3 个：第一个是出现在跌势中；第二个是期货商品的收盘价与下降趋势线破位处的上涨差幅至少有 3%；第三个是价格在下降趋势线上方收盘的时间在 3 天以上。

下降趋势线被有效突破后，该下降趋势线对价格就失去压制作用，并且该下降趋势线由压制作用转变成支撑作用，即阻止价格再度下降。下降趋势线被有效突破后，形势开始对多方有利，所以投资者应随时做好准备进场。

如图 5.18 所示为 PTA 指数的日 K 线图。

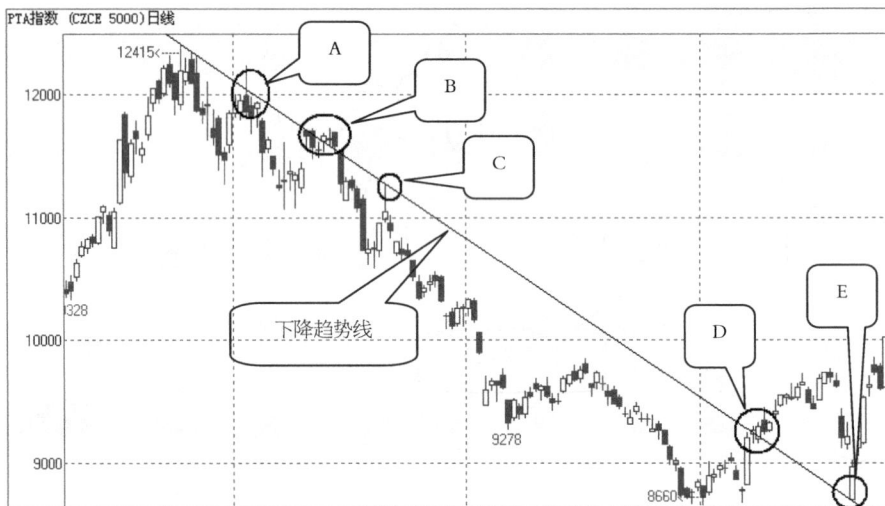

图 5.18　PTA 指数的日 K 线图

PTA 经过一波上涨之后，创下 12415 高点，在创出高点的当天，价格收了一根带有上影线的中阳线，该阳线是继续看涨的。但随后两个交易日，价格没有再创新高，并且收出不好的 K 线，这意味着上涨无力，出现滞涨信号，多单要特别小心。

随后价格开始连续下跌，连续 7 天收阴，这意味着上涨行情可能结束，这里需要注意的是，看启稳后的再次上涨能否突破下降趋势线。

在 A 处，价格在连续 3 天上涨之后，第 4 天价格再度上涨，并且盘中突破了下降趋势线，但收盘却收了一根中阴线，这意味着没有成功突破下降趋势线，盘中是一个假突破。假突破是一个反向做单的信号，所以在 A 处，可以逢高建立空单。

同理，价格经过几天下跌之后，又开始反弹，在 B 处，价格又出现了下降趋势线的假突破，所以也是不错的做空位置。

在 C 处，价格反弹到下降趋势线附近就开始下跌，这是不错的做空位置。

价格经过较长时间下跌之后，开始反弹，在 D 处，价格成功突破了下降趋势线，所以这里要改变思维，开始逢低做多。并且下降趋势线对价格不再有压制作用，反而起到支撑作用。

在 E 处，价格快速下跌，下跌到下降趋势线附近时得到支撑，又开始新的一波行情的上涨。

5.3.6　新的上升趋势线和新的下降趋势线

新的上升趋势线的特征是：在上涨行情中，上升趋势线向下破位后，不是反转向下，而是继续上升且收盘创出新高。新的上升趋势线的图形如图 5.19 所示。

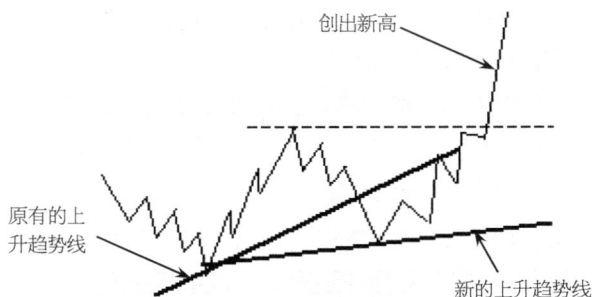

图 5.19　新的上升趋势线

从技术上来讲，新的上升趋势线是做多信号，并且新的上升趋势线出现后，往往都有一段比较好的升势。另外还要注意，新的上升趋势线出现后，原有的上升趋势线就失去参考意义。

新的上升趋势线确定后，就可以说明前期价格下穿原先的上升趋势线，是主力刻意打压所致，是为了诱空而故意设置的一个空头陷阱，目的是为了清洗浮筹，蓄势后再次发动新的一轮上攻。投资者这时应该看多，准备随时进场。

新的下降趋势线的特征是：下降趋势线被有效突破后，不是反转向上，而是继续下降且收盘创出新低。新的下降趋势线的图形如图 5.20 所示。

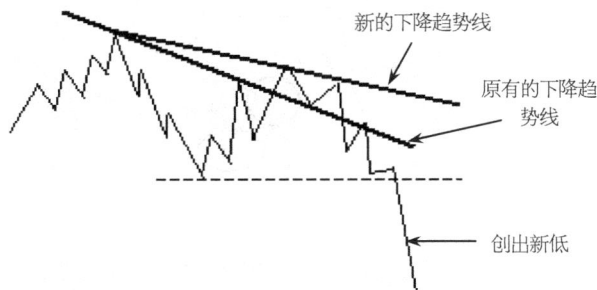

图 5.20　新的下降趋势线

从技术上来讲，新的下降趋势线是看跌信号，它表明市场正处于空方的控制之下。原先的下降趋势线被有效突破后，多方没有继续上攻，空方却发动了新一轮的攻势。另外还要注意，新的下降趋势线出现后，原有的下降趋势线就失去参考意义。

如图 5.21 所示为塑料指数的日 K 线图。2008 年经济危机期间，塑料的价格大幅下跌，创出了 5777 低点，但在创出新低的这一天，价格低开高走，收了一根大阳线，这表明价格有反弹要求。随后价格不断震荡上行，虽有调整，但价格的低点一次比一次高，这样就可以绘制上升趋势线。价格沿着上升趋势线不断上涨，用了 56 个交易日，创出 9359 高点。在这里可以看到，虽然最后几天价格不断创出新高，但上涨力量越来越弱，所以多单要特别小心。

价格创出 9359 高点后的第 2 个交易日，价格就收了一根阴线，并且该阴线吃掉了前 3 天的价格涨幅，这表明上涨已无力，后市将迎来下跌回调行情。所以这里多单要及时出局，并且可以短线逢高做空。

随后价格就开始快速下跌，直接跌破上升趋势线，并且反弹没有站上上升趋势线，即 A 处，这表明这一波上涨行情结束，可以继续做空。

在这里有意思的是，价格没有继续大幅下跌，在下跌到 7512 时，价格启稳开始反弹，即 B 处，并且随后的反弹再创新高，这表明跌破原有上升趋势线后的下跌是主力刻意的诱空，骗取散户手中的低位多单筹码。

这样就可以利用 5777 低点和 7512 低点重新绘制上升趋势线，只要价格在该趋势线之上，我们就可采取逢低做多的策略。

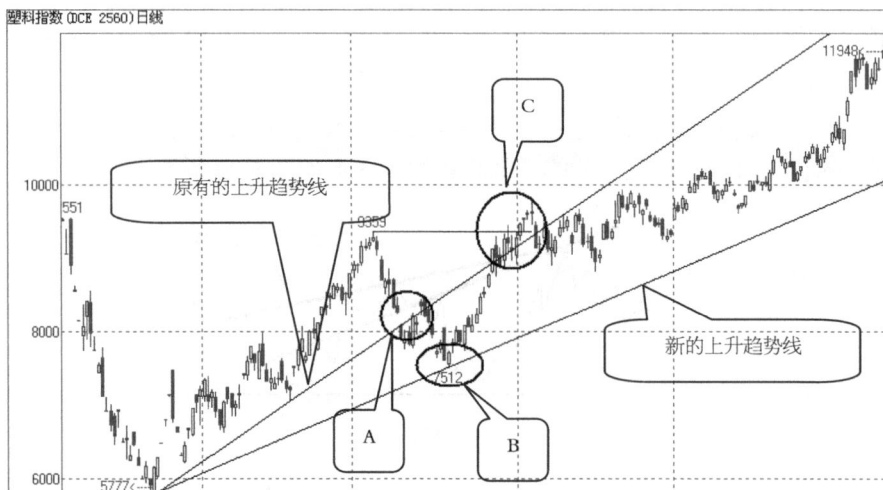

图 5.21　塑料指数的日 K 线图

如图 5.22 所示为 PTA 指数的日 K 线图。

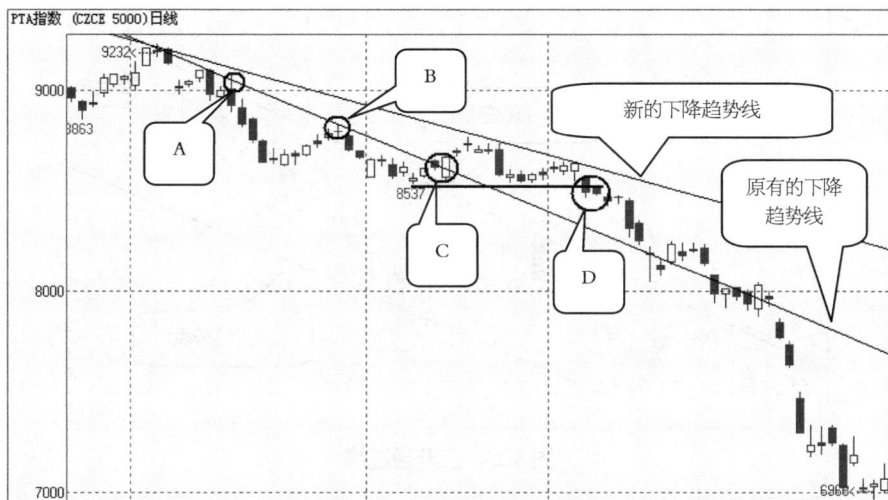

图 5.22　PTA 指数的日 K 线图

　　PTA 的价格经过几天反弹后，创出 9232 高点，然后开始震荡下跌，在这里绘制下降趋势线。在 A 处，价格反弹到下降趋势线附近，然后又开始下跌，所以这里是一个不错的做空位置。

　　同理，B 处也是一个不错的做空位置。

　　在 C 处，一根中阳线突破了下降趋势线，这表明价格有继续反弹的要求，可以短线轻仓跟多搏反弹，但要注意，一旦有滞涨信号，多单要及时获利了结。

　　随后价格虽然继续反弹，但反弹力量很弱，即上涨无力，这表明后市仍有望继续下跌，所以多单及时出局为好。

　　在 D 处，一根中阴线杀出，再创新低，跌破了前期整理平台的低点，这表明新的下跌行情开始，也说明在 C 处出现的下降趋势线突破是一个假突破，是主力诱多动作。原来的下降趋势线已失去作用，可以重新绘制新的下降趋势线。

5.4　趋势通道

　　趋势通道，即通道线，有时称做返回线，是趋势线的另一种有用的变体。通道线是在趋势线的反方向画一条与趋势线平行的直线，该直线穿越近期价格的最高点或最低点。这两条线将价格夹在中间运行，有明显的管道或通道形状。

　　通道线分为三种，分别是上升道通线、水平通道线和下降通道线，如图 5.23 ~图 5.25 所示。

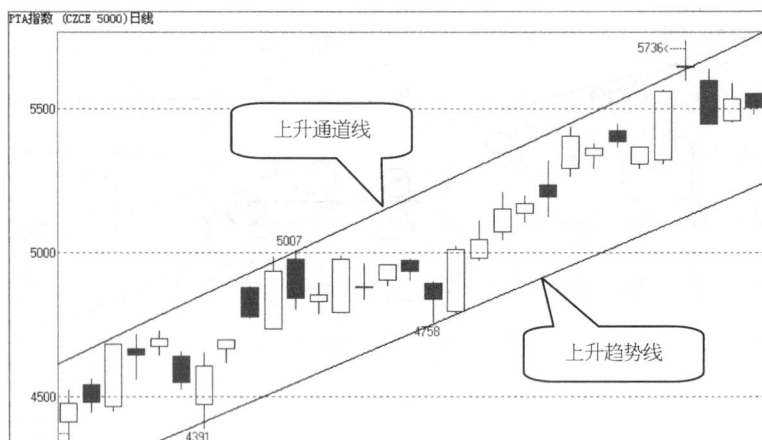

图 5.23　上升通道线

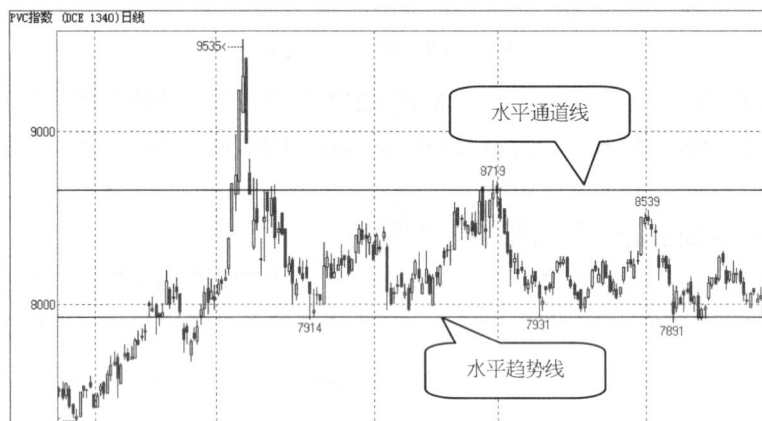

图 5.24　水平通道线

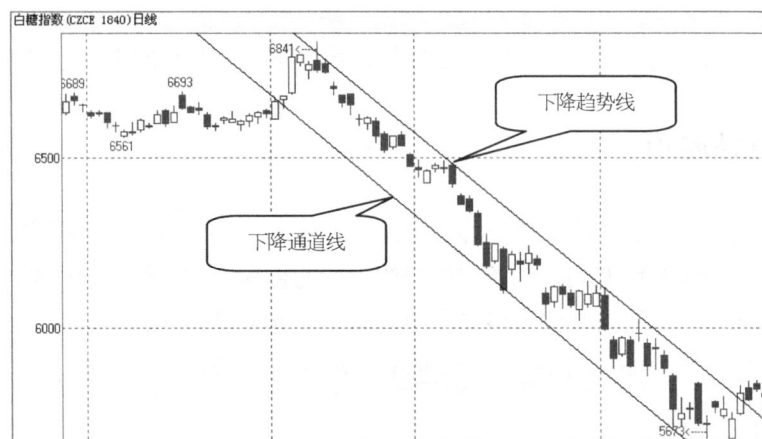

图 5.25　下降通道线

通道主要用来限制价格的运动范围，让它不能变动得太离谱。通道一旦得到确认，价格就将在这个通道里变动。通道线一旦被价格有效突破，则往往意味着趋势将有一个较大的变化。当通道线被价格突破后，趋势上升的速度或下降的速度会加快，会出现新的价格高点或低点，原有的趋势线就会失去作用，要重新依据价格新高或新低画趋势线和管道线。

如图 5.26 所示，在上升趋势中，价格上涨到通道线的上边压力线时，多单获利出局，并可以逢高轻仓做空，然后等回调到通道线的下边支撑线时，空单获利出局，多单逢低介入，即在 A、B、C、D、E 处空单出局，多单入场；而在 F、H、J、K、P 和 X 处多单出局，轻仓做空。

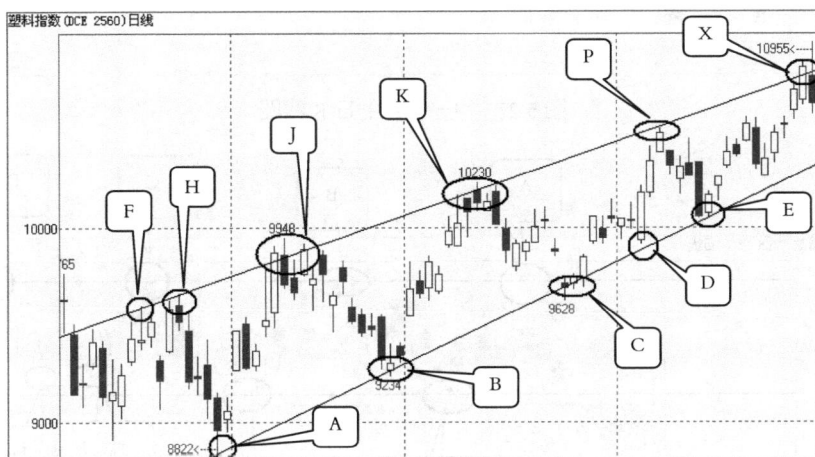

图 5.26 塑料指数的日 K 线图

通道线被价格突破后，往往不会发生价格反抽现象，即通道线不起到支持回抽动运的作用。当价格突破通道线后，要么一飞冲天，要么会迅速跌回趋势通道中，而不会在通道线附近做任何停留。

如图 5.27 所示，在 A 处，价格多次突破了通道线，但又回调到通道线之内，然后在 B 处，即通道线下轨得到了支撑。在 C 处，价格突破了通道线，然后一飞冲天。

在水平趋势中，价格上涨到通道线的上边压力线时，多单要果断出局，然后反手做空，等回调到通道线的下边支撑线时，空单要果断出局，并且可以反手做多。

如图 5.28 所示，在 A、B、C 和 D 处，多单要果断出局，空单进场做空；在 E、F、G 和 H 处，空单要果断出局，多单进场做多。

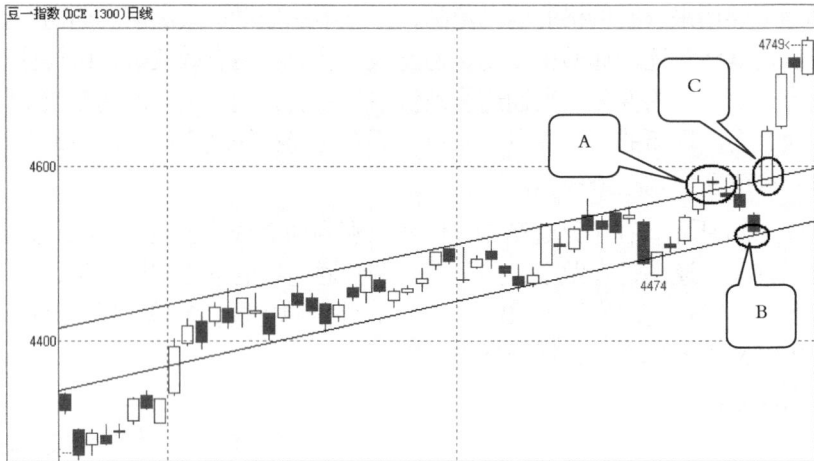

图 5.27　豆一指数的日 K 线图

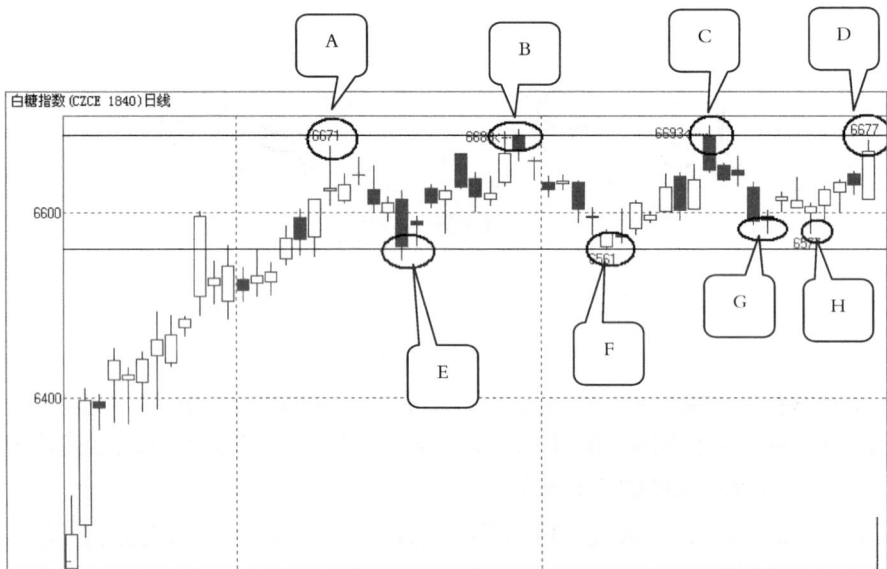

图 5.28　白糖指数的日 K 线图

　　在下降趋势中，价格上涨到通道线的上边压力线时，多单要果断出局，要敢于做空，然后等回调到通道线的下边支撑线时，空单出局，可以轻仓试多，也可以不操作。

　　如图 5.29 所示，在 A、B、C 和 D 处，多单要及时出局，并且要敢于逢高做空；在 E、F、G 和 H 处，空单最好及时出局，可以轻仓试多，一旦有不好的信号，多单要及时出局。

　　提醒：通道线与趋势线是相互作用的一对，先有趋势线，再有通道线，但趋势线比通道线重要得多，也更为可靠。同时，趋势线可独立存在，而通道线不可以独立存在。

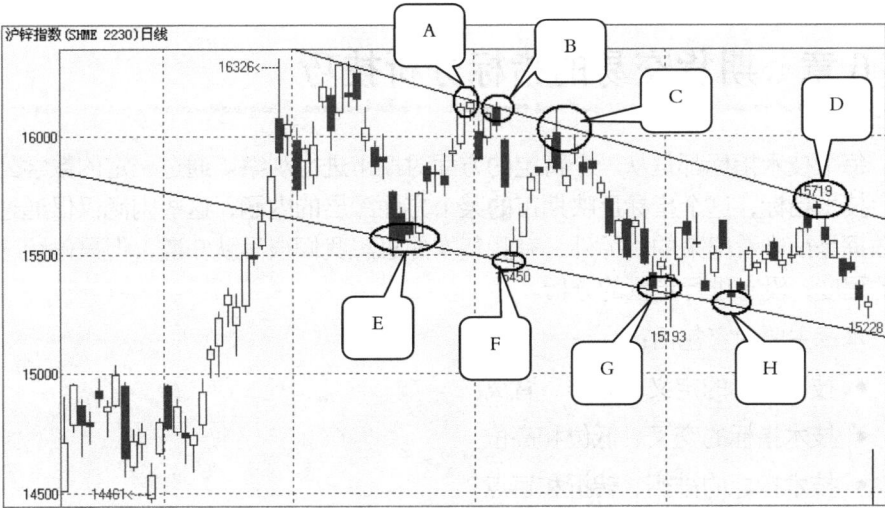

图 5.29　沪锌指数的日 K 线图

第 6 章 期货交易的指标分析技巧

每个技术指标都是从一个特定的方面对期市进行观察。通过一定的数学公式产生技术指标，这个指标反映期市的某个方面深层的内涵，这些内涵仅仅通过原始数据是很难看出来的。另外，有些基本的思想我们很早就知道，但只停留在定性的程度，没有进行定量的分析。

本章主要内容包括：

- 技术指标的定义、分类、背离
- 技术指标的交叉、低位和高位
- 技术指标的徘徊、转折和盲点
- 技术指标法同其他技术分析方法的关系
- KDJ 实战应用技巧
- MACD 实战应用技巧
- BOLL 实战应用技巧
- SAR、OBV、VR 的应用技巧
- 技术指标运用注意事项

6.1 技术指标概述

技术指标只是一种统计工具，只能客观地反映某些既成过去的事实，将期货市场的数据形象化、直观化，将某些分析理论数量化和精细化。但技术指标并不能保证操作成功，因为技术指标可以被主力操纵。

6.1.1 什么是技术指标

什么是技术指标？至今也没有一个明确的定义，但下面的说法被大多数人认可。技术指标是：按事先规定好的固定的方法对原始数据进行处理，将处理之后的结果制成图表，并用制成的图表对期市进行行情研判。原始数据是指开盘价、最高价、最低价、收盘价、成交量和成交金额，有时还包括成交笔数，共六七个数据。其余的数据都不是原始数据。

对原始数据进行处理指的是将这些数据的部分或全部进行整理加工，使之成为我们希望得到的东西。不同的处理方法就会产生不同的技术指标。从这个意义上讲，有多少个技术指标，就会产生多少种处理原始数据的方法；反过来，有多少种处理原始数据的方法，就会产生多少个技术指标。

产生了技术指标之后，最终都会在图表上得到体现。处理原始数据，不仅是把一些数字变成另一些数字，而且可能是放弃一些数字，或加入一些数字。

6.1.2　技术指标的分类

目前，应用于市场的技术指标有几百种，按照不同的计算原理和反映状况，可大致分为 4 类，如图 6.1 所示。

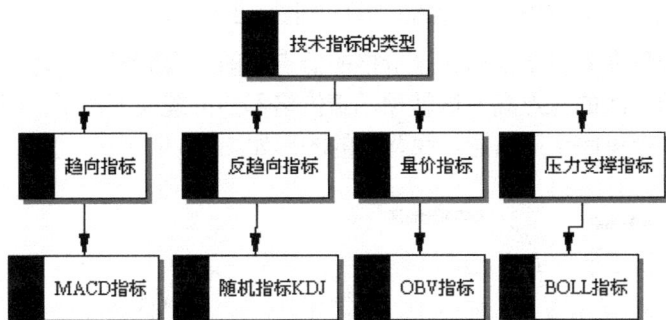

图 6.1　技术指标的类型

1. 趋向指标

趋向指标是识别和追踪有趋势的图形类指标，其特点是不试图猜顶和测底，如均线、MACD 指标、SAR 指标等。

2. 反趋向指标

反趋向指标，又称振荡指标，是识别和追踪趋势运行的转折点的图形类指标，其特点是具有强烈的捕顶和捉底的意图，对市场转折点较敏感，如随机指标 KDJ、强弱指标 RSI 等。

3. 量价指标

量价指标就是通过成交量变动来分析和捕捉价格未来走势的图形类指标，其特点是以"成交量是市场元气"为依据，揭示成交量与价格涨跌的关系，如 OBV 指标、VOL 指标等。

4. 压力支撑指标

压力支撑指标，又称通道指标，是通过顶部轨道线和底部轨道线试图捕捉行情的顶部和底部的图形类指标，其特点是具有明显的压力线，也有明显的支撑线，如 BOLL 指标、XSTD 指标。

提醒：对于指标的应用，要记住经典图形的意义，还要根据大势和主力特征进行认真识别，因为有时很可能是主力发的假信号，即通过纵操价格绘制假指标图形，如果投资者信以为真，则很可以一买就套、一卖就涨。

6.1.3　技术指标的背离

技术指标背离是指技术指标的波动与价格曲线的趋势方向不一致，即价格的变动没有得到指标的支持。指标背离可分为两种，分别是顶背离和底背离。

顶背离出现在上涨后期，当价格的高点比前一次高点高时，指标的高点却比指标前一次的高点低，这就预示着价格上涨不会长久，很可能马上就会下跌，是一个明显的见顶卖出信号。顶背离的图形如图 6.2 所示。

底背离出现在大幅下跌后，当价格的低点比前一次的低点低时，而指标的低点却比指标前一次的低点高，这就预示着价格不会再继续下跌了，很可能马上反转向上，是一个见底买进信号。底背离的图形如图 6.3 所示。

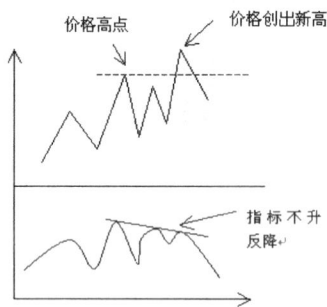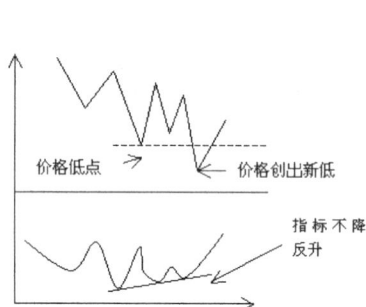

图 6.2　顶背离　　　　　　　　　　　图 6.3　底背离

在应用技术指标背离时，要注意以下几点。

（1）能够形成明显技术指标背离特征的指标有 MACD、RSI、KDJ 等，其中 RSI 和 KDJ 的指标背离对行情判断成功率比较高。

（2）价格在高位时，通常出现一次顶背离，就可以确认见顶；而价格在低位时，可能需要出现几次底背离才能确认见底。

（3）当价格出现暴涨或暴跌的行情时，KDJ 指标很可能呈高位或低位钝化后，价格还在上涨或下跌，这时一旦出现背离特征则有效性很高。KDJ 指标和 RSI 指标一起判断价格走势，效果比较不错。

（4）有时要识别假背离现象，假背离往往具有以下特征。

- 某个时间周期背离，其他时间不背离，如日 K 线图背离，而周 K 线图和月

K线图不背离。

- 没有进入指标高位区域就背离。技术指标在高于 80 或低于 20 背离比较有效，在 20 ~ 80 之间出现的背离可以不理会。
- 某个技术指标背离，而其他技术指标不背离。各种技术指标都是通过不同的算术方法计算得来的，所以背离时间也不相同，其中 KDJ 最敏感，RSI 次之，MACD 则最弱。单一技术指标背离参考意义不大，如果有多个技术指标同时出现背离，则可靠性就比较高。

6.1.4　技术指标的交叉、低位和高位

技术指标的交叉是指技术指标图形中的两条指标曲线发生了相交现象，交叉表明多空双方力量的对比发生了变化。技术指标的交叉可分为 3 种，分别是黄金交叉、死亡交叉、与零轴的交叉。

黄金交叉是指上升中的短期指标曲线由下向上穿过上升中的长期指标曲线，预示着价格将继续上涨，行情看好。黄金交叉的图形如图 6.4 所示。

死亡交叉是指下降中的短期指标曲线由上向下穿过下降中的长期指标曲线，预示着价格将继续下跌，行情看跌。死亡交叉的图形如图 6.5 所示。

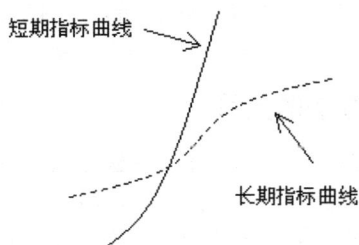

图 6.4　黄金交叉　　　　　　　　图 6.5　死亡交叉

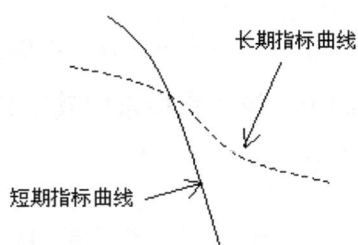

技术指标曲线向上穿越零轴，表明技术指标认为空方市场开始转为多方市场，行情看多；技术指标曲线向下穿越零轴，表明技术指标认为多方市场开始转为空方市场，行情看空。与零轴的交叉的图形如图 6.6 所示。

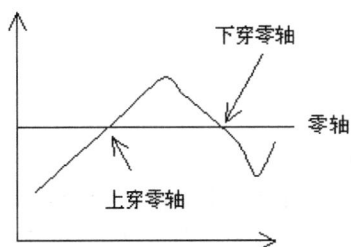

图 6.6　与零轴的交叉

技术指标的低位，表示指标认为市场进入超卖区；技术指标的高位，表示指标认为市场进入超买区。下面以 KDJ 为例讲解一下。KDJ 指标从低位区升到高位区并超过 80 以上，则 KDJ 指标认为市场已进入超买阶段，价格随时可以回落，投资者应警惕。KDJ 指标从高位区降到低位区并低于 20 以下，则 KDJ 指标认为市场已进入超卖阶段，价格随时可以反弹，投资者应关注。

如果指标在高位，这时价格又大幅攀升，指标上升幅度越来越小，从而形成上升抛物线状，即高位钝化。指标高位钝化只出现在强势特征明显的市场下，而低位钝化只出现在极度弱势的市场中。

6.1.5　技术指标的徘徊、转折和盲点

技术指标的徘徊是指技术指标处在进退不明状态，对未来走势方向不能做出明确的判断。技术指标的转折是指技术指标在高位或低位发生了调头，表明前面超买或超卖状态将要得到平衡。有时技术指标的调头表明一个趋势将要结束，另一个趋势将要开始。

技术指标的盲点是指在大部分的时间里，技术指标不能发出买入或卖出信号，处于"盲"的状态。如价格在盘整震荡时，大多数指标都会失灵。每个指标都有自己的盲点，即指标失效的时候。所以在运用指标时，要多总结各个技术指标的盲点，然后找出其他可以代替分析的指标。总之，结合 K 线图、形态、趋势等技术，往往能提高技术指标分析的准确率和成功率。

6.1.6　技术指标法同其他技术分析方法的关系

其他技术分析方法都有一个共同点，那就是只重视价格，不重视成交量。单纯地从技术的角度看，没有成交量的信息，别的方法也都能正常运转，照样进行分析研究，照样进行行情预测。我们只是很笼统地说一句，要有成交量的配合。技术指标由于种类繁多，所以考虑的方面就很多，人们能够想到的，几乎都能在技术指标中得到体现，这一点是别的技术分析方法无法比拟的。

在进行技术指标的分析和判断时，经常会用到别的技术分析方法的基本结论。例如，在使用 KDJ 等指标时，我们要用到 K 线形态中的头肩形、颈线和双重顶之类的结果及趋势中支撑和压力的分析手法。由此可以看出，全面学习技术分析的各种方法是很重要的，只注重一种方法，对别的方法不了解是很不好的。

6.2　KDJ 指标

当市场进入了无趋势阶段时，价格通常在一个区间内上下波动，在这种情况下，绝大多数跟随趋势的分析系统都不能正常工作，而随机指标却独树一帜。因此，对技术型投资者来说，随机指标对症下药，使他们能够从经常出现的无趋势

市场环境中获利。

6.2.1 初识 KDJ 指标

KDJ 指标是由乔治·蓝恩博士（George Lane）最早提出的，是一种相当新颖、实用的技术分析指标，它起先用于期货市场的分析，后被广泛用于股市的中短期趋势分析，是期货和股票市场上最常用的技术分析工具。

KDJ 指标以最高价、最低价及收盘价为基本数据进行计算，得出的 K 值、D 值和 J 值分别在指标的坐标上形成一个点，连接无数个这样的点位，就形成一个完整的、能反映价格波动趋势的 KDJ 指标。

KDJ 的 K、D、J 三条曲线都波动于 0～100 之间，其中 J 线最快、D 线最慢，如图 6.7 所示。

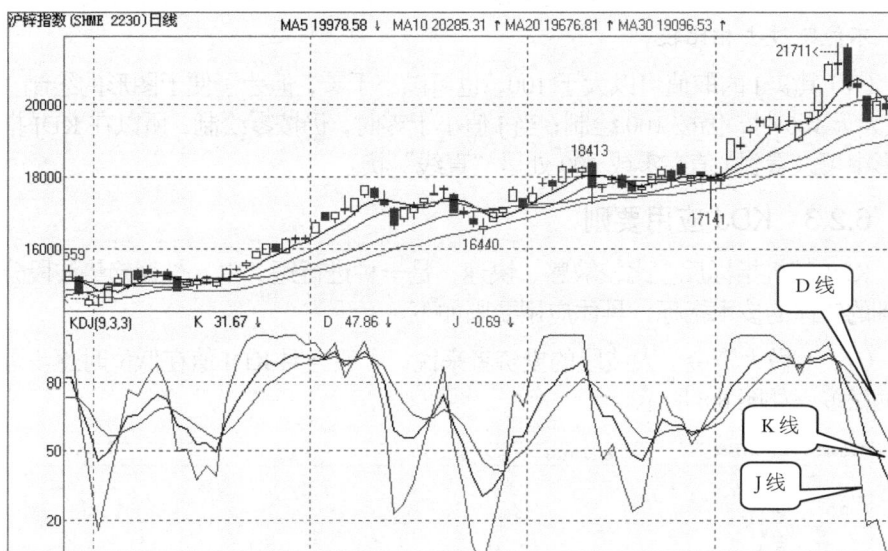

图 6.7　沪锌指数的日 K 线图和 KDJ 指标

6.2.2 KDJ 应用注意事项

在应用 KDJ 指标时，要注意 4 个方面，分别是 KD 的取值、KD 的交叉、KD 的背离和 J 的取值大小。

（1）KD 的取值范围是 0～100，如果 KD 值超过 80，则为超买区，应该考虑卖出；如果 KD 值在 20 以下，则为超卖区，应该考虑买进；其余的为徘徊区。

（2）当 K 值由较小逐渐大于 D 值时，在图形上显示 K 线从下方上穿 D 线，显示目前趋势是向上的，所以在图形上 K 线向上突破 D 线时，即为买进的信号。当 K 值由较大逐渐小于 D 值时，在图形上显示 K 线从上方下穿 D 线，显示目前趋势是向下的，所以在图形上 K 线向下突破 D 线时，即为卖出的信号。

提醒：实战时，当 K 线和 D 线在 20 以下交叉向上时，此时的短期买入信号较为准确；如果 K 值在 50 以下，由下往上接连两次上穿 D 值，形成右底比左底高的 "W 底" 形态，则后市价格可能会有一定的涨幅。实战时，当 K 线和 D 线在 80 以上交叉向下时，此时的短期卖出信号较为准确；如果 K 值在 50 以上，由上往下接连两次下穿 D 值，形成右头比左头低的 "M 头" 形态，则后市股价可能会有一定的跌幅。

（3）通过 KDJ 与价格背离的走势，判断价格顶或底也是颇为实用的方法：① 价格创新高，而 K、D 值没有创新高，为顶背离，应卖出；② 价格创新低，而 K、D 值没有创新低，为底背离，应买入；③ 价格没有创新高，而 K、D 值创新高，为顶背离，应卖出；④ 价格没有创新低，而 K、D 值创新低，为底背离，应买入。

提醒：KDJ 顶、底背离判定的方法，只能和前一波高、低点时的 K、D 值相比，不能跳过去相比较。

（4）其实 J 的取值可以大于 100，也可以小于零，但为了便于图形的绘制，当 J 值大于 100 时，仍按 100 绘制；当 J 值小于零时，仍按零绘制，所以在 KDJ 指标图形中可以看到 J 值在零或 100 处呈 "直线" 状。

6.2.3 KDJ 应用要则

KDJ 随机指标反应比较敏感、快速，是一种进行短、中、长期趋势波段分析研判的较佳的技术指标，具体应用要则如下。

（1）对做大资金、大波段的投资者来说，一般当月 KDJ 值在低位时逐步进场吸纳做多，如图 6.8 所示。

图 6.8　沪铝指数的月 K 线图

（2）主力平时运作时偏重周 KDJ 所处的位置，对中线波段的循环高低点做出研判结果，所以往往单边式造成日 KDJ 的屡屡钝化现象。

（3）日 KDJ 对价格变化方向反应极为敏感，是日常买卖进出的重要方法。

（4）对于做小波段的短线客来说，30 分钟和 60 分钟 KDJ 是重要的参考指标；对于已有买卖计划即刻下单的投资者来说，5 分钟和 15 分钟 KDJ 可以提供最佳的进出时间。

KDJ 常用的默认参数是 9，就笔者个人的使用经验而言，短线可以将参数改为 5，不但反应更加敏捷、迅速和准确，而且可以降低钝化现象，一般常用的 KDJ 参数有 5、9、19、36、45 和 73 等。实战中还应将不同的周期进行综合分析，短、中、长趋势便会一目了然，如出现不同周期共振现象，则说明趋势的可靠度加大。

6.2.4　KDJ 实战应用经验

在实际操作中，一些做短平快的短线客常用分钟指标来判断后市，决定买卖时机，一般情况下多用 30 分钟和 60 分钟 KDJ 来指导进出，具体方法如下。

- 如果 30 分钟 KDJ 在 20 以下盘整较长时间，60 分钟 KDJ 也是如此，则一旦 30 分钟 K 值上穿 D 值并越过 20，就可能引发一轮持续在两天以上的反弹行情。若日线 KDJ 指标也在低位发生黄金交叉，则可能是一轮中级行情。但需注意，K 值与 D 值黄金交叉后只有 K 值大于 D 值 20% 以上，这种交叉才有效。

- 如果 30 分钟 KDJ 在 80 以上向下掉头，K 值下穿 D 值并跌破 80，而 60 分钟 KDJ 才刚刚越过 20 不到 50，则说明行情会出现回档，30 分钟 KDJ 探底后，可能继续向上。

- 如果 30 分钟 KDJ 和 60 分钟 KDJ 在 80 以上，盘整较长时间后 K 值同时向下死亡交叉 D 值，则表明要开始至少两天的下跌调整行情。

- 如果 30 分钟 KDJ 跌至 20 以下掉头向上，而 60 分钟 KDJ 还在 50 以上，则要观察 60 分钟 K 值是否会有效穿过 D 值（K 值大于 D 值 20%），若有效则表明将开始一轮新的上攻；若无效则表明仅是下跌过程中的反弹，反弹过后仍要继续下跌。

- 如果 30 分钟 KDJ 在 50 之前止跌，而 60 分钟 KDJ 才刚刚向上交叉，说明行情可能会持续向上，目前仅属于回档。

- 30 分钟 KDJ 或 60 分钟 KDJ 出现背离现象，也可作为研判大市顶和底的依据，详见前面日线背离的论述。

- 在超强市场中，30 分钟 KDJ 可以达到 90 以上，而且在高位屡次发生无效交叉，此时重点看 60 分钟 KDJ，当 60 分钟 KDJ 出现向下交叉时，可能引发短线较深的回档。

- 在暴跌过程中 30 分钟 KDJ 可以接近零值，而大势依然跌势不止，此时也应看 60 分钟 KDJ，当 60 分钟 KDJ 向上发生有效交叉时，会引发极强的反弹。

另外，当行情处在极强或极弱单边市场中时，日 KDJ 出现屡屡钝化，应改用 MACD 等中长指标。

提醒：随机指标必须附属于基本的趋势分析，从这个意义上说，它只是一种第二位的指标。市场的主要趋势是压倒一切的，顺着它的方向交易这个原则具有重要意义。然而，在某些场合，随机指标也有其特长。例如，在一场重要趋势即将来临时，随机指标分析不仅用处不大，甚至可能使投资者误入歧途。一旦市场运行接近尾声，随机指标就极有价值了。

6.3　MACD 指标

MACD 技术指标即指数平滑异同移动平均线，是一个比较常用的趋向类指标。它利用"红"、"绿"柱状表示看多与看空，红色柱状表示看多，绿色柱状表示看空。

6.3.1　初识 MACD 指标

MACD 技术指标图形是由 DIFF 线、DEA 线和柱状线组成的，其中 DIFF 线是核心，DEA 线是辅助。DIFF 线是快速移动平均线（12 日移动平均线）和慢速移动平均线（26 日移动平均线）的差，如果其值为正，则称为正差离值；如果其值为负，则称为负差离值。在持续上涨行情中，正差离值会越来越大；在下跌行情中，负差离值的绝对值会越来越大。这样经过对移动平均线的特殊处理，虚假信号就会大大减少。

DEA 是 DIFF 线的算术平均值。柱状线的值是 DIFF 与 DEA 的差值，即若 DIFF 线在 DEA 线上方，则差值为正，柱状线在零轴上方，显示为红柱；若 DIFF 线在 DEA 线下方，则差值为负，柱状线在零轴下方，显示为绿柱，如图 6.9 所示。

如果 DIFF 线和 DEA 线运行在零轴下方，表示现在的市场是空头市场；如果 DIFF 线和 DEA 线运行在零轴上方，表示现在的市场是多头市场。

零轴上方的柱状线为做多信号，当其增多（拉长）时，说明多方气势旺盛，多方行情将继续；当其减少（缩短）时，表示多方气势在衰减，价格随时都可能下跌。零轴下方的柱状线为做空信号，当其增多（拉长）时，说明空方气势旺盛，空方行情将继续；当其减少（缩短）时，表示空方气势在衰减，价格随时都可能止跌或见底回升。

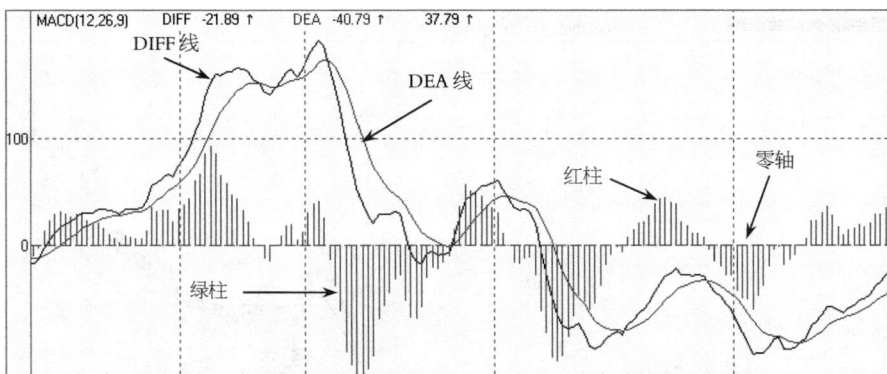

图 6.9 MACD 指标

6.3.2 MACD 实战技巧

MACD 两条曲线在零轴下方黄金交叉时，一般先看做是反弹，但有时会演变成一波强劲的上升行情。到底什么情况下只是反弹，什么情况下是一波强劲的上升情况呢？这要结合周 K 线、月 K 线图来综合分析。但不管是哪一种，投资者都可以及时下单做多，如图 6.10 所示。

MACD 两条曲线在零轴上方或零轴附近黄金交叉时，以买入做多为主。一般情况下，这时会有一波不错的上升行情，如图 6.11 所示。

如果价格已经经过长时间大幅上涨，这时 MACD 出现了死亡交叉，投资者就要警惕了，因为很可能升势已结束，接下来是慢慢熊途，所以死亡交叉出现后要以做空为主，如图 6.12 所示。

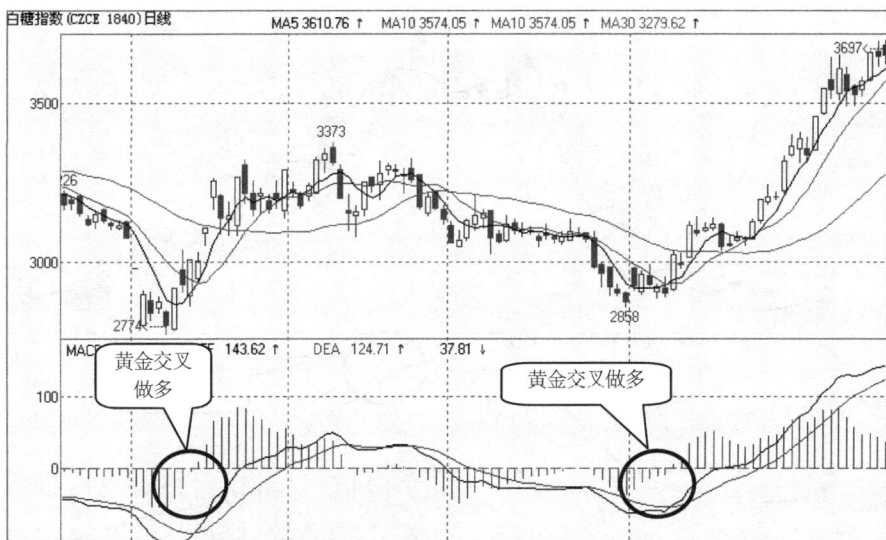

图 6.10 零轴以下黄金交叉做多

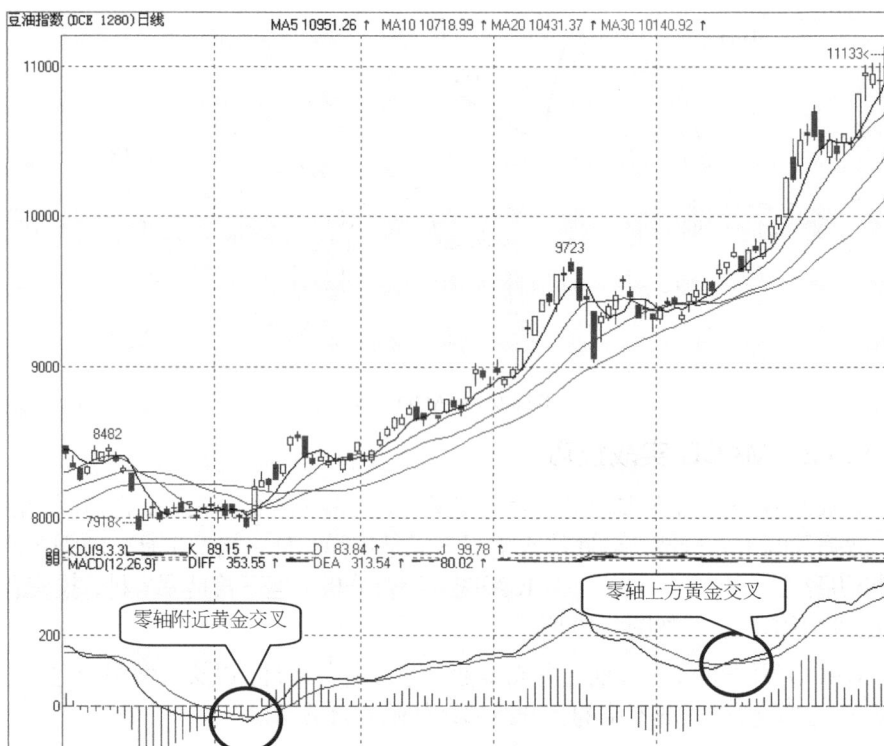

图 6.11　零轴上方或零轴附近时以黄金交叉做多为主

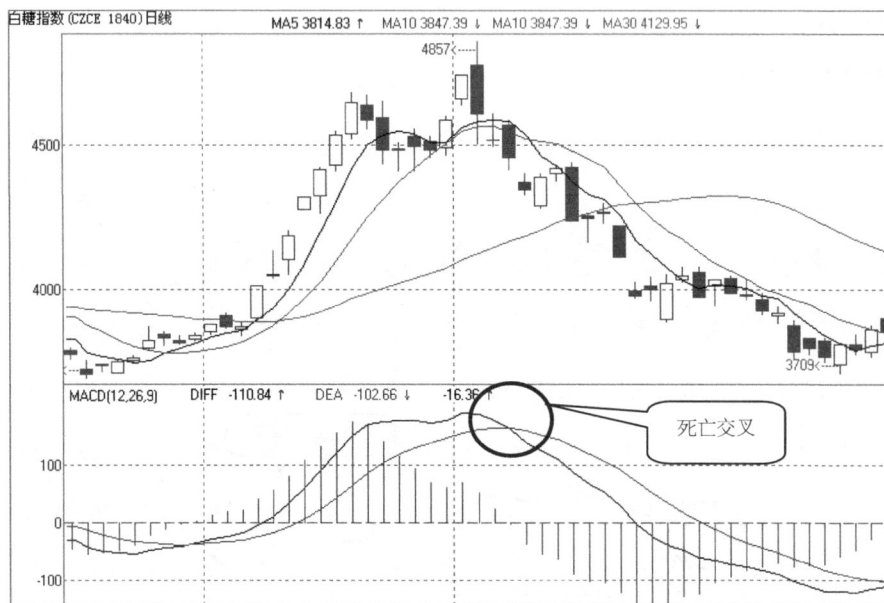

图 6.12　死亡交叉出现后以做空为主

如果价格经过大幅下跌后，MACD 指标出现了底背离，即 MACD 指标开始调头向上，但价格还在下跌，这时不能再盲目的看空做空了，要转变思维，结合其他技术等待做多信号，如图 6.13 所示。

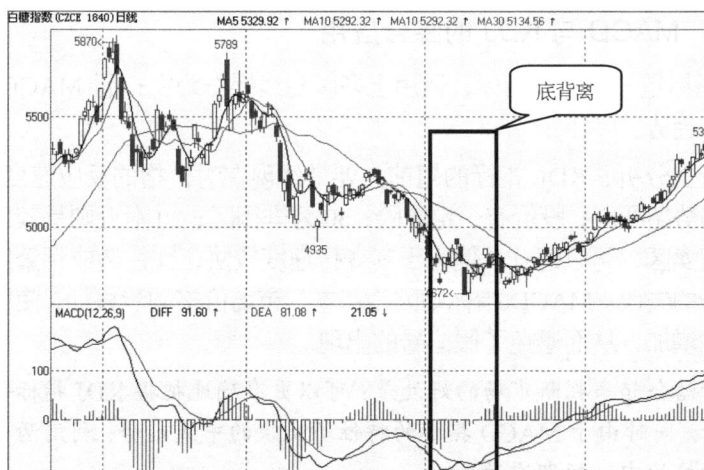

图 6.13 底背离不能再盲目看空做空

价格经过大幅上涨后，MACD 指标开始调头向下，但价格还在上涨，即 MACD 和价格出现了顶背离，这时不要再盲目看多做多了，而是要克服内心的贪婪，最好能及时逢高获利了结。另外，要转变转思维，准备看空做空了，如图 6.14 所示。

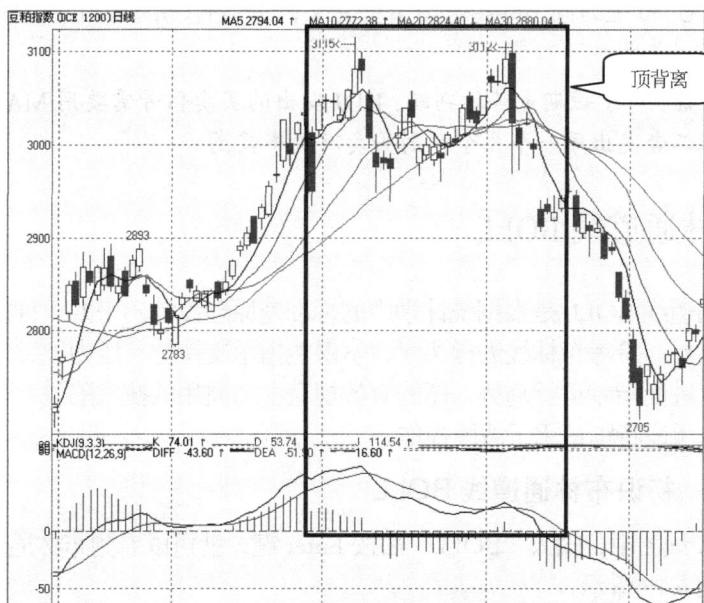

图 6.14 顶背离要准备看空做空

提醒：MACD 是一个中线趋势类指标，可以作为中线买卖的依据之一，但要同时参考其他技术，进行反复比较、验证，这样成功率会进一步提高。还要注意，MACD 在盘整或行情幅度波动太小时，不适合使用。

6.3.3　MACD 与 KDJ 的综合应用

KDJ 指标是一种超前指标，运用上多以短线操作为主；而 MACD 一般反映中线的整体趋势。

从理论上分析，KDJ 指标的超前主要是体现在对价格的反应速度上，在 80 附近属于强势超买区，股价有一定风险；50 为徘徊区；20 附近则是较为安全的区域，属于超卖区，可以建仓，但由于其变化速度较快，往往造成频繁出现的买入和卖出信号的失误。MACD 指标则因为基本与市场价格同步移动，使发出信号的要求和限制增加，从而避免了假信号的出现。

这两者结合起来判断市场的好处是：可以更准确地把握 KDJ 指标短线买入与卖出的信号。同时由于 MACD 指标的特性所反映的中线趋势，利用两个指标可以判定股票价格的中、短期波动。

当 MACD 保持原有方向时，KDJ 指标在超买或超卖状态下，价格仍将按照已定的趋势运行。因此在操作上，投资者可以用此判断市场是调整还是反转，同时也可以适当地回避短期调整风险，以博取短差。而观察价格，目前的横盘调整已经接近尾声，可以看到 MACD 仍然在维持原有的上升趋势，而 KDJ 指标经过调整后也已在 50 上方向上即将形成黄金交叉，预示着股价短线上依然有机会再次上扬。

总的来说，对于短期走势的判断，KDJ 发出的买卖信号需要用 MACD 来验证配合，一旦二者发出同一个指令，则买卖准确率较高。

6.4　布林通道线 BOLL

布林通道线 BOLL 是根据统计学中的标准差原理设计出来的一种相对比较实用的技术指标。参考布林线进行买卖，不仅能指示支持位、压力位，显示超买、超卖区域，进而指示运行趋势，还能有效规避主力惯用的技术陷阱，即诱多或诱空。该技术手段特别适用于波段操作。

6.4.1　初识布林通道线 BOLL

在日 K 线图中，输入"BOLL"后按 Enter 键，就可以看到布林通道线 BOLL 指标，如图 6.15 所示。

布林通道线 BOLL 由上、中、下三条轨道线组成，多数情况下，价格总是在这个带状区间中运行，并且随价格的变化自动调整轨道的位置，而带状的宽度可以看出价格的变动幅度，带状越宽则表示价格变化越大。

通过布林通道线 BOLL 可以评估期货商品走势的强弱，当价格线位于布林线中轨以上时，趋势偏强；处于布林线中轨以下时，趋势看淡。布林通道的两极为上轨和下轨，表示极强和极弱。

图 6.15　PTA 指数的日 K 线图和布林通道线 BOLL 指标

布林通道线 BOLL 的使用要领具体如下。

（1）价格在中轨上方运行时，多单属较安全状态，短线可持有观望。

（2）价格在中轨下方运行时，多单属较危险状态，短线应趁反弹中轨线时离场。

（3）价格突破上轨线后，回探中轨线时不跌破中轨线，显示后市看涨，多单可持仓或加仓。

（4）价格跌破下轨线后，反弹中轨线时不站回中轨线以上，则后市看跌，多单要果断卖出，并建立空单。

（5）通道突然呈急剧变窄收拢形状时，显示价格方向将会发生重大转折，这时结合其他指数技术进行行情判断。

6.4.2　布林通道线 BOLL 应用实战

在明显的上升趋势中，每当价格回调到布林通道线的中轨附近时，出现做多的 K 线或 K 线组合时，都是不错的做多买入点。如图 6.16 所示为白糖指数的日 K 线图。

白糖的价格经过一波下跌，探明了 4724 低点后，开始震荡上行。在 A 处，价格跳高站上了布林通道线的中轨，这表明价格开始转强，后市只要价格不跌破布林通道线的中轨，就要坚持逢低做多的思想。

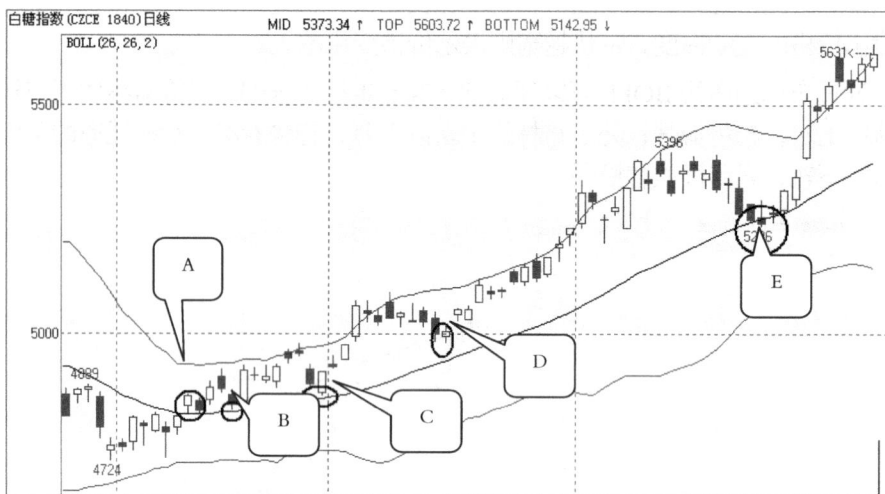

图 6.16　白糖指数的日 K 线图

在 B 处，价格回调到布林通道线的中轨附近，并且最低点正好得到布林通道线的中轨的支撑，这时可以做多，止损于中轨附近即可。

随后价格就开始上涨，经过几天上涨之后，上涨到布林通道线的上轨，出现了滞涨，这时多单可以减仓或出局，然后耐心等待价格的回调。

价格随后出现了回调，回调到布林通道线的中轨附近，即 C 处，价格再次止跌，所以 C 处是新的加仓做多位置。

在 D 处，价格经过几天回调之后，虽没有回调到布林通道线的中轨，但回调 5 个交易日后，出现了见底小阳线，表明下跌动力不足，可以轻仓介入做多。随后价格继续上涨，然后再逢低介入多单。

在 E 处，价格经过连续下跌之后，回调到布林通道线的中轨附近，注意这里某一天的价格收盘跌破了布林通道线的中轨，但第二天价格又重新站上布林通道线的中轨，表明跌破是诱空，所以在这里要敢于做多，并且很可能是一波较大上涨行情的开始。

在明显的下跌趋势中，每当价格反弹到布林通道线的中轨附近时，出现做空的 K 线或 K 线组合时，都是不错的做空点。如图 6.17 所示为 PVC 指数的日 K 线图。

PVC 的价格经过一波反弹，最高创出 8045 高点，然后开始震荡下跌。在 A 处，一根中阴线跌破布林通道线的中轨，这意味着下跌空间打开，前期空单持有，继续逢高做空。

价格跌破布林通道线的中轨后，没有立即大幅下跌，而是做横向盘整，虽有反弹，但始终在布林通道线中轨之下，所以当价格反弹到布林通道线的中轨附近时，都是不错的做空位置，即 B、C、D 和 E 处都是不错的做空位置。

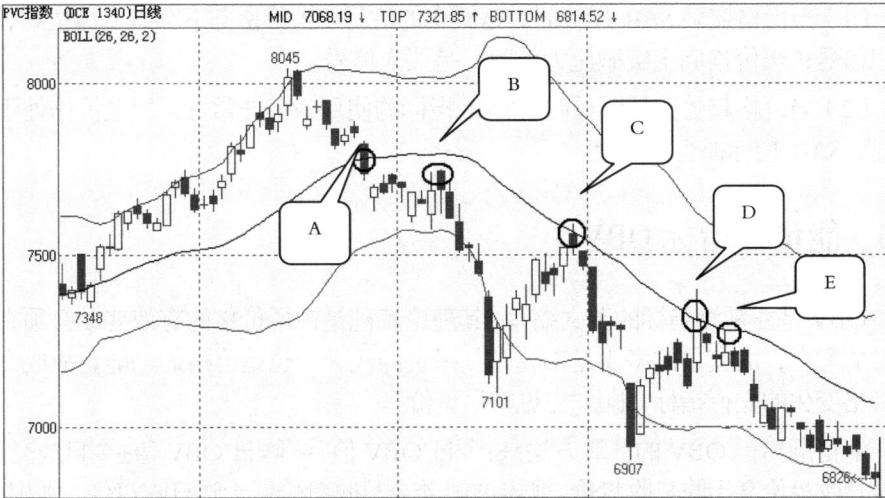

图 6.17　PVC 指数的日 K 线图

6.5　止损转向 SAR

止损转向，又称抛物转向，其英文缩写为 SAR。SAR 指标主要的作用在于为投资者提供了一个止损价位。SAR 指标可以指示出合理的买入价位，它认为当价格波动到某种情况，就必须买入或卖出，不应该期待更底或更高的价格。

在日 K 线图中，输入"SAR"后按 Enter 键，就可以看到止损转向 SAR 指标，如图 6.18 所示。

图 6.18　PVC 指数的日 K 线图和止损转向 SAR 指标

止损转向 SAR 指标是用蓝色圆点表示的，其使用要领具体如下。

（1）当价格突破 SAR 指标时，是买卖的信号。当价格向下突破支撑位时，是卖出信号；当价格向上突破压力位时，是买入信号。

（2）当价格趋势比较明显时，SAR 指标的使用效果非常好，但在价格处于盘整时，SAR 指标很容易失灵。

6.6　能量潮指标 OBV

OBV 是能量潮指标的英文缩写，其理论基础是市场价格的有效变动必须有成交量的配合，成交量的多少是市场人气兴衰的代表，也是价格的动能，故成交量是价格变化的先行指标，即"先见量后见价"。

能量潮指标 OBV 的计算方法是：今日 OBV 值 = 昨日 OBV 值±今日成交量。若今日收盘价高于昨日收盘价，则相加；若今日收盘价低于昨日收盘价，则相减；OBV 的初始值可自行确定，一般用第一日的成交量作为 OBV 初始值，计算单位为白银成交的盎司数。

在日 K 线图中，输入"OBV"后按 Enter 键，就可以看到能量潮 OBV 指标，如图 6.19 所示。

图 6.19　PTA 指数的日 K 线图和能量潮 OBV 指标

OBV 技术指标认为多空双方对期货商品价格的评价越不一致，成交量越大，反之，成交量越小。价格上升需要的能量大，所以成交量应该放大；价格下跌不必耗费很大能量，因而成交量不一定放大，甚至成交量可能萎缩。

OBV 指标是预测市场短期波动的重要判断指标，能帮助投资者确定盘整后的发展方向。其优点是将静态成交量表转换为动态的曲线指标，供分析市场内部资金流量和流向的变化。

OBV 指标的使用要领具体如下。

（1）当 OBV 曲线运行超过前一次高点时，要视为短线买进信号；当 OBV 曲线运行低于前一次高点时，要视为短线卖出信号。

（2）OBV 线下降，价格上升时，表示买盘无力，为卖出信号；OBV 线上升，价格下降时，表示有买盘逢低介入，为买进信号。

（3）当 OBV 横向走平超过三个月时，需注意随时有大行情出现。

6.7　容量比率 VR

容量比率，又称成交量比率，其英文缩写为 VR。VR 指标的主要作用在于以成交量的角度测量价格的热度，表现市场的买卖气势，以利于投资者掌握价格可能的趋势走向。容量比率 VR 的计算方法为价格在一段时期内，上涨交易日的成交量总和与下降交易日的成交量总和的比值。

在日 K 线图中，输入"VR"后按 Enter 键，就可以看到容量比率 VR 指标，如图 6.20 所示。

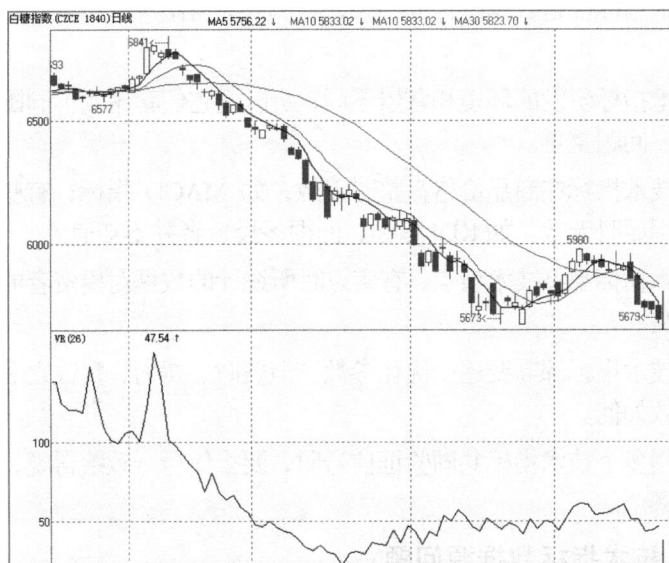

图 6.20　白糖指数的日 K 线图和容量比率 VR 指标

容量比率 VR 的使用要领具体如下。

（1）VR 运用在寻找底部时比较可靠，VR 下跌至 40%以下时，市场极易形成底部。

（2）VR 值一般最多分布在 150%左右，一旦越过 250%，市场极易产生一段多头行情。

（3）VR 值超过 350%以上时，应有高档危机意识，随时注意反转的可能。

（4）运用 VR 确认头部时，需要配合其他指标同时使用。

6.8　技术指标运用注意事项

技术指标是一种重要手段，也是一种必不可少的工具，但技术指标并不能保证操作成功，因为技术指标可以被主力操纵。

6.8.1　技术指标结构性问题

技术指标结构性问题共有 8 项，具体如下。

- 各技术指标均取材于开盘价、收盘价、成交量等要素，研究取向较片面并且相似。

- 各技术指标均取材于已发生的价格或成交量等要素，只能滞后提示价格的状况。

- 各技术指标都是数据统计的结果，它们只能得出统计结果，本身不能提示行情。

- 各技术指标研发的环境和背景不同，所以把它们套用到不同国家和不同市场时，问题重重。

- 有的技术指标在商品价格盘整时无效，如 MACD 指标；有些技术指标在趋势明显时无效，如 KDJ 指标，而很多投资者并不知道。

- 各技术指标都有技术盲点，有盲点时所统计的数据对投资者的实际操作没有意义。

- 所有技术指标都需要逐一优化参数，但费时、费力、费钱之后往往还不知道成效如何。

- 当使用多个技术指标共同验证信号时，要么信号一致给得晚，要么不知道相信哪个信号。

6.8.2　技术指标数据源问题

技术指标是通过数学计算公式计算出来的结果，用到的样本数据主要是开盘价、最高价、最低价、收盘价、成交量等市场交易数据，只要控制了这几项数据就等于控制了技术指标。而制造开盘价、收盘价、成交量等数据，进而操纵指标，是我国股市里经常会发生的事情。

例如：RSI（t）= t 天内涨幅之和 ÷（t 天内涨幅之和 + t 天内跌幅之和）

从 RSI 计算公式可知，这个指标仅涉及收盘价，只要操纵了收盘价就可以操纵该指标。只须连续 5 天使收盘价持续下跌或上涨，那么 RSI 的指标值将等于零或 100。

实际上对于商品来说，每天使其收盘价下跌一点并非难事，而当 RSI 为零、投资者认为价格调整到位时，价格连续几天下跌也许仅仅是跌了几分钱。如果投资者根据 RSI 指标进行买入操作，那么也许真正的行情调整就在后面。

有些投资者喜欢用多技术指标相互验证，如等待 KDJ 和 RSI 同时发出信号。投资者要明白，大多数技术指标的数据来源几乎相同，用同一个数据源的统计信号来求得一致的交易信号，这种信号的有效性本身就大打折扣。

总之，技术指标是一个单一的分析工具，它仅仅告诉投资者一些市场交易的统计结果，投资者要结合大势、商品特性、主力操盘手法一起分析，才可能取得较大的操作成功率。

6.8.3　主力操纵技术指标的方法

主力操纵技术指标的方法共有三种，具体如下。

1. 在指标即将见顶前尽量将价格拉高

尽量将价格拉高并不完全是凭资金实力，而是在具体操盘时，利用向上突破后，借助于市场抛盘尚未挂出来的时候瞬间拉出高点，当然也可以通过对倒的方式。例如，当价格冲破 5300 这个整数关口后，上面的抛压盘还没有出来很多时，主力可以顺势将上挡的压盘打掉，直到大的抛单出现为止，这样就会出现一个并没有很大成交量的最高价。

技术指标在计算调整幅度时是从最高价算起的，所以即使在后面的价格调整中回调幅度不大，但很高的最高价也可以让技术指标快速回落。

2. 在第一天回落时加大出货的力度，打出较低的低点并形成宽幅震荡的态势

由于与上一个交易日的收盘价相比跌幅较大，市场一下子还难以接受，因此在低点附近抛盘就会很少，反而会有不少反弹的接盘进来，这样主力可以出掉不少筹码。

3. 隔天奋力上推

由于前一天跌幅较大，一般来说，除非第二天大盘大跌，否则市场会有一批

买单进场。经过这样一个来回的折腾以后市场会平静下来。这时主力如果不再对倒，则成交量会讯速萎缩，价格进入调整状态，技术指标也相应地进入回调状态。

投资者都知道，强势行情的技术指标调整一般到中位区即可，因此调整时间在一周左右，这样主力就可以利用前面的方法来控制技术指标的调整，实现价格的强势调整。

提醒：市场中常用的技术指标并不多，主力一般都会精通它们的计算公式，要在价格跌幅不是很大的情况下让技术指标快速调整到位是完全可行的。

第7章　农产品期货交易的实战技巧

农产品是最早构成期货交易的商品，现在主要有棉花、小麦、早籼稻、大豆等期货品种。

本章主要内容包括：

- 棉花期货交易的实战技巧
- 白糖期货交易的实战技巧
- 玉米期货交易的实战技巧
- 大豆期货交易的实战技巧
- 豆粕期货交易的实战技巧
- 豆油期货交易的实战技巧
- 小麦期货交易的实战技巧
- 早籼稻期货交易的实战技巧
- 郑油期货交易的实战技巧
- 棕榈油期货交易的实战技巧

7.1　棉花期货交易的实战技巧

20 世纪 80 年代以来，美国、中国和前苏联地区主宰世界棉花生产的格局并没有改变，但位序发生了变化，中国已成为头号棉花生产大国，而世界棉花消费量近年保持在 2200 万吨左右。棉花消费集中在中国、印度、欧盟、土耳其、美国、东亚、巴基斯坦等少数国家和地区。我国棉花消费量居世界第一位，占世界总消费量的 30%左右，而且有增长的趋势。

目前，国际上最大的棉花期货交易中心是纽约期货交易所，它也是国际权威的棉花定价中心。2004 年 6 月 1 日，我国郑州商品交易所推出棉花期货交易。

7.1.1　棉花品种概况

棉花原产于热带、亚热带地区，是一种一年生、短日照作物，后来生长范围有所扩大。棉花春季（或初夏）时播种，当年现蕾、开花、结实，完成生育周期，到冬季严寒来临时生命终止。相对于其他农产品来讲，棉花生长期较长，受自然因素的影响较大。棉花的用途十分广泛，其纤维除可作为纺织工业原料外，还是化学、国防、造纸、医药等工业的重要原料，是人们生活的必需品。

1. 棉花的类型

棉花有 4 类，分别是亚洲棉、非洲棉、陆地棉（又叫细绒棉）和海岛棉（又叫长绒棉）。我国不是棉花原产地，棉种是由国外引进的。我国植棉大约有 2000 年的历史。在 20 世纪 50 年代末，陆地棉成为我国的主要品种，其次是长绒棉，长绒棉纤维较长，在我国新疆地区有一定产量。

提醒：根据棉花物理形态的不同，可分为籽棉和皮棉。棉农从棉棵上摘下的棉花叫籽棉，籽棉经过去籽加工后的棉花叫皮棉，通常所说的棉花产量，一般指的是皮棉产量。

2. 棉花的分级

棉花分级是为了在棉花收购、加工、储存和销售环节中确定棉花质量，是衡量棉花使用价值和市场价格必不可少的手段，能够充分、合理地利用资源，满足生产和消费的需要。棉花等级由两部分组成：一是品级分级，二是长度分级。

- 品级分级。一般来说，棉花品级分级是对照实物标准（标样）进行的，这是分级的基础，同时辅助于其他一些措施，如用手扯、手感来体验棉花的成熟度和强度，看色泽特征和轧工质量，依据上述各项指标的综合情况为棉花定级。国标规定三级为品级标准级。

- 长度分级。长度分级用手扯尺量法进行，手扯纤维得到棉花的主体长度（一束纤维中含量最多的一组纤维的长度），用专用标尺测量棉束，得出棉花纤维的长度。各长度值均为保证长度，也就是说，25mm 表示棉花纤维长度为 25.0～25.9mm，26mm 表示棉花纤维长度为 26.0～26.9mm，以此类推。同时国标还规定，28mm 为长度标准级；五级棉花长度大于 27mm，按 27mm 计；六、七级棉花长度均按 25mm 计。

品级分级与长度分级组合，可将棉花分为 33 个等级，构成棉花的等级序列。如国标规定的标准品 328，即表示品级为 3 级、长度为 27.0～27.9mm 的棉花。

7.1.2 棉花供给与需求

棉花作为一种生活必需品，除了棉花生产国消费棉花外，其他不产棉花的国家也要消费棉花，其所需求的棉花必须从国际棉花市场去获取，甚至一些产棉国由于同时也是消费棉花的大国，也需要从国际市场进口棉花，这就形成了产棉国与非产棉国之间、产棉国之间的供求和调剂关系，形成世界进出口棉花市场的选购和推销之间的棉花贸易。

1. 世界棉花进口国与出口国

总的来说，世界棉花的绝大部分贸易量集中在少数大国之间，出口棉花最多的五个国家和地区依次是美国、乌兹别克斯坦、西非、澳大利亚和希腊，合计出口量约占世界出口总量的 65%，其中美国的出口量占世界出口总量的 20%左右。

进口棉花较多的国家和地区分别是中国、墨西哥、土耳其、巴西、朝鲜、台湾和俄罗斯等。新中国成立以来一直是棉花净进口国，从 1983 年起我国开始出口棉花，在 1988 年又恢复进口棉花。

2. 我国棉花产区分布

我国适宜种值棉花的区域广泛，棉区范围大致在北纬 18°～46°、东经 76°～124°之间，即南起海南岛，北抵新疆的玛纳斯垦区，东起台湾省、长江三角洲沿海地带和辽河流域，西至新疆塔里木盆地西缘，全国除西藏、青海、内蒙古、黑龙江、吉林等少数省（自治区）外，都能种植棉花。我国主要的产棉大省有新疆、河南、山东、河北、湖北、安徽和江苏等。

我国是世界上最大的棉花生产和消费国，也是世界上有影响力的进口国，20 世纪 90 年代初，我国棉纺工业发展较快，国内棉花供不应求，曾经大量进口棉花。1994 年，我国采购棉花的举动曾经导致纽约棉花交易所棉花期货价格连续大幅上涨，如图 7.1 所示。

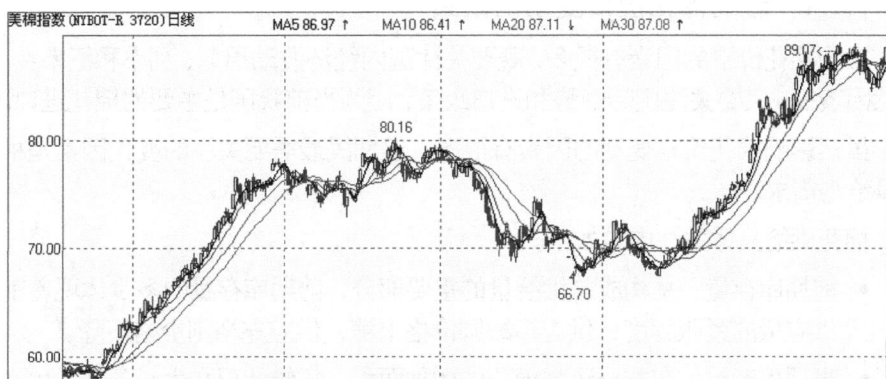

图 7.1 美棉指数 1993 年 10 月 21 日至 1995 年 2 月 16 日的日 K 线图

在我国的棉花进口量中，以美国陆地棉居多，其次为乌兹别克斯坦和澳大利亚的棉花，所以棉花期货合约价格受美棉期货价格影响显著，在分析棉花期货合约价格时，要先分析美棉指数的趋势。

7.1.3 棉花标准合约

棉花标准合约如表 7.1 所示。

表 7.1　棉花标准合约

交易品种	一号棉花
交易单位	5 吨/手（公定重量）
报价单位	元（人民币）/吨
最小变动价位	5 元/吨
每日价格最大波动幅度限制	不超过上一个交易日结算价 ± 4%
合约交割月份	1、3、5、7、9、11 月
交易时间	周一至周五（法定节假日除外）上午 9:00 ～ 11:30，下午 1:30 ～ 3:00
最后交易日	合约交割月份的第 10 个交易日
最后交割日	合约交割月份的第 12 个交易日
交割品级	基准交割品：328B 级国产锯齿细绒白棉（符合 GB1103–1999）替代品及其升贴水，详见交易所交割细则
交割地点	交易所指定交割仓库
最低交易保证金	合约价值的 7%
交易手续费	8 元/手（含风险准备金）
交割方式	实物交割
交易代码	CF
上市交易所	郑州商品交易所

7.1.4　影响棉花价格变动的因素

影响棉花价格的因素有很多，既要关注国内经济波动周期、利率和汇率变动、自然因素等，又要关注国际形势和进口政策，因为当前我国是主要的棉花进口国。

虽然影响棉花价格变动的因素有很多，但期民最需要关注的变化因素是棉花的供给与需求。

棉花供给具体关注内容如下。

- 前期库存量：是构成总供给量的重要部分，前期库存量的多少体现着前期供应量的紧张程度，供应短缺则价格上涨，供应充裕则价格下降。
- 当期生产量：在充分研究棉花的播种面积、气候状况和生长条件、生产成本及国家的农业政策等因素的变动情况后，对当期产量会有一个较合理的预测。
- 进口量：实际进口量往往会因政治或经济的原因而发生变化。因此，应尽可能及时了解和掌握国际形势、价格水平、进口政策和进口量的变化。

棉花需求具体关注内容如下。

- 国内消费量：它并不是一个固定不变的常数，受多种因素的影响而变化，主要因素有消费者购买力的变化、人口增长及结构的变化、政府收入与就业政策等。

- 期末结存量：这是分析棉花价格变化趋势最重要的数据之一。如果当年年底存货增加，则表示当年供应量大于需求量，价格可能会下跌；反之，价格则上涨。

7.1.5　棉花实战交易案例

在进行棉花实战交易时，首先要关注美元指数的变化，因为我国是棉花主要进口国，并且主要从美国进口。其次，国际上的大宗商品都是以美元来计价的。一般情况下，美元上涨，棉花期货价格下跌，即美元与大宗商品的价格是反向作用。

另外，在分析我国棉花期货价格走势时，还要关注一下外盘棉花价格的走势。打开期货行情分析软件，单击左侧的"外盘"选项卡，再单击下方的"外盘加权指数"，就可以看到美棉指数的报价信息。

双击美棉指数的报价信息，就可以看到美棉指数的价格走势，如图 7.2 所示。

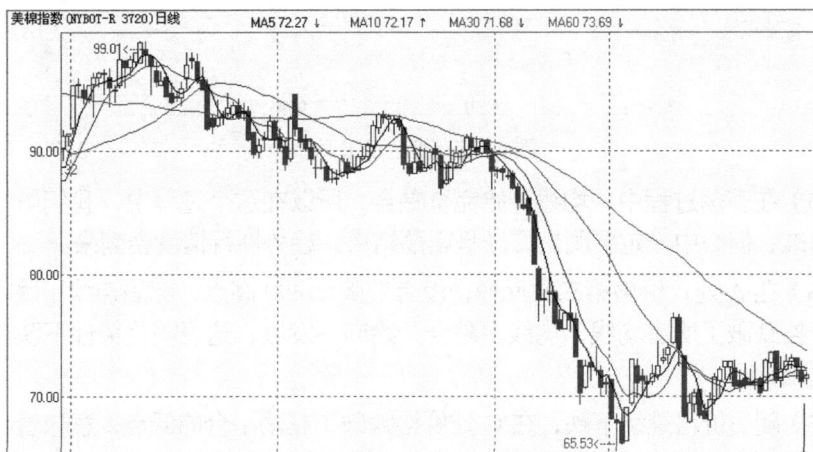

图 7.2　美棉指数的价格走势

下面通过具体实例来讲解棉花期货实战交易。

（1）进行基本面分析，分析当前棉花期货的操作策略，是做多还是做空。

（2）根据当前棉花期货合约的持仓量选择主力合约，主力合约的日 K 线图如图 7.3 所示。

（3）棉花经过一波反弹之后，创出 22730 高点，在创出高点的那一天，价格收了一根带有长长上影线的阴线，这表明上方压力较重，多单保护好盈利。

（4）随后价格开始震荡下跌，先是跌破 5 日均线，然后开始沿着 5 日均线下跌，经过一波下跌之后，开始长时间的震荡。

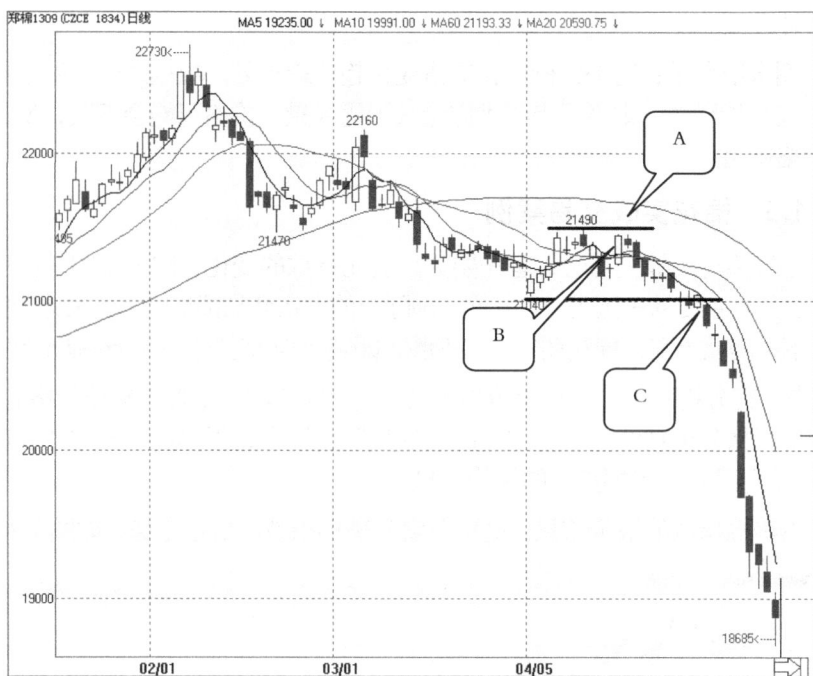

图 7.3 郑棉的日 K 线图

（5）在震荡过程中，均线开始完全黏合，所以在这个过程中，我们虽然保持震荡思维，但心中一定要明白，一旦震荡结束，趋势性行情就会到来。

（6）在 A 处，价格第二次反弹，没有突破 21490 高点，随后连续下跌。在 B 处，价格跌破了所有均线，均线由黏合开始向下发散，这表明趋势性下跌行情可能会到来。

（7）随后价格继续下跌，在 C 处价格跌破了震荡平台的低点，意味着趋势性下跌行情到来，所以前期空单继续持有，并且在这里要敢于再下空单。

7.2 白糖期货交易的实战技巧

白糖是天然甜味剂，是人们日常生活的必需品，同时也是饮料、糖果、糕点等含糖食品和制药工业中不可或缺的原料。白糖作为一种甜味食料，是人体所必须的三大养分（糖、蛋白质、脂肪）之一，食用后能供给人体较高的热量（1 千克食糖可产生 3900 大卡的热量）。

7.2.1 白糖品种概况

白糖，又称白砂糖，几乎是由蔗糖分这种单一成份组成的，白糖的蔗糖分含量一般在 95%以上。食糖生产的基本原料是甘蔗和甜菜，甘蔗生长于热带和亚热带地区，甜菜生长于温带地区。

我国甘蔗糖主产区主要集中在南方的广西、云南、广东湛江等地，甜菜糖主产区主要集中在北方的新疆、黑龙江、内蒙等地。尽管原料不同，但甘蔗糖和甜菜糖在品质上没有什么差别，国家标准对两者同样适用。

我国是重要的食糖生产国和消费国，糖料种植在我国农业经济中占有重要地位，其产量和产值仅次于粮食、油料、棉花，居第四位。

我国食糖产销量仅次于巴西、印度，居世界第三位（如果把欧盟作为一个整体统计，则我国食糖产量居世界第四位）。我国食糖的市场化程度很高，国家宏观调控主要依靠国家储备，市场在价格形成过程中起主导作用。

我国是世界上用甘蔗制糖最早的国家之一，已有 2000 多年的历史。用甜菜制糖是近几十年才开始的。

7.2.2 白糖供给与需求

我国有 18 个省区产糖，沿边境地区分布，南方是甘蔗糖，北方为甜菜糖。甘蔗糖占全国白糖产量的 80% 以上，近三年达到 90% 以上。

按照中国人的饮食习惯，食糖仅仅是调味品，很难达到西方国家食糖消费的水平。我国是世界第四大食糖消费国，多年来我国年消费食糖在 800 万吨左右，约占世界食糖消费量的 6.2%。

另外，我国人均年消费食糖量（包括各种加工食品用糖）约 7.4 千克，是世界人均食糖消费最少的国家之一，远远低于全世界人均年消费食糖 23.65 千克的水平，也低于同期中国台湾人均 23.9 千克、中国香港人均 31.0 千克的水平，为世界人均年消费食糖量的三分之一，属于世界食糖消费"低下水平"的行列。西方一些发达国家一般人均年消费食糖 35～40 千克，有的高达 50～70 千克。

我国食糖消费与人民生活水平有密切的关系，我国食糖主要消费区分布在华东、京津、华中、华南和东北地区，其中华东和京津地区的消费量最大。随着我国人民生活水平的迅速提高，我国的食糖消费市场还有着极大的拓展空间。由于糖的需求对价格的忍耐力较大，所示食糖价格常常对大量上升的消费量影响不大。

7.2.3 白糖标准合约

白糖标准合约如表 7.2 所示。

表 7.2　白糖标准合约

交易品种	白砂糖
交易单位	10 吨/手
报价单位	元（人民币）/吨

最小变动价位	1 元/吨
每日价格最大波动限制	不超过上一个交易日结算价±4%
涨跌停板幅度	上一个交易日结算价的 4%
合约交割月份	1、3、5、7、9、11 月
交易时间	周一至周五（法定节假日除外）上午 9:00～11:30，下午 1:30～3:00
最后交易日	合约交割月份的第 10 个交易日
交割日期	合约交割月份的第 12 个交易日
交割等级	标准品：一级白糖（符合《郑州商品交易所白砂糖期货交割质量标准》（Q/ZSJ002-2005））。替代品及升贴水：见《郑州商品交易所白糖交割细则》
交割地点	交易所指定仓库
最低交易保证金	合约价值的 6%
交易手续费	4 元／手（含风险准备金）
交割方式	实物交割
交易代码	SR
上市交易所	郑州商品交易所

7.2.4　影响白糖价格变动的因素

影响白糖价格变动的因素有供求关系、气候与天气、季节性、政治经济形势、替代品和节假日等。

1. 供求关系

一般来说，对于供给而言，商品供给的增加会引起价格的下降，供给的减少会引起价格的上扬；对于需求而言，商品需求的增加将导致价格的上涨，需求的减少将导致价格的下跌。白糖的供求也遵循同样的规律。

（1）白糖的供给

世界食糖产量 1.21 亿吨～1.40 亿吨，产量超过 1000 万吨的国家和地区包括巴西、印度、欧盟、中国等，其中巴西产量超过 2000 万吨。巴西、欧盟、泰国是世界食糖主要出口国家，其产量和供应量对国际市场的影响较大。特别是巴西，作为世界食糖市场最具影响力和竞争力的产糖国，其每年的糖产量、货币汇率及其政府的糖业政策直接影响到国际食糖市场价格的变化走向。我国是世界上重要的产糖国之一，近年来食糖产量维持在 1000 万吨左右。

（2）白糖的需求

世界食糖消费量约 1.24 亿吨，消费量较大的国家和地区有印度、欧盟、中国和巴西等。从近几年消费情况来看，印度食糖年消费量维持在 1900 万吨左右，欧盟消费量维持在 1500 万吨左右，我国消费量增长至 1100 万吨左右，巴西消费量在 950 万吨左右。

（3）白糖进出口

食糖进出口对市场的影响很大。食糖进口会增加国内供给数量，食糖出口会导致需求总量增加。对食糖市场而言，要重点关注世界主要出口国和主要进口国的有关情况。世界食糖贸易量每年约为 3700 万吨，以原糖为主。主要出口国为巴西、欧盟、泰国、澳大利亚、古巴等。主要进口国为俄罗斯、美国、印尼、欧盟、日本等。主要进口国的消费量和进口量相对比较稳定，而主要出口国的生产量和出口量变化较大，出口国出口量的变化对世界食糖市场的影响比进口国进口量的变化对世界食糖市场的影响大。

我国食糖处于供求基本平衡的状态，略有缺口，进口食糖以原糖为主。食糖进口仍然实行配额管理，2012—2015 年的每年配额均为 194.5 万吨，所以在判断白糖价格走势时，要注意外盘糖的价格走势。

（4）白糖库存

在一定时期内，一种商品库存水平的高低直接反映了该商品供需情况的变化，是商品供求格局的内在反映。因此，了解食糖库存变化有助于了解食糖价格的运行趋势。一般情况下，在库存水平提高的时候，供给宽松；在库存水平降低的时候，供给紧张。结转库存水平和白糖价格常常呈现负相关关系。

就我国来讲，国家收储及工业临时收储加上糖商的周转库存在全国范围内形成一个能影响市场糖价的库存。在糖价过高（过低）时，国家通过抛售（收储）国储糖来调节市场糖价。预估当年及下一年的库存和国家对食糖的收储与抛售对于正确估测食糖价格具有重要意义。

2. 气候与天气

食糖作为农副产品，无论现货价格还是期货价格都会受到气候与天气因素的影响。甘蔗在生长期具有喜高温、光照强、需水量大、吸肥多等特点，因此对构成气候资源的热、光、水等条件有着特殊的依赖性。干旱、洪涝、大风、冰雹、低温霜冻等天气对生长期中的甘蔗具有灾害性的影响，而且这种影响一旦形成便是长期的。

例如，1999 年年底我国甘蔗主产区发生霜冻，不仅导致 1999—2000 年制糖期白糖减产 200 多万吨，还因霜冻使宿根蔗的发芽率降低，2000—2001 年制糖期的食糖再次减产，致使供求关系发生变化，糖价从 1900 元/吨跃居 4000 元/吨左右。

除关注我国的气候和天气外，也应关注食糖主要出口国的气候和天气变化。例如，巴西气候受海洋气候影响，全球气候异常对巴西的影响较大，而甘蔗产量与气候变化息息相关，在 2000 年巴西旱灾时，其食糖产量亦大幅减少 200 万吨左右。

3. 季节性

食糖是季产年销的大宗商品，在销售上有其固有的、内在的规律。在我国，每年的 10 月至次年的 4 月为甘蔗集中压榨时间，由于白糖集中上市，造成短期内白糖供给十分充足；随着时间的推移和持续不断的消费，白糖库存量也越来越少，而价格也往往随之变化，具有季节性特征。

4. 替代品

甜味剂是食糖的主要替代品，它的使用减少了食糖的正常市场份额，对糖的供给、价格有一定的影响。甜味剂包括三种，分别是淀粉糖、糖精和甜蜜素。

5. 节假日

在一年中，春节和中秋节是我国白砂糖消耗最多的节假日。两个节假日的前一个月由于食品行业的大量用糖，使糖的消费进入高峰期，这个时期的糖价往往比较高。两个节假日之后的一段时期，由于白砂糖消费量降低，糖价往往回落。八九月份也是用糖高峰期，月饼、北方的蜜饯、饮料、饼干都需要用糖，会拉动和刺激食糖消费。

6. 政治经济形势

世界经济景气与否是决定商品期货价格的重要因素之一。当经济景气时，生产扩张，贸易活跃，从而引起商品需求的增加，推动期货价格的上涨，反之亦然。

我国经济形势的变化，特别是国民经济主要景气指标的变化，将直接影响农产品期货价格的变化。当我国消费指数偏高时，投资者要考虑未来走势；当国家宏观经济宽松时，社会发展稳定，资金供应量较为宽松，不仅经济发展速度加快，而且投入期货市场的资金也增多，反之亦然。

7.2.5 白糖实战交易案例

在进行白糖实战交易时，首先要关注美元指数的变化，因为国际上的大宗商品都是以美元来计价的。一般情况下，美元上涨，白糖期货价格下跌，即美元与大宗商品的价格是反向作用的。

另外，在分析我国白糖期货价格走势时，还要关注一下外盘白糖价格的走势。打开期货行情分析软件，单击左侧的"外盘"选项卡，再单击下方的"外盘加权指数"，就可以看到外盘加权指数的报价信息。

外盘糖指数主要有两个，分别是糖 11 指数和糖 16 指数，我国白糖期货价格走势一般与糖 11 指数走势同步，所以投资者要重点关注该指数的价格走势。双击"糖 11 指数"，就可以看到其日 K 线图，如图 7.4 所示。

图 7.4　糖 11 指数的日 K 线图

下面通过具体实例来讲解白糖期货实战交易。

（1）进行基本面分析，分析一下当前白糖期货的操作策略，是做多还是做空。

（2）根据当前白糖期货合约的持仓量选择主力合约，主力合约的日 K 线图如图 7.5 所示。

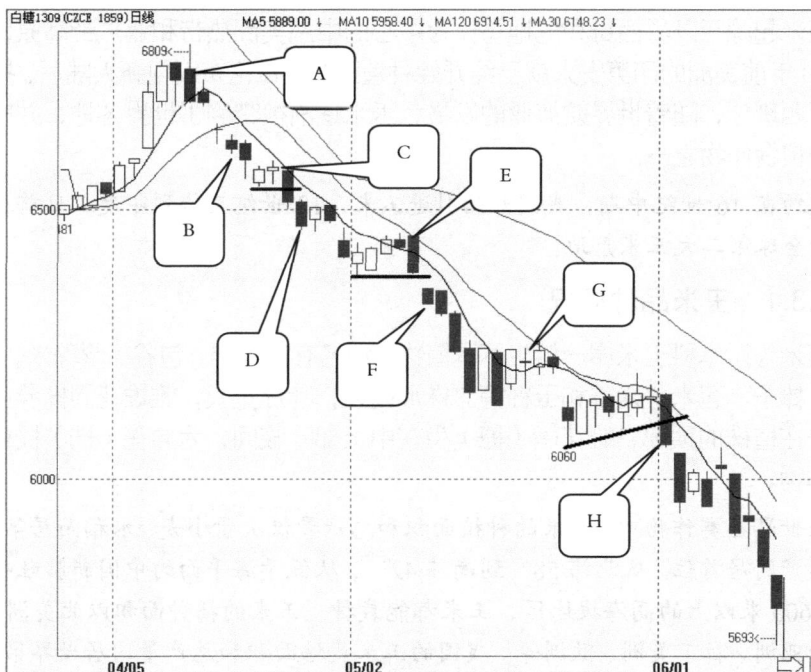

图 7.5　白糖的日 K 线图

151

（3）白糖的价格经过一波反弹，最高创出 6809 高点。在创出高点的这一天，价格收了一根带有长上影线的中阴线，表明上方压力很大。另外，这根中阴线跌破 5 日均线，预示着价格可能要回调或开始新的一波下跌行情，所以多单要及时获利出局。

（4）随后价格继续下跌，然后再度跌破 10 日均线，这表明这一波下跌不是回调，很可能是新的波段下跌。

（5）在 B 处，价格跌破了 10 日均线，前期空单可以持有，并且可以继续沿着 5 日均线做空。

（6）随着价格的不断下跌，价格开始出现反弹，但反弹很弱，在反弹到 5 日均线附近时，即 C 处，价格出现了见顶 K 线，所以这里是不错的做空位置。

（7）通过其后走势会发现，每当价格反弹到 10 日均线附近时，价格都会受阻下行，所以 E 和 G 处都是不做的做空位置。

（8）价格经过盘整后，如果跌破了整理平台的低点，则都是不错的短空位置，即 D、F 和 H 处都是不做的短空位置。

7.3　玉米期货交易的实战技巧

玉米起源于以墨西哥和危地马拉为中心的中南美洲热带和亚热带高原地区，约 7000 年前美洲的印第安人就已经开始种植玉米。哥伦布发现新大陆后，把玉米带到了西班牙，随着世界航海业的发展，玉米逐渐被带到了世界各地，并成为最重要的粮食作物之一。

大约在 16 世纪中期，我国开始引进玉米，18 世纪又传到印度。目前我国已经成为全球第二大玉米产地。

7.3.1　玉米品种概况

玉米为禾本科玉米属一年生草本植物，别名有玉蜀黍、包谷、珍珠米、包芦、御麦、棒子、苞米、六谷和玉籽等。株形高大，叶片宽长，雌雄花同株异位，雄花序长在植株的顶部，雌花序（穗）生在中上部叶腋间，为异花（株）授粉的一年生作物。

在世界谷类作物中，玉米的种植面积和总产量仅次于小麦、水稻而居第三位，平均单产则居首位。从北纬 58° 到南纬 42°，从低于海平面的中国新疆吐鲁番盆地到 3600 米以上的高海拔地区，玉米都能栽种。玉米的播种面积以北美洲最多，其次为亚洲、拉丁美洲、欧洲等。我国的玉米栽培面积和总产量均居世界第二位，集中分布在从东北经华北走向西南这一个斜长形的地带内，其种植面积约占全国玉米种植面积的 85%。

玉米可按不同方式进行多种分类，通常的贸易中只把玉米分为粉质和胶质两种类型。根据颜色进行区分常见的有黄玉米、白玉米两种。常见分类方式还有按籽粒形态与结构分为硬粒型、马齿型、粉质型、甜质型、甜粉型、爆裂型、蜡质型、有稃型、半马齿型 9 个类型；按生育期可分为早熟品种、中熟品种、晚熟品种三个品种；按籽粒成分与用途可分为特用玉米、普通玉米两个品种，其中特种玉米又可分为高赖氨酸玉米、糯玉米、甜玉米、爆裂玉米、高油玉米等。

玉米籽粒中含有 70%～75% 的淀粉，10% 左右的蛋白质，4%～5% 的脂肪，2% 左右的多种维生素。籽粒中的蛋白质、脂肪、维生素 A、维生素 B1、维生素 B2 含量均比稻米多。以玉米为原料制成的加工产品有 500 种以上。目前玉米已经成为最主要的饲料作物。玉米占世界粗粮产量的 65% 以上，占我国粗粮产量的 90%。玉米是制造复合饲料的最主要原料，一般占 65%～70%。

7.3.2　玉米供给与需求

玉米供给与需求要从国际市场和国内情况两个方面来分析。

1. 国际市场

在过去的几年中，全球玉米出口贸易总量约保持在 7500 万吨左右，并呈现逐年上升的趋势。20 世纪 90 年代以来，世界玉米贸易量年增长率为 2.14%，高于世界玉米产量的增长率，2012 年，世界玉米贸易量占玉米总产量的 15%，是贸易量较大的农产品之一。

从出口国看，美国和阿根廷等玉米主产国是玉米出口大国。美国年出口玉米在 5000 万吨以上，占全球玉米贸易总量的 65%～70%。

玉米的主要进口国集中在亚洲地区，其中年进口量日本约为 1500 万～1600 万吨，中国台湾为 400 万～500 万吨，马来西亚和印度尼西亚等东南亚国家为 300 万～400 万吨，欧盟为 250 万吨，墨西哥为 400 万～500 万吨，加拿大为 300 万～500 万吨。

全球每年玉米总消费量从 1999—2000 年度开始就保持在 6 亿吨以上。玉米的消费主要有四个方面，即食用、饲用、工业加工及种用。

玉米是"饲料之王"，20 世纪 90 年代以来，全球饲用玉米的年增长率达到了 2.43%，玉米总消费量的年均增长率为 2.22%，比世界玉米总产量的增长率高 0.4%。目前，饲用玉米消费占总消费比例的 70% 左右，比 20 世纪 90 年代初增加了 1.55 亿吨，增幅高达 31.5%，比同期玉米产量的增幅高了 6 个百分点，未来随着全球玉米加工产业的发展，对玉米消费的需求还会增加，产需之间的矛盾会更加突出。

2. 国内情况

下面介绍玉米在我国的生产情况、进出口情况和消费情况。

（1）生产情况

我国是玉米生产大国，总产量居世界第二位，玉米生产区域分布广泛，可分为东北春播玉米区、黄淮海平原夏播玉米区、西北灌溉玉米区、西南山地玉米区、南方丘陵玉米区和青藏高原玉米区六大玉米种植。

北方的辽、吉、黑、内蒙古、晋、冀、鲁、豫 8 省区生产了全国 70%以上的玉米，尤其是东北地区（含内蒙），常年玉米播种面积为 780 万～800 万公顷，正常年份玉米产量为 4000 万吨左右，占全国玉米总产量的 35%左右，是我国最大的玉米商品粮产地。

华北黄淮地区（包括京、津、晋、冀、鲁、豫、苏和皖）常年玉米播种面积为 850 万～900 万公顷，正常年份玉米产量为 4000 万～4200 万吨左右，产量约占全国总产量的 35%～40%，但商品率低于东北地区。

长江以南（含长江流域）的省、市和自治区常年玉米播种面积为 500 万公顷左右，正常年份玉米产量为 2600 万吨左右，约占全国玉米总产量的 18%～20%。

（2）进出口情况

我国玉米出口主要走大连、锦州、营口等港口，其中大连港占到了 70%左右，主要出口到韩国、日本、马来西亚、印度尼西亚、菲律宾等国。进口玉米主要来自美国，进口港在东南沿海地区，但数量较少。

（3）消费情况

我国是玉米消费大国，玉米消费主要用于饲料和工业消费，二者占到了 80%以上。随着城乡居民生活水平的提高，畜牧业的发展带动了饲料加工业的发展。同时，随着技术进步和工业化水平的提高，包括玉米淀粉、酿造、医药等玉米深加工得到了快速发展，玉米消费正在逐年提高。

工业消费主要涉及酿酒、酒精、淀粉、麦芽糖、调味品等生产领域。从 2001 年开始，还包括汽油醇生产。

7.3.3　玉米标准合约

玉米标准合约如表 7.3 所示。

表 7.3　玉米标准合约

交易品种	黄玉米
交易单位	10 吨/手
报价单位	元（人民币）/吨

续表

最小变动价位	1 元/吨
涨跌停板幅度	上一个交易日结算价的 4%
合约月份	1、3、5、7、9、11 月
交易时间	周一至周五上午 9:00～11:30，下午 1:30～3:00
最后交易日	合约月份第 10 个交易日
最后交割日	最后交易日后第 2 个交易日
交割等级	大连商品交易所玉米交割质量标准（FC/DCE D001-2009）
交割地点	大连商品交易所玉米指定交割仓库
最低交易保证金	合约价值的 5%
交易手续费	不超过 3 元/手
交割方式	实物交割
交易代码	C
上市交易所	大连商品交易所

7.3.4　影响玉米价格变动的因素

影响玉米价格变动的因素有供求情况、气候和货币的汇率。

1. 玉米的供求情况

玉米的供求情况包括供给、需求、库存和相关商品的价格。

（1）玉米的供给

从历年来的生产情况看，在国际玉米市场中，美国的产量占到了 40%以上，我国的产量占到了近 20%，南美的产量占到了大约 10%，成为世界玉米的主产区，其产量和供应量对国际市场的影响较大，特别是美国的玉米产量成为影响国际供给的最为重要的因素。其他各个国家和地区的产量比重都较低，对国际市场的影响很小。

相对于大豆等农产品，我国的玉米生产具有相对独立性，每年进口量较低，出口量相对稳定，每年的国内产量成为影响国内供给的主要因素。一般而言，国内玉米在 10 月底开始陆续上市，上市时正是玉米现货价格走低的时候，到来年五六月份玉米开始走向紧缺，价格开始走高，到七八月份价格达到顶峰。

（2）玉米的需求

美国和中国既是玉米的主产国，也是主要消费国，对玉米消费较多的国家和地区还有欧盟、日本、巴西和墨西哥等，这些国家消费需求的变化对玉米价格的影响较大，特别是近年来，各主要消费国玉米深加工工业迅速发展，大大推动了玉米的消费需求的增加。

从国内情况来看，玉米消费主要来自饲料和加工业，由于受国际市场和疫情的影响，历年来畜牧业一直在初步稳定的波动中，直接影响了对饲料的需求，进而影响了对玉米的需求，从而影响了玉米的价格走势。近年来，玉米深加工的发展使玉米需求增加、供给趋紧，成为其价格上涨的直接推动力。

（3）玉米库存的影响

在一定时期内，一种商品库存水平的高低直接反映了该商品供需情况的变化，是商品供求格局的内在反映。因此，研究玉米库存变化有助于了解玉米价格的运行趋势。一般来说，在库存水平提高的时候，玉米价格走低；在库存水平降低的时候，玉米价格走高，结转库存水平和玉米价格存在负相关关系。

（4）相关商品的价格

与玉米关系最密切的粮食品种有饲料小麦和饲料稻谷。历年的价格实践表明，上述粮食品种在消费过程中具有一定的替代作用。

例如，饲料小麦和玉米的正常比价关系约为 0.9∶1.0，如果两者比价关系超过这个水平且幅度较大，则会引起两种商品在使用上替代情况的发生。因此，小麦和稻谷的价格成为影响玉米价格走势非常重要的因素。

此外，由于玉米现阶段主要用于饲料生产，因此同样用于饲料生产的豆粕价格的变动也会在很大程度上影响玉米的价格。尽管两者间不能相互替代，但是在目前国内豆粕供给充裕的情况下，豆粕价格的涨跌常常是市场饲料产量和需求量增减的直观反映，玉米价格的变动将受到饲料需求量变动的影响。

2. 气候的影响

玉米作为农产品，无论现货价格还是期货价格都会受到天气因素的影响。播种和生长期间，天气情况的改善会使玉米产量由减产转为增产，并导致供求心理预期的变化，玉米价格随之产生下跌压力。反之，玉米价格会由于长期干旱或其他不利天气因素而诱发供给紧张预期，并产生推动价格上涨的动力。

由于美国是全球最大的玉米生产国和出口国，因此，不仅我国天气的变化会对我国玉米期货价格的变化产生影响，美国的天气变化情况也会对我国玉米价格产生较大的影响，其他主产国如南美天气的变化也会对我国玉米价格产生一定的影响。

由于美国和中国处于同一个纬度，两国玉米的种植与生长期间基本相同，所以每年4~9月是对两国玉米播种面积和天气（主要反映作物的生育状况）炒作的时候，10月至次年3月的南美玉米产区天气情况就成为期货市场关注的要素之一。

一般情况下，玉米价格在收割期供应量达到最高时开始下跌，在春天和初夏供应紧缺及新作产量不确定时达到高点。夏天的中期到晚期，新作产量情况会逐渐明朗，但也是受天气影响最为关键的时期。因此，对之应该密切关注，至收割期前玉米价格会下跌。玉米价格对天气变化的反应程度最终取决于市场总体的供需情况。

3．货币的汇率

无论以人民币还是以美元作为玉米价值的货币进行衡量，货币实际币值的波动必然会对玉米的现货价格产生影响，同样也会对期货价格产生影响。由于金融资产与商品期货之间有着一定的连动性，所以总的来说，当货币贬值时，相应地，玉米期货价格会上涨；当货币升值时，期货价格会出现下跌。因此，货币汇率是除了供给量、需求量等决定玉米期货价格的主要因素之外的另一个重要的影响因素。

7.3.5　玉米实战交易案例

在分析我国玉米期货价格走势时，还要关注一下外盘玉米价格的走势。打开期货行情分析软件，单击左侧的"外盘"选项卡，再单击下方的"外盘加权指数"，就可以看到美玉米指的报价信息。

双击美玉米指的报价信息，就可以看到美玉米指的价格走势，如图 7.6 所示。

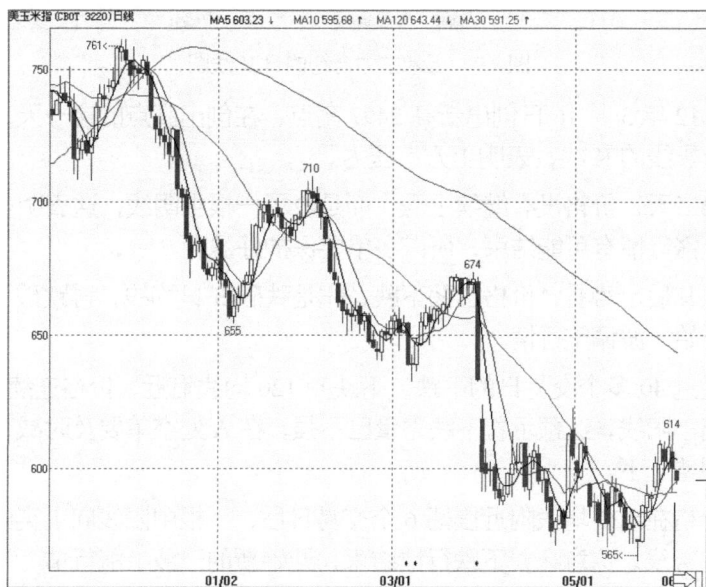

图 7.6　美玉米指的价格走势

下面通过具体实例来讲解玉米期货实战交易。

（1）进行基本面分析，分析一下当前玉米期货的操作策略，是做多还是做空。

（2）根据当前玉米期货合约的持仓量选择主力合约，主力合约的日 K 线图如图 7.7 所示。

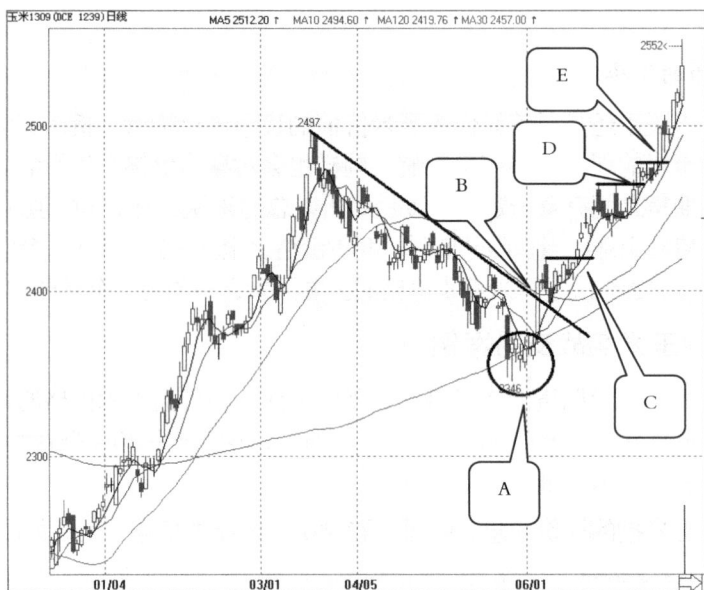

图 7.7　玉米主力合约的日 K 线图

（3）2012 年 3 月 16 日创出新高 2497 高点，在创出高点的这一天，价格收了一根带有上影线的 K 线，表明上方有压力。

（4）第二天，价格没有继续上涨，而是收了一根中阴线，这表明空方力量开始增加，上涨行情有可能结束，所以多单要保护好盈利。

（5）从其后走势看，价格震荡下跌，先是跌破 5 日均线，再跌破 10 日和 30 日均线，开始一波调整行情。

（6）经过 40 多个交易日的下跌，下跌到 120 均线附近，价格连续震荡盘整，并且都收出小阳线，这预示着下跌力量已不强，在 A 处空单要及时减仓或直接获利了结，观望一下。

（7）价格在 120 均线附近震荡 6 个交易日后，一根中阳线向上突破，并且突破了下降趋势线，这意味着下跌行情结束，开始新的一波上涨行情。手中还有空单的投资者要及时离场，然后转变思维，开始逢低做多，即在 B 处。

（8）大阳线后，价格连续回调两天，回调到 5 日均线附近，这是比较不错的做多位置，要敢于进场做多。

（9）随后价格开始震荡上行，多单可以沿着 5 日均线持有。

（10）在这里需要注意的是，价格震荡几天后，一根中阳线向上突破，这时要敢于顺势做多。所以 C、D 和 E 处都是不错的顺势做多的位置。

7.4　大豆期货交易的实战技巧

大豆属一年生豆科草本植物，别名黄豆。我国是大豆的原产地，已有 4700 多年种植大豆的历史。欧美各国栽培大豆的历史很短，大约是在 19 世纪后期才从我国传过去。20 世纪 30 年代，大豆栽培已遍及世界各国。

7.4.1　大豆品种概况

从种植季节看，大豆主要分为春播、夏播。春播大豆一般在 4～5 月播种，9～10 月收获。东北地区及内蒙古等地区均种植一年一季的春播大豆。夏播多为小麦收获后的 6 月份播种，9～10 月份收获，黄淮海地区种植夏播大豆居多。从种植方式看，东北、内蒙古等大豆主产区的种植方式一般以大田单一种植为主；而其他地区，则多与玉米、花生等作物间作种植。

2002 年 3 月，由于国家转基因管理条例的颁布实施，进口大豆暂时无法参与期货交割，为此，大商所对大豆合约进行拆分，把合约拆分为以食用品质非转基因大豆为标的物的黄大豆 1 号期货合约和以榨油品质转基因、非转基因大豆为标的物的黄大豆 2 号期货合约。

近年来，随着我国榨油业发展迅速，榨油用大豆已成为我国大豆市场的主流品种，其生产、流通和加工都具有相当规模，形成了完整的产业链条。黄大豆 2 号期货合约的主要特点是以含油率（粗脂肪含量）为核心定等指标，它将满足榨油相关企业保值避险的需求，有助于吸引更多的大豆压榨、贸易企业积极参与期货套期保值，有效回避大豆采购和国际贸易中的价格风险，极大地提高企业生产经营的稳定性。

1.　**大豆的分类**

大豆按种皮的颜色和粒形分五类，具体如下。

- 黄大豆：种皮为黄色。按粒形又分东北黄大豆和一般黄大豆两类。
- 青大豆：种皮为青色。
- 黑大色：种皮为黑色。
- 其他色大豆：种皮为褐色、棕色、赤色等单一颜色大豆。
- 饲料豆（秣食豆）。

2.　**大豆的用途**

大豆是一种重要的粮油兼农产品，既能食用，又可用于榨油。

作为食品，大豆是一种优质高含量的植物蛋白资源，它的脂肪、蛋白质、碳水化合物、粗纤维的组成比例非常接近于肉类食品。大豆的蛋白质含量为 35%～45%，比禾谷类作物高 6～7 倍。氨基酸组成平衡而又合理，尤其富含 8 种人体所必需的氨基酸。大豆制品如豆腐、千张、豆瓣酱、豆腐乳、酱油、豆豉等，食味鲜美，营养丰富，是东亚国家的传统副食品。联合国粮农组织极力主张发展大豆食品，以解决目前发展中国家蛋白质资源不足的现状。

作为油料作物，大豆是世界上最主要的植物油和蛋白饼粕的提供者。每 1 吨大豆可以制出大约 0.2 吨的豆油和 0.8 吨的豆粕。用大豆制取的豆油，油质好，营养价值高，是一种主要食用植物油。作为大豆榨油的副产品，豆粕主要用于补充喂养家禽、猪、牛等，少部分用在酿造及医药工业上。

7.4.2 大豆供给与需求

大豆供给与需求要从国际市场和国内市场两个方面来看。

1. 国际市场

大豆生产已遍及世界多个国家和地区，其中以北美洲、南美洲和亚洲的种植面积为最大。多年来，世界大豆产量居各类油料作物之首。美国是目前世界上最大的大豆生产国，其产量占世界大豆产量一半以上。

美国大豆出口量居世界第一位，出口量占其总产量的 1/3 左右。巴西、阿根廷大豆出口量分居世界第二位和第三位。

欧盟是最主要的大豆进口地区，年进口量约 1500 万吨；亚太地区是仅次于欧盟的世界第二大豆市场，其中日本每年进口大豆约 500 万吨。我国的进口量近年来迅猛增长，是世界大豆进口增长的源动力之一。

2. 国内市场

我国大豆的主要产地是黑龙江省，其占当年全国产量的 34%，商品量占全国的一半以上。大豆产量在 50 万吨以上的省份还有河北、内蒙古、吉林、江苏、安徽、山东、河南，这 7 个省的大豆产量合计占全国大豆产量的 46%，其余 23 个省（区、市）的大豆产量仅占全国大豆产量的 20%。

1995 年之前我国一直是大豆净出口国。1995 年和 1996 年，我国大豆连续两年减产，国内供给不足，需求却保持旺盛的态势，大豆价格居高不下。为此，国家及时调整大豆进出口政策，增加进口，减少出口。1996 年我国首次成为大豆净进口国，并一直持续至今。我国进口大豆的来源国分别是美国、巴西、阿根廷等。

随着我国城乡居民生活水平的提高，我国对大豆的需求量也呈逐年增加的趋势。首先是大豆压榨需求增幅极大，主要是国内对豆油、豆粕的需求出现持续快速增长。其次，大豆的食用及工业消费量一直也在稳步增加。

7.4.3 大豆标准合约

大豆标准合约如表 7.4 所示。

表 7.4　大豆标准合约

交易品种	黄大豆 1 号
交易单位	10 吨/手
报价单位	元（人民币）/吨
最小变动价位	1 元/吨
涨跌停板幅度	上一个交易日结算价的 3%
合约月份	1、3、5、7、9、11 月
交易时间	周一至周五上午 9:00～11:30，下午 1:30～3:00
最后交易日	合约月份第 10 个交易日
最后交割日	最后交易日后 7 日（遇法定节假日顺延）
交割等级	具体内容见附表
交割地点	大连商品交易所指定交割仓库
最低交易保证金	合约价值的 5%
交易手续费	4 元/手
交割方式	集中交割
交易代码	A
上市交易所	大连商品交易所

7.4.4　影响大豆价格变动的因素

影响大豆价格变动的因素有供求情况、相关商品价格和大豆国际市场价格等。

1. 大豆供应情况

全球大豆以南、北半球分为两个收获期，南美（巴西、阿根廷）大豆的收获期是每年的 4～5 月，而地处北半球的美国、中国的大豆收获期是 9～10 月。因此，每隔 6 个月，大豆都有集中供应。美国是全球大豆最大的供应国，其生产量的变化对世界大豆市场产生较大影响。

作为一种农产品，大豆的生产和供应带有很大的不确定性。首先，大豆种植、供应是季节性的。一般来说，在收获期，大豆的价格比较低。其次，大豆的种植面积都在变化，从而对大豆市场价格产生影响。再次，大豆的生长期大约在 4 个月左右，种植期内气候因素、生长情况、收获进度都会影响大豆产量，进而影响大豆价格。

另外，我国是国际大豆市场最大的进口国之一。因此，国际价格水平和进口量的大小直接影响我国大豆价格。

2. 大豆消费情况

大豆的主要进口国和地区是欧盟、日本、中国和东南亚。欧盟、日本的大豆进口量相对稳定，而中国、东南亚国家的大豆进口量变化较大。1997 年，亚洲发生金融危机，东南亚国家的大豆进口量锐减，导致国际市场大豆价格下跌。

大豆的食用消费相对稳定，对价格的影响较弱。大豆压榨后，豆油、豆粕产品的市场需求变化不定，影响因素较多。大豆的压榨需求变化较大，对价格的影响较大。

3. 相关商品价格

作为食品，大豆的替代品有豌豆、绿豆、芸豆等；作为油籽，大豆的替代品有菜籽、棉籽、葵花籽、花生等。这些替代品的产量、价格及消费的变化对大豆价格也有间接影响。

大豆的价格与它的后续产品豆油、豆粕有直接的关系，这两种产品的需求量变化，将直接导致大豆价格的变化。

4. 大豆国际市场价格

我国大豆的进出口量在世界大豆贸易量中占有较大的比重，大豆国际市场价格与我国大豆价格之间互相影响。大商所大豆期货价格与芝加哥期货交易所（CBOT）大豆价格，其价格趋势相同，同时还各自具有独立性。

7.4.5 大豆实战交易案例

在分析我国大豆期货价格走势时，需要关注一下外盘美豆价格的走势。打开期货行情分析软件，单击左侧的"外盘"选项卡，再单击下方的"外盘加权指数"，就可以看到美豆指数的报价信息。

双击美豆指数的报价信息，就可以看到美豆指数的价格走势，如图 7.8 所示。

图 7.8　美豆指数的价格走势

下面通过具体实例来讲解大豆期货实战交易。

（1）进行基本面分析，分析一下当前大豆期货的操作策略，是做多还是做空。

（2）根据当前大豆期货合约的持仓量选择主力合约，主力合约的日 K 线图如图 7.9 所示。

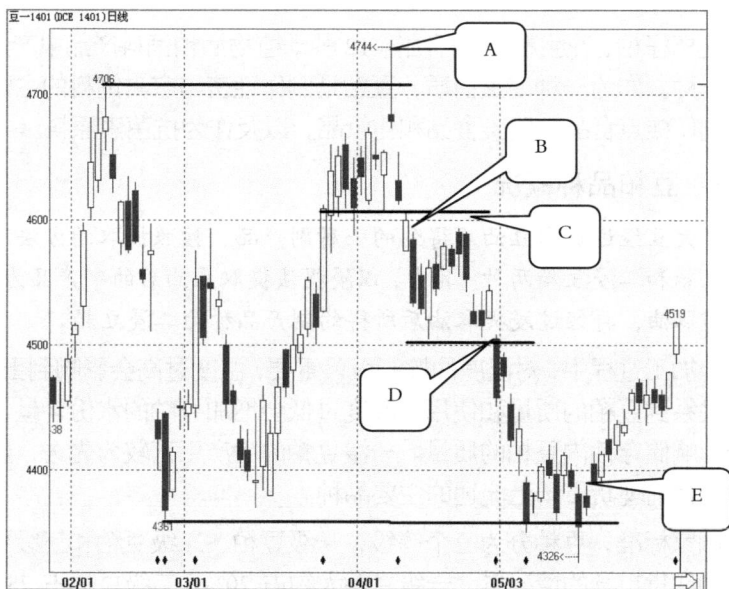

图 7.9　豆一的日 K 线图

（3）价格在盘中向上突破前期高点 4706，但收盘没有站在 4706 以上，并且收盘时收了一根长长的十字线，这表明向上突破是假的，后市就会下跌，所以多单要及时止盈，然后反手做空单，即在 A 处。

（4）第二天，价格继续大跌，所以空单可以持有，并且继续逢高做空。

（5）价格再度低开，但价格低开后高走，并且收了一根阳线。需要注意的是，价格已跌破了前期的小震荡平台的低点，意味着价格还会下跌，所以空单可以耐心持有。

（6）随后价格继续下跌，然后出现反弹，需要注意的是，价格反弹 5 天后，也没有突破前期震荡平台的低点，这意味着多头反弹力量不强。

（7）由于在 C 处，价格连续收阴线，所以 C 处是一个不错的做空位置。

（8）价格又开始下跌，在 D 处跌破了低点，这意味着新的下跌空间打开，继续逢高做空。

（9）价格继续下跌，然后跌到前期大平台的低点附近时，价格出现了反弹。并且在 E 处，价格盘中跌破大平台的低点，但收盘又站在大平台的低点之上，这意味着，跌破大平台低点是诱空，后市很可能要有反弹了。所以空单要及时止盈，并且可以轻仓逢低介入多单。

7.5 豆粕期货交易的实战技巧

豆粕是棉籽粕、花生粕、菜籽粕等 12 种动植物油粕饲料产品中产量最大、用途最广的一种。作为一种高蛋白质，豆粕是制作牲畜与家禽饲料的主要原料，还可以用于制作糕点食品、健康食品和化妆品，以及作为抗菌素原料。

7.5.1 豆粕品种概况

豆粕是大豆经过提取豆油后得到的一种副产品，按照提取的方法不同，可以分为一浸豆粕和二浸豆粕两种。其中，以浸提法提取豆油后的副产品为一浸豆粕，而先以压榨取油，再经过浸提取油后所得的副产品称为二浸豆粕。

在整个加工过程中，对温度的控制极为重要，温度过高会影响到蛋白质含量，从而直接关系到豆粕的质量和使用；温度过低会增加豆粕的水份含量，而水份含量高则会影响储存期内豆粕的质量。一浸豆粕的生产工艺较为先进，蛋白质含量高，是我国目前现货市场上流通的主要品种。

按照国家标准，豆粕分为三个等级，一级豆粕、二级豆粕和三级豆粕。从目前国内豆粕现货市场的情况看，一级豆粕大约占 20%，二级豆粕占 75%左右，三级豆粕约占 5%，三个等级豆粕流通量的变化主要与大豆的品质有关。从不同等级豆粕的市场需求情况看，国内少数有实力的大型饲料厂使用一级豆粕，大多数饲料厂目前主要使用二级豆粕（蛋白含量 43%），二级豆粕仍是国内豆粕消费市场的主流产品，三级豆粕已很少使用。

豆粕一般呈不规则碎片状，颜色为浅黄色至浅褐色，味道具有烤大豆香味。豆粕的主要成分为：蛋白质 40%～48%，赖氨酸 2.5%～3.0%，色氨酸 0.6%～0.7%，蛋氨酸 0.5%～0.7%。

大约85%的豆粕被用于家禽和猪的饲养，豆粕内含的多种氨基酸适合于家禽和猪对营养的需求。实验表明，在不需额外加入动物性蛋白的情况下，仅豆粕中所含有的氨基酸就足以平衡家禽和猪的营养，从而促进牲畜的营养吸收。在家禽和生猪饲养中，豆粕得到了最大限度的利用。只有当棉籽粕和花生粕的单位蛋白成本远低于豆粕时才会被考虑使用。事实上，豆粕已经成为其他蛋白源比较的基准品。

在奶牛的饲养过程中，味道鲜美、易于消化的豆粕能够提高出奶量。在肉用牛的饲养中，豆粕也是最重要的油籽粕之一。豆粕还被用于制成宠物食品。玉米、豆粕的简单混合食物与使用高动物蛋白制成的食品具有相同的价值。最近几年来，豆粕也被广泛地应用于水产养殖业中。豆粕中含有的多种氨基酸能够充分满足鱼类对氨基酸的特殊需要。

7.5.2　豆粕供给与需求

豆粕供给与需求要从国际市场和国内情况两个方面来看。

1.　国际豆粕市场供需情况

从本质上说，豆粕是一种加工副产品，其产量主要受原料及主产品的影响。由于其原料大豆产量一直高居世界各种油料作物产量之首，因此豆粕的产量及消费量一直是各种蛋白粕之首。

近年来，由于豆粕产量的增加，支撑了全世界持续不断的蛋白粕需求。从产量分布看，大豆生产大国同样也是豆粕生产大国，美国、巴西、阿根廷、中国四国产量占到世界总产量的七成还多。

豆粕的需求非常广泛，欧盟和美国是全球豆粕最大的两个消费市场，欧盟的豆粕消费量比较稳定，在 2200 万～2600 万吨之间；美国是全球最大的豆粕生产国，也是全球最大的豆粕消费国，全年的消费量在 2400 万～2700 万吨之间。

巴西、阿根廷国内豆粕消费量较小，所产豆粕大部分用于出口。巴西自 20 世纪 70 年代初取代美国成为世界头号豆粕出口大国后，年出口量稳步上扬。20 世纪 90 年代以来，阿根廷豆粕出口量异军突起，1997 年出口量超过 800 万吨，创历史新高，目前仅次于巴西，居世界第二位。美国豆粕尽管年产量位于世界首位，但由于国内豆粕消费量大，出口量仅占其总产量的 1/5 左右。近年来，印度在国际豆粕贸易中后来居上，成为豆粕出口的生力军。

同出口国的相对集中不同，豆粕进口国比较分散。欧盟是国际豆粕市场上最大的买主，长期以来，进口量在 1400 万吨上下，占世界总进口量的 59%，但最近几年，豆粕进口势头有所减弱，但仍然保持在 1300 万吨以上。

2.　国内豆粕市场供需情况

我国是豆粕的生产大国，豆粕产量位于美国、巴西和阿根廷之后，居世界第四位。东北三省是我国大豆的主产区，同时也是我国豆粕的生产基地，加上山东、河北、河南，豆粕产量约占全国豆粕产量的 90% 以上。

我国豆粕市场的特点是北方生产、南方消费。东北三省是我国主要豆粕生产地，而珠江三角洲和东南沿海地区则是豆粕的主要消费地。豆粕消费主要集中在浙江、福建、江西、广东、湖南、重庆、北京和上海等省市。

随着人民生活水平的逐步提高，我国城乡居民对肉、蛋、禽、鱼等食品的摄取量大幅增加，促进了饲料加工业的迅猛发展。家禽、优质瘦肉型猪所用饲料迅速增加，刺激了对优质蛋白饲料的需求。我国饼粕类产品很多，油菜籽和棉籽饼的产量也很大，但这两种饼粕都要经过脱毒后才可用于饲料。因此，目前国内使用的优质饼粕主要是大豆粕。

豆粕市场的发展趋势主要取决于以下几个方面的因素：一是大豆资源，二是国内饲料需求，三是豆粕的进出口情况，四是进口鱼粉情况。近几年，我国豆粕和鱼粉进口的比重发生显著变化。随着我国养殖业的高速发展，豆粕已成为饲料行业的主要原料，豆粕的生产和消费直接受到养殖业景气程度的影响。

7.5.3　豆粕标准合约

豆粕标准合约如表 7.5 所示。

表 7.5　豆粕标准合约

交易品种	豆粕
交易单位	手（10 吨/手）
报价单位	人民币元/吨
最小变动价位	1 元/吨（10 元/手）
涨跌停板幅度	上一个交易日结算价的 3%
合约月份	1、3、5、8、9、11 月
交易时间	周一至周五上午 9:00～11:30，下午 1:30～3:00
最后交易日	合约月份第 10 个交易日
最后交割日	最后交易日后第 4 个交易日，遇法定节假日顺延
交割等级	标准品符合《大连商品交易所豆粕交割质量标准（F/DCE D001-2002）》中规定的标准品
交割地点	大连商品交易所指定交割仓库
最低交易保证金	合约价值的 5%
交易手续费	3 元/手
交割方式	实物交割
交易代码	M
上市交易所	大连商品交易所

7.5.4　影响豆粕价格变动的因素

影响豆粕价格变动的因素很多，下面详细讲解。

1. 豆粕供给因素分析

豆粕的生产和消费情况、国际市场和国内市场情况已经做了介绍，这些因素都是影响豆粕价格的重要因素。豆粕供给方面主要由以下三部分组成。

- 前期库存量：它是构成总产量的重要部分，前期库存量的多少体现着供应量的紧张程度，供应短缺则价格上涨，供应充裕则价格下降。

- 当期生产量：豆粕当期产量是一个变量，它受制于大豆供应量、大豆压榨收益、生产成本等因素。

- 豆粕的进口量：我国加入 WTO 后，豆粕市场的国际化程度越来越高，近几年我国已经成为豆粕进口国，国际市场对国内豆粕市场的影响也越来越大。因此，应尽可能及时了解和掌握国际市场、国际价格水平、进口政策和进口量的变化。美国是主要的豆粕出口国，每周四美国农业部发布出口销售报告，其中有美国豆粕出口数据，包括美国对中国的出口数据，有比较重要的参考价值。

在分析豆粕的供求情况时，特别要注意豆粕储存时间较短的问题。在南方，豆粕的储存时间一般为 3～4 个月，而在北方可储存 8 个月左右，从而使豆粕在现货市场上周转很快，贸易商都希望在短期内完成交易。一旦储存时间过长，豆粕质量发生变化，厂家只能降价销售。豆粕储存的这个特点决定了一旦出现集中供货的情况，豆粕的区域性价格就会立即下跌。

例如，进口豆粕集中到货，会影响进口口岸周边地区的供求关系，导致豆粕价格下跌。豆粕储存时间短，一方面促进了豆粕的市场流动，另一方面也造成豆粕价格波动频繁。

此外，影响供给的其他因素还有：国内大豆加工能力和替代品（如其他饼粕、玉米等）的相对生产成本等。

2. 豆粕需求因素分析

豆粕需求通常有国内消费量、出口量及期末商品结存量三部分。

- 国内消费量：它并不是一个固定不变的常数，而是受多种因素的影响而变化。影响豆粕国内消费量的主要因素有：国内饲料工业发展情况、消费者购买力的变化、人口增长及结构的变化，政府鼓励饲料工业发展的政策等。

- 出口量：在产量一定的情况下，出口量的增加会减少国内市场的供应；反之，出口减少会增加国内供应量。目前，我国豆粕产量不能满足国内需求，因此没有豆粕出口的情况。

- 期末商品结存量：如果当年年底存货增加，则表示当年商品供应量大于需求量，期货价格就可能会下跌；反之，价格则上升。由于豆粕的存储时间较短，所以期末结存量数据对豆粕价格影响较小。

豆粕需求还要考虑国际市场的供求变化，特别是东亚、东南亚国家的需求变化，亚洲国家的消费者食用禽肉、猪肉较多，养殖业、饲料业比较发达，对豆粕的需求量较大。亚洲国家的经济景气状况对豆粕的需求有较大的影响，经济不景气，亚洲地区的进口量就少；经济复苏、增长，豆粕进口量就会增加。

影响需求的其他因素还有：消费者的购买力、消费者偏好、替代品的供求、人口变动、商品结构变化及其他非价格因素等。

3. 豆粕与大豆、豆油的比价关系

豆粕是大豆的副产品，每吨大豆可以制出 0.2 吨的豆油和 0.8 吨的豆粕，豆粕的价格与大豆的价格有密切的关系，每年大豆的产量都会影响到豆粕的价格，大豆丰收则豆粕价跌，大豆欠收则豆粕就会涨价。同时，豆油与豆粕之间也存在相互关联，豆油价好，豆粕就会价跌，豆油滞销，豆粕产量就将减少，豆粕价格将上涨。

大豆压榨效益是决定豆粕供应量的重要因素之一，如果油脂厂的压榨效益一直低迷，那么一些厂家会停产，减少豆粕的市场供应量。

4. 豆粕价格变化的季节性因素

通常 11 月大豆收获后的几个月是豆粕的生产旺季，4~8 月是豆粕的生产淡季，而豆粕的需求一般从 3 月开始到 10 月逐步转旺，在此期间，豆粕的价格波动会很大。豆粕价格还随豆粕主产区的收购、库存变化而波动。

7.5.5 豆粕实战交易案例

在分析国内豆粕期货价格走势时，还要关注一下外盘豆粕价格的走势。打开期货行情分析软件，单击左侧的"外盘"选项卡，再单击下方的"外盘加权指数"，就可以看到美豆粕指的报价信息。

双击美豆粕指的报价信息，就可以看到美豆粕指的价格走势，如图 7.10 所示。

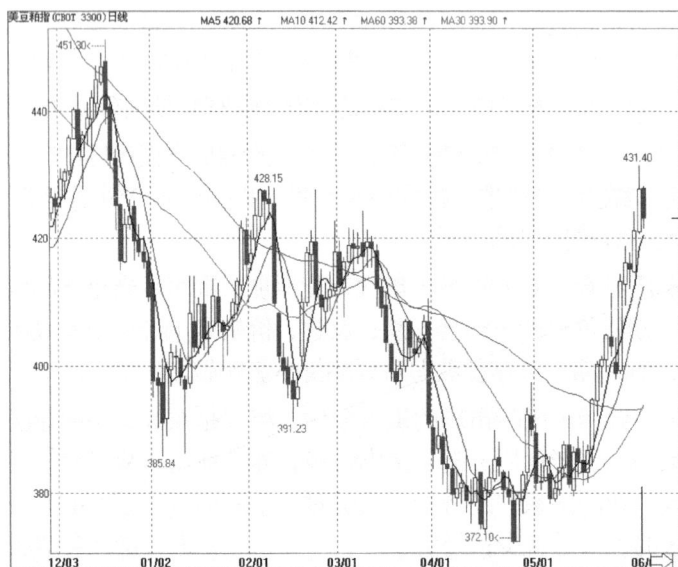

图 7.10　美豆粕指的价格走势

下面通过具体实例来讲解豆粕期货实战交易。

（1）进行基本面分析，分析一下当前豆粕期货的操作策略，是做多还是做空。

（2）根据当前豆粕期货合约的持仓量选择主力合约，主力合约的日 K 线图如图 7.11 所示。

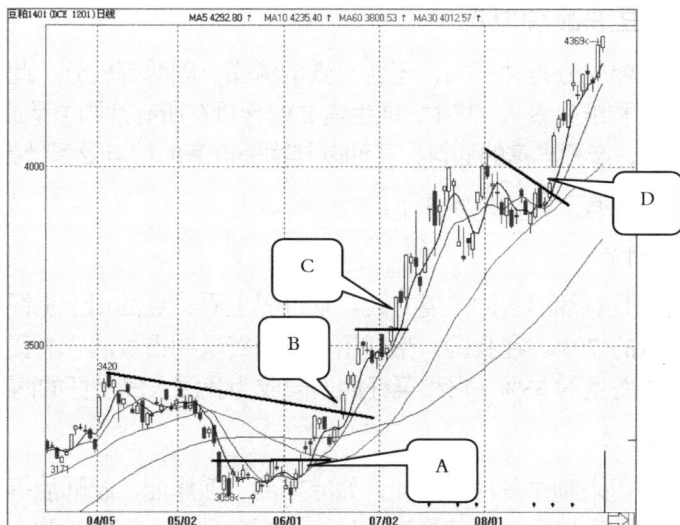

图 7.11　豆粕的日 K 线图

（3）豆粕的价格先是上涨到 3420 点，然后出现了调整，在调整的中后期，价格形成了三重底形态。在 A 处，一根中阳线突破了三重底颈线，并且同时站上了 5 日和 10 日均线，所以这里可以介入多单。

（4）随后价格不断沿着均线上涨，站上了所有均线，并形成了多头排列。多单要耐心持有，并且可以继续逢低做多。

（5）在 B 处，一根中阳线突破了下降趋势线，这意味着新的上涨波段开始，所以前期多单可以耐心持有，在 B 处要敢于继续介入多单。

（6）随后价格继续上涨，并且是沿着 5 日均线上涨的，所以多单可以耐心持有，并且仍可以沿着 5 日均线去做多。

（7）价格经过几天上涨之后开始震荡，但价格没有跌破 10 日均线，所以多单可以耐心持有。

（8）在 C 处，价格再度突破震荡平台的高点，所以 C 处要敢于介入短线多单，并且继续沿着均线持有。

（9）同理，在 D 处，价格突破下降趋势线，所以也是不错的做多位置。

7.6 豆油期货交易的实战技巧

豆油是从大豆中提取出来的油脂，具有一定粘稠度，呈半透明液体状，其颜色因大豆种皮及大豆品种不同而异，从淡黄色至深褐色，具有大豆香味。

7.6.1 豆油品种概况

豆油的主要成分为甘三酯，还含有微量磷酯、固醇等成分。此外，豆油中还富含维生素 E 和维生素 A。其中，维生素 E 的含量在所有油脂中是最高的。作为一种营养成分高、产源丰富的油料，豆油以其物美价廉的特点受到世界人民的喜爱。

豆油的用途有三种，具体如下。

1. 烹饪用油

烹饪用油是豆油消费的主要方式。从世界上看，豆油用于烹饪的消费量约占豆油总消费量的 70%。在我国，烹饪用豆油消费量约占豆油总消费量的 78%，约占所有油类消费量的 35%，它和菜籽油一起成为我国人民烹饪的两大主要用油。

2. 食品加工

豆油可以用来制作多种食用油，如凉拌油、煎炸油、起酥油等。此外，豆油还被用于制造人造奶油、蛋黄酱等食品。我国食品加工用油量约占豆油总消费量的 12%。由于餐饮习惯的不同，西方国家的豆油消费比例要高于我国，如美国食品加工用油量约占其国内豆油总消费的 25%以上。

3. 工业及医药

豆油经过深加工，在工业和医药方面的用途也十分广泛。在工业方面，豆油经过加工可制甘油、油墨、合成树脂、涂料、润滑油、绝缘制品和液体燃料等；豆油脂肪酸中的硬脂酸可以制造肥皂和蜡烛；豆油与桐油或亚麻油掺和可制成良好的油漆。在医药方面，豆油有降低血液胆固醇、防治心血管病的功效，是制作亚油酸丸、益寿宁的重要原料。

7.6.2 豆油供给与需求

豆油供给与需求要从国际市场和国内情况两个方面来分析。

1. 国际市场

豆油在世界植物油生产和消费中占有重要地位。近年来，世界豆油产量和消费量均呈现上升态势。

在世界豆油总产量不断增长的同时，世界豆油贸易量也不断上升。其中，阿根廷出口量增长很快，占世界豆油出口总量中的比例由 30%提高至 53%，世界豆油第一大出口国的地位日益巩固；巴西和美国的出口量也较大。

近十年来，世界豆油进口情况发生了明显变化，进口量增加很快，其中印度和中国的进口量增加迅猛。

2. 国内情况

我国是世界上最早利用大豆榨油的国家，历史已近千年。目前，我国仍然是世界豆油生产和消费大国。近年来，豆油市场比较活跃，市场价格变动较为剧烈。

我国豆油的生产分布面较广，在 20 世纪的大部分时间内，我国豆油生产主要集中在黑龙江省等大豆主产区。近年来，南方沿海地区兴建了很多大豆加工厂，它们大多使用进口大豆进行加工，其中江苏、山东、辽宁、广东四省区是榨油能力最集中的区域。

20 世纪 90 年代初，我国豆油消费量只有 100 万吨，受多方面因素共同影响，豆油消费增长很快，10 多年来增长了近 6 倍。目前，豆油已经成为我国第一大植物油品种。

7.6.3　豆油标准合约

豆油标准合约如表 7.6 所示。

表 7.6　豆油标准合约

交易品种	大豆原油
交易单位	10 吨/手
报价单位	元（人民币）/吨
最小变动价位	2 元/吨
涨跌停板幅度	上一个交易日结算价的 4%
合约月份	1、3、5、7、8、9、11、12 月
交易时间	周一至周五上午 9:00～11:30，下午 1:30～3:00
最后交易日	合约月份第 10 个交易日
最后交割日	最后交易日后第 3 个交易日
交割等级	大连商品交易所豆油交割质量标准
交割地点	大连商品交易所指定交割仓库
最低交易保证金	合约价值的 5%
交易手续费	不超过 6 元/手
交割方式	实物交割
交易代码	Y
上市交易所	大连商品交易所

7.6.4　影响豆油价格变动的因素

影响豆油价格变动的因素很多，下面详细讲解。

1. 豆油的供应情况

豆油作为大豆加工的下游产品，大豆供应量的多寡直接决定着豆油的供应量，正常情况下，大豆供应量的增加必然导致豆油供应量的增加。大豆的来源主要有两大部分，一部分是国产大豆，另一部分是进口大豆。大豆的供应情况前面已经讲解过，这里不再重复。

豆油当期产量是一个变量，它受制于大豆供应量、大豆压榨收益、生产成本等因素。一般来讲，在其他因素不变的情况下，豆油的产量与价格之间存在明显的反向关系，豆油产量增加，价格相对较低；豆油产量减少，价格相对较高。

随着我国经济的快速发展，人们生活水平不断提高，豆油的消费量逐年增加，进口数量也逐年提高，豆油进口量的变化对国内豆油价格的影响力在不断增强。2006 年以后，随着进口豆油配额的取消，国内外豆油市场融为一体。豆油进口数量的多少对国内豆油价格的影响进一步增强。

豆油库存是构成供给量的重要部分，库存量的多少体现着供应量的紧张程度。在多数情况下，库存短缺则价格上涨，库存充裕则价格下降。由于豆油具有不易长期保存的特点，一旦豆油库存增加，豆油价格往往会走低。

2. 豆油的消费情况

我国是一个豆油消费大国。近年来，国内豆油消费高速增长，保持了 12%以上的年增长速度。近年来，随着城镇居民生活水平的提高，在外就餐的人数不断增加，餐饮行业的景气状况对豆油需求的影响非常明显。

3. 相关商品、替代商品的价格

大豆价格的高低直接影响豆油的生产成本。近年来，我国许多大型压榨企业选择进口大豆作为加工原料，使得进口大豆的压榨数量远远超过国产大豆的压榨数量，从而使豆油价格越来越多地受到进口大豆价格的影响。

大豆压榨效益是决定豆油供应量的重要因素之一。如果大豆加工厂的压榨效益一直低迷，那么一些厂家将会停产，从而减少豆油的市场供应量。

豆油是大豆的下游产品，每吨大豆可以压榨出大约 0.2 吨的豆油和 0.8 吨的豆粕。豆油与豆粕的价格存在着密切的联系。根据多年的经验，多数情况下，豆粕价格高涨的时候，豆油价格会出现下跌；豆粕出现滞销的时候，大豆加工厂会降低开工率，豆油产量就会减少，豆油价格往往会上涨。

豆油价格除了与大豆和豆粕价格具有高度相关性之外，菜籽油、棕榈油、花生油、棉籽油等豆油替代品对豆油价格也有一定的影响。如果豆油价格过高，精炼油厂或者用油企业往往会使用其他植物油替代，从而导致豆油需求量降低，促使豆油价格回落。

4. 农业、贸易和食品政策的影响

国家的农业政策往往会影响到农民对种植品种的选择。例如，近年来国家通过调整相关产业政策，引导农民增加大豆播种面积，从而直接增加了国产大豆产量。再例如，2004 年 5 月 1 日以后，我国实行了新的植物油标准，提高了对植物油的产品质量和卫生安全要求，新增了过氧化值和溶剂残留指标检验。这些政策对豆油价格都构成了一定的影响。

从历年的情况看，国家进出口贸易政策的改变对于我国豆油进出口总量有着较大的影响。例如，1994 年国家税务总局对进口豆油关税税率进行调整，关税税率从 20%调减至 13%，同时花生油、棕榈油等其他植物油的关税税率也出现不同程度的下调，导致豆油等植物油进口量大增，豆油的供应量快速增加。

近几年，随着禽流感、疯牛病及口蹄疫的相继发生，以及考虑到转基因食品对人体健康的影响，越来越多的国家实施了新的食品政策。这些新的食品政策通过对食品、餐饮行业的影响进而影响了豆油的消费需求。

7.6.5　豆油实战交易案例

在分析国内豆油期货价格走势时，还要关注一下外盘豆油价格的走势。打开期货行情分析软件，单击左侧的"外盘"选项卡，再单击下方的"外盘加权指数"，就可以看到美豆油指的报价信息。

双击美豆油指的报价信息，就可以看到美豆油指的价格走势，如图 7.12 所示。

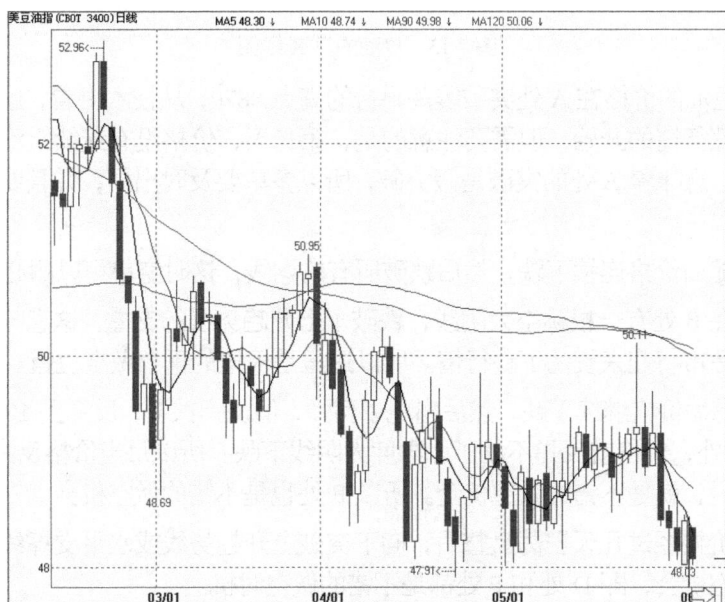

图 7.12　美豆油指的价格走势

下面通过具体实例来讲解豆油期货实战交易。

（1）进行基本面分析，分析一下当前豆油期货的操作策略，是做多还是做空。

（2）根据当前豆油期货合约的持仓量选择主力合约，主力合约的日 K 线图如图 7.13 所示。

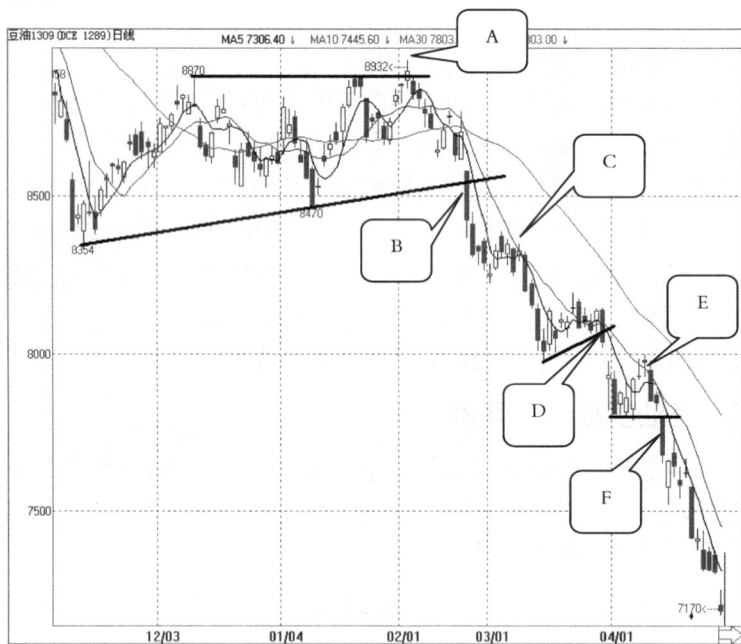

图 7.13　豆油的日 K 线图

（3）豆油的价格在 A 处突破震荡平台的高点 8870，从技术上看，这意味着新的一波上涨行情的开始，但需要注意的是，第二天，价格没有继续上涨，反而低开低走，这意味着 A 处的突破是假突破，所以多单要及时出局，并且要敢于反手做空。

（4）随后价格连续下跌，然后跌破所有的均线，这时空单可以耐心持有。

（5）在 B 处有一根跳空大阴线，跌破了上升趋势线的支撑，这意味着震荡行情结束，后市将迎来震荡下跌行情。所以这里是极佳的重仓做空位置。

（6）随后价格继续下跌，然后出现了反弹，但反弹很弱，反弹到 10 日均线附近，即 C 处，价格就反弹不动了，再度大阴线下跌。所以每当价格反弹到 10 日均线附近时，就是不错的做空机会。所以 E 处也是不错的做空机会。

（7）价格经过几天震荡盘整后，向下突破上升趋势线或水平支撑线时，都是不错的做空机会，即 D 处和 F 处都是不错的做空时机。

7.7　小麦期货交易的实战技巧

小麦是我国粮食系统中的重中之重，是营养较丰富、经济价值较高的商品粮。小麦籽粒含有丰富的淀粉、较多的蛋白质、少量的脂肪，还有多种矿物质元素和维生素 B。

7.7.1　小麦品种概况

小麦按播种季节分，可分为冬小麦（硬冬白小麦）和春小麦（优质强筋小麦）。小麦品质的好坏，取决于蛋白质的含量与质量。一般来说，春小麦蛋白质含量高于冬小麦，但春小麦的容重和出粉率低于冬小麦。

- 硬冬白小麦：种皮为白色或黄白色的麦粒不低于 90%，角质率不低于 70%的冬小麦。
- 优质强筋小麦：面筋数量较高、筋力较强、品质优良，具有专门加工用途的小麦。

按照国标，优质小麦分为两类，即优质强筋小麦和优质弱筋小麦。

1．硬冬白小麦的用途

由于国标没有规定内在品质，所以硬冬白小麦期货交割的货物比较杂，既有内在品质较高的品种，也有品质较低的品种，因此用途不一。在没有强筋小麦期货时，硬冬白小麦期货交割标准的用途比较广。但有了强筋小麦期货后，硬冬白小麦中能够达到强筋小麦标准的，就专门用来做面包、饺子、拉面等，这样强筋小麦的大部分就从硬麦中分离出来。

2．优质强筋小麦的用途

优质强筋小麦主要用于加工制作面包、拉面和饺子等要求面粉筋力很强的食品。其中，面包全部用优质强筋小麦，对小麦品质要求最高。为了提高面包粉质量，我国一些专用面粉厂还经常在国产优质强筋小麦中添加进口高筋小麦。加工饺子粉也要优质强筋小麦混配，提高面粉质量，增加食品的口感。另外，对于一些质量较差的小麦，添加优质强筋小麦，改善内部品质，可加工馒头和其他面食。如东北地区用优质强筋小麦与春麦搭配，改善春小麦粉的质量。

7.7.2　小麦供给与需求

我国的小麦可划分为 10 个产区，产量最大的是黄淮冬麦区，主产地在山东、河南、河北、江苏、安徽大部分地区，以及陕西、山西部分地区。河南、山东、河北三省硬冬白小麦产量约占全国总产量的 60%左右。

冬麦区（按选育单位所在地）种植的优质强筋小麦品种主要包括：中作 9507、

8901、高优 503、白硬冬 2 号、河南的豫麦 34、郑麦 9023、山东的济南 17、烟农 19、955159、陕优 225、小偃 54、皖麦 33、皖麦 38 等。

春麦区的小麦品种主要包括东北的野猫、巴瑞麦、小冰麦 33、辽春 10 号、龙麦 26 等，此外宁夏的永良 4 号也表现出优良和稳定的品质。

主要优质强筋小麦品种的品质变化：经过多年的培育和推广，我国优质强筋小麦品种很多，但存在品质退化现象，种植面积较大而且品质稳定的品种只有十多个，而且这些品种的品质是逐年变化的。我国优质强筋小麦品质的地理分布趋势是由北向南逐渐变差。由于受到种植区域气候的影响，同一个优质强筋小麦品种的品质在不同地区、不同年份存在明显差异，由此影响达到标准的优质强筋小麦量。

1. 硬冬白小麦品种特点

- 品类较多。由于没有内在品质的要求，所以只要物理指标能够达到标准即可。这类小麦的品种比较多，尤其是在近年小麦结构调整过程中，出现的优良品种比较多。

- 分布区域广。在小麦生产区的河南、河北、山东的北部或南部，以及安徽、江苏的北部及陕西等部分地区都有硬冬白小麦。

- 品质容易把握。该品种只注重物理指标，而指标中的角质率和不完善粒投资者只要具备实践经验就可以把握。

- 品种多为优质小麦。从期货交割实际情况看，交割标的物一般为现货市场上一般意义的优质小麦，即优良品种种出的小麦。

- 用途广。由于该品种只要求物理指标，因此内在品质不确定。达标品种的内在品质差别大，可以满足不同档次面粉厂的需求。

2. 优质强筋小麦品种特点

- 专用。主要用于加工制作面包、拉面和饺子等要求面粉筋力很强的食品。

- 内在品质要求高。面粉加工企业对优质强筋小麦的内在指标有一定的要求，优质强筋小麦合约对小麦的降落数值、湿面筋、拉伸面积、稳定时间也有严格的要求。对其品质的把握一般需要了解品种和产地。

- 品种相对单一。由于我国种植条件的限制，因此并不是所有品种都能达标。一般来说，有些小麦的种植需要一定的规模，比如豫麦 34、高优 503、郑州 9023、藁城 8901、955159、烟农 19、济南 17 等。

- 分布比较固定。由于土质、气候的影响，就目前的情况来看，河南北部大部分及南部的驻马店、许昌等地，河北的石家庄、衡水、邢台，山东的德州、聊城、泰安、济宁等地达标率比较高。

- 生产、消费在不断增加。近两年，在国家大力推广优质小麦的政策下，优质品种小麦的播种面积大幅增加；随着收入水平的提高，人们对面粉精细化的要求在逐步提高，消费习惯也在发生变化，这些都影响着优质强筋小麦的消费量。总体趋势是优质强筋小麦消费量在逐年缓慢上升。

- 达标条件要求高。对气温、气候、种子、田间管理、种植条件、储存等要求较高，如果在某个环节不注意，将直接影响品质指标。

- 价值较高。优质小麦价格比普通小麦价格普遍要高一些。初期比普通小麦高出市场价的 15%～30%。

- 价格波动大。优质强筋小麦受政策、进出口、产量、天气等因素的影响较大，每年的价格波动比较大。

7.7.3 小麦标准合约

硬冬白小麦期货合约如表 7.7 所示，优质强筋小麦期货合约如表 7.8 所示。

表 7.7 硬冬白小麦期货合约

交易品种	硬冬白小麦期货合约
交易单位	10 吨/手
报价单位	元（人民币）/吨
最小变动价位	1 元/吨
每日价格最大波动限制	不超过上一个交易日结算价格的 ±3%
合约交割月份	1、3、5、7、9、11 月
交易时间	周一至周五上午 9:00～11:30，下午 1:30～3:00
最后交易日	合约交割月份的倒数第 7 个交易日
交割日期	合约交割月份的第 1 个交易日至最后 1 个交易日
交割品级	标准品：二等硬冬白小麦 符合 GB 1351-1999 替代品及升贴水见《郑州商品交易所交割细则》
交割地点	交易所指定交割仓库
最低交易保证金	合约价值的 5%
交易手续费	2 元/手（含风险准备金）
交割方式	实物交割
交易代码	WT
上市交易所	郑州商品交易所

表 7.8 优质强筋小麦期货合约

交易品种	优质强筋小麦期货合约
交易单位	10 吨/手
报价单位	元（人民币）/吨

最小变动价位	1元/吨
每日价格最大波动限制	不超过上一个交易日结算价±3%
合约交割月份	1、3、5、7、9、11月
交易时间	周一至周五上午9:00～11:30，下午1:30～3:00
最后交易日	合约交割月份的倒数第7个交易日
交割日期	合约交割月份的第1个交易日至最后1个交易日
交割品级	标准交割品：符合郑州商品交易所期货交易用优质强筋小麦标准（Q/ZSJ 001–2003）二等优质强筋小麦，替代品及升贴水见《郑州商品交易所交割细则》
交割地点	交易所指定交割仓库
最低交易保证金	合约价值的5%
交易手续费	2元/手（含风险准备金）
交割方式	实物交割
交易代码	WS
上市交易所	郑州商品交易所

7.7.4 影响小麦价格变动的因素

影响小麦价格变动的因素有很多，下面详细讲解。

1. 产量、流通量及标的物量

我国的小麦产量很大，占世界小麦产量的四分之一，但由于是农业大国，农民的口粮存量也是很大的，真正的流通量并不是非常大，硬冬白小麦的流通量和合格量也是有限的。

近几年，在我国小麦总种植面积和总产量呈明显下降趋势的同时，我国优质小麦的种植面积增长很快，例如2012年比2011年增长10.6%。

2. 需求量

我国硬冬白小麦产量约2900万吨，硬冬白小麦中达到中筋小麦标准的是需求量最大的，年消费量大约在2500万吨左右。

3. 天气与质量

天气对农产品价格的影响非常大，美国的期货投资家们除了关注农业部的供需报告外，最关心的莫过于天气因素了。

我国冬小麦种植时间为10月上旬（寒露后）至下旬，小麦生育期为230天，收获期在次年5月下旬至6月初，冬小麦生长期大约在8个月左右。春小麦播种期为3月底（4月初），收获期为8月底（9月初），在此期间气候因素、生长情况、收获进度都会影响小麦产量，进而影响小麦价格。因此，可以说天气决定产量，天气决定价格。

相对于硬冬白小麦来说，优质强筋小麦的品质受气候影响更大。优质强筋小麦品质在不同区域和年度间的差异主要是气候条件不同引起的，从而影响达标产量。

4. 库存

期末库存量是分析期货价格变化趋势最重要的数据之一。如果当年年底存货增加，则表示当年商品供应量大于需求量，期货价格就可能会下跌；反之，价格则上升。影响需求的因素还有消费者的购买力、消费者偏好、代用品的供求、人口变动、商品结构变化及其他非价格因素等。从季节因素来说，优质强筋小麦季节性价格波动有一定规律性。每年的中秋节、国庆节和每个季节末是价格较高的时期。

5. 消费与季节

郑州小麦期货是目前交易的农产品期货中最大的品种，其价格走势有很强的规律性。一般来说，小麦的长期走势（3～5 年）由宏观经济形势及粮食总供求关系决定；中期走势（1～2 年）主要受年度产量预期、库存量变化及相关农业政策、进出口政策的影响；短期走势（3～5 个月）受季节性波动周期的影响比较大。

小麦价格表现出明显的季节性波动规律。一般来说，每年冬麦上市后的 7 月为小麦的供应旺季，价格最低；从 9 月开始，小麦消费进入旺季，现货价格稳步上升；春节左右小麦消费进入高峰期，小麦价格也至年内高点；春节过后价格逐步回落，在四五月青黄不接时，价格会略有反弹，随后一直回落到六七月的低价区，如此循环往复。当然，受其他因素影响，这个规律也会有所变化。

6. 进出口

加拿大、美国和澳大利亚是世界小麦主要生产国，其产量分别为 2600 万吨、6000 万吨和 2100 万吨，这些国家的硬红冬和硬红春小麦产量对世界小麦价格包括我国优质强筋小麦价格的影响很大。目前，我国优质强筋小麦的实际进口量往往会因政治或经济的原因而发生变化。20 世纪 90 年代中期以前，我国一直是国际上重要的小麦进口大国，平均年进口量保持在 1000 万吨以上。1996 年以来，我国小麦连续几年获得好收成，生产能力逐步提高，小麦进口数量逐年减少。加入 WTO 后，小麦进口会逐步增加，但是这并不意味着外国小麦就会大量涌入国内市场。一方面，全球小麦正常贸易量约为 1 亿吨，如果我国大量进口小麦，势必会影响国际市场价格；另一方面，如果因为大量进口小麦而造成国内小麦市场价格大幅度下降，国家完全有可能进行必要的行政干预。另外，随着加入WTO 以后小麦的自由贸易程度的不断提高，国内优质小麦价格将和国际市场接轨，价格变动方向将和国际市场价格趋于一致。因此，把握优质强筋小麦价格走势，需要及时了解和掌握世界小麦的生产情况、价格水平、进口政策和进口量的变化等。

7. 现货价格

小麦现货报价较多，有普通小麦报价、优质小麦报价、不同地区和不同品种的优质小麦报价等，一定要注意区分，以便正确参考现货价格。

8. 机构投资者的参与

在期货市场中，机构投资者的投资方向会对价格行情产生较大的影响，投资者在进行小麦期货交易的过程中，同样应该注意机构投资者的方向。因为机构投资者往往会长时间、大单量参与某一个品种，而且他们往往关注所参与品种的中、长期趋势，投资者在分析价格走势时应予注意。

7.7.5 小麦实战交易案例

在分析国内小麦期货价格走势时，还要关注一下外盘小麦价格的走势。打开期货行情分析软件，单击左侧的"外盘"选项卡，再单击下方的"外盘加权指数"，就可以看到美麦指数的报价信息。

双击美麦指数的报价信息，就可以看到美麦指数的价格走势，如图7.14所示。

图7.14 美麦指数的价格走势

下面通过具体实例来讲解小麦期货实战交易。

（1）进行基本面分析，分析一下当前小麦期货的操作策略，是做多还是做空。

（2）根据当前小麦期货合约的持仓量选择主力合约，主力合约的日K线图如

图 7.15 所示。

（3）在 A 处，郑麦的价格先是一根大阴线下跌，然后又拉出一根大阳线，这是明显的见底 K 线，后市可以逢低轻仓做多。

（4）随后价格开始震荡上涨，并且慢慢站上所有均线，这意味着多头行情就要开始了，所以多单可以耐心持有，并且仍坚持逢低做多。

（5）在 B 处，一根中阳线站上 30 日均线，所以均线都走好，这里才是重仓做多的位置。在 B 处要敢于重仓做多，因为均线已开始形成多头排列。

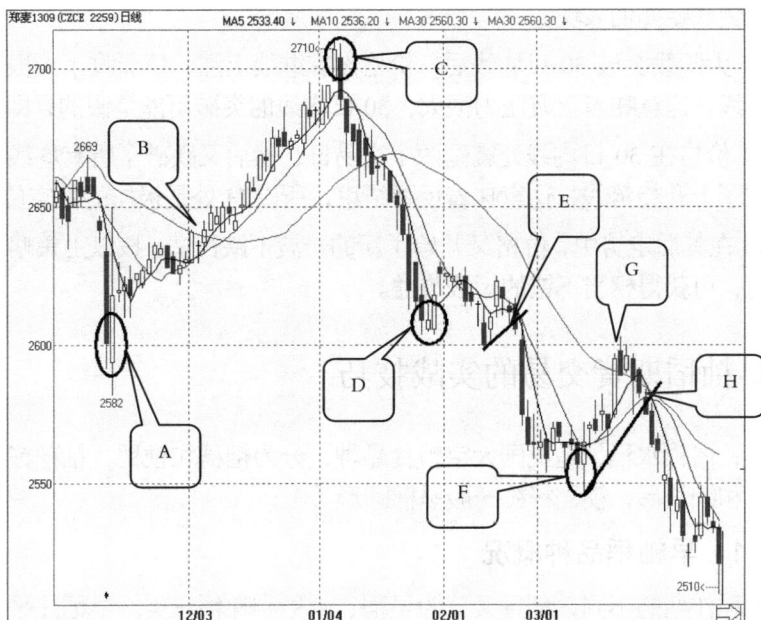

图 7.15　郑麦的日 K 线图

（6）价格开始沿着 10 日均线上涨，并且在上涨的后期速度很快。在 C 处，价格先是跳空高开高走，创出了 2710 高点，但第二天，价格没有继续上涨，反而收了一根中阴线，即出现了倾盆大雨见顶 K 线，所以多单要及时出局，然后可以轻仓介入空单。

（7）价格连续阴线下跌，先后跌破 10 日和 30 日均线，并且均线形成了空头排列，所以高位空单可以耐心持有，并且沿着 5 日均线坚持逢高做空。

（8）价格经过十几个交易日的下跌之后，在 D 处，价格先是收了一根倒锤头线，这是一个见底 K 线，然后又收了一根中阳线，并且站上了 5 日均线，所以短线空单要及时获利出局，中线空单仍可以耐心持有。

（9）第二天，价格高开，但收盘时却收了一根带有长上下影线的小阴线，并且接近 10 日均线，这表明反弹力量很弱，所以仍坚持以逢高做空为主。

（10）价格开始震荡盘整，震荡盘整十几个交易日后，价格在 E 处跌破了上升趋势线，这意味着震荡行情结束，后市会继续下跌，所以 E 处是不错的做空位置。

（11）价格开始大幅下跌，然后又在低位震荡。在 F 处，价格再度出现见底 K 线，所以短线空单要及时止盈出局。

（12）价格在 F 处短线见底后，开始反弹，反弹 5 个交易日，一根中阳线突破了 30 日均线，但需要注意的是，30 日均线仍在下行，所以在这里要多观察几天，看看市场到底要如何表现。

（13）大阳线突破 30 日均线后，价格没有继续上涨，反而收了一根带有上影线的中阴线，这意味着上方压力很大，30 日均线的突破可能是假的，即 G 处。

（14）价格在 30 日均线处震荡两个交易日，然后又跌破了所有均线，并且在 H 处跌破了上升趋势线，这意味着反弹结束，所以 H 处是极佳的做空位置。

（15）在其后走势中，价格又开始了新的一波下跌行情。按以上策略及时做空的投资者，可获得相当不错的短线收益。

7.8 早籼稻期货交易的实战技巧

稻谷，俗称水稻，是我国大宗粮食品种，分为籼稻和粳稻，籼稻籽粒一般呈长椭圆形和细长形，粳稻籽粒一般呈椭圆形。

7.8.1 早籼稻品种概况

根据稻作期的不同，稻谷又分为早稻、中稻和晚稻三类。早稻几乎是单一的籼稻，即早籼稻。因此，早籼稻是上市最早的一季稻谷，也是当年种植、当年收获的第一季粮食作物。

早籼稻可以分为普通早籼稻（常规）和优质早籼稻。普通早籼稻一般用于储备，而个体加工企业则以加工优质早籼稻为主。优质早籼稻做配米比例也较大。普通早籼稻和优质早籼稻主要根据粒型和腹白区分。据调研，早籼稻、中籼稻、晚籼稻的优质率估计分别为 15%、28%和 76%。

在现货中，早籼稻还可以分为长粒型和短粒型两种。它们的用途不同，价格也不同，短粒型主要做米粉，长粒型主要做口粮，现货市场将两者分开收购和储藏。一般认为长粒产量和短粒产量的比例是 6∶4。

7.8.2 早籼稻供给与需求

稻谷是我国第一大粮食作物。我国 60%的人口以大米为主食，是世界第一大稻谷生产国和消费国，稻谷的产量和消费量占世界的 30%以上，具有举足轻重的地位。目前，稻谷供求基本平衡，略有结余，库存充裕。

1997 年以来，我国稻谷一直是净出口，年均净出口稻谷约 216 万吨（大米 151 万吨），占我国稻谷产量的 1%左右，对国内供求和市场价格影响都较小。

早籼稻的用途较为广泛，包括口粮、饲料用粮、工业用粮和种子用粮等。由于早籼稻的优质率不断提高，口感有所改进，生长期间病虫害、农药使用量都较中、晚籼稻少得多，加上又比较"出饭"，近年来早籼稻的消费仍以口粮为主。据国家粮油信息中心测算，2012 年早籼稻口粮、饲料用粮、工业用粮、种子用粮的比例约 67：24：7：2。从发展趋势上看，早籼稻口粮消费逐步减少，饲料用粮和工业用粮较快增长。

作为口粮，由于比较"出饭"，学生和民工是早籼稻最主要的消费群体。随着加工技术的改进，以早籼稻作为原料加工的蒸谷米，营养价值较普通大米高，已经畅销中东、欧美、非洲等国际市场。

作为工业用粮，早籼稻主要用来生产米粉、啤酒、糖浆等。

（1）米粉是南方地区大众化食品之一。早籼稻脂肪含量低、直链淀粉含量高，是最适合做米粉的原料，生产出的米粉具有绿色、营养、卫生、耐储存、价格低廉等优点。储存一年以上的早籼稻，水分低、出粉率高，加工出的米粉口感好、韧性大、保存时间长、不易老化。

（2）早籼稻是啤酒生产中的辅助原料，可以使啤酒获得较好的物理稳定性和透明度，并提高啤酒的生产能力和降低生产成本。啤酒是仅次于米粉的、以早籼稻为原料的加工产品。

（3）以早籼稻为原料生产的高麦芽糖浆，又称白饴糖，是一种麦芽糖含量高、杂质少、熬温高的新型淀粉糖，在饮料、糖果、罐头、面包、糕点、果酱、乳制品、医药等方面广泛应用，可明显改善品质、提高质量、降低成本、延长保存期、调整成品口味。

（4）早籼稻还广泛用于生产米制系列食品，如米饼、米糕、速煮米、方便米饭和冷冻米饭等。

在南方早籼稻产区，农民也把早籼稻作为饲料来喂养家禽，有的直接用早籼稻谷，有的则是将早籼稻谷或脱壳后的糙米粉碎，再拌以青饲料或浓缩饲料后使用。

早籼稻加工后的副产品，也有多种开发和利用途径。

（1）米糠可以榨米糠油，其下脚料可以提炼植酸钙、谷维素、甾醇等医药产品。

（2）稻壳可用于制作无毒、可自行降解的快餐盒，稻壳燃烧可以发电，稻壳灰可用于制作白碳黑和化肥。

（3）碎米利用微生物发酵可用于生产富含活体有益微生物（双歧杆菌、乳酸菌）的保健功能饮料。

7.8.3　早籼稻标准合约

早籼稻标准合约如表 7.9 所示。

表 7.9　早籼稻标准合约

交易品种	早籼稻
交易单位	10 吨/手
报价单位	元（人民币）/吨
最小变动价位	1 元/吨
涨跌停板幅度	不超过上一个交易日结算价 ±4%
合约月份	1、3、5、7、9、11 月
交易时间	周一至周五（北京时间，法定节假日除外）上午 9:00～11:30，下午 1:30～3:00
最后交易日	交割月第 10 个交易日
最后交割日	交割月第 12 个交易日
交割等级	基准交割品：符合《中华人民共和国国家标准 稻谷》（GB1350-2009）三等及以上等级质量指标及《郑州商品交易所期货交割细则》规定的早籼稻谷，替代品及升贴水见《郑州商品交易所期货交割细则》
交割地点	交易所指定交割仓库
最低交易保证金	合约价值的 6%
交易手续费	不高于 4 元/手（含风险准备金）
交割方式	实物交割
交易代码	ER
上市交易所	郑州商品交易所

7.8.4　影响籼稻价格变动的因素

随着稻谷生产与流通的市场化程度加深和进程加快，稻谷行情不再是单独演绎，既受国家政策因素、早籼稻供求等基本面因素的影响，又与整个国家宏观经济的发展休戚相关，与其他农产品价格联动，还受天气、自然灾害、心理等不可控因素的影响。

1. 供给和需求

供求是决定稻谷价格的根本因素。供给主要由以下三个方面组成。

- 前期库存量：它是构成总产量的重要组成部分，前期库存量的多少体现着供应量的紧张程度，供应短缺则价格上涨，供应充裕则价格下跌。

- 当期生产量：当期生产量主要受种植面积、单产的影响。影响种植面积的因素是农民与其他农产品的比较收益、国家的农业政策等，影响单产的主要是天气、科技水平等。必须研究稻谷的播种面积、气候情况、作物生产条件、生产成本及政府的农业政策等因素的变化情况。

- 商品的进口量：商品的实际进口量往往会因政治或经济的原因而发生变化。因此，应尽可能及时了解和掌握国际形势、价格水平、进口政策和进口量的变化。

需求通常由国内消费量、出口量和期末商品结存量三个方面组成。

- 国内消费量：它并不是一个固定不变的常数，而是受多种因素的影响而变化，主要有消费者购买力的变化、人口增长及结构的变化、政府收入与就业政策。

- 出口量：在产量一定的情况下，出口量增加会减少国内市场的供应；反之，出口量减少会增加国内市场的供应量。

- 期末商品结存量：这是分析期货商品价格变化趋势最重要的数据之一。如果当年年底存货增加，则表示商品供应量大于需求量，期货价格有可能会下跌；反之，价格则上升。

从历年生产情况看，由于早籼稻品种的特殊性，农业政策和种植结构调整、科技进步等因素对早籼稻的面积和产量影响较大，相应引起早籼稻的价格发生较大波动。此外，早籼稻库存变化、储备稻谷的轮换、托市粮出库销售的数量和价格等也影响早籼稻的供给量，从而影响到早籼稻的价格。在消费方面，我国早籼稻主要用于口粮、国家储备、工业及饲料消费，总体上呈平稳增长势头。由于早籼稻用于储备的量较大，工业和饲料消费近年来增长也较快，对市场的影响比较明显，特别是常规品种供不应求，价格还有上涨空间。此外，节日和群体消费效应、进口和出口量的变化等也会影响到早籼稻市场的阶段性需求。

2. 国家政策

国家的粮食产业政策影响甚至主导着早籼稻的供求和价格。

第一，各项惠农政策提高了农民种粮的积极性，促进了粮食生产，保证了粮食种植面积和产量，对早籼稻的面积和产量也形成有力的支撑。

第二，早籼稻的最低收购价政策和公开竞价拍卖、储备等宏观调控政策则基本主导了早籼稻的价格走势。

例如，为稳定早籼稻生产、保护农民利益，从 2004 年起，国家在湖南、江西、湖北、安徽四省执行了早籼稻最低收购价政策（托市收购），2008 年广西也纳入政策范围。2010 年和 2011 年由于市场价低于最低收购价，连续两年启动了该政策，取得了明显的托市效果，保护了农民利益。

3. 收购市场竞争

早籼稻收购市场状况直接影响收购价格的走势。2004 年全面放开粮食收购市场后，早籼稻收购市场入市主体增加，不仅有国有粮食收储企业和地方收储企业，还有产业化龙头企业、民营经营加工企业和个体商贩等，激烈的竞争推动了早籼稻市场价格的提升。

玉米、小麦等都是重要的粮食作物，它们需求的旺盛与否最能反映农业经济的好坏，从长期看，玉米、小麦等价格的高低与农业经济发展的快慢有较强的相关性。早籼稻与中晚籼稻、粳稻、小麦、玉米的消费比价关系最为重要，这些替代品的产量、价格及消费的变化对早籼稻价格将产生直接或间接的影响。早籼稻与其他大宗农产品的比价关系会对早籼稻的供需产生影响，进而影响早籼稻的产销情况，导致其未来价格走势发生变化。

4. 成本和收益比较

生产早籼稻的种子价格、化肥、农药等成本变化直接导致了稻谷价格的变化。其成本主要包括：种子费、化肥费、农药费、雇工收割费、农膜费、租赁作业费、机械作业费、燃料动力费、技术服务费、工具材料费和修理维护费等。

早籼稻的成本收益情况是影响农民种植积极性的主要因素之一，早籼稻成本对市场价格有一定的影响力，市场粮价过低，农民会惜售，收益情况会影响农民对下一年度的种植安排；收益增加，农民可能会增加种植面积，反之可能会减少种植面积。

近年来，早籼稻种植成本的刚性上涨为早籼稻价格提供了有力支撑。2007 年总成本较 2004 年上涨 16.52%，现金成本更是上涨 30.49%，总成本、现金成本 4 年来平均涨幅分别为 4.09%、7.03%。成本上涨也带动农民售粮价格上涨。

5. 运输等流通环节成本

由于早籼稻产销之间的流通环节较多，加上煤、电、柴油等能源价格的上涨，以及运费成本的增加，明显地增加了早籼稻流通环节的成本，粮食运费成本上升，都对早籼稻价格构成了一定支撑。

6. 天气、自然灾害和心理

早籼稻生长期间易受天气、干旱、台风、暴雨、洪涝和病虫害等自然灾害的影响，成为市场炒作的题材。同时，产销各方对市场行情判断往往存在分歧，看涨或看跌的心理进而影响其购销行为，如果农民惜售心理较强，使得市场粮源有限，自然会促使价格抬升。

多年来我国稻谷基本实现自给有余，早籼稻价格走势具有较强的独立性，受国外影响相对较小。但是，我国主要粮食品种价格和国际粮食品种价格之间具有一定的联动性，国外谷物价格的普遍上涨，稻谷库存的偏紧，也会导致国内粮食价格趋升，对早籼稻价格也会构成一定的支撑。

早籼稻的价格走势有很强的规律性，一般来说，长期走势由宏观经济形势和粮食总供求关系决定；中期走势主要受年度产量预测、库存量变化及相关农业政策的影响；短期走势受季节性周期的波动的影响比较大。早籼稻的价格表现出明显的季节性波动规律。一般来说，每年早稻上市的 7 月、晚稻上市的 10 月为稻谷的供应旺季，价格最低，进入 11 月，稻谷进入消费旺季，现货价格稳步上升，春节左右，稻谷消费进入高峰期，价格也达到年内高点。春节过后价格逐步回落，在四五月略有反弹，随后一直回落到 8、9、10 月的低价区，如此循环往复。当然，近几年，受国家收储影响，早籼稻价格出现了反季节性变化，因此这个规律也会有所变化。

7.8.5　早籼稻实战交易案例

下面通过具体实例来讲解早籼稻期货实战交易。

（1）进行基本面分析，分析一下当前早籼稻期货的操作策略，是做多还是做空。

（2）根据当前早籼稻合约的持仓量选择主力合约，主力合约的日 K 线图如图 7.16 所示。

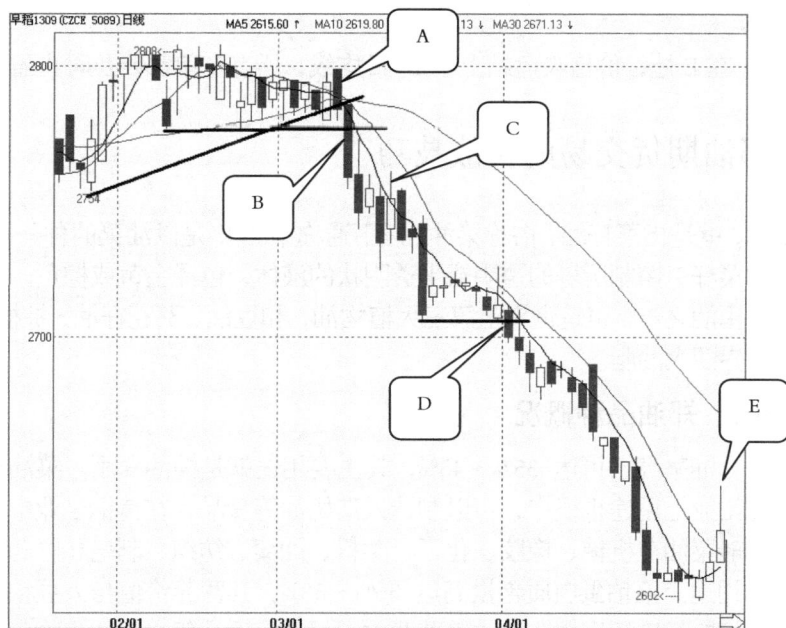

图 7.16　早稻的日 K 线图

（3）期货价格先是经过一波小反弹，创出 2808 高点，然后开始在高位震荡，震荡十几个交易日后，在 A 处价格高开低走，收了一根中阴线，同时跌破了 5 日、10 日和 30 日均线，出现断头侧刀看空信号，在这里如果手中还有短线多单，要及时离场，并且可以逢高轻仓介入空单。

（4）随后价格继续下跌，并且跌破了十几个交易日的震荡平台低点，即 B 处。这意味着震荡行情结束，后市将迎来震荡下跌行情，所以没有空单的，要及时介入空单，有空单的耐心持有。

（5）价格跌破十几个交易日的震荡平台低点后，均线系统开始由黏合变成了空头排列，这时后市只需沿着均线看空做空即可。

（6）从其后走势看，价格在下跌过程中虽有反弹，但都没有站上 10 日均线，所以每当价格反弹到 10 日均线附近，就是比较好的做空位置，即 C 处。

（7）价格经过几天急跌后，开始横盘整理，但需要注意的是均线始终是空头排列，所以要坚持逢高做空。

（8）在 D 处，价格再度跌破震荡平台的低点，意味着震荡行情结束，后市将开始新的一波下跌，所以 D 处是不错的空单介入位置。

（9）随后价格又开始了一波下跌，价格连续下跌十几个交易日后，又开始震荡，这里短线空单要注意止盈，而波段空单仍要耐心持有，一直到价格收盘站上 10 日均线。

（10）在 E 处，价格收盘站上了 10 日均线，所有空单都要及时止盈出局。

7.9　郑油期货交易的实战技巧

郑油，就是指菜籽油，俗称菜油（以下通称菜油），是以油菜的种子（油菜籽，以下简称菜籽）榨制所得的透明或半透明状的液体，色泽金黄或棕黄。郑油是我国主要食用油之一，也是世界上第三大植物油，和豆油、葵花籽油、棕榈油一起，并列为世界四大油脂。

7.9.1　郑油品种概况

菜籽含油率高，可达 35%～45%，其主要用途就是榨油食用。菜油除直接食用外，在工业上用途也很广，可以制造人造奶油等食品，在铸钢工业中可作为润滑油。一般菜油在机械、橡胶、化工、塑料、油漆、纺织、制皂和医药等方面都有广泛的用途。菜粕蛋白质含量高达 36%～38%，其营养价值与大豆粕相近，是良好的精饲料，广泛运用在淡水养殖业中。另外，近几年兴起的生物柴油工程使菜油转化为生物柴油的比例逐年增加，成为石油、柴油理想的替代品。

另外，菜油不适合长期储藏，在储藏过程中酸价和过氧化值会随着时间的推移而升高，影响油品的质量，因此国储菜油规定两年内必须轮换一遍。现货中菜油储藏时间一般不超过一年。

7.9.2　郑油供给与需求

我国分为冬油菜（9 月底种植，次年 5 月底收获）和春油菜（4 月底种植，同年 9 月底收获）两大产区。冬油菜面积和产量均占 90%以上，主要集中于长江流域；春油菜集中于东北和西北地区，以内蒙古海拉尔地区最为集中。根据资源状况、生产水平和耕作制度，国家农业部将长江流域油菜优势区划分为上游、中游、下游三个区，并在其中选择优先发展地区或县市。其主要条件是：油菜种植集中度高，播种面积占冬种作物的比重上游区占 30%以上、中游区占 40%以上、下游区占 35%以上；区内和周边地区有带动能力较强的加工龙头企业。

从菜油流向来看，多数菜油企业采取就近加工，就近销售的方式。江浙地区每年从安徽、湖北和东北等地区调进菜籽，加工的菜油主要在本地销售；川渝地区每年需从湖北、安徽和江苏等地调进菜油在本地销售；贵州、云南等地由于菜油产量不足，每年也从外地调进菜籽和菜油。内蒙等地的春菜籽主要调往浙江地区加工成菜油后在本地销售。随着小包装调和油销售量的增长，作为调和油主要成分之一的菜油的销售范围有扩大趋势。目前新投产的大型压榨厂，不少以小包装产品为主打产品，直接面向终端市场。

我国菜籽市场放开较早。目前，国有、民营、外资油厂、个体油商自由收购和销售，完全竞争。一些基层粮管所受大型油厂的委托，也参与收购和短期储存。

总体来看，我国菜籽加工行业有以下几个特点。

（1）菜籽供应时间短，收购、加工、销售时间比较集中。我国菜籽是季节性生产的，菜油加工企业一般在 6～9 月集中加工菜籽，多数小型工厂只生产 2～3 个月，只有大型菜油加工企业可以保持全年生产。

（2）国内菜籽加工业布局分散，加工厂规模小、数量多。与国内大豆加工业加工能力大型化、集团化发展趋势不同，国内菜籽加工企业这几年发展不快，仍维持数量众多、规模小、设备陈旧、加工工艺落后的特点。据统计，在我国工商注册的菜籽加工企业有 2500 家左右，这还不包括各菜籽主产区星罗棋布的小型菜籽作坊企业。这种布局和我国菜籽的种植生产状况密不可分。我国小型菜籽加工企业规模多在 100 吨/日以下，加工能力超过 100 吨/日的小型企业数量极其有限。小加工厂人员配置灵活，多视原料情况决定工厂的生产。菜籽加工大型化会受到国内菜籽供应的制约，尤其是在国际菜籽价格较高的情况下，供应的局限性较为明显。

（3）菜油加工企业利润微薄，很多企业抗风险能力较低。一般菜籽收购加工半径在 150 公里左右，超过这个距离很难保障压榨利润。一些实力稍强的大型企业在菜籽主产区建厂收购和加工菜籽，有的深入主产省直接收购，因此菜籽资源的抢购比较普遍，竞争激烈，导致企业抗风险能力较低。在国内庞大的菜籽加工能力面前，随着国内菜籽供应的严重减少，给菜油加工企业带来严重的原料供应困难，特别是长期依靠菜籽加工的中小型油厂的经营显得更为困难。

7.9.3　郑油标准合约

郑油标准合约如表 7.10 所示。

表 7.10　郑油标准合约

交易品种	郑油
交易单位	5 吨/手
报价单位	元（人民币）/吨
最小变动价位	2 元/吨
每日价格最大波动限制	不超过上一个交易日结算价±4%
合约交割月份	1、3、5、7、9、11 月
交易时间	周一至周五（北京时间 法定节假日除外）上午 9:00～11:30，下午 1:30～3:00
最后交易日	合约交割月份第 10 个交易日
最后交割日	合约交割月份第 12 个交易日
交割品级	基准交割品：符合《郑州商品交易所期货交易用菜籽油》（Q/ZSJ 003–2007）四级质量指标及《郑州商品交易所菜籽油交割细则》规定的菜籽油
交割地点	交易所指定交割仓库
最低交易保证金	合约价值的 5%
最高交易手续费	4 元/手（含风险准备金）
交割方式	实物交割
交易代码	OI
上市交易所	郑州商品交易所

7.9.4　影响郑油价格变动的因素

近几年来，影响我国菜油价格的因素日益增多。我国农业种植结构调整，国内菜籽种植面积和菜油产量波动较大；加入 WTO 后，我国油脂和油料进出口量逐年增加，菜油价格受国际市场的影响程度越来越大；石油价格急剧上涨，菜油转化为生物柴油的比例逐年增加，生物柴油需求对我国菜油价格影响日益增大。

1. 我国菜籽供应和价格

菜油作为菜籽加工的下游产品，其价格受菜籽产量和价格影响很大，而菜籽的产量和价格又受菜籽种植面积、天气状况和供求关系的影响。

（1）我国菜籽种植面积

菜籽种植面积近几年波动较大，主要原因是农民的种植意愿发生了很大的改变。农民种植意愿受上一年菜籽收购价格、小麦收购价格及其他因素的影响。小麦与冬油菜播种时间相近，存在争地关系。近年来由于国家对种植小麦出台很多扶持政策，种植小麦的收益比种植菜籽的收益高，影响了农民种植菜籽的积极性。另外，菜籽在种植和收获过程中需要大量人工，也会降低农民种植菜籽的兴趣。因此，应密切关注主产省菜籽的种植面积的波动幅度。

（2）天气状况和单产

我国菜籽种植面积近几年很难有大的突破，因此影响菜籽最终产量的是单产，而单产受天气影响巨大。菜籽在生长过程中，受干旱、低温、洪涝影响较大，尤其在生长后期和收割、脱粒、整晒期，如果遭遇灾害性天气，将会使菜籽品质降低，单产下降，出油率降低。

例如，2002 年我国菜籽产量由预期的丰收逆转为减产，主要原因就是在临近收获时长期阴雨天气影响了最终收成。2005 年菜籽一度受到低温冻害天气的影响，但在菜籽生长后期天气较为理想，部分弥补了前期不利天气造成的影响，使单产水平有所提高。因此，需要特别关注菜籽生长及收获过程中的天气变化。

（3）菜籽收购价格

菜籽收购价格的高低直接影响菜油的生产成本和压榨效益。压榨效益是决定菜油供应量的重要因素之一。如果加工厂的压榨效益一直低迷，那么一些厂家将会停产，从而减少菜油的市场供应量。

每年 6 月到 10 月，菜籽收购价格都是市场关注的焦点。收购价格取决于农民出售心态和油厂的收购心态。如果市场预期减产，则会导致农民在收购初期进行观望乃至惜售，收购价格上涨，产需矛盾加剧，在部分地区和一定阶段出现油厂抢购和囤积。因此，密切关注菜籽的收购价格及进度是分析菜油价格的重要一环。

2. 菜油的供求关系

菜油当期产量是一个变量，它受制于菜籽供应量、菜籽压榨收益、生产成本等因素。一般来讲，在其他因素不变的情况下，菜油的产量与价格之间存在明显的反向关系，菜油产量增加，价格相对较低；菜油产量减少，价格相对较高。

近年来随着豆油、棕榈油市场份额的不断扩大，对长江流域传统的菜油消费区域的消费习惯起到一定的改变作用，不少传统的菜油消费区域也逐步接受了豆油消费。尽管如此，菜油传统消费市场依然存在，一旦菜油减产幅度较大，而进口菜籽也不能弥补国内的供应缺口，则菜油供应紧张的局面就会较为突出。

菜油年度内价格变化的一般规律是：5～6 月新菜籽逐渐上市，菜油价格开始回落；7～8 月菜油供应增多，价格最低；9 月底双节临近需求增大，价格开始回升；10 月以后，气温下降，棕榈油消费减少，菜油消费增加，价格进一步上涨；

12月到次年1月，菜油进入需求旺季，价格攀高，并保持高价到新菜籽上市。近年来，受国内宏观经济形势和其他植物油供求等综合因素的影响，菜油季节性价格变化规律更加复杂。

菜油库存是构成供给量的重要部分，库存量的多少体现着供应量的紧张程度。在多数情况下，库存短缺则价格上涨，库存充裕则价格下降。由于菜油具有不易长期保存的特点，一旦菜油库存增加，菜油价格往往会走低。我国菜油库存除了商业库存外，还有国家储备。国家储备主要在浙江、安徽和四川，每年都要轮换50%，数量较大，因此投资者需要关注国家储备轮换时间、进度和流向。

原油市场的影响也不可忽视。2006年基于生物柴油的炒作是植物油价格上涨的重要因素之一。在欧盟，各政府通过免税等优惠政策的扶植，使低芥酸菜油为原料制取生物柴油实现规模化，并已经成为其能源安全战略的重要组成部分，2006年欧盟地区生物柴油的菜油消耗量占总消耗量的 63.7%。我国也在江苏南通、湖北天门投资建设生物柴油加工基地，蓬勃发展的生物菜油产业将会对菜油价格产生重要影响。

3. 相关及替代商品价格的影响

菜油是菜籽的下游产品，每吨菜籽可以压榨出大约0.38吨的菜油和0.6吨的菜粕。菜油与菜粕的价格存在着密切的联系。菜籽主要用于淡水养殖业，其他品种的油粕很难替代菜粕的使用。如果我国淡水养殖业效益较好，菜粕用量就会放大，菜粕价格就会回升，从而拉动菜籽的收购价格，油厂开工率增加，菜油供应增加，价格会出现下跌；菜粕出现滞销的时候，油厂会降低开工率，菜油产量就会减少，菜油价格往往会上涨。

菜油价格除了与菜籽和菜粕价格具有高度相关性之外，豆油、棕榈油、花生油、棉籽油等菜油替代品对菜油价格也有一定的影响，如果菜油价格过高，精炼油厂或者用油企业往往会使用其他植物油替代，或者进行掺兑，从而导致菜油需求量降低，促使菜油价格回落。

随着豆油市场份额的不断扩大、棕榈油进口的剧增及菜油消费地位的转变，国内菜油市场已经不能独立来分析，其受国内豆油、棕榈油市场影响相当大。例如，2005年国内菜籽减产，菜籽进口量也下降，但实际上菜油价格依然低迷，跟随豆油市场阴跌不断，主要原因是受到整体市场的拖累。受消费习惯改变的影响，豆油、棕榈油的替代性不断加强，因而不能将菜籽市场和整体植物油市场割裂来分析。

世界油料生产形势特别是美国大豆生产进展状况、马来西亚棕榈油供应形势、加拿大菜籽生产形势及主要进口国进口需求状况是国际市场价格波动的主要影响因素。受世界植物油各品种供求不定和菜油自身供求因素的共同影响，近年菜油价格波动频率增加，价格风险剧增。

7.9.5　菜籽油实战交易案例

下面通过具体实例来讲解菜籽油期货实战交易。

（1）进行基本面分析，分析一下当前菜籽油期货的操作策略，是做多还是做空。

（2）根据当前菜籽油合约的持仓量选择主力合约，主力合约的日 K 线图如图 7.17 所示。

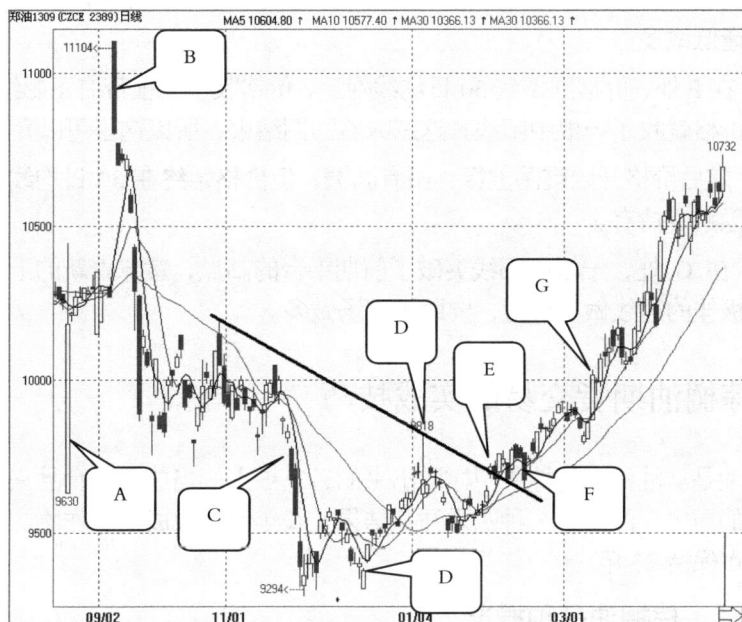

图 7.17　郑油的日 K 线图

（3）2011 年 8 月 22 日，郑油低开高走，收了一根大阳线，即 A 处，这意味着价格短线调整结束，后市将迎来反弹上涨。

（4）随后价格开始震荡反弹，在 2011 年 9 月 16 日，价格高开低走，收了一根大阴线，即 B 处，这意味着反弹结束，后市将震荡下跌。

（5）从其后走势看，价格连续大幅下跌，然后出现了矩形盘整，盘整后，在 C 处，价格再度突破平台开始下跌，连续下跌后，创出 9294 低点，然后价格开始在低位震荡。

（6）在 D 处，价格再度低开高走，这意味着低点 9294 的支撑是比较强的，所以在这里可以轻仓试多。

（7）接着价格开始反弹，反弹 14 个交易日，最高反弹到 9818。需要注意的是，价格创出 9818 高点这一天，价格收了一根带有长上影线的 K 线，这表明上方压力很大，抄底多单要注意及时止盈出局。

（8）随后价格又出现了调整，在这里要注意的是，价格没有再创新低，并且均线慢慢变成了多头排列，这意味着下跌行情已结束，震荡后，价格有望震荡上行。

（9）在 E 处，价格突破了下降趋势线，这意味着后市将震荡上行了，所以在这里要寻找逢低做多的信号。

（10）从其后走势看，价格突破下降趋势线后，价格没有大涨，而是横向盘整，但 30 日均线已经上行，并且价格始终在 30 日均线上方，所以多单可以耐心持有，并且坚持逢低做多。

（11）在 F 处，价格回调到 30 日均线附近，价格收了一根带有下影线的阴线，第二天，价格就收了一根中阳线，这意味着回调结束，所以这里可以介入多单。

（12）随后价格开始震荡上行，虽有回调，但价格始终在 30 日均线上方，所以多单可以耐心持有。

（13）在 G 处，一根中阳线突破了前期平台的高点，意味着新的上涨波段开始，这是极佳的短线做多位置，要敢于进场做多。

7.10 棕榈油期货交易的实战技巧

棕榈油是从油棕上的棕果中榨取出来的，它被人们当成天然食品来使用已超过五千年的历史。油棕是一种四季开花结果及长年都有收成的农作物。油棕的商业性生产可保持 25 年。

7.10.1 棕榈油品种概况

油棕是世界上生产效率最高的产油植物，通常 2～3 年开始结果，8～15 年进入旺产期，18～20 年后开始老化、产量降低，这个时候通常需要砍掉重植。

棕榈果生长在油棕的大果串上，每个果串大约有棕榈果 2000 多个。棕榈油的原产地在西非。1870 年，油棕传入马来西亚，当时只是作为一种装饰植物。直到 1917 年才进行第一次的商业种植。在 20 世纪 60 年代，马来西亚为了减少对橡胶和咖啡的贸易依赖，开始大规模提高棕榈油的产量。现在经过改良后的棕榈产品已经广泛在热带地区的非洲、拉丁美洲和东南亚种植。其中棕榈油产量高度集中在马来西亚和印度尼西亚。

棕榈油具有两大特点，一是含饱和脂肪酸比较多，稳定性好，不容易发生氧化变质；二是棕榈油中含有丰富的维生素 A（500～700ppm）和维生素 E（500～800ppm）。将棕榈油进行分提，使固体脂与液体油分开，其中固体脂可用来代替昂贵的可可脂做巧克力；液体油用做凉拌、烹饪或煎炸用油，其味清淡爽口。大量未经分提的棕榈油用于制皂工业。用棕榈油生产的皂类具有耐久的泡沫和较强的去污能力，棕榈油还可用于马口铁的镀锡及铝箔的碾压。因此，棕榈油在世界上被广泛用于餐饮业、食品制造业及油脂化工业。

7.10.2　棕榈油供给与需求

全球油料市场主要被大豆、棕榈油、葵花籽和油菜籽四种作物所主导。在油脂中，植物油占到了整个油脂总量的 82%，其余由黄油、猪油、牛脂和鱼油等构成。尽管近些年来油脂产量总体在不断增加，但是动物油脂的产量基本上维持不变，油脂产量的增长主要来自于植物油脂，在所有植物油中，棕榈油近十年的增长最为显著。

1. 全球棕榈油生产情况

棕榈油产量在近几年出现了快速增长，产量增长的原因在于耕地面积的增加和产量的提高。1989 年以前，全球的棕榈油产量不足 1000 万吨，而在 1997 年以前，产量也只是小幅增长，从 1000 万吨向 2000 万吨小步迈进。1998 年开始，全球的棕榈油产量随着东南亚棕榈油产量的快速提升而实现了飞跃性增长，截止到 2012 年，全球的棕榈油产量已经超过 3500 万吨，相当于 20 世纪 50 年代产量的 7 倍。

食用棕榈油和棕榈油工业用途的扩展推动了棕榈油产量的迅猛提升，相对其他油类产品低廉的价格，世界及部分地区经济的快速发展掀起了一个又一个棕榈油用量的高峰，从而推动了东南亚棕榈种植业的蓬勃发展。

目前世界上约有 20 个国家在生产棕榈油，但主要生产国只有三个，分别是马来西亚、印度尼西亚和尼日利亚，这三个国家的总产量占世界棕榈油总产量的 88%。

2. 世界棕榈油的消费状况

近些年来，动物油脂消耗量在全球油脂中的比重大幅下降，从 20 世纪 80 年代末的 24%下降到 17%，而受到世界人口增长和人均消费增长的驱动，植物油脂的消耗却以每年 3%～4%的速度增长。地域性的油脂消耗比例是向发达国家倾斜的，世界上 75%人口聚集在亚洲和非洲地区，但占世界人口少数的欧洲和美洲却消耗掉 40%的油脂总量。随着经济发展，发展中国家的油脂增长潜力要高于发达国家。

总体上，棕榈油的消费主要集中在亚洲国家，欧盟也提高了棕榈油进口量，以抵消因生物燃料行业的需求提高而造成的菜籽油供应缺口。目前，棕榈油主要消费国有印度、欧盟 25 国、中国、印度尼西亚、马来西亚和巴基斯坦，这些国家占到消费总量的 60%。作为一个主要的消费国，我国占全球棕榈油消费总量的 14%，印度占 11%。近几年，我国棕榈油消费增幅最为明显。

3. 国际市场中棕榈油价格走势

近 20 年来,国际棕榈油价格波动比较大,与大豆油等植物油的价格走势相近。马来西亚毛棕榈油期货的最低价格出现在 1986 年,当时全球油籽丰产,尤其是美国大豆丰收,导致了包括豆油在内的所有植物油价格受到压制,棕榈油价格出现阶段性低点。

随着全球出现了几次恶劣的气候,包括厄尔尼诺和拉尼娜等现象,影响了全球植物油的产量,棕榈油出现了几次规模较大的上涨行情,包括 1988 年和 1994 年,价格上涨基本上都是从 800 马币/吨以下上涨到 1400~1600 马币/吨。在 1999 年,由于持续遭遇灾害天气,油籽减产,植物油供应紧张,而需求却出现了空前的增长,产量难以满足需求的增长,导致棕榈油价格达到历史性高点 2600 马币/吨,至 2012 年 4 月末,马来西亚大马交易所棕榈油价格在 2200 马币/吨左右。

7.10.3 棕榈油标准合约

棕榈油标准合约如表 7.11 所示。

表 7.11 棕榈油标准合约

交易品种	棕榈油
交易单位	10 吨/手
报价单位	元(人民币)/吨
最小变动价位	2 元/吨
涨跌停板幅度	上一个交易日结算价的 4%
合约月份	1、2、3、4、5、6、7、8、9、10、11、12 月
交易时间	周一至周五上午 9:00~11:30,下午 1:30~3:00
最后交易日	合约月份第 10 个交易日
最后交割日	最后交易日后第 2 个交易日
交割等级	大连商品交易所棕榈油交割质量标准
交割地点	大连商品交易所棕榈油指定交割仓库
最低交易保证金	合约价值的 5%
交易手续费	不超过 6 元/手
交割方式	实物交割
交易代码	P
上市交易所	大连商品交易所

7.10.4 影响棕榈油价格变动的因素

影响棕榈油供求关系的因素较多,例如国际贸易形势、国际能源价格、汇率、豆油和菜籽油等相关替代品的价格都会导致棕榈油价格的变化,使得棕榈油价格波动频繁、剧烈。

在植物油品种中，豆油与菜籽油的价格变化高度相关，而棕榈油与豆油、菜籽油价格变化的相关性则要低很多。2006—2012 年数据统计结果显示，棕榈油与豆油的价格变化相关系数为 0.728，与菜籽油的相关系数为 0.725，而豆油与菜籽油之间的相关系数为 0.953。

7.10.5　棕榈油实战交易案例

在分析国内棕榈油期货价格走势时，还要关注一下外盘棕榈油价格的走势。打开期货行情分析软件，单击"大商所 DCE"选项卡，再单击"外盘关联"选项卡，这时会弹出菜单，然后单击"马来西亚 BMD"菜单命令，就可以看到马棕油指，再单击"马棕油指"，就可以看到马棕油指的价格走势，如图 7.18 所示。

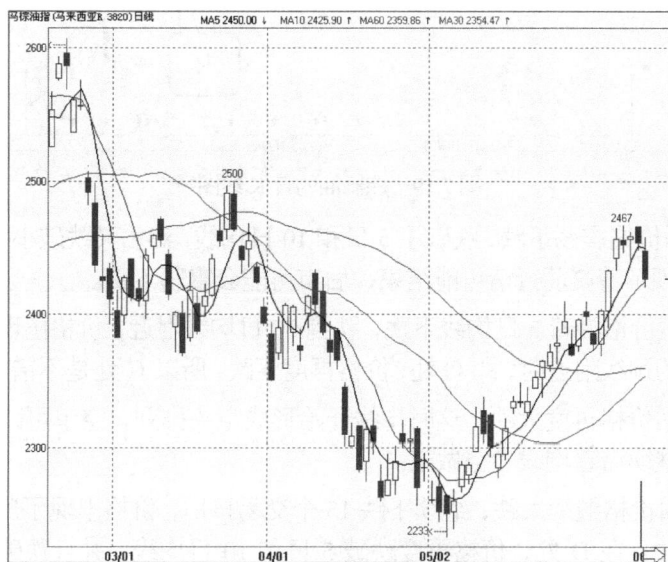

图 7.18　马棕油指的价格走势

下面通过具体实例来讲解棕榈油期货实战交易。

（1）进行基本面分析，分析一下当前棕榈油期货的操作策略，是做多还是做空。

（2）根据当前棕榈油合约的持仓量选择主力合约，主力合约的日 K 线图如图 7.19 所示。

（3）价格经过一波上涨之后，开始在高位震荡。在 A 处，价格创出 8352 高点，但在创出高点的这一天，价格收了一根十字线，这表明上方压力很大，并且向上突破是一个假突破。所以，有多单要保护好盈利，有空单要在设好止损的前提下持有。

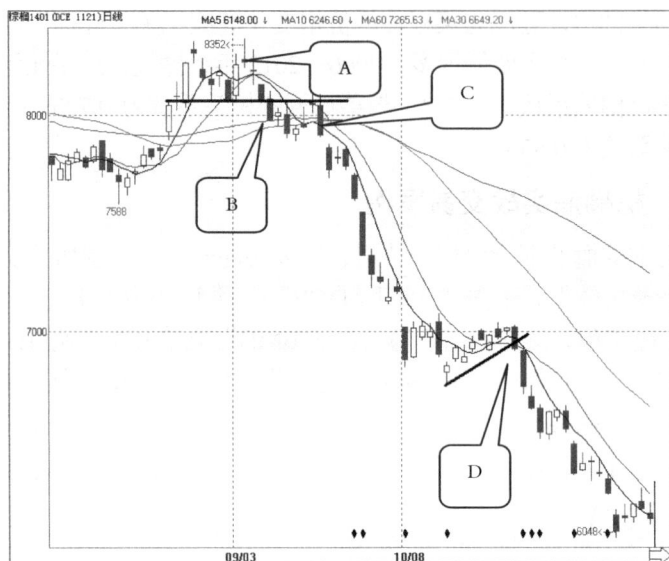

图 7.19　棕榈油的日 K 线图

（4）随后价格震荡下跌，跌破了 5 日和 10 日均线，然后又跌破小双顶的颈线，即 B 处，这预示着震荡行情可能结束，后市可能会震荡下跌。

（5）接着价格沿着 5 日均线下跌，跌到 30 日均线附近，价格出现了反弹，反弹到小双顶的颈线附近时，即 C 处，价格再度下跌，所以 C 处是不错的做空位置。

（6）随后价格再度大跌，这时均线开始形成空头排列，空单可以耐心持有，并且要敢于继续沿着均线看空做空。

（7）接着价格继续大跌，继续下跌 15 个交易日后，价格出现了反弹，但反弹力量不强，并且在 D 处，价格再度跌破 5 日和 10 日均线，并且跌破了上升趋势线，所以 D 处是不错的做空位置。

（8）从其后走势看，价格再度大跌，随后可以继续沿着均线看空做空。

第8章 金属期货交易的实战技巧

属期货交易诞生于英国，现在主要品种有铜、铝、锌、铅、钢材、黄金和白银。

本章主要内容包括：

- 铜期货交易的实战技巧
- 铝期货交易的实战技巧
- 锌期货交易的实战技巧
- 铅期货交易的实战技巧
- 钢材期货交易的实战技巧
- 黄金期货交易的实战技巧
- 白银期货交易的实战技巧

8.1 铜期货交易的实战技巧

铜是人类最早发现的古老金属之一，早在三千多年前人类就开始使用铜。

8.1.1 铜品种概况

金属铜，元素符号 Cu，原子量 63.54，比重 8.92，熔点 1083℃。纯铜呈浅玫瑰色或淡红色，表面形成氧化铜膜后，外观呈紫红色。铜具有许多可贵的物理化学特性，具体如下。

- 热导率和电导率都很高，仅次于银，大大高于其他金属。该特性使铜成为电子电气工业中举足轻重的材料。
- 化学稳定性强，具耐腐蚀性。可用于制造接触腐蚀性介质的各种容器，因此广泛应用于能源及石化工业、轻工业中。
- 抗张强度大，易熔接，可塑性、延展性好。纯铜可拉成很细的铜丝，制成很薄的铜箔。能与锌、锡、铅、锰、钴、镍、铝、铁等金属形成合金。可用于机械冶金工业中的各种传动件和固定件。
- 结构上刚柔并济，且具多彩的外观，可用于建筑和装饰。

8.1.2　铜供给与需求

铜供给与需求要从国际市场和国内市场两个方面来分析。

1. 国际市场

从国家分布看，世界铜资源主要集中在智利、美国和赞比亚等国。智利是世界上铜资源最丰富的国家，探明储量达 1.5 亿吨，约占世界总储量的 1/4；美国探明的铜储量为 9100 万吨，居世界总储量第二；赞比亚居世界总储量第三。

铜消费相对集中在发达国家和地区。西欧是世界上铜消费量最大的地区，中国从 2002 年起超过美国成为第二大市场并且是最大的铜消费国。2000 年后，发展中国家铜消费的增长率远高于发达国家。西欧、美国的铜消费量占全球铜消费量的比例呈递减趋势，而以中国为代表的亚洲（除日本以外）国家和地区的铜消费量则成为铜消费的主要增长点。

2. 国内市场

我国探明的铜资源储量为 6752.17 万吨，主要分布在江西、云南、湖北、西藏、甘肃、安徽、山西和黑龙江 8 省。2000 年以来，我国自产铜精矿含铜量徘徊在 56 万～60 万吨。

我国虽然铜资源贫乏，但却是世界主要的精炼铜生产国之一。2014，我国阴极铜产量达 208.2 万吨，占世界总产量的 13%，仅次于智利。自 1990 年以来，我国铜的消费进入一个迅速发展时期，这与我国的经济建设和改革开放有很大关系。我国经济的高速发展和大规模的基础建设是促进铜消费快速增长的主要原因。而发达国家制造业向中国等发展中国家转移的战略也是今后我国铜消费进一步增长的重要因素。

我国是一个铜资源短缺的国家，铜的进口构成中原料比重较大，主要包括精铜、粗铜、废杂铜和铜精矿。我国铜出口量很少，且以半成品、加工品为主。

8.1.3　铜标准合约

铜标准合约如表 8.1 所示。

表 8.1　铜标准合约

交易品种	阴极铜
交易单位	5 吨/手
报价单位	元（人民币）/吨
最小变动价位	10 元/吨
每日价格最大波动限制	不超过上一个结算价 4%
合约月份	1～12 月

续表

交易时间	周一至周五（法定节假日除外）上午 9:00～11:30，下午 1:30～3:00
最后交易日	合约交割月份 15 日（遇法定假日顺延）
最后交割日	合约交割月份 16～20 日（遇法定假日顺延）
交割等级	标准品：标准阴级铜，符合国标 GB/T467—1997 标准阴级铜规定，其中主成份铜加银含量不小于 98.95%。 替代品：a. 高纯阴级铜，符合国标 GB/T467—1997 高纯阴级铜规定；b. LME 注册阴级铜，符合 BS EN1978:1998 标准（阴级铜级别代号 CU-CATH-1）
交割地点	交易所指定交割仓库
最低交易保证金	合约价值的 5%
交易手续费	不高于成交金额的万分之二（含风险准备金）
交割方式	实物交割
交易代码	CU
上市交易所	上海期货交易所

8.1.4　影响铜价格变动的因素

影响铜价格变动的因素有很多，下面具体讲解一下。

1. 库存

体现供求关系的一个重要指标是库存。铜的库存分报告库存和非报告库存。报告库存又称"显性库存"，是指交易所库存，目前世界上比较有影响的进行铜期货交易的有伦敦金属交易所（LME）、纽约商品交易所（NYMEX）的 COMEX 分支和上海期货交易所（SHFE）。三个交易所均定期公布指定仓库库存。

非报告库存又称"隐性库存"，指全球范围内的生产商、贸易商和消费商手中持有的库存。由于这些库存不会定期对外公布，因此难以统计，故一般都以交易所库存来衡量。

2. 国际和国内经济形势

铜是重要的工业原材料，其需求量与经济形势密切相关。经济增长时，铜需求增加，从而带动铜价上涨；经济萧条时，铜需求萎缩，从而促使铜价下降。

在分析宏观经济时，有两个指标是很重要的，一是经济增长率，或者说是 GDP 增长率，另一个是工业生产增长率。

3. 进出口政策

进出口政策，尤其是关税政策是通过调整商品的进出口成本，从而控制某一个商品的进出口量来平衡国内供求状况的重要手段。

4. 铜行业发展趋势的变化

消费是影响铜价的直接因素，而用铜行业的发展则是影响消费的重要因素。

例如，20世纪90年代后，发达国家在建筑行业中管道用铜增幅巨大，建筑业成为铜消费最大的行业，从而促进了20世纪90年代中期国际铜价的上涨，美国的住房开工率也成了影响铜价的因素之一。2003年以来，中国房地产、电力的发展极大地促进了铜消费的增长，从而成为支撑铜价的因素之一。在汽车行业，制造商正在倡导用铝代替铜以降低车重，从而减少该行业的用铜量。

此外，随着科技的日新月异，铜的应用范围在不断拓宽，铜在医学、生物、超导及环保等领域已开始发挥作用。IBM公司已采用铜代替硅芯片中的铝，这标志着铜在半导体技术应用方面的最新突破。这些变化将不同程度地影响铜的消费。

5. 铜的生产成本

生产成本是衡量商品价格水平的基础。铜的生产成本包括冶炼成本和精炼成本。不同矿山测算铜生产成本的方法有所不同，最普遍的经济学分析是采用"现金流量保本成本"，该成本随副产品价值的提高而降低。20世纪90年代后，生产成本呈下降趋势。

目前，国际上火法炼铜平均综合现金成本约为62美分/磅，湿法炼铜平均成本约40美分/磅。湿法炼铜的产量目前约占总产量的20%。我国生产成本的计算方法与国际上有所不同。

6. 基金的交易方向

基金业的历史虽然很长，但直到20世纪90年代才得到蓬勃的发展，与此同时，基金参与商品期货交易的程度也大幅度提高。从最近10年的铜市场演变来看，基金在诸多的大行情中都起到了推波助澜的作用。

基金有大有小，操作手法也相差很大。一般而言，基金可以分为两大类，一类是宏观基金，如套利基金，它们的规模较大，少则几十亿美元，多则上百亿美元，主要进行战略性长线投资；另一类是短线基金，这是由CTA所管理的基金，规模较小，一般在几千万美元左右，靠技术分析进行短线操作，所以又称技术性基金。

尽管由于基金的参与，铜价的涨跌可能会过度，但价格的总体趋势不会违背基本面，从COMEX的铜价与非商业性头寸（普遍被认为是基金的投机头寸）变化来看，铜价的涨跌与基金的头寸之间有非常好的相关性。而且由于基金对宏观基本面的理解更为深刻并具有"先知先觉"，所以了解基金的动向也是把握行情的关键。

7. 汇率

国际上铜的交易一般以美元标价，而目前国际上几种主要货币均实行浮动汇率制。随着1999年1月1日欧元的正式启动，国际外汇市场形成美元、欧元和日元三足鼎立之势。这三种主要货币之间的比价经常发生较大变动，以美元标价的国际铜价也会受到汇率的影响，这一点可以从 1994—1995 年美元兑日元的暴跌、1999—2000 年欧元的持续疲软及 2002—2004 年美元的贬值中反映出来。

根据以往的经验，日元和欧元汇率的变化会影响铜价短期内的一些波动，但不会改变铜市场的大趋势。汇率对铜价有一些影响，但决定铜价走势的根本因素是铜的供求关系，汇率因素不能改变铜市场的基本格局，只可能在涨跌幅度上产生影响。

8.1.5　铜实战交易案例

在分析国内铜期货价格走势时，还要关注一下外盘铜价格的走势。打开期货行情分析软件，单击左侧的"外盘"选项卡，再单击下方的"外盘加权指数"，就可以看到伦铜指数的报价信息。

双击伦铜指数的报价信息，就可以看到伦铜指数的价格走势，如图 8.1 所示。

下面通过具体实例来讲解沪铜期货实战交易。

（1）进行基本面分析，分析一下当前沪铜期货的操作策略，是做多还是做空。

图 8.1　伦铜指数的日 K 线图

（2）根据当前沪铜期货合约的持仓量选择主力合约，主力合约的日 K 线图如图 8.2 所示。

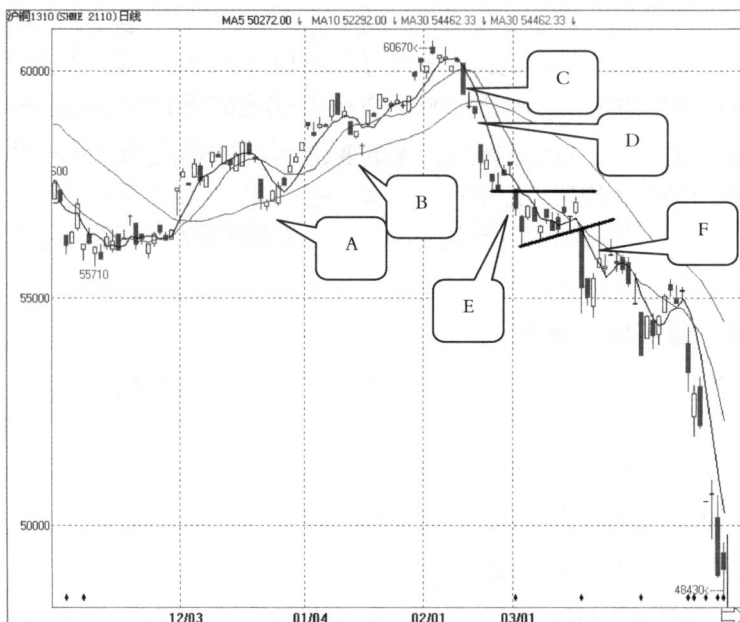

图 8.2　沪铜的日 K 线图

（3）沪铜的价格创下 55710 低点后，开始在低位盘整，震荡盘整 14 个交易日后，向上突破，站上了所有均线，这意味着后市将迎来震荡上涨行情。

（4）价格向上突破后，震荡上行十几个交易日后，又出现了回调，回调到 30 日均线附近，价格连续收阳线，这表明 30 日均线附近支撑较强，所以 A 处是不错的做多位置。

（5）随后价格开始上涨，连续上涨十几个交易日后，又出现了回调，这次也是回调到 30 日均线附近得到支撑，即 B 处，所以 B 处是不错的新的做多位置。

（6）接着价格又开始震荡上涨，这一波创出 60670 高点，但在创出高点的这一天价格收了一根带有上影线的阴线，这表明上方压力较大。

（7）随后价格在高位震荡，震荡 4 个交易日后，一根大阴线杀跌，跌破了 5 日和 10 日均线，即 C 处，这意味着高位震荡结束，后市可能要大幅下跌，所以手中还有多单，要第一时间及时出局。如果手中有高位空单，可以耐心持有，没有空单的，可以逢高建立空单。

（8）接着价格继续下跌，跌破了 30 日均线，即 D 处。由于这一波是沿着 30 日均线上涨的，所以这一波上涨就结束了，后市将迎来一波下跌行情。要坚持逢高做空，这样就会有不错的收益。

（9）价格连续下跌 7 个交易日后，出现了反弹，反弹 3 天，但反弹很弱。随后价格继续下跌，当价格跌破震荡平台低点时，是短线空单比较好的介入点，即 E 处。

（10）随后价格开始横向震荡盘整，但需要注意的是，震荡盘整很弱，即每次上涨到前期震荡平台低点时，就会受压下行，所以每次反弹到震荡平台低点时，都可以轻仓介入空单。

（11）随后价格震荡下跌，但从反弹角度来看，反弹都比较弱，每次快速拉高反弹时，都是不错的做空机会，如 F 处。

（12）从其后走势看，价格震荡下跌后，又来了一波快速下跌行情，所以只要坚持逢高做空，耐心持有，就会有不错的投资收益。

8.2　铝期货交易的实战技巧

近五十年来，铝已经成为世界上应用最为广泛的金属之一。特别是近年来，铝作为节能、降耗的环保材料，无论应用范围还是用量都在进一步扩大。尤其是在建筑业、交通运输业和包装业，这三大行业的铝消费一般占当年铝总消费量的60%左右。

8.2.1　铝品种概况

铝是一种轻金属，其化合物在自然界中分布极广，地壳中铝的资源约为400～500 亿吨，仅次于氧和硅，居第三位。在金属品种中，铝仅次于钢铁，为第二大类金属。铝具有特殊的化学、物理特性，不仅重量轻、质地坚，而且具有良好的延展性、导电性、导热性、耐热性和耐核辐射性，是国民经济发展的重要基础原材料。

铝的比重为 2.7，密度为 $2.72g/cm^3$，约为一般金属的 1/3。工业纯铝的力学性能除了与纯度有关外，还与材料的加工状态有关。铝的塑性很好，具有延展性，便于各种冷、热压力加工，它既可以制成厚度仅为 0.006mm 的铝箔，也可以冷拔成极细的丝。通过添加其他元素还可以将铝制成合金使它硬化，强度甚至可以超过结构钢，但仍保持着质轻的优点。

铝锭的生产是由铝土矿开采、氧化铝生产、铝的电解等生产环节所构成的。

在建筑业方面，铝在空气中的稳定性和阳极处理后的极佳外观，使其在建筑业上被越来越多地广泛应用，特别是在铝合金门窗、铝塑管、装饰板、铝板幕墙等方面的应用。

在交通运输业方面，为减轻交通工具自身的重量，减少废气排放对环境的污染，摩托车、各类汽车、火车、地铁、飞机、船只等交通运输工具开始大量采用铝及铝合金作为构件和装饰件。随着铝合金加工材料的硬度和强度不断提高，航空航天领域使用的比例开始逐年增加。

在包装业方面，有各类软包装用铝箔、全铝易拉罐、各类瓶盖及易拉盖、药用包装等，用铝范围也在扩大。

在其他消费领域，铝在电子电气、家用电器（冰箱、空调）、日用五金等方面的使用量和使用前景也越来越广阔。

8.2.2　铝供给与需求

铝供给与需求要从国际市场和国内市场两个方面来分析。

1. 国际市场

目前已探明的铝土矿储量约为 250 亿吨，但在世界各地分布极不均匀，储量在 10 亿吨以上的国家有几内亚、澳大利亚、巴西、中国、牙买加及印度等，这些国家铝土矿总储量约占全球铝土矿储量的 73%左右。其中，澳大利亚、南美、非洲等地区铝土矿品质较好，储量大，开采成本低。

尽管铝早在 1746 年就被科学家们所发现，但直到 19 世纪中期，铝的电解才步入大工业化生产。随着电解铝生产成本的逐年下降，产量迅速提高，铝被广泛应用于各个领域，并带动了铝的消费的同步增长。

2. 国内市场

我国是世界主要铝土矿储量国之一。我国铝土矿 97%分布在山西、河南、贵州、广西、四川、山东和云南 7 个省，特点是铝硅比低，生产工艺复杂，露天矿少，开采成本相对较高。

中国经济持续高速发展，带动了铝消费相关行业的高增长率，尤其是在建筑、交通运输和包装三大领域，铝已经逐渐成为消费的主体。从消费地域看，基本形成了华南、华东目前国内最大的两大铝消费地区，而以重庆为中心的西南地区正成为新的铝消费地区。

我国原铝产量和消费量虽然已跃居世界前列，但在产品品种、成本、技术、管理、环保、劳动生产率等方面与一些西方国家相比仍存在一定差距。所以目前只能说，我国是原铝生产和消费大国，还不是铝工业强国。

8.2.3　铝标准合约

铝标准合约如表 8.2 所示。

表 8.2　铝标准合约

交易品种	铝
交易单位	5 吨/手
报价单位	元（人民币）/吨
最小变动价位	10 元/吨

每日价格最大波动限制	不超过上一个交易日结算价 ± 3%
合约月份	1 ～ 12 月
交易时间	周一至周五（法定节假日除外）上午 9:00 ～ 11:30，下午 1:30 ～ 3:00
最后交易日	合约交割月份的 15 日（遇法定假日顺延）
最后交割日	合约交割月份的 16 ～ 20 日（遇法定假日顺延）
交割等级	标准品：铝锭，符合国标 GB/T1196—2002 标准中 AL98.70 规定，其中铝含量不低于 98.70% 替代品：LME 注册铝锭，符合 P1020A 标准
交割地点	交易所指定交割仓库
最低交易保证金	合约价值的 5%
交易手续费	不高于成交金额的万分之二（含风险准备金）
交割方式	实物交割
交易代码	AL
上市交易所	上海期货交易所

8.2.4 影响铝价格变动的因素

影响铝价格变动的因素有很多，下面具体讲解。

1. 供求关系的影响

供求关系直接影响着商品的市场定价，当市场供求关系处于暂时平衡状态时，该商品的市场价格会在一个窄小的区间波动；当供求关系处于失衡状态时，价格会大幅波动。在铝的期货市场上，投资者可关注体现铝供求关系变化的一个指标——库存。

铝的库存又分为报告库存和非报告库存，报告库存又称"显性库存"，是期货交易所定期公布其指定交割仓库铝的库存数量。而非报告库存主要是指全球范围内的生产商、贸易商和消费者手中持有的铝的数量，由于这些库存没有专门机构进行统计和对外发布，所以又称为"隐性库存"。

2. 氧化铝供应的影响

氧化铝成本约占铝锭生产成本的 28% ～ 34%。由于国际氧化铝市场高度集中，全球大部分氧化铝（80% ～ 90%）都通过长期合约的方式进行销售，因此可供现货市场买卖的氧化铝少之又少。

以我国为例，1997 年以前，我国氧化铝缺口部分主要在国际现货市场上购买，没有长期合约。在 1997 年，我国相关企业与美铝签订了 30 年长期供货合约，每年购买 40 万吨，价格根据 LME 原铝价格的一定比例定价。

近年来，我国电解铝生产规模不断扩大，导致国内对氧化铝的需求也在不断增加，目前约有三分之二的进口氧化铝需要从现货市场购买。我国在国际市场上大量采购氧化铝，直接推动了国际氧化铝价格的大幅上涨。不断上涨的氧化铝价格使电解铝生产企业生产成本大幅上升，经济效益大幅下滑，多数企业陷入微利或亏损状态。

3. 电价的影响

电解铝产业又称"电老虎"行业，目前国内外铝厂每吨铝平均耗电均控制在1.5 万 KW·h/t 以下。西方国家铝锭生产的经验显示，当电费超过铝生产成本的30%时，被认为是危险的生产。

4. 经济形势的影响

铝已成为重要的有色金属品种，特别是在发达国家或地区，铝的消费已经与经济的发展高度相关。当一个国家或地区经济快速发展时，铝消费会出现同步增长。同样，经济的衰退会导致铝在一些行业中消费的下降，进而导致铝价格的波动。此外，与铝相关的一些金属价格的波动、国际石油价格的波动、各国产业政策的变化都会对铝价产生影响。

5. 进出口关税、国际汇率的影响

国际上铝的贸易一般以美元进行标价和结算，近年来美元的走势对铝价的影响显而易见。进出口关税对铝价的影响在我国显得尤其突出。

我国是氧化铝的进口大国，加入 WTO 前为了保护国内氧化铝工业，进口关税为18%。根据世贸协议，我国在 2002 年将氧化铝关税调整为 12%，2003 年为 10%，2004 年为 8%；以前电解铝出口可以享受 15%的出口退税的优惠，2004 年我国把15%降低为 8%，从 2005 年起，不仅 8%完全取消，还要加征 5%的关税。

据初步测算，取消出口退税将使铝企业的出口成本增加 600～1000 元/吨，对出口铝锭征收 5%的关税将使企业的出口成本再增加 770 元/吨（按 2005 年初的国际市场价格估算）。可见，关税、国际汇率的变化影响着铝市场的价格。

6. 铝应用趋势变化的影响

汽车制造、建筑工程、电线电缆等主要行业在铝锭使用面和使用量上的变化，会对铝的价格产生重大影响。

7. 铝生产工艺的改进与革新对铝价的影响

随着计算机技术在铝电解行业的迅速应用，带动了电解过程中物理场的深入研究和有关数学模型的建立，使电解槽的设计更趋合理，电槽容量大幅度增加。现在世界上电解铝工业生产的最大容量已经达到了 300kA 以上，电流效率达到94%～96%，吨铝直流电耗下降至 13000～13400kW·h 之间。可以预见，随着大容量高效能的智能化铝电解技术的普及和广泛应用，铝生产成本还会继续下降。

8.2.5　铝实战交易案例

在分析国内铝期货价格走势时，还要关注一下外盘铝价格的走势。打开期货行情分析软件，单击左侧的"外盘"选项卡，再单击下方的"外盘加权指数"，就可以看到伦铝指数的报价信息。

双击伦铝指数的报价信息，就可以看到伦铝指数的价格走势，如图 8.3 所示。

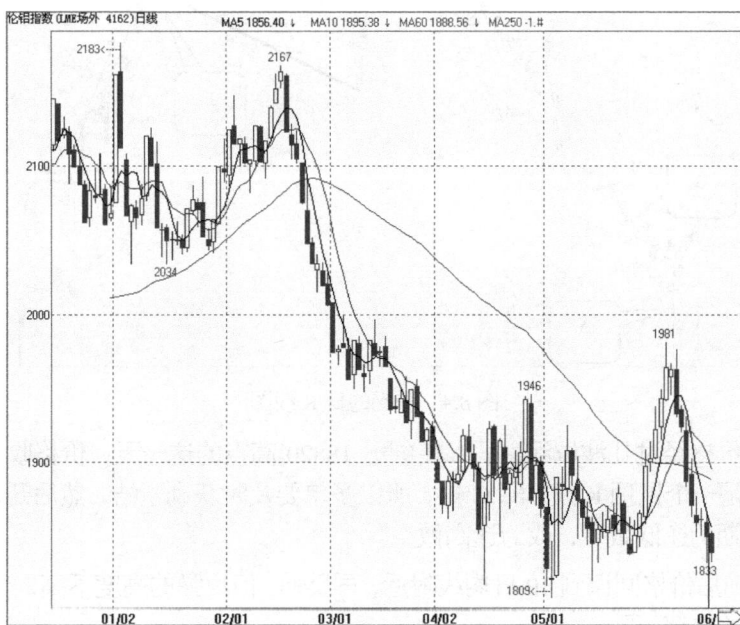

图 8.3　伦铝指数的日 K 线图

下面通过具体实例来讲解沪铝期货实战交易。

（1）进行基本面分析，分析一下当前沪铝期货的操作策略，是做多还是做空。

（2）根据当前沪铝期货合约的持仓量选择主力合约，主力合约的日 K 线图如图 8.4 所示。

（3）在 A 处，价格出现见底 K 线，即价格在收盘时收了一根带有长下影线的阳线，这表明下方支撑很强，下跌波段已完成，后市震荡后，将开始新的一波上涨行情，所以在这里可以轻仓逢低建立多单。

（4）随后价格开始震荡上行，先是站上所有均线，均线形成多头排列，然后又在 B 处向上突破，所以 B 处是一个不错的短线加仓做多位置。

（5）价格开始不断上涨，并且 10 日均线是其趋势线，即每当价格回调到 10日均线附近，就是比较好的做多位置。如果按这种方法做单，这一波上涨就可以获得丰厚的投资收益。

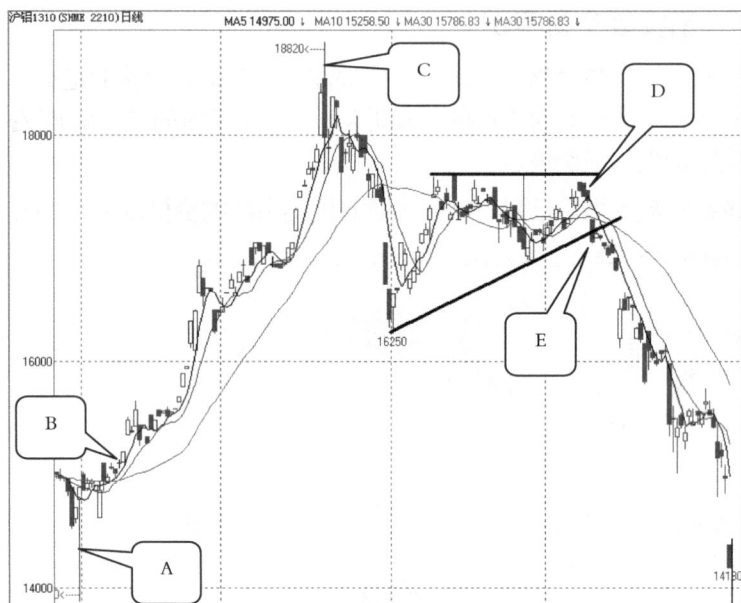

图 8.4　沪铝的日 K 线图

（6）价格经过几波拉涨之后，在创出 18820 高点的这一天，价格收了一根大阴线，这是一个见顶 K 线，即 C 处，所以多单要及时获利了结，然后开始转变思维，由前期的逢低做多，改为逢高做空。

（7）随后价格回调到 10 日均线附近，再反弹，但反弹的高度不高，然后震荡，震荡后开始快速下跌。

（8）价格快速下跌后，又开始反弹盘整，在高位盘整了 2 个多月，盘整形态为上升三角形。所以每当价格反弹到上升三角形上边线时，就可以做空，所以 D 处是不错的做空位置。

（9）当价格跌破上升三角形的下边线时，是最佳重仓做空的时机，即 E 处。

（10）从其后走势看，如果在 E 处做空，短时间内就会获得丰厚的投资收益。

8.3　锌期货交易的实战技巧

金属锌，化学符号为 Zn，属化学元素周期表第 II 族副族元素，是六种基本金属之一。锌是一种白色略带蓝灰色的金属，具有金属光泽，在自然界中多以硫化物状态存在。

锌在常温下不会被干燥的空气、不含二氧化碳的空气或干燥的氧所氧化。但在与湿空气接触时，其表面会逐渐被氧化，生成一层灰白色致密的碱性碳酸锌包裹其表面，保护内部不再被侵蚀。纯锌不溶于纯硫酸或盐酸，但锌中若有少量杂质存在则会被酸所溶解。因此，一般的商品锌极易被酸所溶解，亦可溶于碱中。

8.3.1　锌品种概况

锌是重要的有色金属原材料，目前，锌在有色金属的消费中仅次于铜和铝。锌金属具有良好的压延性、耐磨性和抗腐性，能与多种金属制成物理与化学性能更加优良的合金。原生锌企业生产的主要产品有：金属锌、锌基合金和氧化锌。这些产品和用途非常广泛，主要有以下几个方面。

1. 镀锌

用做防腐蚀的镀层（如镀锌板），广泛用于汽车、建筑、船舶、轻工等行业，约占锌用量的 46%。

锌具有优良的抗大气腐蚀性能，所以锌主要用于钢材和钢结构件的表面镀层。由于锌合金板具有良好的抗大气腐蚀性，近年来西方国家也开始尝试着直接用它做屋顶覆盖材料，用它做屋顶板材使用年限可长达 120～140 年，而且可回收再用，而用镀锌铁板做屋顶材料的使用寿命一般为 5～10 年。

2. 用于制造铜合金材（如黄铜）

锌用于汽车制造和机械行业，约占 15%。

锌具有适用的机械性能。锌本身的强度和硬度不高，加入铝、铜等合金元素后，其强度和硬度均大幅提高，尤其是锌铜钛合金的出现，其综合机械性能已接近或达到铝合金、黄铜、灰铸铁的水平，其抗蠕变性能也大幅度被提高。因此，锌铜钛合金目前已经被广泛应用于小五金生产中。

3. 用于铸造锌合金

主要为压铸件，锌用于汽车、轻工等行业，约占 15%。

许多锌合金的加工性能都比较优良，道次加工率可达 60%～80%。中压性能优越，可进行深拉延，并具有自润滑性，延长了模具寿命，可用钎焊、电阻焊或电弧焊（需在氩气中）进行焊接，表面可进行电镀、涂漆处理，切削加工性能良好。在一定条件下具有优越的超塑性能。

此外，锌具有良好的抗电磁场性能。锌的导电率是标准电工铜的 29%，在射频干扰的场合，锌板是一种非常有效的屏蔽材料，同时由于锌是非磁性的，适合做仪器仪表零件的材料、仪表壳体及钱币。同时，锌自身及与其他金属碰撞不会产生火花，适合制作井下防爆器材。

4. 用于制造氧化锌

锌广泛用于橡胶、涂料、搪瓷、医药、印刷和纤维等工业中，约占 11%。

5. 用于制造干电池

锌以锌饼、锌板形式用于制造业，约占 13%。

锌具有适宜的化学性能。锌可与 NH_4Cl 发生作用，放出 H^+ 正离子。锌-二氧化锰电池正是利用锌的这个特点，用锌合金做电池的外壳，既是电池电解质的容器，又参加电池反应构成电池的阳极。它的这个性能也被广泛地应用于医药行业。

8.3.2 锌供给与需求

下面具体讲解锌的供给与需求。

1. 锌的供给

20 世纪 90 年代以来，我国一直是位居世界前列的锌矿生产国。澳大利亚从 20 世纪 80 年代以来始终是世界重要锌矿生产国，排名第二，此外，加拿大、美国、秘鲁等也是重要的锌生产国。

我国不仅具有良好的锌资源条件，而且拥有相对宽松的环保政策，因此锌工业近几年保持高速增长的势头，产业规模不断扩大。

2. 锌的消费

世界精炼锌消费大国或地区主要有中国、美国、日本、德国、韩国、意大利、印度、比利时和中国台湾等，年消费量均在 30 万吨以上。近年来，锌锭消费量增加较多的国家或地区主要有中国、德国、印度、中国台湾和俄罗斯等；消费量下降幅度较大的国家则是美国、韩国、比利时、意大利和法国等。

由于我国锌消费的高速增长，从 2000 年起我国的锌消费水平就已经超过了美国，成为世界第一大锌消费国并一直维持至今。

在我国，锌的最终消费主要集中在建筑、通信、电力、交通运输、农业、轻工、家电和汽车等行业，中间消费主要是镀锌钢材、压铸锌合金、黄铜、氧化锌及电池。由于我国经济持续增长，建筑业、汽车工业等行业需求强劲，导致了锌消费领域的需求大幅增长。

从最终消费看，与前几年相比，目前家电和建筑行业的需求增长放缓，而电力、通信、农业、交通运输和轻工行业的需求增长加快。

从中间消费领域看，镀锌钢材增长最快，压铸行业次之。房屋建筑对彩涂板和镀锌管的需求非常旺盛；电力、通信、高速公路和农业对镀锌铁塔、镀锌管的消耗随着这些行业的高速发展而大幅增加。另外，电池和氧化物行业锌用量每年也有一定比例的增长。

8.3.3 锌标准合约

锌标准合约如表 8.3 所示。

表 8.3　锌标准合约

交易品种	锌
交易单位	5 吨/手
报价单位	元（人民币）/吨
最小变动价位	5 元/吨
每日价格最大波动限制	不超过上一个交易日结算价±4%
合约月份	1～12 月
交易时间	周一至周五（法定节假日除外）上午 9:00～11:30，下午 1:30～3:00
最后交易日	合约交割月份的 15 日（遇法定假日顺延）
最后交割日	最后交易日后连续 5 个工作日
交割等级	标准品：锌锭，符合国标 GB470—1997 标准中 ZN98.995 规定，其中锌含量不小于 98.995%
交割地点	交易所指定交割仓库
最低交易保证金	合约价值的 5%
交易手续费	不高于成交金额的万分之二（含风险准备金）
最小交割单位	25 吨
交割方式	实物交割
交易代码	ZN
上市交易所	上海期货交易所

8.3.4　影响锌价格变动的因素

影响锌价格变动的因素有很多，下面具体讲解。

1. 供求关系

供求关系直接影响着商品的市场定价，当市场供求关系处于暂时平衡状态时，该商品的市场价格会在一个窄小的区间波动；当供求关系处于失衡状态时，价格会大幅波动。

在锌的期货市场上，投资者可关注体现锌供求关系变化的一个指标——库存。库存又分为报告库存和非报告库存，报告库存又称"显性库存"，是期货交易所定期公布的指定交割仓库锌的库存数量。非报告库存主要是指全球范围内的生产商、贸易商和消费者手中持有的锌的数量，由于这些库存没有专门机构进行统计和对外发布，所以这些库存又称为"隐性库存"。

2. 国际和国内经济形势

锌已成为重要的有色金属品种，特别是在发达国家或地区，锌的消费与经济的发展高度相关，而在我国，锌与经济的正相关性也高于 0.9。当一个国家或地区经济快速发展时，锌消费会出现同步增长。同样，经济的衰退会导致锌在一些行业中消费的下降，进而导致锌价的波动。

3. 进出口关税

由于我国的产业政策是控制高耗能产品的出口，而锌的冶炼中既要焙烧又要电解，对能源的需求较高，因此锌属于国家限制出口的产品。2003 年 10 月，锌及锌合金出口退税从原来的 15% 下降到 11%，2005 年 5 月 1 日起进一步下降到 8%，2006 年 1 月 1 日所有的精锌出口退税下降到 5%，从 2006 年 5 月 1 日起，大于等于 98.99% 的精锌保持 5% 的出口退税，其他精锌和锌合金退税取消，并加收 5% 的出口关税。

4. 锌应用趋势变化

目前，我国钢材的镀锌率只有 20% 左右，与日本、美国等发达国家的 55%~60% 的比例相比还有很大差距。近年来，汽车、家电、高速公路及优质建材等对镀锌板的需求上升，使得我国镀锌行业的投资建设迅猛发展。另外，2012 年压铸合金和电池制造对锌的需求量出现了增长减缓甚至略有下降的趋势，这主要是以铝代锌和锌价高涨所致，而未来随着铝加工技术的进一步升级，铝对锌的替代性需要加以注意。

5. 锌冶炼成本

目前，锌的冶炼成本主要由锌原辅材料费、燃料和动力费、人工成本、制造成本和其他费用组成。锌精矿价格、燃料及电价的变化都会对锌的冶炼成本产生较为明显的影响。

6. 基金的交易方向

全球机构投资者所持有的资产总值约为 50 万亿美元，直接投资到商品市场的投资资金为 1200 亿美元，庞大的资金进入商品市场投资，使得基金的交易方向成为左右锌价格的另一个重要因素。

8.3.5 锌实战交易案例

在分析国内锌期货价格走势时，还要关注一下外盘锌价格的走势。打开期货行情分析软件，单击左侧的"外盘"选项卡，再单击下方的"外盘加权指数"，就可以看到伦锌指数的报价信息。

双击伦锌指数的报价信息，就可以看到伦锌指数的价格走势，如图 8.5 所示。

下面通过具体实例来讲解沪锌期货实战交易。

（1）进行基本面分析，分析一下当前沪锌期货的操作策略，是做多还是做空。

图 8.5　伦锌指数的日 K 线图

（2）根据当前沪锌期货合约的持仓量选择主力合约，主力合约的日 K 线图如图 8.6 所示。

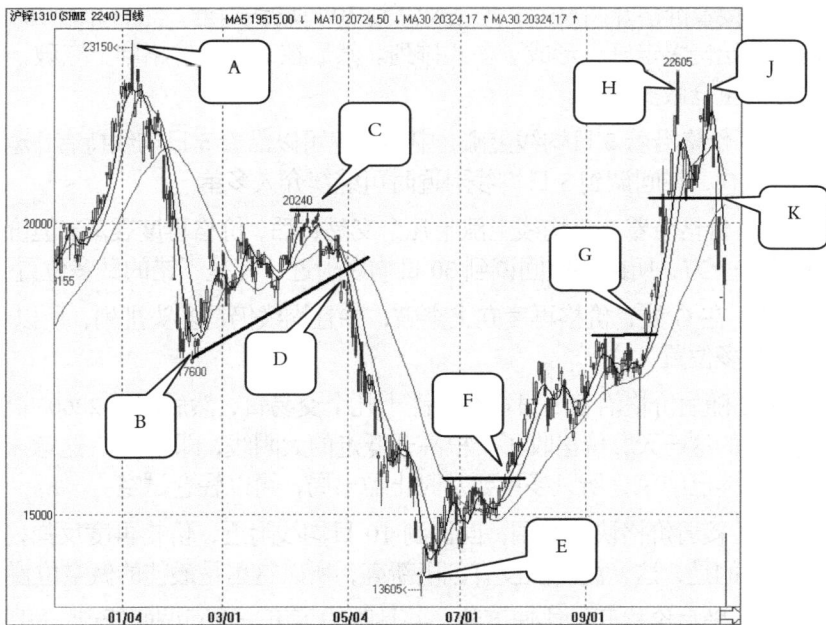

图 8.6　沪锌的日 K 线图

（3）在 A 处，价格收出一根中阴线，由于价格上涨幅度过大，所以这里要警惕了。

（4）随后价格在高位震荡，再度下跌，跌破所有均线后，价格开始快速下跌，连续下跌十几个交易日，最低点为 17700，然后快速反弹，但没有超过 10 日均线，接着价格再度下跌，但下跌都是低开高走，并且收盘都为阳线。在 B 处，价格虽然创出 17600 新低，但收了一根小阳线，这意味着价格下跌已无力，短线空单出局，波段空单要谨慎。想抄底做多的，可以轻仓去试。

（5）随后价格就开始反弹，先是站上 5 日和 10 日均线，当价格站上 5 日和 10 日均线时，就可以以 5 日均线为止损，顺势做多，上方可以看到 30 日均线附近。

（6）接着就开始横向盘整了，盘整了 3 个多月。在 C 处，价格第 3 次上冲 20240 高点，但仍没有冲过去，所以这里可以轻仓试空。

（7）随后价格低开低走，然后在 30 日均线附近横盘 6 个交易日，再度跳空低开，即 D 处，在这里需要注意的是，这里已跌破了震荡 3 个月的上升趋势线，并且均线已形成明显的空头排列，这意味着震荡行情结束，后市将迎来震荡下跌行情，所以高位空单可以耐心持有，没有空单的，要敢于在这里做空。

（8）随后价格就开始沿着 5 日和 10 日均线大幅下跌，连续下跌 20 多个交易日后，创出 13605 低点，但需要注意的是，在创出低点的这一天，价格收出一根带有长长上影线的阳线，即 E 处，说明这里有抄底资金，短线空单要注意保护盈利。

（9）接着价格开始反弹，先是反弹到 30 日均线附近，然后开始横向盘整，这样均线开始慢慢走好，形成了多头排列。然后在 F 处，价格向上突破，所以 F 处是最好的重仓做多位置。

（10）价格沿着 5 日均线上涨，中线多单可以沿着 5 日均线持有，短线多单在急拉时减仓，在回调到 5 日均线附近时可继续介入多单。

（11）价格沿着 5 日均线上涨十几个交易日后，价格再度震荡，但价格始终在 30 日均线上方，所以每次回调到 30 日均线附近，都是不错的做多位置。

（12）在 G 处，价格再度向上突破，并且均线仍是多头排列，所以 G 处是新的重仓做多位置。

（13）随后价格沿着 5 日均线上涨十几个交易日，然后创出 22605 高点，但在创出高点的这一天，价格收了一根高开低走的大阴线，即 H 处，这意味着这一波上涨很可能已结束，所以多单要及时止盈出局，可以轻仓试空。

（14）接着价格快速回调，回调到 10 日均线附近，价格再度反弹，即 J 处，需要注意的是，这一波上涨没有创出新高，所以这里是最佳的做空位置。

（15）随后价格开始快速下跌，并且跌破了第一次回调的低点，即 K 处，这样就形成了双顶形态，所以 K 处是最佳的做空位置和时机。

8.4　铅期货交易的实战技巧

早在 7000 年前人类就已经认识铅了。铅分布广、容易提取和加工，既有很高的延展性，又很柔软，而且熔点低。

8.4.1　初识铅

铅的化学符号是 Pb，原子序数为 82，熔点为 327.502°C，沸点为 1740°C，密度为 11.3437 克/厘米 ^{3}，硬度为 1.5，质地柔软，抗张强度小。

没有氧化层的铅色泽光亮、密度高、硬度非常低、延伸性很强。它的导电性能相当低，抗腐蚀性能很高，因此往往用来制作装腐蚀力强的物质（比如硫酸）的容器。加入少量锑或其他金属可以再次提高它的抗腐蚀力。

金属铅在空气中受到氧、水和二氧化碳的作用，其表面很快会氧化，生成保护薄膜；加热下，铅能很快与氧、硫、卤素化合；铅与冷盐酸、冷硫酸几乎不起作用，能与热或浓盐酸、硫酸反应；铅与稀硝酸反应，但与浓硝酸不反应；铅能缓慢溶于强碱性溶液。

8.4.2　铅的用途

铅在许多工业领域中得到应用，铅板和铅管广泛用于制酸工业、蓄电池、电缆包皮及冶金工业设备的防腐衬里。铅能吸收放射性射线，可作为原子能工业及 X 射线仪器设备的防护材料。

铅能与锑、锡、铋等配制成各种合金，如熔断保险丝、印刷合金、耐磨轴承合金、焊料、榴霰弹弹丸、易熔合金及低熔点合金模具等。铅的化合物四乙基铅可作为汽油抗爆添加剂和颜料。铅还可以用做建筑工业隔音和装备上的防震材料等。

8.4.3　铅标准合约

铅标准合约如表 8.4 所示。

表 8.4　铅标准合约

交易品种	铅
交易单位	25 吨/手
报价单位	元（人民币）/吨
最小变动价位	5 元/吨
每日价格最大波动限制	不超过上一个交易日结算价±5%
合约交割月份	1～12 月
交易时间	周一至周五（法定节假日除外）上午 9:00～11:30，下午 1:30～3:00
最后交易日	合约交割月的 15 日（遇法定假日顺延）

交割日期	最后交易日后连续 5 个工作日
交割品级	标准品：铅锭，符合国标 GB/T 469-2005 Pb98.994 规定，其中铅含量不小于 98.994%
交割地点	交易所指定交割仓库
最低交易保证金	合约价值的 8%
最小交割单位	25 吨
交割方式	实物交割
交易代码	PB
上市交易所	上海期货交易所

8.4.4 影响铅价格变动的因素

影响铅价格变动的因素有很多，下面具体讲解。

1. 供求关系

根据微观经济学原理，当某个商品出现供大于求时，其价格下跌，反之价格则上扬。同时，价格反过来又会影响供求，即当价格上涨时，供应会增加而需求减少，反之就会出现需求上升而供给减少，因此价格和供求互相影响。体现供求关系的一个重要指标是库存。铅的库存分报告库存和非报告库存。报告库存又称"显性库存"，是指交易所库存。非报告库存，又称"隐性库存"，指全球范围内的生产商、贸易商和消费商手中持有的库存。由于这些库存不会定期对外公布，因此难以统计，故一般都以交易所库存来衡量库存变化。

2. 国际和国内经济发展状况

铅是重要的有色金属品种，铅的消费与经济的发展高度相关，当一个国家或地区经济快速发展时，铅消费会出现同步增长。同样，经济的衰退会导致铅在一些行业中消费的下降，进而导致铅价的波动。在分析宏观经济时，有两个指标是很重要的，一是经济增长率，或者说是 GDP 增长率，另一个是工业生产增长率。

3. 下游行业的景气程度

铅的主要用途是铅酸蓄电池，而铅酸蓄电池主要用在汽车、通信电源、电动自行车等方面，因此铅的下游需求行业相对集中，这些行业的景气程度直接影响铅的消费。分析这些下游行业的变化可以对铅的消费有比较全面的把握。

4. 进出口政策

进出口政策，尤其是关税政策，它是通过调整商品的进出口成本，从而控制某个商品的进出口量来平衡国内供求状况的重要手段。由于国内需求快速增长，资源瓶颈日益突出，所以国家不鼓励出口耗能多的冶炼产品。从 2006 年开始，我国陆续降低、取消了许多产品的出口退税，甚至增加了出口关税，并取消了来料加工优惠政策。出口成本的提高有效抑制了出口。2004 年 1 月 1 日，我国精铅的出口退税从 15%降到 13%；2006 年 9 月 15 日起，取消精铅的出口退税，铅材的出口退税下调到 8%；2007 年 7 月 1 日起，铅材、铅制品的出口退税下调到 5%；从 2010 年 7 月 15 日起，取消铅材、铅制品的出口退税。

中国贸易政策的变化在精铅的出口上有显著体现。2006 年的贸易政策规定，取消精铅的出口退税，政策实施前"抢出口"，集中出口了大量精铅，使得当年的出口量创下历史最高。2007 年的精铅出口量锐减。2009 年，在国内外比价的支持下，精铅进口量大幅增长，超过出口量，我国首次成为精铅的净进口国。

5. 铅的生产成本

生产成本是衡量商品价格水平的基础。不同矿山和冶炼企业测算铅生产成本有所不同，最普遍的经济学分析是采用"现金流量保本成本"，该成本随副产品价值的提高而降低，在铅冶炼过程中，副产品白银的产量较大，因此白银的价格变化对铅的生产成本也有影响。

8.4.5　铅期货实战交易实例

在分析国内铅期货价格走势时，还要关注一下外盘铅价格的走势。打开期货行情分析软件，单击左侧的"外盘"选项卡，再单击下方的"外盘加权指数"，就可以看到伦铅指数的报价信息。

双击伦铅指数的报价信息，就可以看到伦铅指数的价格走势，如图 8.7 所示。

图 8.7　伦铅指数的日 K 线图

下面通过具体实例来讲解沪铅期货实战交易。

（1）进行基本面分析，分析一下当前沪铅期货的操作策略，是做多还是做空。

（2）根据当前沪铅期货合约的持仓量选择主力合约，主力合约的日 K 线图如图 8.8 所示。

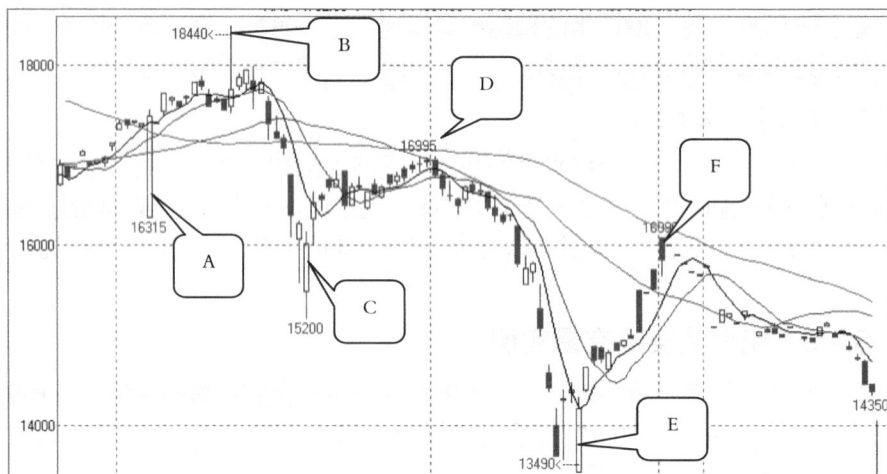

图 8.8　沪铅的日 K 线图

（3）2011 年 7 月 8 日，即 A 处，沪铅收了一根低开高走的大阳线，这表明价格仍有继续上涨的动力，所以后市可以沿着均线逢低做多。

（4）价格经过 11 个交易日的上涨，最高创出 18440 高点，在这里要注意的是，在创出高点的这一天，收了一根带有长上影线的阳线，这表明上方压力较大，多单要特别小心。

（5）随后价格在高位震荡 4 个交易日，第 5 个交易日价格大幅下跌，5 日和 10 日均线出现死亡交叉，这时如果手中还有多单，要及时出局，并且可以沿着 5 日均线做空。

（6）价格连续下跌几天后，在 C 处，价格连续拉出大阳线，这表明下跌动力已不强，空单要保护盈利，要么主动止盈，要么当价格站上 5 日均线后止盈。

（7）随后价格出现了反弹，但反弹力度很弱，经过 17 个交易日的反弹，反弹到 30 日均线附近，价格再度出现下跌，即 D 处，所以这里是不错的做空位置。

（8）价格先是震荡下跌，随后又快速下跌，这一次也是大阳线拉起见底，即 E 处，所以在这里空单要保护盈利，要么主动止盈，要么当价格站上 5 日均线后止盈。

（9）随后价格再度出现反弹，反弹到 60 日均线附近，即 F 处，再度选择下行，所以 F 处也是不错的做空位置。

8.5　钢材期货交易的实战技巧

钢材期货包括两种，分别是线材和螺纹钢，下面进行详细讲解。

8.5.1　钢材品种概况

下面分别讲解线材和螺纹钢。

1. 线材

直径 5mm 的热轧圆钢和 10mm 以下的螺纹钢统称为线材。线材大多用卷材机卷成盘卷供应，故又称为盘条或盘圆。线材如图 8.9 所示。

图 8.9　线材

线材主要用做钢筋混凝土的配筋、焊接结构件和再加工（如拔丝、制订等）原料。按钢材分配目录，线材包括普通低碳钢热轧盘条、电焊盘条、爆破线用盘条、调质螺纹盘条和优质盘条。用途较广泛的线材主要是普通低碳钢热轧盘条，也称普通线材，它由 Q195、Q215、Q235 普通碳素钢热轧而成，公称直径为 5.5～14.0mm，一般轧成后每盘重量在 100～200kg，现在多采用无扭高速线材轧机轧制，在轧制后采取控制冷却，直径为 5.5～22.0mm 的线材最大盘重可达 2500kg。

线材是用量很大的钢材品种之一。轧制后可直接用于钢筋凝土的配筋和焊接结构件，也可经再加工使用。

例如，经拉拔可成为各种规格的钢丝，再捻制成钢丝绳、编织成钢丝网，进行缠绕成型或热处理成弹簧；经热、冷锻打成铆钉和冷锻，滚压成螺栓、螺钉等；经切削、热处理制成机械零件或工具等。

我国是世界上最大的线材生产国，年产量占世界生产总量三分之一以上，线材也是我国第二大钢材生产品种，我国钢铁产量比重一直较高，2012 年我国线材产量占我国钢材总产量比例的 14.2%。

2. 螺纹钢

螺纹钢即带肋钢筋，分为热轧带肋钢筋和冷轧带肋钢筋。螺纹钢亦称变形钢筋或异形钢筋。其与光圆钢筋的区别是表面带有纵肋和横肋，通常带有二道纵肋和沿长度方向均匀分布的横肋。螺纹钢属于小型型钢钢材，主要用于钢筋混凝土建筑构件的骨架。在使用中要求有一定的机械强度、弯曲变形性能及工艺焊接性能。生产螺纹钢的原料钢坯为经镇静熔炼处理的碳素结构钢或低合金结构钢，成品钢筋为热轧成形、正火或热轧状态交货。螺纹钢如图 8.10 所示。

图 8.10 螺纹钢

螺纹钢常用的分类方法有两种。一是以几何形状分类，根据横肋的截面形状及肋的间距不同进行分类或分型，如英国标准（BS4449）中，将螺纹钢分为 I 型、II 型，这种分类方式主要反应螺纹钢的握紧性能。二是以性能分类（级），例如我国标准（GB1499）中，按强度级别（屈服点/抗拉强度）将螺纹钢分为 3 个等级；日本工业标准（JISG3112）中，按综合性能将螺纹钢分为 5 个种类；英国标准（BS4461）中，也规定了螺纹钢性能试验的若干等级。此外，还可按用途对螺纹钢进行分类，如分为钢筋混凝土用普通钢筋和预应力钢筋混凝土用热处理钢筋等。

我国是螺纹钢生产大国，由于我国固定资产投资规模较大，所示螺纹钢基本上用于满足内需。

近年来，钢筋钢材的进口量很小，钢筋钢材的出口量相对比较大，且逐年快速上升，但是，净出口量占钢筋产量的比例很低。

8.5.2　钢材供给与需求

以螺纹钢和线材为主的建筑钢材一直占据着我国钢材生产的半壁江山。2000年以前，小型材（以螺纹钢为主）的比重在 25%左右；2001 年以后，随着世界制造业向我国的转移，我国板管带材产销所占的比重逐步增加，建筑钢材所占比重逐年下降。2001—2012 年，我国螺纹钢产量由 4388.7 万吨（小型材产量）增加到10136.6 万吨，占钢材产量的比重由 28.0%下降到 18.0%。

华东地区是我国螺纹钢最大产区，占总产量的 40%左右，其次为华北地区，占总产量的 25%左右，再次为中南地区，占总产量的 15%左右。西南、东北、西北螺纹钢产量所占比重较低，分别为 9%、5% 和 6%。

我国螺纹钢的生产非常分散。螺纹钢产量列前 10 位的企业分别为沙钢、唐钢、莱钢、济钢、武钢、首钢、马钢、萍钢、建龙、新兴铸管，位居前三位的沙钢、唐钢和莱钢的螺纹钢产量所占的比重在 5% 以上，其他企业产量比重均在 4% 以下。可见，螺纹钢的生产也相当分散，并以地方企业和民营企业为主，这与螺纹钢和线材产品附加值低、运输半径相对较短、主要以满足区域市场为主的特点相一致。

螺纹钢主要为建筑用钢材，由于我国正处于城镇化快速发展的历史阶段，对建筑钢材需求很大，所以螺纹钢消费一直占据着我国钢材生产的较大比重。

线材主要用于建筑行业，附加值相对较低。此外，还有一定数量的高牌号（高端）产品，其附加值较高，主要用于拉拔钢丝（如制作钢丝绳、桥梁与山地索道用钢索等）。

8.5.3　钢材标准合约

线材标准合约如表 8.5 所示。

表 8.5　线材标准合约

交易品种	线材
交易单位	10 吨/手
报价单位	元（人民币）/吨
最小变动价位	1 元/吨
每日价格最大波动限制	不超过上一个交易日结算价 ± 5%
合约月份	1～12 月
交易时间	周一至周五（法定节假日除外）上午 9:00～11:30，下午 1:30～3:00
最后交易日	合约交割月份的 15 日（遇法定假日顺延）
最后交割日	最后交易日后连续 5 个工作日
交割等级	标准品：符合国标 GB1498.1-2008《钢筋混凝土用钢 第 1 部分：热轧光圆钢筋》HPB235 牌号的 φ8mm 线材。替代品：符合国标 GB1498.1-2008《钢筋混凝土用钢 第 1 部分：热轧光圆钢筋》HPB235 牌号的 φ6.5mm 线材
交割地点	交易所指定交割仓库
最低交易保证金	合约价值的 7%
交易手续费	不高于成交金额的万分之二（含风险准备金）
最小交割单位	300 吨
交割方式	实物交割
交易代码	WR
上市交易所	上海期货交易所

螺纹钢标准合约如表 8.6 所示。

表 8.6　螺纹钢标准合约

交易品种	螺纹钢
交易单位	10 吨/手
报价单位	元（人民币）/吨
最小变动价位	1 元/吨
每日价格最大波动限制	不超过上一个交易日结算价±5%
合约月份	1～12 月
交易时间	周一至周五（法定节假日除外）上午 9:00～11:30，下午 1:30～3:00
最后交易日	合约交割月份的 15 日(遇法定假日顺延)
最后交割日	最后交易日后连续 5 个工作日
交割等级	标准品：符合国标 GB1498.2-2007《钢筋混凝土用钢　第 2 部分：热轧光圆钢筋》HRB400 或 HRBF400 牌号的 φ16mm、φ18mm、φ20mm、φ22mm、φ25mm 螺纹钢
交割地点	交易所指定交割仓库
最低交易保证金	合约价值的 7%
交易手续费	不高于成交金额的万分之二（含风险准备金）
最小交割单位	300 吨
交割方式	实物交割
交易代码	RB
上市交易所	上海期货交易所

8.5.4　影响钢材价格变动的因素

钢材价格周期性波动是钢铁行业市场周期的综合反映，它是价格→效益→投资→产能→供求关系连锁作用的结果。总体来看，影响钢材价格变化主要有以下几个因素：一是生产成本，这是钢材价格变动的基础；二是供求关系，是影响钢材价格变化的关键因素；三是市场体系，有缺陷的市场体系可能会放大供求关系的失衡，造成价格的大起大落。

1.　成本要素构成

成本要素构成包括原材料成本、能源成本、人工成本、折旧与利息。

- 原材料成本：铁矿石是钢铁生产最重要的原材料。不同的钢铁企业采购的进口矿、国产矿的价格和数量不同，且各自高炉的技术经济指标不同，因此各个钢铁企业的原材料成本相差较大。

- 能源成本：焦炭是钢铁生产必须的还原剂、燃料和料柱骨架。同时，钢铁生产还要大量消耗炼焦煤、水、电、风、气、油等公用介质。不同的钢铁企业采购的这些公用介质的价格、数量不同，且各自技术经济指标不同，因此各个钢铁企业的能源和公用介质的成本相差较大。

- 人工成本：人工成本是钢铁行业的重要成本。尽管我国的实物劳动生产率与发达国家存在很大的差距，但单位工时成本（主要是人均收入水平）的差距更大。因此，我国钢铁吨发货量中的人工成本约为发达国家的三分之一，国外平均数的二分之一。从总体上看，我国钢铁企业之间人工成本的差距不太明显。

- 折旧与利息：设备投入大是钢铁行业的重要特征。从全球范围看，除日本采用快速折旧外，美国、欧洲、韩国和我国的钢铁企业一般采用正常折旧，而俄罗斯的折旧速度最慢。由于钢铁行业是资金密集型产业，我国钢铁企业的资产负债率普遍在 50%以上，因此国家货币政策的变化将严重影响钢铁企业的财务费用。

2. 供求关系与经济周期

尽管生产成本是钢铁产品价格变化的基础，但供求关系是影响价格走势的重要因素。在成本相对稳定的情况下，当供过于求时，价格就会下跌；供不应求时，价格就会上涨。钢材价格与我国经济周期有很强的相关性。

8.5.5 钢材实战交易案例

下面通过具体实例来讲解螺纹钢期货实战交易。

（1）进行基本面分析，分析一下当前螺纹钢期货的操作策略，是做多还是做空。

（2）根据当前螺纹钢期货合约的持仓量选择主力合约，主力合约的日 K 线图如图 8.11 所示。

（3）价格经过一波下跌之后，创出 3532 低点，但需要注意的是，在创出新低的这一天，价格收了一根带有下影线的小阳线，这表明下方买盘力量已出现，短线空单要小心了。同时，可以以 3532 为止损位轻仓试多。

（4）随后价格开始沿大阳线上涨，站上了 5 日和 10 日均线，这意味着新的上涨波段开始了，抄底多单持有，空单出局，并且可以继续介入多单。

（5）接着价格就开始沿着 5 日均线上涨，先是站上了 30 日均线，然后均线形成了多头排列。价格连续上涨 23 个交易日，创出 4087 高点，之后价格开始震荡调整，经过 9 个交易日调整后，价格仍在 30 日均线上方，并且又开始上涨，在 B 处，价格突破调整三角形的上边线，所以 B 处是新的重仓做多位置，这样操作短时间就会获利丰厚。

（6）随后价格开始沿着 5 日均线开始新的一波上涨行情，这一波连续上涨 10 个交易日，最高创出 4298 高点，需要注意的是，在创出高点的这一天，价格收了一根带有上影线的阳线，虽然上涨力量仍在，但上方已出现压力。

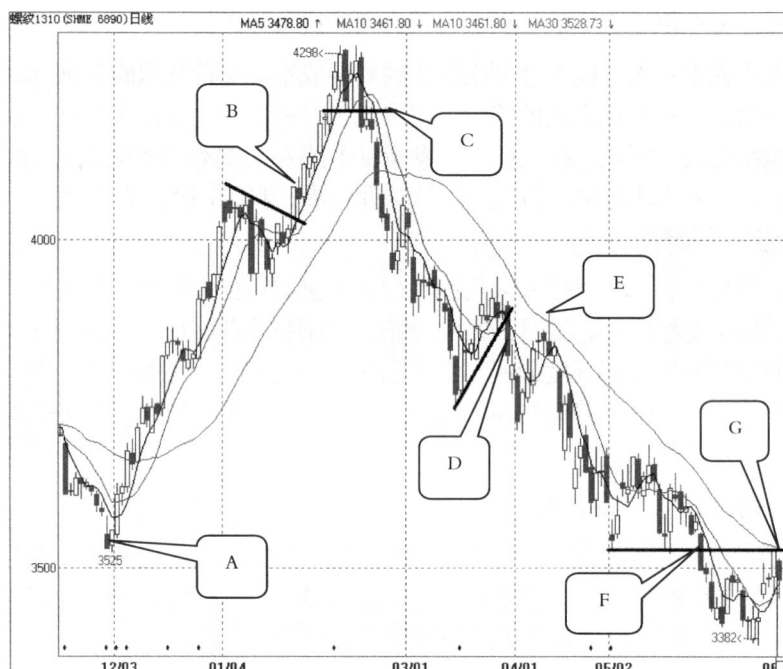

图 8.11 　螺纹的日 K 线图

（7）在创出高点的第二个交易日，价格没有继续上涨，而是收了一根大阴线，这表明单边上涨行情可能结束，后市可能会震荡了。

（8）价格在高位震荡几天，然后一根大阴线跌了下来，并且跌破震荡平台的低点，即 C 处。这里需要注意，从形态来看，这里形成了一个小双顶结构，预示着上涨行情已结束，后市开始新的下跌波段。另外，从均线上看，这根大阴线跌破 5 日和 10 日均线，后市就可以沿着 5 日均线看空做空了。

（9）价格沿着 5 日均线震荡下跌，先是跌破 30 日均线，然后均线形成空头排列。

（10）价格连续下跌十几个交易日后，出现了一波反弹，这一波反弹用了 8 个交易日，反弹到 30 日均线附近，然后又开始下跌，在 D 处价格跌破上升趋势线，这表明反弹结束，所以 D 处是相当不错的短线做空位置。

（11）价格下跌 3 个交易日后，再度反弹，反弹到 30 日均线，即 E 处，由于前几次都是反弹到 30 日均线附近，价格才开始新的一波下跌，所以 E 处是相当不错的做空位置。

（12）同理，G 处也是不错的做空位置。

（13）需要注意的是，如果价格横向震荡盘整，当价格跌破震荡平台的下边线时，就是不错的短线介入空单位置，即 F 处是不错的做空位置。

8.6　黄金期货交易的实战技巧

黄金是人类较早发现和利用的金属，由于它稀少、特殊和珍贵，自古以来被视为五金之首，有"金属之王"的称号，享有其他金属无法比拟的盛誉。正因为黄金具有这样的地位，一段时间曾是财富和华贵的象征，用于金融储备、货币、首饰等。随着社会的发展，黄金的经济地位和商品应用在不断地发生变化，它的金融储备、货币职能在调整，商品职能在回归。随着现代工业和高科技快速发展，黄金在这些领域的应用逐渐扩大，到目前为止，黄金在金融储备、货币、首饰等领域中的应用仍然占主要地位。

8.6.1　黄金品种概况

黄金，又称金，化学符号 Au，原子序数 79，原子量 197。金的熔点为 1063°C，沸点为 2808°C。金的柔软性好，易锻造和延展。现在的技术可把黄金碾成 0.00001mm 厚的薄膜；把黄金拉成细丝，1g 黄金可拉成 3.5km 长、直径为 0.0043mm 的细丝。黄金的硬度较低，矿物硬度为 3.7，24K 金首饰的硬度仅 2.5。

黄金具有良好的导电性和导热性。金是抗磁体，但含锰的金磁化率很高，含大量的铁、镍、钴的金是强磁体。

金的反射性能在红外线区域内，具有高反射率、低辐射率的性能。金中含有其他元素的合金能改变波长，即改变颜色。金有再结晶、温度低的特点。

金具有极佳的抗化学腐蚀和抗变色能力。金的化学稳定性极高，在碱及各种酸中都极稳定，在空气中不被氧化，也不变色。金在氢、氧、氮中明显地显示出不溶性。氧不影响它的高温特性，在 1000℃高温下不熔化、不氧化、不变色、不损耗，这是金与其他所有金属最显著的不同。

金能溶解在王水（王水为盐酸和硝酸 3:1 的混合剂）、盐酸和铬酸的混合液，以及硫酸和高锰酸的混合液中，并且也能溶解于氰化物盐类的溶液中。

金的化合物易被还原为金属。高温下的氢、电位序在金之前的金属及过氧化氢、二氯化锡、硫酸铁、二氧化锰等都可做还原剂。还原金能力最强的金属是镁、锌、铁和铝，同时，还可以采用一些有机质来还原金，如甲酸、草酸等。

黄金的主要用途有三种，具体如下。

（1）世界储备

这是由黄金的货币属性决定的。由于黄金具体优良的特性，在历史上黄金就充当着货币的职能，如价值尺度、流通手段、储藏手段、支付手段和世界货币。随着社会经济的发展，黄金已退出流通领域。20 世纪 70 年代黄金与美元脱钩后，黄金的货币职能也有所减弱，但仍保持一定的货币职能。目前许多国家，包括西方主要国家的国际储备中，黄金仍占有相当重要的地位。

（2）珠宝装饰

华丽的黄金饰品一直是社会地位和财富的象征。随着现代工业和高科技的发展，用金制作的珠宝、饰品、摆件的范围和样式不断拓宽深化。随着人们收入的不断提高、财富的不断增加，以及保值和分散化投资意识的不断提高，也促进了这方面需求量的逐年增加。

（3）工业与高新技术产业

金所特有的物化性质有：极高抗腐蚀的稳定性；良好的导电性和导热性；原子核具有较大捕获中子的有效截面；对红外线的反射能力接近 100%；在金的合金中具有各种触媒性质；还有良好的工艺性，极易加工成超薄金箔、微米金丝和金粉，很容易镀到其他金属、陶器及玻璃的表面上；在一定压力下容易被熔焊和锻焊；可制成超导体与有机金等，使它广泛应用于工业和现代高新技术产业中，如电子、通信、宇航、化工和医疗等领域。

8.6.2　黄金供给与需求

下面具体讲解黄金的供给与需求。

1. 黄金的供给

世界现查明的黄金资源量为 8.9 万吨，储量基础为 7.7 万吨，储量为 4.8 万吨。黄金储量和储量基础的静态保证年限分别为 19 年和 39 年。

南非占世界查明黄金资源量和储量基础的 50%，占世界储量的 38%；美国占世界查明资源量的 12%，占世界储量基础的 8%，世界储量的 12%。除南非和美国外，主要的黄金资源国有俄罗斯、乌兹别克斯坦、澳大利亚、加拿大和巴西等。

世界黄金市场的供应主要有以下几个方面：世界各产金国的新产金；前苏联国家向世界市场售出的黄金；回收的再生黄金；一些国家官方机构，如央行黄金储备、国际货币基金组织及私人抛售的黄金。

（1）新产金

矿产金的生产是黄金供应的主要来源，近十年世界矿产黄金的总量变化不大，基本维持在 2500 吨上下，但地区的产量变化较大。非洲、北美洲、大洋洲黄金产量呈下降趋势，而拉丁美洲、亚洲的产量逐渐上升。年产 100 吨以上的国家有南非、澳大利亚、美国、中国、秘鲁、俄罗斯、印度尼西亚和加拿大。

近年来，我国黄金产量有较大幅度的增长。我国黄金的生产主要来自三个方面：黄金企业矿产金、有色金属冶炼企业产金和黄金冶炼企业产金。

（2）再生金

再生金是指通过回收旧首饰及其他含金产品重新提炼的金。再生金产量与金价高低成正相关关系。

再生金产量主要来自于制造用金量高的地区，如印度次大陆、北美、欧洲、亚洲，都是再生金的主要产地。

（3）官方机构售金

各国央行出售黄金是黄金市场供应的重要组成部分。中央银行是世界上黄金的最大持有者。

提醒：黄金市场的黄金供给主要有三种性质。第一是经常性供给，来自世界主要产金国，此类供给是稳定的。第二是诱发性供给，这是由于其他因素刺激导致的供给，主要是金价上扬致使囤金者获利抛售，或使黄金矿山加速开采。第三是调节性供给，这是一种阶段性不规则的供给，如产油国因油价低迷，会因收入不足而抛售一些黄金。

2. 黄金的需求

黄金的需求包括三种，分别是工业消费需求、世界储备的需求和投资需求。

（1）黄金的工业消费需求

黄金的工业消费需求主要有以下几个方面：首饰业、电子业、牙科、官方金币、金章和仿金币等。

一般来说，世界经济的发展速度决定了黄金的工业总需求，例如在微电子领域，越来越多地采用黄金作为保护层；在医学及建筑装饰等领域，尽管科技的进步使得黄金替代品不断出现，但黄金以其特殊的金属性质使其需求量仍呈上升趋势。电子产品、牙科、金牌、仿金币等工业需求弹性较大，但是需求所占比例较小，一般不高于 10%。2006 年世界电子工业需求比上年增加 9%，使得总量连续第 5 年增长，达到 304 吨。

（2）世界储备的需求

黄金储备是央行用于防范金融风险的重要手段之一，也是衡量一个国家金融健康的重要指标。从目前各中央银行的情况来看，俄罗斯、中国、日本作为经济和政治大国，黄金储备量偏小。作为一个在世界经济中有巨大影响力的国家，黄金储备一般占到外汇储备的 10%。

（3）投资需求

由于黄金具有储备与保值资产的特性，所以黄金还存在投资需求。对于普通投资者，投资黄金主要是在通货膨胀情况下，达到保值的目的。一方面，人们利用金价波动，入市赚取利润；另一方面，可在黄金与其他投资工具之间套利。例如，当美元贬值、油价上升时，黄金需求量便会有所增加，价格上涨；当股市上涨，吸引大量资金时，黄金需求可能会相应减少，价格下跌。

目前，世界局部地区政治局势动荡，石油、美元价格走势不明，导致黄金价格波动比较剧烈，黄金现货及依附于黄金的衍生品种众多，黄金的投资价值凸显，黄金的投资需求不断放大。

8.6.3 黄金标准合约

黄金标准合约如表 8.7 所示。

表 8.7 黄金标准合约

交易品种	黄金
交易单位	1000 克/手
报价单位	元（人民币）/克
最小变动价位	0.01 元/克
每日价格最大波动限制	不超过上一个交易日结算价 ±5%
合约月份	1～12 月
交易时间	周一至周五（法定节假日除外）上午 9:00～11:30，下午 1:30～3:00
最后交易日	合约交割月份的 15 日（遇法定假日顺延）
最后交割日	最后交易日后连续 5 个工作日
交割等级	金含量不小于 98.95%的国产金锭及经交易所认可的伦敦金银市场协会（LBMA）认定的合格供货商或精炼厂生产的标准金锭
交割地点	交易所指定交割金库
最低交易保证金	合约价值的 7%
交易手续费	不高于成交金额的万分之二（含风险准备金）
交割方式	实物交割
交易代码	AU
上市交易所	上海期货交易所

8.6.4 影响黄金价格变动的因素

影响黄金价格变动的因素有很多，下面具体讲解。

1. 黄金的供求关系

由于黄金兼具商品、货币和金融属性，又是资产的象征，因此黄金价格不仅受商品供求关系的影响，对经济、政治的变动也非常敏感，石油危机、金融危机等都会引起黄金价格的暴涨暴跌。此外，投资需求对黄金价格的变动也有重大影响。

从历史上看，20 世纪 70 年代以前，世界黄金价格基本比较稳定，波动不大。世界黄金的大幅波动是 20 世纪 70 年代以后才发生的事情。例如，1900 年美国实行金本位，当时金价一盎司 20.67 美元，金本位制保持到大萧条时期，1934 年罗斯福将金价提高至一盎司 35 美元。1944 年建立的布雷顿森林体系实际上是一种"可兑换黄金的美元本位"，这种货币体系能给战后经济重建带来一定的积极影响，金价保持在一盎司 35 美元，一直持续到 1970 年。

近 30 年来，黄金价格波动剧烈，黄金价格最低 253.8 美元/盎司（1999 年 7 月 20 日），最高 850 美元/盎司（1980 年 1 月 18 日）。1979 年年底至 1980 年年初是黄金价格波动最为剧烈的时期。1979 年 11 月 26 日（据 NYMEX 期货价格）黄金价格为 390 美元/盎司，而不到 2 个月，在 1980 年 1 月 18 日，黄金价格已涨到 850 美元/盎司，成为 30 年来的最高点。随后在一年半的时间内，黄金价格又跌回 400 美元/盎司以下，并且在随后的 20 多年里价格基本上都在 400 美元/盎司以下，尤其是在 200～300 美元/盎司之间维持了相当长时间，300 美元/盎司以下的价格就持续了 4 年，从 1998 年 1 月至 2002 年 3 月。在 2002 年 3 月底，黄金价格恢复到 300 美元/盎司之上，在 2003 年 12 月 1 日重新回到 400 美元/盎司，2005 年 12 月 1 日价格突破 500 美元/盎司，2006 年 4 月 10 日突破 600 美元/盎司，2010 年 11 月 9 日达到近期的最高点 1424 美元/盎司，2011 年 9 月 6 日创出 1920.3 美元/盎司高点。

造成黄金价格剧烈波动的诱因是 20 世纪 70 年代布雷顿森林体系的瓦解。1973 年，尼克松政府宣布不再承诺美元可兑换黄金，金价彻底和美元脱钩并开始自由浮动。从此，黄金价格的波动最大程度地体现了黄金货币和商品属性的均衡影响。

2. 世界主要货币汇率

美元汇率是影响金价波动的重要因素之一。由于黄金市场价格是以美元标价的，所以美元升值会促使黄金价格下跌，而美元贬值又会推动黄金价格上涨。美元强弱在黄金价格方面会产生非常重大的影响。但在某些特殊时段，尤其是黄金走势非常强或非常弱的时期，黄金价格也会摆脱美元影响，走出独自的趋势。

美元汇率坚挺一般代表美国国内经济形势良好，美国国内股票和债券将得到投资者竞相追捧，黄金作为价值贮藏手段的功能受到削弱；而美元汇率下降则往往与通货膨胀、股市低迷等有关，黄金的保值功能又再次体现，在美元贬值和通货膨胀加剧时往往会刺激对黄金保值和投机性需求的上升。

回顾过去 30 年历史，如果美元对其他西方货币坚挺，则世界市场上金价下跌；如果美元小幅贬值，则金价就会逐渐回升。过去 10 年，金价与美元走势存在 80% 的逆相关性。

3. 石油供求关系

由于世界主要石油现货与期货市场的价格都以美元标价，因此石油价格的涨落一方面反映了世界石油供求关系，另一方面也反映出美元汇率的变化和世界通货膨胀率的变化。石油价格与黄金价格间接相互影响。

通过对世界原油价格走势与黄金价格走势进行比较可以发现，世界黄金价格与原油期货价格的涨跌存在正相关关系的时间较多。

4. 世界政局动荡、战争

世界上重大的政治、战争事件都将影响金价。政府为战争或为维持国内经济的平稳增长而大量支出、政局动荡使大量投资者转向黄金保值投资等，都会扩大黄金的需求，刺激金价上扬。例如，第二次世界大战、美越战争、1976 年泰国政变、1986 年"伊朗门"事件，都使金价有不同程度的上涨。再如 2001 年"8.11"事件曾使黄金价格飙升至当年的最高价 300 美元/盎司。

除了上述影响金价的因素外，世界金融组织的干预活动、本国和地区的中央金融机构的政策法规，也会对世界黄金价格的走势产生重大的影响。

8.6.5　黄金实战交易案例

在分析国内黄金期货价格走势时，还要关注一下伦敦金价格的走势。打开期货行情分析软件，单击左侧的"黄金"选项卡，再单击下方的"伦敦金"，就可以看到伦敦金的报价信息。

双击伦敦金的报价信息，就可以看到伦敦金的价格走势，如图 8.12 所示。

图 8.12　伦敦金的日 K 线图

下面通过具体实例来讲解沪金期货实战交易。

（1）进行基本面分析，分析一下当前沪金期货的操作策略，是做多还是做空。

（2）根据当前沪金期货合约的持仓量选择主力合约，主力合约的日 K 线图如图 8.13 所示。

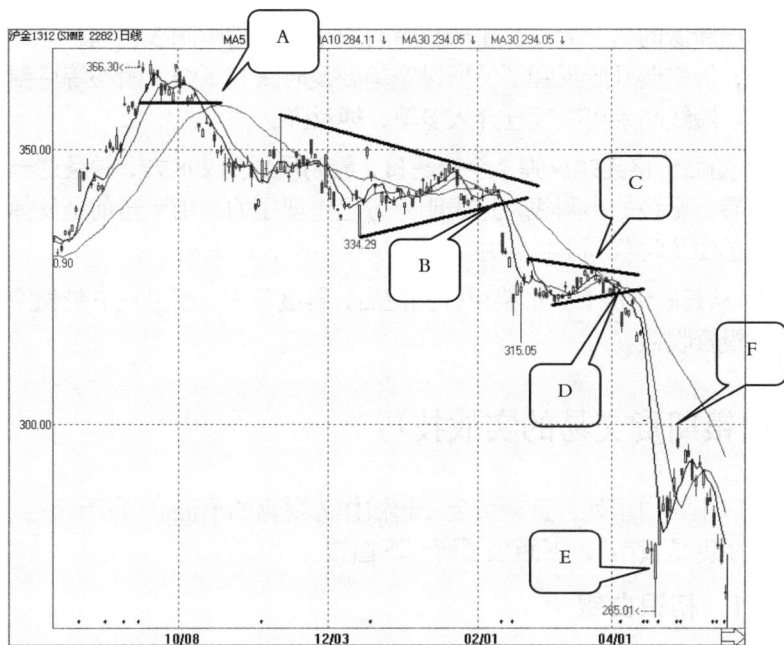

图 8.13　沪金的口 K 线图

（3）2012 年 9 月 14 日，价格跳空高开，创出 366.3 高点，但收盘时收了一根带有上影线的小阳线，表明上方有压力。

（4）价格回调到 5 日均线附近后，再度上涨，最高上涨到 366.2，然后回调到 358.92，之后再度反弹上涨，这次又没有创出新高，最高上涨到 365.58。

（5）随后价格开始下跌，先是跌破 5 日和 10 日均线，然后又跌破了 358.92 低点，这意味着三重顶形态成立，后市将迎来震荡下跌行情，即 A 处。所以如果手中还有多单要及时出局，有高位猜顶空单可以耐心持有，并且要敢于沿着均线看空做空。

（6）价格沿着均线开始震荡下跌，连续下跌十几个交易日，创出 338.85 低点。然后价格开始横向盘整，这时需要注意的是，每次反弹的高点越来越低，所以仍要坚持以逢高做空为主。

（7）在 B 处，价格跌破了上升趋势线，这意味着震荡行情结束，后市又要开始新的一波下跌，所以 B 处是不错的短线空单介入位置。

（8）同理，D 处也是不错的空单介入位置。

（9）在价格反弹的过程中，价格反弹到下降趋势线附近，也是不错的做空位置，即 C 处。

（10）价格经过几波下跌之后，创出 265.01 低点，即 E 处。需要注意的是，价格在创出新低的这一天，收了一根带有长下影线的中阳线，这意味着短线下跌行情结束，价格要开始反弹了。所以空单要及时获利了结，耐心等待到达高点再介入空单。短线高手可以轻仓介入多单，搏反弹。

（11）随后价格连续反弹 7 个交易日，最高反弹到 298.77，并且这一天价格收了一根带有上影线的小阴线，这表明上方已出现压力。由于当前是反弹行情，所以抄底多单要及时获利了结，并且可以反手做空，即 F 处。

（12）从其后走势看，价格反弹到位后，再度下跌，所以在 F 处做空，短期会有不错的投资收益。

8.7　白银期货交易的实战技巧

自古以来，白银就一直与黄金一起被作为财富的象征。"货币天然不是金银，但金银天生就是货币"，下面来了解一下白银。

8.7.1　初识白银

银的化学符号是 Ag，来自拉丁文 Argentum，是"浅色、明亮"的意思。因为银的颜色是白色，所以通常被人们称为"白银"。

白银在地壳中的含量很少，按地壳中元素的分布情况仍属微量元素，仅比金的分布平均高 20～30 倍；白银良好的韧性和延展性仅次于金，能压成 0.003mm 的薄片，1g 的银能拉成 2km 的细丝；白银是导电导热最好的金属；特征氧化数为 +1，加热时也不会与水、空气中的氧作用；具有很好的耐碱性，不与碱金属氢氧化物和碱金属碳酸盐发生作用。

与黄金相比，白银因供应充足且价值较低，故更多且更早地应用于造币，进入流通领域，很多国家均建立银本位制，把银币作为主流货币。

虽然黄金介入后，银本位制过渡到金银复本位制，并于 19 世纪 20 年代被金本位制取代，白银的货币功能弱化，但仍在部分领域流通，直至 1980 年 12 月，法国、西德才取消白银硬币。

另外，作为一种贵金属，白银保值避险的功能非常突出。1971—1981 年间，美元贬值了 50%，而以美元为标价的银价却上涨了近 5 倍。

8.7.2　白银的用途

白银的主要用途有两项，分别是货币功能、工业与高新技术产业。

1. 货币功能

白银具有货币属性，在历史上很长一段时期同黄金一样充当货币。在国际货币史上，除了出现金本位外，还出现过银本位。随着货币制度改革、信用货币的产生，银币逐渐退出了流通领域。目前，铸造的银币主要是投资银币和纪念银币，另外白银其他投资实物如投资银条的消费也在不断增加。

2. 工业与高新技术产业

白银具有最好的导电导热性能、良好的柔韧性、延展性和反射性等，白银的工业应用和装饰美化生活的功能不断发挥，主要应用于电子电气工业、摄影业、太阳能、医学等领域，以及首饰、银器和银币的制作。

白银的多功能性使得它在大多数行业中的应用不可替代，特别是需要高可靠性、更高精度和安全性的高技术行业。白银可用于厚膜浆料，网孔状和结晶状的白银可以作为化学反应的催化剂。硝酸银用于镀银，可制作银镜。碘化银用于人工降雨。

银离子和含银化合物可以杀死或者抑制细菌、病毒、藻类和真菌，反应类似汞和铅。因为白银具有对抗疾病的效果，所以又被称为亲生物金属。

8.7.3　白银的供求关系

白银供求关系主要包括三部分，分别是白银生产、白银消费和白银贸易。

1. 白银生产

白银生产主要分为矿产银和再生银两种，基于白银矿产资源多数是伴生，因此矿产银分为独立银矿原生矿产银和铜铅锌等基本金属伴生副产矿产银；而再生银主要从含银固体废弃物（如有价废渣、废件等）和贵金属表面处理的镀液、照相行业定影废液、显影废液等中回收，如图 8.14 所示。

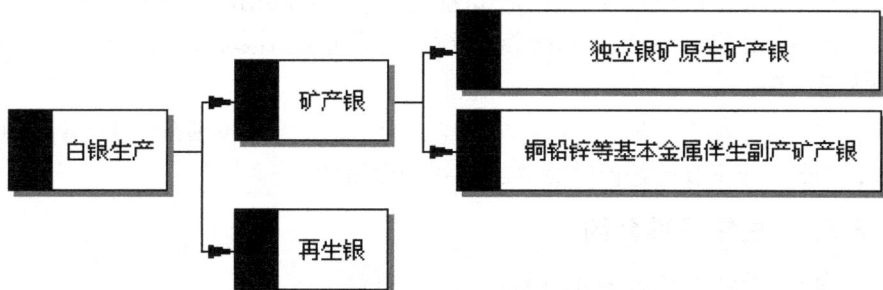

图 8.14　白银生产

世界矿产的白银生产主要集中在白银资源相对丰富的国家和地区，而再生银生产主要集中在一些白银消费大国，目前中国、秘鲁、墨西哥、澳大利亚、玻利维亚、俄罗斯、智利、美国、波兰和哈萨克斯坦是世界最大的 10 个白银生产国。

根据世界白银协会和中国有色金属工业协会统计数据，2010 年以上 10 个国家矿产白银产量为 19268 吨，占全球矿产白银总产量的 80%以上。中国矿产白银产量以铜铅锌副产矿产白银为主，而海外主要产银国家矿产白银产量则呈现独立银矿、铅锌副产、黄金铜副产三足鼎立的局面。

2. 白银消费

世界白银实物消费主要来自工业制造领域、摄影业、珠宝首饰、银器和铸币印章（此处统计不含金融投资衍生白银需求）。传统白银消费领域摄影业因数码技术的发展对白银的需求呈下降趋势，但仍占有一定比重；工业领域和珠宝首饰业对白银的消费在经济增长的带动下总体呈现增长态势，工业需求受经济波动周期影响较大。

全球摄影业用银量继续下降，由于传统卤化银工艺逐步被数码技术所取代，因此摄影业用银量预计将继续保持下降趋势。

近年来，全球珠宝首饰中白银的需求总体是下降的。其中，美国和欧洲的需求下降明显，而新兴经济体中如中国、印度等国家的白银需求增加。由于 2010 年在印度传统文化中是非常吉祥、吉利的年份，因此婚礼和庆典仪式增加，对白银消费有明显的促进作用。

3. 白银贸易

全球白银贸易主要发生在美国、英国、日本、印度、意大利和中国等国家。目前，全球白银贸易与交易的两大中心是英国伦敦和美国纽约，全球最大的白银现货交易市场伦敦金银协会（LBMA）位于伦敦；而全球最主要的黄金和白银期货交易所之一的纽约商品交易所（COMEX）位于纽约。

欧洲是世界最主要的白银供应短缺的地区之一，造成这种结构性短缺的主要原因是欧洲国家矿产银和再生银的产量都比较小，而 LBMA 等市场的存在促使白银的流通贸易频繁；另外，欧洲国家如意大利等国家白银珠宝首饰业发达，每年消费大量白银。

目前，我国是全球最大的白银生产国，由于我国白银市场开放晚，消费刚刚起步，因此多年来我国是世界最主要的白银出口国之一。

8.7.4 白银标准合约

白银期货标准合约如表 8.8 所示。

表 8.8　白银期货标准合约

交易品种	白银
交易单位	15 千克/手
报价单位	元（人民币）/千克
最小变动价位	1 元/千克
每日价格最大波动限制	不超过上一个交易日结算价 ±5%
合约月份	1～12 月
交易时间	周一至周五（法定节假日除外）上午 9:00～11:30，下午 1:30～3:00
最后交易日	合约交割月份的 15 日（遇法定假日顺延）
最后交割日	最后交易日后连续 5 个工作日
交割品级	标准品：符合国标 GB/T 4135-2002 IC-Ag98.99 规定，其中银含量不低于 98.99%
交割地点	交易所指定交割仓库
最低交易保证金	合约价值的 7%
交易手续费	不高于成交金额的万分之二（含风险准备金）
交割方式	实物交割
交割单位	30 千克
交易代码	AG
上市交易所	上海期货交易所

8.7.5　影响白银价格变动的因素

影响白银价格变动的因素有很多，下面具体讲解。

1. 黄金对白银的影响

在贵金属投资市场中有一种说法，"金银不分家"，对黄金利多的因素，通常也会利多白银；反之，利空黄金的因素，也会给白银带来下行压力。

黄金和白银作为贵金属，具有一些共同的特征，因而让金价与银价紧密相关。经常跟踪各种贵金属走势的投资者都知道，黄金和白银的走势相关性极大，有时候白银先于黄金突破，有时候白银的走势则滞后于黄金的走势，但最终白银会赶上黄金。这就意味着我们可以通过观察走势领先的黄金或者白银，来判断另外一种品种的走势。

2003—2007 年，黄金价格从 350 美元/盎司上涨到 835 美元/盎司，同期白银价格从 4.5 美元/盎司上涨至 15.8 美元/盎司。

2008 年年初，当黄金价格冲击 1000 美元/盎司历史高位之时，受贵金属的联动因素推动，白银价格也不断走强，3 月中旬已达到 21 美元/盎司，创 1980 年以来的最高值。

2009 年，黄金价格全年上涨 25.5%，同期白银价格全年上涨 48.7%，涨幅接近黄金的一倍。

2010 年，黄金价格全年上涨 28.6%，同期白银价格全年上涨 83%，涨幅是黄金的 2.8 倍。

2011 年，黄金价格全年上涨 10.2%，同期白银价格却走了一个过山车行情，全年不但没有上涨，而是略微下跌，下跌幅度为 8.76%。

另外，黄金与白银的比率也可以给出我们一些指引。从趋势上来看，黄金和白银的比率与白银的价格没有明显的相关性，但是当黄金和白银的比率接近阶段性顶部或底部时，就会对黄金及白银价格走势有指导意义。

提醒：当黄金与白银的比率接近 40 时，白银的价格处于阶段性的高位；而当黄金与白银的比率接近 80 时，银价往往处于阶段性的底部。

2. 美元对白银的影响

在国际市场上，白银和美元是直接对价的商品，所用的单位为美元/盎司，因此美元走势的每一个微弱的动作都会直接影响白银价格的走势。美元与白银一般呈负关联，即美元涨，白银跌；美元跌，白银涨。

但在某些特殊时段尤其是白银走势非常强或非常弱的时期，银价也会摆脱美元走势的影响。2005 年四季度，由于国际对冲基金普遍看好石油、贵金属等商品类投资品种，大资金纷纷介入，导致白银价格与美元的互动关系一度失效，银价出现了独立的走势，投资者今后在分析黄金与美元走势时必须充分考虑这个因素。

但总体来说，在基本面、资金面和供求关系等因素均正常的情况下，白银与美元的逆向互动关系仍是投资者判断银价走势的重要依据。

3. 原油对白银的影响

在进行白银投资时，还要关注被称为"工业的血液"的黑金——原油。在国际大宗商品市场上，原油是最为重要的大宗商品之一。自西方工业革命后，原油一直充当着现代工业社会运行的重要战略物资，它在国际政治、经济、金融领域占有举足轻重的地位，"石油美元"的出现足以说明原油在当今世界经济中的重要性。

油价波动将直接影响世界经济的发展，这是不争的事实。美国的经济发展与原油市场的关联度尤其紧密，因为美国的经济总量和原油消费量均列世界第一位。美国经济强弱走势直接影响美国资产质量的变化，从而引起美元涨跌，进一步影响白银价格的变化。

当油价连续狂涨时，国际货币基金组织随即调低未来经济增长的预期。油价已经成为衡量全球经济是否健康成长的"晴雨表"中不可或缺的重要组成部分。高油价也就意味着经济增长不确定性的增加及通胀预期的逐步升温。

白银与原油之间存在着正相关的关系，也就是说，白银价格和原油价格总体上是同向变动的。

4. 季节性供求对白银的影响

白银作为一种商品，具有固定的实物消费旺季和淡季，把握好白银实物的消费季节性规律，对分析白银波动的大趋势有非常大的帮助。

提醒：虽然白银的投资需求也会影响白银的价格走势，并且西方对冲基金有时会走出一些反常行情，但大多数情况下，主力也会按照季节性规律来操作，这样可以消耗最小的资金，来获得最大的收益。

白银的消费旺季大致分布在每年年末和年初即我国春节前后，而淡季分布在第二季度和第三季度。下面统计一下 2002—2011 年，这 10 年以来每个月的上涨次数，如表 8.9 所示。

表 8.9　2002—2011 年 10 年来每个月的上涨次数

月　　份	上涨次数
1 月	6
2 月	8
3 月	5
4 月	4
5 月	6
6 月	3
7 月	8
8 月	5
9 月	7
10 月	6
11 月	7
12 月	6

从上述统计结果可以看出，3 月、4 月、6 月和 8 月，这 4 个月份上涨次数较少，可以定义为消费淡季。而实际上也是如此，3~4 月处在我国春节之后，消费能力下降；6 月和 8 月也是消费的间隔期。在保持长期多头思维的情况下，这 4 个月要警惕白银价格回调。当然这 4 个月出现的低点，也正好是我们中线建仓的机会。

2 月、7 月、9 月和 11 月，这 4 个月上涨次数较多，我们可以定义为消费旺季。其中，2 月是我国的传统消费旺季；7 月是金银商的集体进货时段；9 月和 11 月是印度和西方国家的传统实物消费旺季。所以在这 4 个月中，无论是中长线投资者，还是短线投资者，都应保持多头思维。

8.7.6　白银期货实战交易实例

在分析国内白银期货价格走势时，还要关注一下伦敦银价格的走势。打开期货行情分析软件，单击左侧的"黄金"选项卡，再单击下方的"伦敦金"，就可以看到伦敦银的报价信息。

双击伦敦银的报价信息，就可以看到伦敦银的价格走势，如图 8.15 所示。

图 8.15　伦敦银的日 K 线图

下面通过具体实例来讲解沪银期货实战交易。

（1）进行基本面分析和伦敦银行情分析，再分析一下当前沪银期货的操作策略，是做多还是做空。

（2）2012 年 5 月 10 日，白银期货上市，下面先来看一下国际伦敦银 5 月 10 日之前的价格走势，如图 8.16 所示。

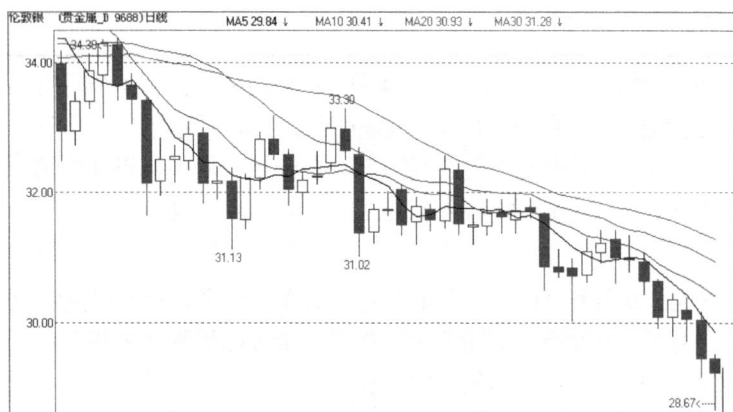

图 8.16　伦敦银的日 K 线图

可以看到，在白银期货上市之前，伦敦银价格处在明显的下跌趋势中，并且是沿着 5 日均线下行的，所以每当价格反弹到 5 日均线附近时都可以做空。

5 月 9 日，伦敦银的收盘价为 28.24 美元/盎司，如果换算成人民币，其价格大约为 5977 元/千克。

提醒：计算公式，1 美元/盎司 = 1 ×人民币对美元汇率 × 1000 ÷ 31.1035。

再来看一下，白银期货主力合约 1209，其开始上市时价格为 6196 元/千克，明显大于 5977 元/千克，并且当前国际伦敦银价格是明显的下跌趋势，所以操作策略是逢高做空。

如果上市当天就逢高做空，那么当天就会有不错的收益，并且价格连续下跌 5 天，如果波段持有，就会有相当不错的投资收益，如图 8.17 所示。

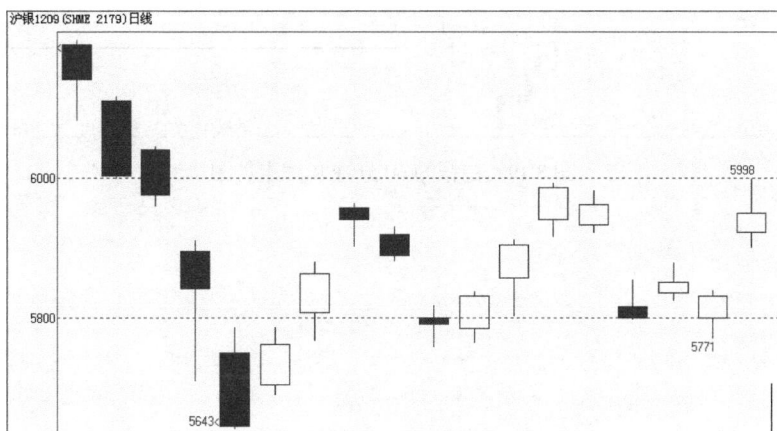

图 8.17 白银的日 K 线走势图

伦敦银跌破前期低点附近，即最低下跌到 26.78 附近，止跌开始反弹，随后陷入了震荡，震荡区间为 27～29，如图 8.18 所示。

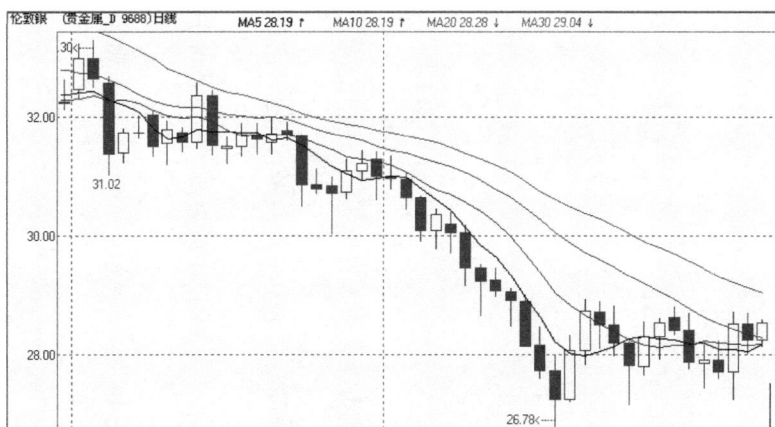

图 8.18 伦敦银在 27~29 区间震荡

当伦敦银陷入震荡时，白银期货的操作策略也该采取高抛低吸的策略进行短线操作，操作空间为5750~6000，如图 8.19 所示。

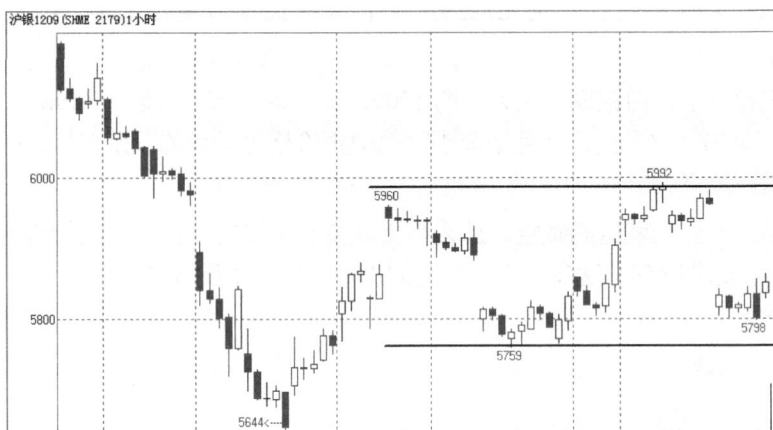

图 8.19 白银的 60 分钟 K 线走势图

第9章 能源化工期货交易的实战技巧

因为石油危机，所以出现了石油等能源化工期货，现在主要品种有燃料油、橡胶、塑料、焦炭和 PTA 等。

本章主要内容包括：

- 燃料油期货交易的实战技巧
- 橡胶期货交易的实战技巧
- PTA 期货交易的实战技巧
- PVC 期货交易的实战技巧
- 塑料期货交易的实战技巧
- 焦炭期货交易的实战技巧

9.1 燃料油期货交易的实战技巧

燃料油也叫重油、渣油，为黑褐色黏稠状可燃液体，黏度适中，燃料性能好，发热量大；用于锅炉燃料，雾化性良好，燃料完全，积炭及灰少，腐蚀性小；闪点较高，存储及使用较安全。

9.1.1 燃料油品种概况

燃料油是原油炼制出的成品油中的一种，广泛用于船舶锅炉燃料、加热炉燃料、冶金炉和其他工业炉燃料。燃料油主要由石油的裂化残渣油和直馏残渣油制成，其特点是黏度大，含非烃化合物、胶质、沥青质多。

燃料油作为炼油工艺过程中的最后一种品种，对产品质量控制有着较强的特殊性。最终燃料油产品的形成受到原油品种、加工工艺、加工深度等许多因素的制约。根据不同的标准，燃料油可以进行以下分类。

- 根据出厂时是否形成商品，燃料油可以分为商品燃料油和自用燃料油。商品燃料油是指在出厂环节形成商品的燃料油；自用燃料油是指用于炼厂生产的原料或燃料，而未在出厂环节形成商品的燃料油。

- 根据加工工艺流程，燃料油可以分为常压重油、减压重油、催化重油和混合重油。常压重油是指炼厂常压装置分馏出的重油；减压重油是指炼厂减压装置分馏出的重油；催化重油是指炼厂催化、裂化装置分馏出的重油（俗称油浆）；混合重油一般是指减压重油和催化重油的混合。

- 根据用途，燃料油可以分为船用燃料油、炉用燃料油（重油）和其他燃料油。

9.1.2 燃料油供给与需求

燃料油供给与需求要从国际市场和国内市场两个方面来分析。

1. 国际市场

已探明的世界原油储量为 1.2 万亿桶，而且石油分布极不平衡，仅中东地区就占 68% 的可采储量，其余依次为美洲、非洲、俄罗斯和亚太地区，分别占 14%、7%、4.8% 和 4.27%。

从供应方面来看，近年来全球各地燃料油供应都呈下降趋势，其中北美下降的速度最快。

2000 年以来，世界燃料油需求逐年下降，平均每年下降约 1400 万吨。美洲大陆需求下降最为明显。

综合来看，世界燃料油供过于求。2012 年世界燃料油供应过剩 5346 万吨，但是从地区平衡来看，亚太和北美地区需求短缺，需要从其他地区大量进口；俄罗斯、拉美和中东地区燃料油过剩严重。

2. 国内市场

1996 年年底，我国石油探明储量约 32.87 亿桶，居世界第 9 位。我国分为 6 个含油气区：东部，主要包括东北和华北地区；中部，主要包括陕、甘、宁和四川地区；西部，主要包括新疆、青海和甘肃西部地区；南部，主要包括苏、浙、皖、闽、粤、湘、赣、滇、黔、桂 10 省区；西藏区，包括昆仑山脉以南、横断山脉以西的地区；海上含油气区，包括东南沿海大陆架及南海海域。

我国燃料油主要由中国石油和中国石化两大集团公司生产，少量为地方炼厂生产。两大集团公司燃料油产量占全国总产量的 70% 左右。从燃料油生产地域来看，明显呈现地区集中的态势。华东和东北地区的产量远远大于其他地区的产量。

由于我国资源逐年减少，所以燃料油供应越来越依赖进口，目前燃料油已成为除原油以外进口量最大的石油产品。

我国燃料油消费的主要方式是以燃烧加热为主，少量用于制气原料。燃料油的主要消费地区集中在华南、华东地区，占总消费量的 71% 左右，东北占 14%，华北占 10%，华中占 5%。华南主要集中在广东省，占该地区消费量的 80%。华东主要是上海、江苏、浙江、山东，占该地区消费量的 72%。

我国燃料油消费主要集中在发电、冶金、化工、轻工等行业。其中，电力行业的用量最大，占消费总量的 27%；其次是石化行业，主要用于化肥原料和石化企业的燃料，占消费总量的 25%；近年来需求增加最多的是建材和轻工行业（包括平板玻璃、玻璃器皿、建筑及生活陶瓷等制造企业），占消费总量的 17%。

9.1.3　燃料油标准合约

燃料油标准合约如表 9.1 所示。

表 9.1　燃料油标准合约

交易品种	燃料油
交易单位	5 吨/手
报价单位	元（人民币）/吨
最小变动价位	10 元/吨
每日价格最大波动限制	上一个交易日结算价 ±5%
合约月份	1～12 月（春节月份除外）
交易时间	周一至周五上午 9:00～11:30，下午 1:30～3:00
最后交易日	合约交割月份前一月份的最后一个交易日
最后交割日	最后交易日后连续 5 个工作日
交割等级	180CST 燃料油（具体质量规定见附件）或质量优于该标准的其他燃料油
交割地点	交易所指定交割仓库
最低交易保证金	合约价值的 8%
交易手续费	不高于成交金额的万分之二（含风险准备金）
交割方式	实物交割
交易代码	FU
上市交易所	上海期货交易所

9.1.4　影响燃料油价格变动的因素

影响燃料油价格变动的因素有很多，下面具体讲解。

1. 供求关系的影响

供求关系是影响任何一种商品市场定价的根本因素，燃料油也不例外。随着我国经济持续高速的发展，对能源的需求也快速增长，到 2003 年，国内燃料油的产量仅能满足国内需求的一半，而进口资源占到供应总量的半壁江山，进口数量的增减极大地影响着国内燃料油的供应状况，因此权威部门公布的燃料油进出口数据是判断供求状况的一个重要指标。新加坡普式现货价格（MOPS）是新加坡燃料油的基准价格，也是我国进口燃料油的基准价格，所以 MOPS 及其贴水状况反映了进口燃料油的成本，对我国的燃料油价格影响更为直接。

2. 原油价格走势的影响

燃料油是原油的下游产品，原油价格的走势是影响燃料油供需状况的一个重要因素，因此燃料油的价格走势与原油存在着很强的相关性。根据对近几年价格走势的研究，纽约商品交易所 WTI 原油期货和新加坡燃料油现货市场 180CST 高硫燃料油之间的相关度高达 90%以上。WTI 指美国西得克萨斯中质原油，其期货合约在纽约商品交易所上市。国际上主要的原油期货品种还有 IPE，IPE 是指北海布伦特原油，在英国国际石油交易所上市。WTI 和 IPE 的价格趋势是判断燃料油价格走势的两个重要依据。

3. 产油国特别是 OPEC 各成员国的生产政策的影响

自 20 世纪 80 年代以来，非 OPEC（石油输出国组织）国家的石油产量约占世界石油产量的三分之二，最近几年有所下降，但其石油剩余可采储量是有限的，并且各国的生产政策也不统一，因此其对原油价格的影响无法与 OPEC 组织相提并论。OPEC 组织中的国家控制着世界上绝大部分石油资源，为了共同的利益，各成员国之间关于产量和油价的协议，能够得到多数国家的支持，所以该组织在国际石油市场中扮演着不可替代的角色，其生产政策对原油价格具有重大的影响力。

提醒：石油输出国组织（或称"欧佩克"、OPEC），属协调和统一成员国石油政策、确定以最适宜的手段来维护它们各自和共同利益的国际组织。世界主要石油生产国为共同应对西方石油公司和维护石油收入，于 1960 年 9 月 10 日，由伊拉克、伊朗、科威特、沙特阿拉伯和委内瑞拉代表在巴格达开会商议成立的一个协调机构，9 月 14 日"石油输出国组织"正式宣告成立，之后成员国由 5 个增加到 13 个，分别是阿尔及利亚、阿拉伯联合酋长国、卡塔尔、利比亚、尼日利亚、印度尼西亚、厄瓜多尔和加蓬，其中厄瓜多尔和加蓬分别于 1992 年和 1996 年退出该组织，该组织总部位于奥地利首都维也纳。

4. 国际与国内经济的影响

燃料油是各国经济发展中的重要能源，特别是在电力行业、石化行业、交通运输行业、建材和轻工行业使用范围越来越广泛，燃料油的需求与经济发展密切相关。在分析宏观经济时，有两个指标是很重要的，一个是经济增长率，或者说是 GDP 增长率，另一个是工业生产增长率。在经济增长时，燃料油的需求也会增长，从而带动燃料油价格的上升，在经济滑坡时，燃料油需求的萎缩会促使价格的下跌。因此，要把握和预测好燃料油价格的未来走势，把握宏观经济的演变是相当重要的。

5. 地缘政治的影响

在影响油价的因素中，地缘政治是不可忽视的重要因素之一。在地缘政治中，世界主要产油国国内发生革命或暴乱、中东地区爆发战争等，尤其是近期恐怖主义在世界范围的扩散和加剧，都会对油价产生重要的影响。回顾近 30 多年来的油价走势，不难发现，世界主要产油国或中东地区地缘政治发生的重大变化，都会反映在油价的走势中。

6. 投机因素

国际对冲基金及其他投机资金是各石油市场最活跃的投机力量，由于基金对宏观基本面的理解更为深刻并具有"先知先觉"，所以基金的头寸与油价的涨跌之间有着非常好的相关性，虽然在基金参与的影响下，价格的涨跌都可能出现过度，但了解基金的动向也是把握行情的关键。

7. 相关市场的影响

相关市场的影响包括汇率的影响和利率的影响。国际上燃料油的交易一般以美元标价，而目前国际上几种主要货币均实行浮动汇率制，以美元标价的国际燃料油价格势必会受到汇率的影响。利率是政府调控经济的一个重要手段，根据利率的变化，可了解政府的经济政策，从而预测经济发展情况的演变，以及其对原油和燃料油的需求影响。所以，汇率市场和利率市场都对油价有一定的影响。

9.1.5　燃料油实战交易案例

在分析国内燃料油期货价格走势时，还要关注一下外盘燃料油和原油价格的走势。打开期货行情分析软件，单击左侧的"外盘"选项卡，再单击下方的"外盘加权指数"，就可以看到"美燃油指"和"原油指数"的报价信息。

双击"原油指数"，可以看到原油指数的价格走势；双击"美燃油指"，可以看到美燃油指的价格走势，如图 9.1 所示。

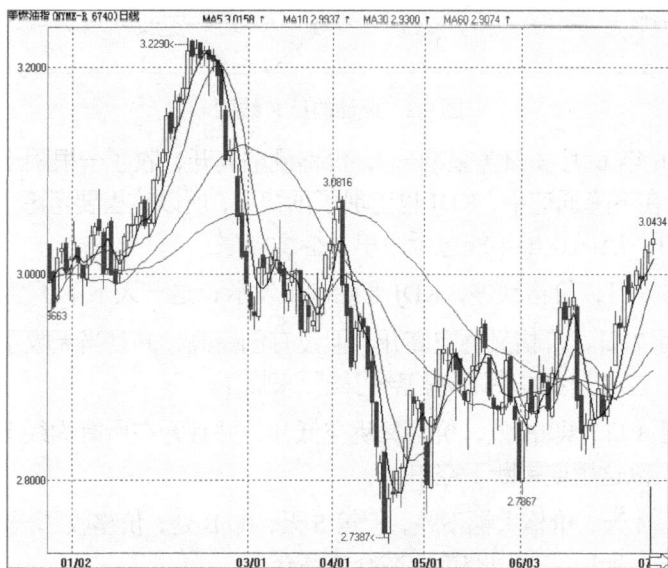

图 9.1　美燃油指的日 K 线图

下面通过具体实例来讲解燃料油期货实战交易。

（1）进行基本面分析，分析一下当前燃油期货的操作策略，是做多还是做空。

（2）根据当前燃油期货合约的持仓量选择主力合约，主力合约的日 K 线图如图 9.2 所示。

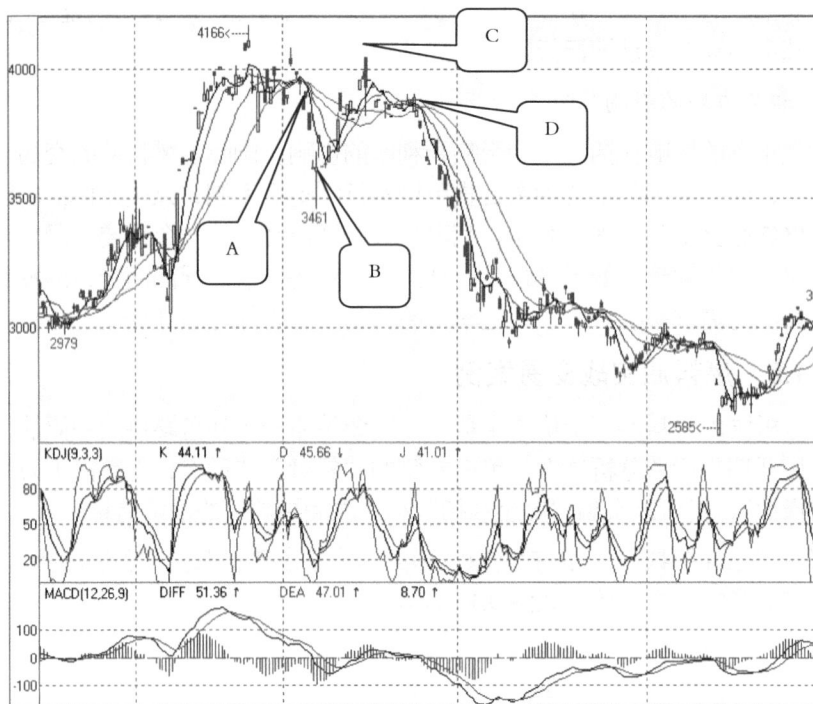

图 9.2　燃油的日 K 线图

（3）2006 年 6 月 5 日（星期一），价格跳空高开，收了一根阴十字星，注意这时 MACD 在下降通道中，KDJ 也出现了顶背离，所以这里要考虑下空单了，但由于均线向好，所以这里不能急于下单，继续观察。

（4）6 月 6 日，价格跌停，KDJ 开始向下发散，这一天下不了空单。

（5）6 月 7 日，价格又跳空高开，但没有创新高，并且当天收了一根带有下影线的阴线，这进一步说明下降趋势可能要来临了。

（6）6 月 8 日，即 A 处，价格又跳空低开，并且开在所有均线下方，即均线系统走坏，所以这里要果断下空单。

（7）随后 4 天，价格大幅下跌，但第 5 天，即 B 处，价格收了一根阳十字星，这是见顶信号，所以在这里空单要减仓或清仓。

（8）随后价格跳空高开，站上了 5 日均线，虽然其后回调，但还是很快再次站上 5 日均线，这表明反弹开始，在这里尽量不要下多单，因为一不小心，就可能被套住。

（9）价格在不断反弹过程中，7 月 18 日，即 C 处，创出 4045 高点，但当天却收了一根带有长下影线的阴线，这表明价格很可能见顶。

（10）随后价格横向盘整，均线系统走平，表明价格快要变盘了，这时要耐心等待时机。

（11）8 月 13 日，即 D 处，价格虽然收了一根阳线，但却收在所有均线下方，并且 MACD 向下发散，KDJ 指标高位死叉，所以这一天要果断下空单。

（12）随后价格不断下跌，并且均线系统一直向下运行，这表明下降趋势已开始，这里不要做短线了，要有做长线的策略与耐心，这样才会在一轮行情中成为真正的大赢家。

9.2　橡胶期货交易的实战技巧

通常我们所说的天然橡胶，是指从巴西橡胶树上采集的天然胶乳，经过凝固、干燥等加工工序而制成的弹性固状物。天然橡胶是一种以聚异戊二烯为主要成分的天然高分子化合物，分子式是（C_5H_8）n，其橡胶烃（聚异戊二烯）含量在 90% 以上，还含有少量的蛋白质、脂肪酸、糖分和灰分等。

9.2.1　橡胶品种概况

1. 天然橡胶的物理特性

天然橡胶在常温下具有较高的弹性，稍带塑性，具有非常好的机械强度，滞后损失小，在多次变形时生热低，因此其耐屈挠性也很好，并且因为是非极性橡胶，所以电绝缘性能良好。

2. 天然橡胶的化学特性

因为天然橡胶有不饱和双键，所以是一种化学反应能力较强的物质，光、热、臭氧、辐射、屈挠变形和铜、锰等金属都能促进橡胶的老化，不耐老化是天然橡胶的致命弱点，但是，添加了防老剂的天然橡胶，有时在阳光下曝晒两个月依然看不出多大变化，在仓库内贮存三年后仍可以照常使用。

3. 天然橡胶的耐介质特性

天然橡胶有较好的耐碱性能，但不耐浓强酸。天然橡胶是非极性橡胶，只能耐一些极性溶剂，而在非极性溶剂中则溶胀，因此，其耐油性和耐溶剂性很差。一般来说，烃、卤代烃、二流化碳、醚、高级酮和高级脂肪酸对天然橡胶均有溶解作用，但其溶解度则受塑炼程度的影响，而低级酮、低级酯及醇类对天然橡胶则是非溶剂。

天然橡胶按形态可以分为两大类：固体天然橡胶（胶片与颗粒胶）和浓缩胶乳。在日常使用中，固体天然橡胶占了绝大部分的比例。

胶片按制造工艺和外形的不同，可分为烟片胶、风干胶片、白皱片、褐皱片等。烟片胶是天然橡胶中最具代表性的品种，一直是用量大、应用广的一个胶种。烟片胶一般按外形来分级，分为特级、一级、二级、三级、四级、五级，一共六级，达不到五级的则列为等外胶。

颗粒胶（标准胶）是按国际上统一的理化效能、指标来分级的，这些理化性能包括杂质含量、塑性初值、塑性保持率、氮含量、挥发物含量、灰分含量及色泽指数等七项，其中以杂质含量为主导性指标，依杂质多少分为 5L、5、10、20 及 50 共五个级别。

上海期货交易所天然橡胶合约的交割等级为国产一级标准胶 SCR5 和进口烟片胶 RSS3，其中国产一级标准胶 SCR5 通常也称为 5 号标准胶，执行国家技术监督局发布实施的天然橡胶 GB/T8081～1999 版本的各项品质指标。进口烟片胶 RSS3 执行国际橡胶品质与包装会议确定的"天然橡胶等级的品质与包装国际标准"（绿皮书）（1979 年版）。

由于天然橡胶具有上述一系列物理化学特性，尤其是其优良的回弹性、绝缘性、隔水性及可塑性等特性，并且经过适当处理后还具有耐油、耐酸、耐碱、耐热、耐寒、耐压、耐磨等宝贵性质，所以具有广泛的用途。

例如，日常生活中使用的雨鞋、暖水袋、松紧带；医疗卫生行业所用的外科医生手套、输血管、避孕套；交通运输行业使用的各种轮胎；工业上使用的传送带、运输带、耐酸和耐碱手套；农业上使用的排灌胶管、氨水袋；气象测量用的探空气球；科学试验用的密封、防震设备；国防上使用的飞机、坦克、大炮、防毒面具；甚至连火箭、人造地球卫星和宇宙飞船等高精尖科学技术产品都离不开天然橡胶。目前，世界上部分或完全用天然橡胶制成的物品已达 7 万种以上。

9.2.2　橡胶供给与需求

橡胶供给与需求要从国际市场和国内市场两个方面来分析。

1. 国际市场

（1）天然橡胶供给

天然橡胶树属热带雨林乔木，种植地域基本分布于南、北纬 15℃以内，主要集中在东南亚地区，约占世界天然橡胶种植面积的 90%。生产国主要有泰国、印度尼西亚、马来西亚、中国、印度、越南、缅甸、斯里兰卡等，尤以前三国为主，前三国产量占世界产量的 60%以上，且将所产天然橡胶的绝大部分用于出口，其中，泰国和印度尼西亚的出口量占产量比高达 90%以上。泰国、印度尼西亚和马来西亚的割胶期一般在 4 月到次年 2 月。

（2）天然橡胶需求

天然橡胶的主要消费地集中在东亚、美国和西欧。其中，东亚是消费量居世界第一的地区，2002 年，中国大陆、日本、中国台湾合计消费量占全球消费量的 30%，几乎占到三分之一。其中，中国消费量约占全球消费量的 18%，居世界第一，而美国则由原先天然橡胶消费量最大的国家下降为第二位，约占全球消费量的 15%，西欧消费量约占全球消费量的 14%。

2．国内市场

（1）天然橡胶供给

我国天然橡胶产区有海南、云南、广东、广西及福建等地，主要集中在海南、云南两省。一般情况下，海南割胶季节从每年 3 月 25 日至 12 月 25 日，云南割胶季节从每年的 4 月至 11 月 25 日。近几年，我国干胶年产量在 40 万~60 万吨之间，处于世界前五位。

（2）天然橡胶需求

近些年，我国一直是继美国之后的世界天然橡胶第二大消费国，2002 年我国天胶消费量居世界第一，同时自给率也从原先的 50%左右下降到 30%多。随着我国逐渐成为"世界工厂"，天然橡胶的需求量将继续加大。

9.2.3　橡胶标准合约

橡胶标准合约如表 9.2 所示。

表 9.2　橡胶标准合约

交易品种	天然橡胶
交易单位	5 吨/手
报价单位	元（人民币）/吨
最小变动价位	5 元/吨
每日价格最大波动限制	不超过上一个交易日结算价±3%
合约月份	1、3、4、5、6、7、8、9、10、11 月
交易时间	周一至周五上午 9:00~11:30，下午 1:30~3:00
最后交易日	合约交割月份的 15 日（遇法定假日顺延）
最后交割日	合约交割月份的 16 日至 20 日（遇法定假日顺延）
交割等级	标准品：1. 国产一级标准橡胶（SCR5），质量符合国标 GB/T8081-1999。2. 进口 3 号烟胶片（RSS3），质量符合《天然橡胶等级的品质与包装国际标准（绿皮书）》
交割地点	交易所指定交割仓库

续表

最低交易保证金	合约价值的 5%
交易手续费	不高于成交金额的万分之一点五（含风险准备金）
交割方式	实物交割
交易代码	RU
上市交易所	上海期货交易所

9.2.4 影响橡胶价格变动的因素

影响橡胶价格变动的因素有很多，下面具体讲解。

1. 天然橡胶国际供求情况

供求情况是影响天然橡胶期货价格最根本的因素。目前，全球天然橡胶生产大国是泰国、印度尼西亚、马来西亚、中国、越南和印度。由于中国、印度自身用胶量大，而越南产量绝对数量目前无法与上述前三者相比，因此，天然橡胶主要出口国是泰国、印度尼西亚和马来西亚，这三国已经于 2002 年成立天然橡胶地区销售联盟（ITRCo），统一实行限产保价措施（保底价为 80 美分/公斤），并且越南和斯里兰卡也正在积极准备加入该组织。然而，2002 年下半年起，天然橡胶价格开始呈现出强劲的上涨趋势，有迹象表明，在天然橡胶地区销售联盟中，有些国家因为天然橡胶价格的上涨，对天然橡胶的减产措施得不到有效执行，因此，天然橡胶地区销售联盟对于天然橡胶限产保价措施的实施情况值得观察。如果价格跌至限价附近，三国联盟只有真正将限产报价措施付诸实践，才会对世界范围天然橡胶的供给产生实质性影响，从而影响天然橡胶价格。

全球天然橡胶消费量最大的国家和地区是美国、中国、西欧和日本。其中，中国自身的天然橡胶产量能满足约三分之一的本国消费量，其余需要进口，美国、西欧和日本则完全依赖进口。

显而易见，上述三大天然橡胶主要出口国和三个半主要进口国和地区之间对天然橡胶的供求关系，对天然橡胶的价格起着最基本和至关重要的影响。在关注全球天然橡胶主产国的橡胶生产状况的同时，还要关注越南、印度、斯里兰卡等国天然橡胶种植、生产的发展趋势。

2. 国际、国内经济大环境

天然橡胶作为一种重要的工业原料，其价格波动与国际、国内经济大环境休戚相关。当经济大环境向好、市场需要发展及需求充足时，对天然橡胶的需求量就会增加，从而推动其价格上涨；相反，当经济大环境向恶、市场悲观情绪严重且需求不足时，对天然橡胶的需求就会减少，从而促使其价格下跌，1997 年亚洲金融危机爆发导致胶价一落千丈就是一个明证。因此，国际、国内经济大环境的好坏将影响天然橡胶价格的长期走势。

3. 主要用胶行业的发展情况

天然橡胶消费量最大的行业就是汽车工业（约占天然橡胶消费总量的 65%），而汽车工业的发展带动轮胎制造业的进步。因此，汽车工业及相关轮胎行业的发展情况将会影响天然橡胶的价格。尤其是汽车工业，它的发展情况直接关系到轮胎的产量，从而影响全球天然橡胶的需求和价格。在欧美、日本等国家和地区，汽车工业相对进入稳定发展之后，天然橡胶的需求也相对平稳，比较而言，我国的汽车工业刚刚起步，未来发展有很大空间。因此，我国天然橡胶价格受汽车工业和轮胎行业发展影响的程度将加强。

4. 合成橡胶的生产及应用情况

橡胶制品随着工艺的不断改进，原材料的选用也有所变化，许多产品已经做到利用合成橡胶替代天然橡胶。伴随着合成橡胶工业的不断发展，其价格也越来越具有竞争性。当天然橡胶供给紧张或价格上涨时，许多生产厂商会选择使用合成橡胶，两者的互补性将会越来越强。

同时，由于合成橡胶属于石化类产品，其价格自然受其上游产品——石油的影响。而事实上，石油价格一直是不断波动的，因此，石油价格的波动也会通过影响合成橡胶的价格而作用于天然橡胶的价格。

5. 自然因素

天然橡胶树的生长对地理、气候条件有一定的要求，适宜割胶的胶树一般要有 5～7 年的树龄，因此，可用于割胶的天然橡胶树的数量短时期内无法改变。而影响天然橡胶产量的主要因素具体如下。

* 季节因素：进入开割季节，胶价下跌；进入停割季节，胶价上涨。
* 气候因素：台风或热带风暴、持续的雨天、干旱、霜冻等都会降低天然橡胶产量而使胶价上涨。
* 病虫害因素：如白粉病、红根病、炭疽病等，这些都会影响天然橡胶树的生长，甚至导致树死亡，对天然橡胶的产量及价格影响也很大。

6. 汇率变动因素

近几年，由于全球经济的不稳定性，汇率变动频繁，对天然橡胶价格尤其是进出口业务有一定的影响。因此，在关注国际市场天然橡胶行情的时候，一定要关注各国（尤其是三大产胶国）日元兑美元的汇率变动情况。有资料表明，通过相关性分析，日元对美元汇率与 TOCOM 天然橡胶价格存在一定的相关关系，因此，日元对美元汇率的变动对进口天然橡胶的成本会产生相应影响，从而引起胶价的变动。

7. 政治因素

政治因素除了包括各国政府对天然橡胶进出口政策的影响外，更重要的是指国际范围内的突发事件及已经发生和将要发生的重大事件，例如灾难性事件的发生及可能发生的战争因素等。政治因素往往会在相关消息传出的短时期内马上导致天然橡胶价格的剧烈波动，并且长期影响其价格走势。

8. 国际市场交易情况的影响

天然橡胶在国际期货市场已经成为一个成熟品种，在东南亚各国的期货交易所占有一定的市场份额。因此，天然橡胶期货交易的主要场所，如日本的 TOCOM 和 OME、中国的 SHFE、新加坡的 SICOM 和马来西亚的 KLCE 等期货交易所的交易价格相互之间也有不同程度的影响。

对于我国天然橡胶期货投资者来说，在从事 SHFE 天然橡胶期货交易时，既要关注国外主要天然橡胶期货市场的交易情况，还要关心我国海南、云南、青岛等现货市场的报价情况。

9.2.5 橡胶实战交易案例

在分析国内橡胶期货价格走势时，还要关注一下外盘橡胶价格的走势。打开期货行情分析软件，单击左侧的"外盘"选项卡，再单击下方的"外盘加权指数"，就可以看到"日胶指数"的报价信息。

双击"日胶指数"，可以看到"日胶指数"报价信息的价格走势，如图 9.3 所示。

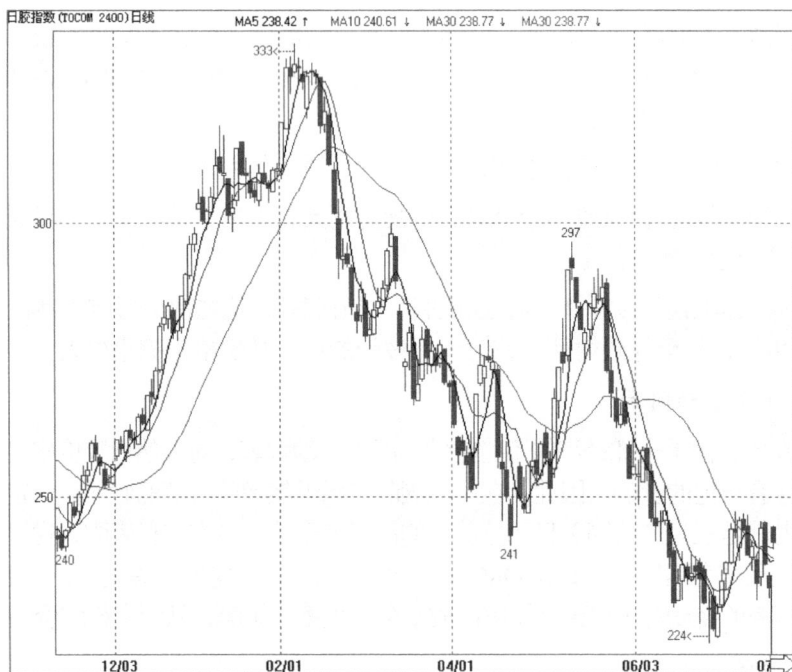

图 9.3 日胶指数的日 K 线图

下面通过具体实例来讲解一下橡胶期货实战交易。

（1）进行基本面分析，分析一下当前橡胶期货的操作策略，是做多还是做空。

（2）根据当前橡胶期货合约的持仓量选择主力合约，主力合约的日 K 线图如图 9.4 所示。

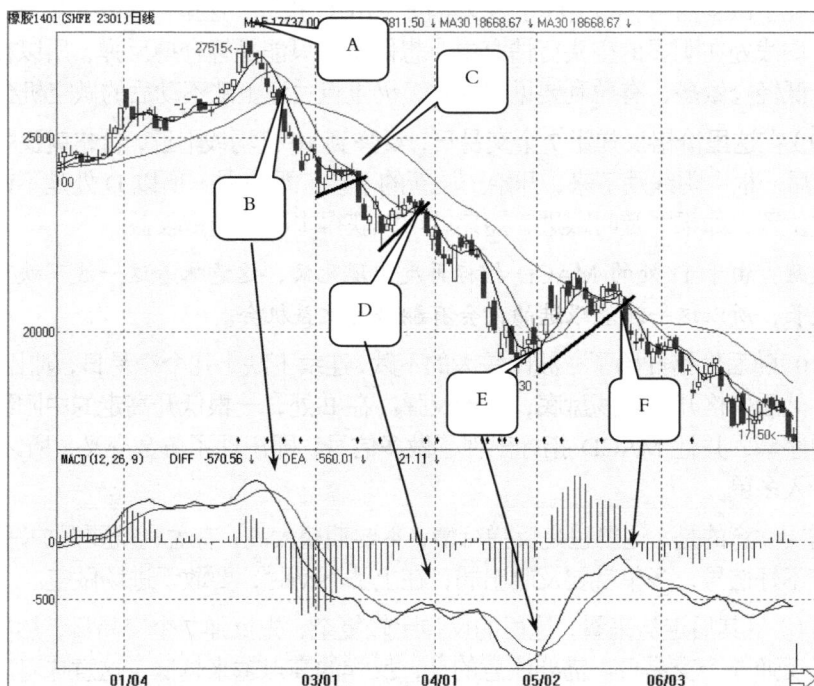

图 9.4　橡胶的日 K 线图

（3）橡胶的价格经过一波上涨之后，创出 27515 高点，需要注意的是在创出高点的这一天，价格收了一根带有长上影线的阳线，这表明上方已出现压力，多单要谨慎一些。

（4）第二天，价格高开低走，收了一根中阴线，即 A 处，这表明上方压力很大，有人开始在高位出货了，并且有资金开始在高位做空，所以多单要及时减仓。

（5）随后几天，价格不断震荡下跌，连续跌破 5 日、10 日和 30 日均线，并且 MACD 指标在高位出现死亡交叉，即 B 处。这是一个价格已见顶、开始下跌的信号，所以如果手中还有多单要第一时间果断出局。手中有空单的，可以耐心持有。没有空单的，要敢于建立空单。

（6）接着价格开始沿着均线快速下跌，连续下跌 9 个交易日后，开始窄幅横盘整理，由于均线仍在明显的空头行情之中，所以中线空单可以耐心持有。短线空单可以先止盈，有向下突破信号再顺势跟空。

（7）窄幅横盘整理 5 个交易日后，价格再度向下突破，即 C 处，所以 C 处是极佳的短线做空位置。因为横盘结束，后市要开始新的一波下跌，在 C 处做空，短期就可以获得丰厚的投资收益。

（8）价格沿着均线下跌 5 个交易日后，价格又开始反弹。需要注意是，MACD 指标出现了做多信号，即出现了金叉。按 MACD 指标，这里可以抄底做多，但要明白，均线处在明显的空头行情之中。想做多，只能是轻仓搏反弹，所以在这里可以逢低轻仓做多，有盈利要见好就收，仍重点关注上涨不动后的做空机会。

（9）在这里价格反弹了 7 个交易日，反弹到 10 日均线附近，价格就反弹不动了。然后一根中阴线跌下来，开始一波新的下跌，即 D 处，所以 D 处是不错的顺势跟空位置，如果能及时跟进，短期就可以获得丰厚的投资收益。

提醒：由于 D 处的 MACD 指标再度出现死叉，这意味着这一波下跌可能时间比较长，所以这一波能跟进的，会有翻倍的收益机会。

（10）随后价格开始了一波比较大的下跌，连续下跌十几个交易日，创出 18830 低点，然后价格开始震荡盘底，接着反弹。在 E 处，一根低开高走的中阳线，拉开反弹序幕，并且 MACD 指标出现了做多信号，即出现了黄金交叉，所以 E 处可以介入多单。

需要注意的是，这里也是反弹行情，不要期望太高，有盈利就要保护好盈利，并且有不好信号，多单就要及时出局，在上涨不动时，要敢于进场做空。

（11）从其后走势来看，这里的反弹比较复杂，先反弹 7 个交易日，然后回调后，又反弹 5 个交易日。需要注意的是，反弹的高点越来越低，这意味着后市还会下跌，所以多单要逢高及时出局，并且可以逢高轻仓布局空单。

（12）在 F 处，一根中阴线再度下跌，跌破了上升趋势线，这意味着反弹结束，后市开始新的一波下跌，所以 F 处是不错的顺势跟空位置。由于 F 处的 MACD 指标再度死叉，这意味着这一波下跌可能时间比较长，所以这一波能跟进的，会有翻倍的收益机会。

9.3　PTA 期货交易的实战技巧

PTA 是精对苯二甲酸（Pure Terephthalic Acid）的英文简称，在常温下是白色粉状晶体，无毒、易燃，若与空气混合，在一定限度内遇火即燃烧。

9.3.1　PTA 品种概况

PTA 为石油的下端产品。石油经过一定的工艺过程生产出石脑油（别名轻汽油），从石脑油中提炼出 MX（混二甲苯），再提炼出 PX（对二甲苯）。PTA 以 PX

（配方占 65%～67%）为原料，以醋酸为溶剂，在催化剂的作用下经空气氧化（氧气占 33%～35%），生成粗对苯二甲酸。然后对粗对苯二甲酸进行加氢精制，去除杂质，再经结晶、分离、干燥、制得精对苯二甲酸产品，即 PTA 成品。

国际和国内生产粗对苯二甲酸的厂家有三鑫石化的 EPTA、韩国三南的 QTA 等，它们在生产工艺中少了后面的精制过程。其成本低，具有价格优势，可满足不同聚酯企业的需要。

PTA 是重要的大宗有机原料之一，广泛用于化学纤维、轻工、电子、建筑等国民经济的各个方面。同时，PTA 的应用又比较集中，世界上 90%以上的 PTA 用于生产聚对苯二甲酸乙二醇酯（简称聚酯，PET）。生产 1 吨 PET 需要 0.85～0.86 吨的 PTA 和 0.33～0.34 吨的 MEG（乙二醇）。

聚酯包括纤维切片、聚酯纤维、瓶用切片和薄膜切片。我国市场中，有 75% 的 PTA 用于生产聚酯纤维；20%用于生产瓶级聚酯，主要应用于各种饮料的包装尤其是碳酸饮料的包装；5%用于膜级聚酯，主要应用于包装材料、胶片和磁带。可见，PTA 的下游延伸产品主要是聚酯纤维。

聚酯纤维，俗称涤纶，在化纤中属于合成纤维。合成纤维制造业是化纤行业中规模最大、分支最多的子行业，除了涤纶，其产品还包括腈纶、锦纶、氨纶等。合成纤维产量占化纤总量的 92%，而涤纶纤维产量占合成纤维产量的 85%。涤纶分长丝和短纤，长丝约占 62%，短纤约占 38%。长丝和短纤的生产方法有两种：一种是 PTA 和 MEG 生产出切片，用切片融解后喷丝而成；另一种是 PTA 和 MEG 在生产过程中不生产切片，而是直接喷丝而成。

涤纶可用于制作特种材料如防弹衣、安全带、轮胎帘子线、渔网、绳索、滤布及缘绝材料等，但其主要用途是作为纺织原料的一种。在我国的纺织品原料中，棉花和化纤占总量的 90%。我国化纤产量位列世界第一，化纤中涤纶产量占化纤总量的近 80%。因此，涤纶是纺织行业的主要原料。涤纶长丝供纺织企业用来生产化纤布，涤纶短纤一般与棉花混纺。棉纱一般占纺织原料的 60%，涤纶占 30%～35%，不过，二者用量因价格变化而互相替代。

简单地说，PTA 的原料是 PX，源头是石油。涤纶用 PTA 占总量的 75%，而化纤中 78%为涤纶。这就是"化纤原料 PTA"说法的由来。

9.3.2　PTA 供给与需求

1. PTA 的生产情况

2000 年以前，我国 PTA 的产量较小，年产量不足 150 万吨。2000 年以后，随着聚酯业快速发展，对 PTA 需求增长强劲，PTA 工业开始崛起。PTA 产量从 2000 年的 221 万吨猛增至 2005 年年底的 565 万吨，年平均增幅高达 28%，我国

PTA产能一举超越韩国及美国，成为世界第一的PTA生产国。

我国PTA主要分三部分：进口、民营和中石化，其所占比例分别为53%、22%和22%。近年来，在扩容中，民营、合资企业数量占优。因此，PTA的民营、合资企业将逐步占主导地位。

2. PTA的消费情况

全球PTA消费增长在中国。2001年以来，我国PTA的消费经历了快速增长的过程。在高利润、国产化技术成熟、投资成本大幅下降的驱动下，我国聚酯产业迅猛发展，聚酯原料市场因此出现根本性的变化。

我国是世界上最大的聚酯生产国，理所当然地成为世界最大的PTA消费国，PTA消费占世界PTA消费量的三分之一和亚洲PTA消费量的二分之一。通俗地说，世界上每3吨PTA中有1吨、亚洲每2吨PTA中有1吨被我国的聚酯工厂消化。

3. PTA的进口情况

我国是全球最大的PTA进口国。从进口依存度分析，由于下游对PTA的需求强劲，国内缺口较大，我国PTA消费一直对进口保持较高的依存度。特别是1999年以来，进口依存度均在50%以上。据业内预测，随着国内PTA产能的扩张及消费量增速放缓，PTA进口依存度将趋于下降。

从进口来源分布看，亚洲国家占总进口量的95.6%左右，另外4%的PTA来自于北美和欧洲。主要进口来源国为韩国、日本、印尼和泰国等。近年来，伊朗、沙特及土耳其也开始向我国输入PTA。

4. 世界PTA市场简介

全球PTA的生产集中于亚洲、北美和西欧。2008年，三地产能占全球的96.7%。亚洲PTA产能第一，占全球产能的70%左右，如果除掉逐步降负的DMT装置，亚洲PTA产能占据全球近四分之三的产能。全球新增的PTA产能几乎都在亚洲，而亚洲的新增产能有80%～90%集中在我国。我国是世界PTA生产和消费的中心。

9.3.3 PTA标准合约

PTA标准合约如表9.3所示。

表9.3 PTA标准合约

交易品种	精对苯二甲酸（PTA）
交易单位	5吨/手
报价单位	元（人民币）/吨
最小变动价位	2元/吨

每日价格最大波动限制	不超过上一个交易日结算价 ± 4%
合约交割月份	1 ~ 12 月
交易时间	周一至周五上午 9:00 ~ 11:30，下午 1:30 ~ 3:00
最后交易日	交割月第 10 个交易日（法定节假日除外）
交割日	交割月第 12 个交易日（法定节假日除外）
交割品级	符合工业用精对苯二甲酸 SH/T 1612.1–2005 质量标准的优等品 PTA。详见《郑州商品交易所精对苯二甲酸交割细则》
交割地点	交易所指定仓库
最低交易保证金	合约价值的 6%
交易手续费	不高于 4 元/手（含风险准备金）
交割方式	实物交割
交易代码	TA
上市交易所	郑州商品交易所

9.3.4　影响 PTA 价格变动的因素

影响 PTA 价格变动的因素有很多，下面具体讲解。

1. 供给方面

由于我国聚酯产业高速发展，国内 PTA 的产量远无法满足其需要，缺口靠进口弥补。为了满足国内市场对 PTA 的消费需求，近几年 PTA 产能新建和扩建的项目不少。随着这些项目建成投产，国内 PTA 产能会有一个很大的提升，但相对消费需求增长而言仍然会存在一些缺口。与聚酯生产线一年即可投产相比，PTA 项目投产至少需要一年半到两年以上的周期。

PTA 为连续生产、连续消费。而生产和消费可根据市场情况进行调节。同时 PTA 现货交易中以直销为主，上下游产销关系相对稳定，产销率较高。因此，生产厂家库存很少。PTA 的价值高，资金占用多。下游聚酯厂家一般也只是保存 10 多天的消费量。库存量较大的一般为贸易商及现货投机商。

2. 需求方面

需求主要体现在两个方面，具体如下。

（1）聚酯增长决定直接需求

PTA 主要用于生产聚酯。生产 1 吨 PET 需要 0.85 ~ 0.86 吨的 PTA。聚酯产业发展状况决定 PTA 的消费需求。1995 年，全球聚酯总产能约为 1900 万吨/年，而当时我国的聚酯产能约 190 万吨/年，占全球总产能的 10%；2005 年，全球产能接近 5500 万吨/年，我国的聚酯产能则达到 2163 万吨/年，约占全球总产能的 40%，我国聚酯产能的年均增长率达到全球平均水平的 3 倍。2007 年以后，我国聚酯产能将进入一个缓慢增长的时期，增长率将维持在 5%左右。

（2）纺织增长决定终端需求

聚酯产品中涤纶对 PTA 的需求量最大，决定着 PTA 的消费情况。2012 年，化纤产量占我国纺织工业纤维加工总量的 2690 万吨的 61%，而化纤中涤纶占总量的近 80%。涤纶是纺织行业的主要原料。这就是说，纺织行业的景气程度、发展情况直接影响涤纶市场消费，进而决定对 PTA 的需求。

全球 GDP 与全球纤维总消费量之间有着密切的互动关系。强势的经济增长带动了终端产品即服装的需求，为纺织工业提供更大的发展动力。纺织工业发展推动聚酯需求增长，最终影响市场对 PTA 的需求量。

我国是世界上最大的纺织品生产国。从国内来看，国民经济长期稳定增长。我国拥有全世界五分之一的人口，人民自己的穿衣和家用占生产的纺织品和服装总量的 70%以上。这表明，我国纺织业的发展潜力在内需上，而且内需增长较快。这是包括化纤业在内的纺织行业持续发展的最大动力。同时，纺织品是我国有竞争优势的大宗出口产品，我国是世界上最大的纺织品出口国。除了内需因素外，国内纺织行业发展还受国际市场贸易摩擦、汇率变化的影响。

3. 石油价格

PTA 的源头为石油。在 2004—2005 年全球 PTA 市场供求基本平衡的情况下，PTA 价格却出现大涨。其原因在于成本推动。特别是 2004 年以来，世界石油价格一路上涨。在高油价下，作为中间产品的化工市场与原油价格密切相关，同声涨落。PTA 所处的聚酯与化纤行业也不例外。石油上涨带来成本向下游的转移，直接造成 PX 的成本增加，从而影响 PTA 的生产成本。数据分析也表明，PTA 与上游的石油、PX 二者之间存在较高的价格相关性。2001 年至今，PTA 与原油价格的相关性平均为 0.78，2006 年上半年为 0.76。因此，投资者参与 PTA 期货，应关注石油价格。

4. 原料价格

PX 是生产 PTA 的最直接和最主要的原料，全球范围内超过 90%的 PX 是用来生产 PTA 的，可见 PTA 和 PX 之间关系的密切程度。在现货市场中，PTA 的成本价参考公式就是以 PX 为基础的：

PTA 成本价＝0.655×PX 价格+1200 元

其中，0.655×PX 价格为原料成本，1200 元为各种生产费用。

PTA 与 PX 之间存在较高的价格相关性。2001 年至今，PTA 与 PX 的价格相关性平均为 0.91，2006 年上半年为 0.94。PTA 价格在很大程度上受制于原料 PX，尤其是在 PTA 价格与成本相当接近甚至倒挂时，原料价格作用非常明显。

5. 棉花市场价格走势

PTA 的下游产品是涤纶，与棉花同为纺织品的原料，二者是一种替代关系。二者价格关系会影响各自在纺织配料中的用量，从而影响对 PTA 的需求。近两年来，棉花价格的低位运行状况，抑制了化纤产品价格上涨的可能。

6. 国内外装置检修情况

PTA 生产装置每年需要检修一次。PTA 生产企业会选择淡季或市场行情不好的月份进行装置检修，以降低市场风险，但会对市场供应造成影响。

7. 人民币的汇率变化

我国是全球最大的纺织品生产国和出口国，人民币升值将降低纺织品的出口竞争力，而纺织品市场形势反过来也将直接影响到化纤产业及上游 PTA 行业的发展。另外，人民币升值意味着按美金计价的进口 PX 价格更加具有吸引力，有可能促使相应的报价上升。

9.3.5　PTA 实战交易案例

下面通过具体实例来讲解 PTA 期货实战交易。

（1）进行基本面分析，分析一下当前 PTA 期货的操作策略，是做多还是做空。

（2）根据当前 PTA 期货合约的持仓量选择主力合约，主力合约的日 K 线图如图 9.5 所示。

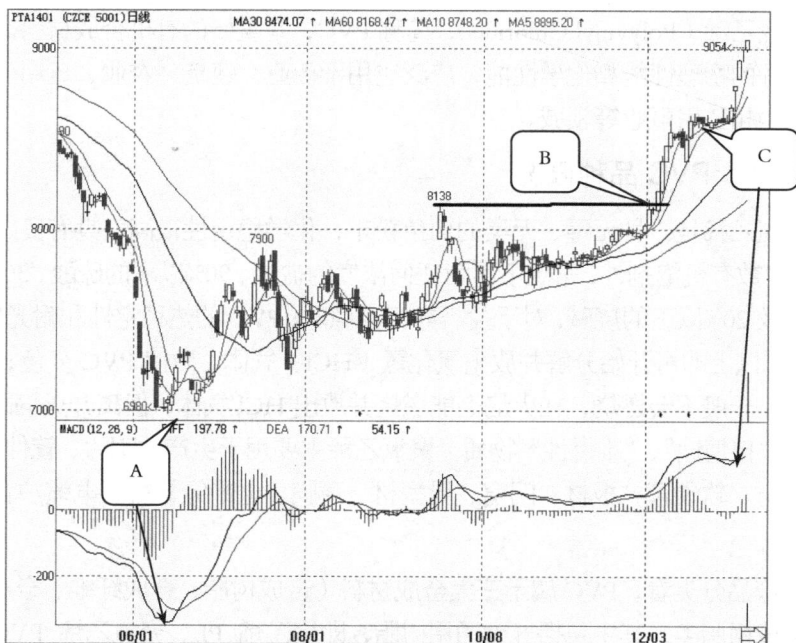

图 9.5　PTA 的日 K 线图

（3）PTA 经过一波暴跌之后，创出 6980 低点，随后价格开始反弹，并且 MACD 指标在低位出现金叉，即 A 处，这意味着暴跌行情已结束，后市进入报复性的反弹行情。所以在 A 处，空单要及时获利了结，并且可以介入多单。

（4）随后价格开始震荡反弹，然后进行长期的横盘整理。这里需要注意的是，在横盘整理期间，价格始终在 30 日均线附近或上方，并且 MACD 指标在零轴的上方，这意味着价格震荡后，有向上突破的迹象。

（5）在 B 处，一根中阳线向上突破，由于震荡时间较长，所以后市有望迎来一波不错的趋势性上涨行情。所以 B 处是极佳的顺势做多位置。在这个位置做多，短期就可以获得不错的投资收益。

（6）随后连续上涨几个交易日，然后又横盘整理，由于均线在明显的多头行情之中，所以中线多单可以耐心持有，短线空单可以止盈。

（7）窄幅震荡几个交易日，价格瞬间打出一个低点，然后开始上涨，即 C 处。所以这里是一个极佳的做多位置，因为这是一个明显的见底 K 线，另外 MACD 指标又发出金叉买入信号，所以在 C 处介入多单，短期就会有不错的投资收益。

9.4　PVC 期货交易的实战技巧

聚氯乙烯（Polyvinyl Chloride），简称 PVC，是重要的有机合成材料。其产品具有良好的物理性能和化学性能，广泛应用于工业、建筑、农业、日用生活、包装、电力和公用事业等领域。

9.4.1　PVC 品种概况

聚氯乙稀是一种无毒、无臭的白色粉末，化学稳定性很高，具有良好的可塑性。除少数有机溶剂外，常温下可耐任何浓度的盐酸、90%以下的硫酸、50%～60%的硝酸及 20%以下的烧碱，对于盐类亦相当稳定；PVC 的热稳定性和耐光性较差，在 140℃以上即可开始分解并放出氯化氢（HCl）气体，致使 PVC 变色；电绝缘性优良，一般不会燃烧，在火焰上能燃烧并放出 HCl 气体，但离开火焰即自熄，是一种"自熄性"、"难燃性"物质。聚氯乙稀主要用于生产透明片、管件、金卡、输血器材、软硬管、板材、门窗、异型材、薄膜、电绝缘材料、电缆护套和输血料等。

从产品分类看，PVC 属于三大合成材料（合成树脂、合成纤维、合成橡胶）中的合成树脂类，其中包括五大通用树脂，即聚乙烯 PE、聚氯乙烯 PVC、聚丙烯 PP、聚苯乙烯 PS 和 ABS 树脂。

9.4.2　PVC 供给与需求

2006—2007 年是我国 PVC 行业投资高度增长的两年，外行业投资者纷纷涌入 PVC 行业，使得 PVC 产能得到迅速增长。该行业能够吸引如此多的投资的原因有以下几个方面。

一是国际原油价格持续上涨，造成以石油、天然气为路线的 PVC 法价格的攀升，而国内电石法路线价格相比较低，极具市场竞争优势，利润高于行业平均利润。

二是近几年随着我国建筑行业的极速发展，对合成树脂材料特别是 PVC 需求增长较快，造成下游市场需求增加。

三是我国市场上五大通用树脂市场需求持续激增，但石油、天然气路线的价格较高，作为替代品的 PVC 成为理想选择。

四是一些煤化工企业看到下游市场较高的投资回报前景，延长产品产业链，以获取更好的投资效益。

1. 我国合成树脂总体情况

近年来，我国合成树脂行业生产持续快速增长，现在已是世界上仅次于美国的第二大合成树脂生产国。其中，聚氯乙烯产量达 971.7 万吨，同比增长 19.8%；随着中海壳牌、惠州乙烯项目的投产，以及吉化、大庆乙烯项目改扩建后正式投入运营，聚乙烯产量达到 692.5 万吨，同比增长 16.1%；在海南炼厂、茂名石化、大连石化聚丙烯等生产装置扩能的情况下，聚丙烯产量达到 712.7 万吨，同比增长 21.7%；聚苯乙烯产量达 300.3 万吨，同比增长 9.8%；ABS 产量为 135 万吨，同比增长 16.4%。

2. 聚氯乙烯产能分析

中国的氯碱行业从 2004 年以来一直保持良好的发展势头，虽然从 2008 年开始扩产扩能的后遗症有所显现，但是生产能力仍然有比较大的增加。

2012 年全国聚氯乙烯产量为 649.2 万吨，较 2011 年增长 27.6%。其中，采用乙烯法原料路线的产量约为 120 万吨，占总产量的 18.5%，比 2011 年的 89 万吨有小幅增长；采用进口单体和 EDC 原料路线的产量约为 119 万吨，占总产量的 18.3%，比 2004 年的 115 万吨略有增长；采用电石乙炔法原料路线的产量约为 49.2 万吨，占总产量的 63.2%，比 2004 年的 299 万吨有大幅度增长。可见，电石法仍占主导地位。自 2003 年以来，国际油价大幅攀升，使乙烯法 PVC 成本增加，而电石法生产则受此影响较小，从而导致国内电石法 PVC 生产装置建设的新一轮热潮，使电石法 PVC 产能急剧扩大，对乙烯法 PVC 生产形成了极大挑战，许多乙烯法企业处于亏损边缘。

3. 聚氯乙烯产量分析

近年来，我国聚氯乙烯装置规模水平虽在不断提高，但仍不及国际平均水平。目前，我国聚氯乙烯生产装置平均规模不足 10 万吨 / 年，而国际上聚氯乙烯装置平均规模为 15 万～20 万吨 / 年，最大装置规模超过 100 万吨 / 年。发达国家如美国，平均装置规模为 30 万吨 / 年，相比差距更大，日本的 PVC 平均装置规模为 15 万吨 / 年。

9.4.3 PVC 标准合约

PVC 标准合约如表 9.4 所示。

表 9.4　PVC标准合约

交易品种	聚氯乙烯
交易单位	5 吨/手
报价单位	元（人民币）/吨
最小变动价位	5 元/吨
涨跌停板幅度	上一个交易日结算价的 4%
合约月份	1～12 月
交易时间	周一至周五上午 9:00～11:30，下午 1:30～3:00
最后交易日	合约月份第 10 个交易日
最后交割日	最后交易日后的第 2 个交易日
交割等级	质量标准符合《悬浮法通用型聚氯乙烯树脂（GB/T 5761-2006）》规定的 SG5 型一等品和优等品
交割地点	大连商品交易所指定交割仓库
最低交易保证金	合约价值的 5%
交易手续费	不超过 6 元/手
交割方式	实物交割
交易代码	V
上市交易所	大连商品交易所

9.4.4 影响 PVC 价格变动的因素

影响 PVC 价格变动的因素有很多，下面具体讲解。

1. 供需状况变化

供需状况变化对 PVC 市场的影响具体如下。

从供应面来看，包括停车检修、新装置开车，进口量的变化；石化政策性减产，装置意外事故。从需求面来看，下游制品生产需求旺季是每年春季和秋季，即建筑施工旺季。再从出口变化来看，下游行业门槛低导致加工能力大量过剩，旺季淡化，生产周期被提前和拉长，下游加工业利润微薄；恶性竞争导致产品质量下降，假冒伪劣产品盛行，影响了人们使用的积极性。

2. 国际原油市场波动

原油是 PVC 的主要原料之一，PVC 的成本传导是：原油—石脑油—乙烯—氯乙烯—PVC。油价相对稳定或小幅波动时，对 PVC 市场的影响不大，对 PVC 成本的影响主要是乙烯（氯乙烯）。

3. 宏观经济形势（建材及房地产、汽车市场）

如果宏观经济形势好，则 PVC 需求和消费就好，市场价格也比较理想，反之就会比较差。

当然，PVC 的价格还受原材料价格变化（电石、VCM/EDC）、出口退税、限制使用、贸易保护主义、人民币汇率、出口形势、运输及自然灾害等影响。

9.4.5　PVC 实战交易案例

下面通过具体实例来讲解 PVC 期货实战交易。

（1）进行基本面分析，分析一下当前 PVC 期货的操作策略，是做多还是做空。

（2）根据当前 PVC 期货合约的持仓量选择主力合约，主力合约的日 K 线图如图 9.6 所示。

（3）价格经过一波上涨之后，创出 7700 高点，需要注意的是，在创出高点的这一天，价格收了一根中阴线，这意味着上方已有压力，即 A 处。

（4）随后价格开始震荡下跌，经过一波下跌后，MACD 指标在高位形成了死亡交叉，这意味着后市价格要走坏。

（5）价格开始宽幅震荡整理，且整个震荡整理在一个三角形中。当价格反弹到三角形的上边线时，可以轻仓介入空单，即 B 处。

（6）随后价格跌破了三角形的下边线，这意味着震荡行情结束，后市将迎来震荡下跌行情，即 C 处。所以 C 处是最佳的做空位置，要敢于做空。

（7）从其后走势看，价格跌破三角形下边线后，就开始快速下跌，连续下跌10 个交易日，创出 7105 低点，即 D 处。

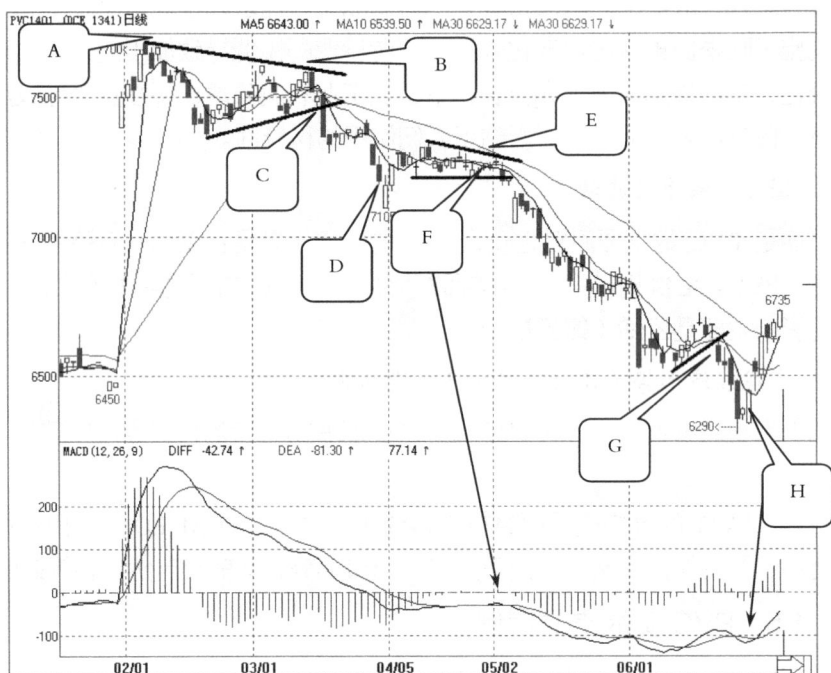

图 9.6　PVC 的日 K 线图

（8）在创出低点的这一天，价格是低开高走，收了一根中阳线，这意味着价格要反弹了。

（9）随后价格连续反弹 3 天，然后又开始横盘整理，但横盘整理的高点越来越低，所以横盘后再次下跌的概率比较大，当价格反弹不动时，可以轻仓介入空单，即 E 处。

（10）在 F 处，价格跌破了横盘整理的下边线，这意味着横盘行情结束，开始新的一波下跌，要果断进场做空。另外，在这里可以看到 MACD 指标再度死亡交叉，所以在这里做空，一般都会有不错的投资收益。

（11）从其后走势看，价格开始一波比较长的下跌行情，沿着均线连续下跌 26 个交易日，再出现一波反弹。这一波反弹用了 6 个交易日，但需要注意的是，MACD 指标开始转多，这意味着后市下跌空间已不大。

（12）在 G 处，价格再度跌破上升趋势线，这意味着新的一波下跌开始。在这里需要注意的是，这一波下跌要见好就收，因为 MACD 指标已背离。

（13）从其后走势可以看出，价格连续下跌 4 个交易日，创出 6290 低点，然后就开始快速拉升，并且 MACD 二次金叉上攻，所以 H 处是不错的做多位置。

9.5　塑料期货交易的实战技巧

塑料即线性低密度聚乙烯（LLDPE），是乙烯与少量高级 α -烯烃（如丁烯-1、己烯-1、辛烯-1、四甲基戊烯-1 等）在催化剂作用下，经高压或低压聚合而成的一种共聚物，密度处于 $0.915 \sim 0.940 \mathrm{g/cm^3}$ 之间。

9.5.1　塑料品种概况

按共聚单体类型，LLDPE 主要分为 3 种共聚物：C4（丁烯-1）、C6（己烯-1）和 C8（辛烯-1）。其中，丁烯共聚物是全球生产量最大的 LLDPE 树脂，而己烯共聚物则是目前增长最快的 LLDPE 品种。在 LLDPE 树脂中，共聚单体的典型用量为 5%~10% 重量分数，平均用量大约为 7%。

与通常使用的丁烯共聚单体相比，以己烯和辛烯作为共聚单体生产的 LLDPE 具有更为优良的性能。LLDPE 树脂的最大用途在于薄膜的生产，以长链 α -烯烃（如己烯、辛烯）作为共聚单体生产的 LLDPE 树脂制成的薄膜及制品在拉伸强度、冲击强度、撕裂强度、耐穿刺性、耐环境应力开裂性等许多方面均优于用丁烯作为共聚单体生产的 LLDPE 树脂。自 20 世纪 90 年代以来，国外的 PE 生产厂商及用户均趋向于用己烯及辛烯替代丁烯。据悉，用辛烯作为共聚单体，树脂性能不一定比己烯共聚有更进一步的改善，且价格反而贵些，因此目前国外主要 LLDPE 生产商使用己烯来替代丁烯的趋势更为明显。

LLDPE 的主要应用领域是农膜、包装膜、电线电缆、管材和涂层制品等。

从近年来 LLDPE 的消费情况看，薄膜的消费比例一直保持在 77% 左右，第二大品种注塑制品的消费比例也一直在 9% 上下徘徊。预计未来几年内，虽然各项品种的绝对消费量将继续增长，但其消费比例会基本维持目前的态势；包装膜的需求相对增长较快，农膜的消费比例将会降至 20% 左右。

由于 LLDPE 的性能不断改善，其应用领域也不断扩大，未来市场对 LLDPE 的需求增速将大大高于 LDPE 和 HDPE。

9.5.2　塑料供给与需求

1. 世界 LLDPE 生产概况

世界 LLDPE 产能主要集中在北美、亚太、西欧和中东地区，近年来四地区产能分别占全球总产能的 30.9%、28.3%、16.1% 和 13.3%，其产能之和占全球总产能的 88.6%。中东是产能增长最快的地区。

按国家看，美国、沙特阿拉伯、加拿大、中国和日本位居世界产能的前五名，五国产能之和约占世界总产能的 55%。

2. 世界 LLDPE 消费概况

从 3 种聚乙烯消费比例看，HDPE 占总消费量的 32%，LDPE 占 29%，LLDPE 所占比例最高，达 39%。

在未来消费中，薄膜、注塑仍将是 LLDPE 消费的最大领域。

3. 我国 LLDPE 供求概况

2011 年我国 LLDPE 产量为 188 万吨，消费量约为 355 万吨，进口量约为 170 万吨，对外依存度达 48%，供需缺口较大。虽然随着国内产能的扩增，供给能力增强，对外依存度将不断缩小；但从目前国内外技术实力差距看，未来我国在高档产品（特别是一些专用料）领域主要还是依赖进口，这个现状若干年内难以改变。

4. 我国 LLDPE 的消费概况

随着我国经济的快速发展，我国对 LLDPE 的消费增长也呈加速发展之势。从消费量看，高密度聚乙烯仍是我国当前消费的最大品种，从增速上看，LLDPE 增长最快，几乎是 HDPE 增速的一倍，也大大高于 LDPE。近年来，LLDPE 消费量迅速上升，大有后来居上之势，对 HDPE 的消费霸主地位形成了强烈挑战。

我国 LDPE 主要消费领域是薄膜（包括农膜），约占其总消费量的 75%～80%，其他应用领域，如注塑、涂层制品及电线电缆等，约占 20%～25%。

在薄膜消费领域中，包装膜所占比重最大，约在 70%左右；农膜约为 30%。包装薄膜是 LDPE / LLDPE 最大的应用领域，主要有扭结包装膜、收缩包装膜、缠绕包装膜、贴体包装膜、充气包装膜、高阻透性膜（阻气、阻光等）、高耐热性膜、选择渗透膜、保鲜膜和抗菌膜等。我国包装膜的生产能力在 280 万吨/年以上，产量在 225 万吨左右，产品中单膜所占比重较大，近年来复合膜的需求量越来越多，消费比例达到包装膜的 10%。

9.5.3 塑料标准合约

塑料标准合约如表 9.5 所示。

表 9.5　塑料标准合约

交易品种	线型低密度聚乙烯
交易单位	5 吨/手
报价单位	元（人民币）/吨
最小变动价位	5 元/吨
涨跌停板幅度	上一个交易日结算价的 4%
合约月份	1～12 月

续表

交易时间	周一至周五上午 9:00～11:30，下午 1:30～3:00
最后交易日	合约月份的第 10 个交易日
最后交割日	最后交易日后的第 2 个交易日
交割等级	大连商品交易所线型低密度聚乙烯交割质量标准
交割地点	大连商品交易所线型低密度聚乙烯指定交割仓库
最低交易保证金	合约价值的 5%
交易手续费	不超过 8 元/手
交割方式	实物交割
交易代码	L
上市交易所	大连商品交易所

9.5.4　影响塑料价格变动的因素

影响塑料价格变动的因素有很多，下面具体讲解。

1. 上游原料价格波动对 LLDPE 价格的影响

（1）PE 生产流程

PE 生产流程是：原油（Crude oil）—石脑油（Naphtha）—乙烯（Ethylene/C2）—聚乙烯（Polyethylene，PE）。

线性聚乙烯是聚乙烯的一种，从生产流程可以看出，原油、石脑油和乙烯是其上游原料，它们的价格波动将会直接影响到 PE 的价格，包括 LLDPE 的价格变化。

上游原料价格的涨跌对 PE 市场形成短期与长期两类影响。短期影响在于上游原料的价格起伏对贸易商产生的心理影响，经销商的"蓄水池"作用使得看多或者看空心理的转变与原料价格变化密切相关。比如，油价或单体的连续暴涨可能激发经销商的炒作情绪导致成交放量，推动聚乙烯价格上扬。

作为 LLDPE 的上游原料，原油、石脑油及单体价格的变化势必会引起 LLDPE 的价格波动，这种影响作用是一种成本驱动，也是一种长期影响。

（2）原油

我们目前所看到的油价是一种期货价格，加之聚乙烯的生产加工有一定周期，因此原油涨跌对于当日 PE 现货而言并不会产生成本方面的影响，它所产生的成本驱动会有一定的延迟性。

（3）石脑油

对于 PE 而言，成本方面受石脑油的影响最大，而并非原油。因为目前聚乙烯大部分的装置都是一体化的装置，即这些工厂是采购石脑油的，而非乙烯单体。

（4）乙烯单体

原料（单体和á烯烃）在成本因素中占到的比例高达87%以上。而在聚烯烃的生产成本中，其他因素是相对稳定的，因此可以说，单体价格的变化是影响聚烯烃成本最主要的因素。

一般来说，从乙烯加工至聚乙烯的成本在120～150美元/吨。但如前所述，PE大部分装置是一体化装置，因此乙烯单体对聚乙烯价格的影响不如石脑油价格来得直接。

2. 供应方面对LLDPE价格的影响

国内方面对LLDPE价格的影响主要在于石化的库存、装置的检修与切换、石化的结算和考核政策。

具体来说，石化库存是社会资源总量的一部分，而这一部分又直接关联着国内石化的定价措施，因此，石化库存的高低是LLDPE价格的晴雨表。一般来说，国内石化有各自的设计库容，当库存水平超过正常库存时，迫于销售压力，国内石化可能会采取降价的措施以促进销售。反之，当销售顺畅，库存偏低时，也意味着石化存在推涨的潜能。

装置的检修与切换会导致某个级别或者牌号原有的供应骤减或激增，从而打破原来的供需平衡，引起LLDPE价格波动。

另外，石化的考核政策对LLDPE的价格也会产生一定影响。例如，中石化的月底停销结算及中油月度买断，一方面在供应上，另一方面在定价上均会对现货价格带来影响。

进口供应对于国内LLDPE市场价格的影响主要体现在数量和价格两个方面，其中数量的影响更为主要。在正常情况下，一般国外供应商会有相对固定的数量销往中国市场，因此，供应量的突变会对国内市场的供需平衡产生影响。例如，在国内供应与需求相对平稳的情况下，进口量连续数月萎缩或剧增，必然导致原有的供需平衡局面遭到破坏，在寻求新的平衡的过程中，现货价格会出现较为明显的涨跌。

供应量的变化与其装置检修情况和开工率密切相关，除此之外，也与该供应商国内的内需情况及周边国家的市场状况有很大关联，如东南亚、中东等。

从长期来看，供应商对我国地区的销售量还与其企业战略有关，如扩产计划、销售格局等。

3. 需求方面对LLDPE价格的影响

需求包括实际需求和投机需求。

实际需求是指下游工厂的生产需求，影响主要涉及以下三个方面。

第一，现有库存情况对采购时机的影响。下游工厂的库存同样是社会资源总量的一部分，它的高低直接影响着工厂的采购时间，对原料市场的成交是一个不可忽略的影响因素。

第二，下游工厂的生产条件对开工率的影响，直接关联需求量。这个方面主要体现在夏季工厂限电，导致开工率不足。

第三，与下游工厂制品销售相关。

（1）产品销售的淡旺季，如 LLDPE 在我国市场的一个主要用途为农用薄膜，一般春节前后及 7～9 月是两个生产旺季，分别集中生产地膜和大棚膜，对 LLDPE 需求旺盛。

（2）产品销售价格的涨跌影响工厂采购对成本的控制，如农用薄膜是利润率较低的下游制品，其产品销路不佳或者价格下跌会直接影响工厂对原料采购的成本控制，从而影响成交量。

（3）各种交易会议的召开对下游工厂的订单情况产生影响，促进需求增长。

投机需求是指贸易商行为，如集中备货或抛售而引起的需求变化。其中，主要涉及的方面包括贸易商的库存、货源成本、资金状况及心态。

（1）库存。除去石化库存、下游库存，贸易商的库存就是社会资源量中的另一个主要组成部分。贸易商的库存表征着"蓄水池"的容量大小，库存水平偏高意味着市场流通环节不畅，价格上涨乏力，呈现走软迹象；而库存偏低，则表示市场成交尚可，具备上行动力。

（2）资金状况。贸易商如果存有付汇压力，则往往会通过低价销售货源以回笼资金，从而导致市场上出现一些超低报价，在行情走势不明朗的情况下，会动摇人气。但通常来讲，这种情况对价格的影响有限。

（3）心态。这意味着贸易商对后市的预期，与其是否备货建仓直接相关，对短期内成交量的影响较为明显，从而引导价格走向。

9.5.5　塑料实战交易案例

下面通过具体实例来讲解塑料期货实战交易。

（1）进行基本面分析，分析一下当前塑料期货的操作策略，是做多还是做空。

（2）根据当前塑料期货合约的持仓量选择主力合约，主力合约的日 K 线图如图 9.7 所示。

（3）在 A 处，一根中阳线向上突破，从理论上说，价格会开始新的一波上涨，但价格并没有继续上涨，而是收了一根带有长上影线的阴线，这表明突破是假的，后市很可能要迎来下跌行情，所以多单要及时出局，并且可以轻仓布局空单。

图 9.7　塑料的日 K 线图

（4）随后价格开始快速下跌，连续跌破 5 日、10 日和 30 日均线，并且 MACD 指标在高位出现死亡交叉，即 B 处，这表明新的下跌波段到来。所以手中空单可以耐心持有，并且在 B 处，还可以继续加仓做空。

（5）价格继续下跌，经过十几个交易日的下跌后，出现了一波反弹。这一波反弹用了 6 个交易日，然后再度下跌，并且在 C 处跌破了上升趋势线，所以 C 处是不错的顺势跟空位置，在该位置介入空单，会有不错的投资收益。

（6）随后价格又连续下跌十几个交易日，创出 9505 低点，然后在底位震荡，MACD 指标出现金叉做多信号，所以空单要及时止盈出局，并可以反手做些多单。

9.6　焦炭期货交易的实战技巧

　　焦炭为焦煤干馏后残存的固态产物，形态呈不规则块状，富含大小不等的气孔结构，质地坚硬，颜色为银灰色或黑色，如图 9.8 所示。

　　焦炭的主要成分是碳元素，含少量氢、氧、氮、硫及其他元素。焦炭主要用于冶金工业，是高炉冶炼的重要原料，同时也被广泛用于铸造行业，少量也被化肥或燃气工业用于制造水煤气，近年来也有焦炭应

图 9.8　焦炭

用于电弧炉炼钢操作。

9.6.1　焦炭品种概况

烟煤在隔绝空气的条件下，加热到 950℃～1050℃，经过干燥、热解、熔融、粘结、固化、收缩等阶段最终制成焦炭，这个过程叫高温炼焦（高温干馏）。由高温炼焦得到的焦炭用于高炉冶炼、铸造和气化。炼焦过程中产生的经回收、净化后的焦炉煤气既是高热值的燃料，又是重要的有机合成工业原料。

冶金焦是高炉焦、铸造焦、铁合金焦和有色金属冶炼用焦的统称。由于 90% 以上的冶金焦均用于高炉炼铁，因此往往把高炉焦称为冶金焦。

铸造焦是专用于化铁炉熔铁的焦炭。铸造焦是化铁炉熔铁的主要燃料。其作用是熔化炉料并使铁水过热，支撑料柱保持其良好的透气性。因此，铸造焦应具备块度大、反应性低、气孔率小、具有足够的抗冲击破碎强度、灰分和硫分低等特点。

焦炭主要用于高炉炼铁和铜、铅、锌、钛、锑、汞等有色金属的鼓风炉冶炼，起还原剂、发热剂和料柱骨架作用。

炼铁高炉采用焦炭代替木炭，为现代高炉的大型化奠定了基础，是冶金史上的一个重大里程碑。为使高炉操作达到较好的技术经济指标，冶炼用焦炭（冶金焦）必须具有适当的化学性质和物理性质，包括冶炼过程中的热态性质。

焦炭除大量用于炼铁和有色金属冶炼（冶金焦）外，还用于铸造、化工、电石和铁合金，其质量要求有所不同。如铸造用焦，一般要求粒度大、气孔率低、固定碳高和硫分低；化工气化用焦，对强度要求不严，但要求反应性好，灰熔点较高；电石生产用焦要求尽量提高固定碳含量。

9.6.2　焦炭供给与需求

近 10 年我国焦炭产量逐年提高，只有 2008 年略有下降，2002—2012 年期间的增长幅度达到 190%，年均增长率为 12.83%。

2012 年，我国焦炭总产量为 3.55 亿吨，其中华北地区产量为 1.47 亿吨，东北地区产量为 0.32 亿吨，华东地区产量为 0.69 亿吨，中南地区产量为 0.41 亿吨，西南地区产量为 0.36 亿吨，西北地区产量为 0.29 亿吨。各地区焦炭产量占全国比重相对稳定，华北地区多年来一直保持产量第一。

我国炼焦企业主要集中于华北、华东和东北地区，这 3 个地区焦炭产量之和占全国的比重在 70% 以上。这里的华北地区是通常所说的行政区划，包括山西、河北、内蒙古、天津和北京，若从地理位置来看，山东、河南与河北相邻，且均位于华北平原，若将这两个省纳入，则华北地区焦炭产量占全国总产量将达到 60%。

我国焦炭消费量逐年增加。2012 年，国内粗钢和生铁产量分别达到 56803 万吨和 54375 万吨，同比增长 12.90%和 15.90%，强力拉动了我国焦炭需求的增长。尽管焦炭出口大幅度下降 1159 万吨，但下降 95.5%，以及重点大中型钢铁企业入炉焦比下降，节约焦炭近 1000 万吨，但我国焦炭表观消费量仍然高达约 3.526 亿吨（按我国炼焦行业协会调研分析数据测算），同比增长约 3700 万吨，增长约 11.78%，是我国焦炭消费历史上消费最多的一年，也是我国生铁产量增加最多、高炉炼铁入炉焦比降低幅度最大的一年。

2012 年，我国焦炭总消费量为 2.94 亿吨，其中华北地区为 1.07 亿吨，东北地区为 0.34 亿吨，华东地区为 0.86 亿吨，中南地区为 0.38 亿吨，西南地区为 0.19 亿吨，西北地区为 0.11 亿吨。

9.6.3　焦炭标准合约

焦炭标准合约如表 9.6 所示。

表 9.6　焦炭标准合约

交易品种	冶金焦炭
交易单位	5 吨/手
报价单位	元（人民币）/吨
最小变动价位	1 元/吨
涨跌停板幅度	上一个交易日结算价的 4%
合约月份	1～12 月
交易时间	周一至周五上午 9:00～11:30，下午 1:30～3:00
最后交易日	合约月份的第 10 个交易日
最后交割日	最后交易日后的第 2 个交易日
交割等级	大连商品交易所焦炭交割质量标准
交割地点	大连商品交易所焦炭指定交割仓库
最低交易保证金	合约价值的 5%
交易手续费	不超过 8 元/手
交割方式	实物交割
交易代码	J
上市交易所	大连商品交易所

9.6.4　影响焦炭价格变动的因素

焦炭价格波动的基本因素是市场供求关系，其他因素都是通过影响供求关系来影响价格的，如图 9.9 所示。

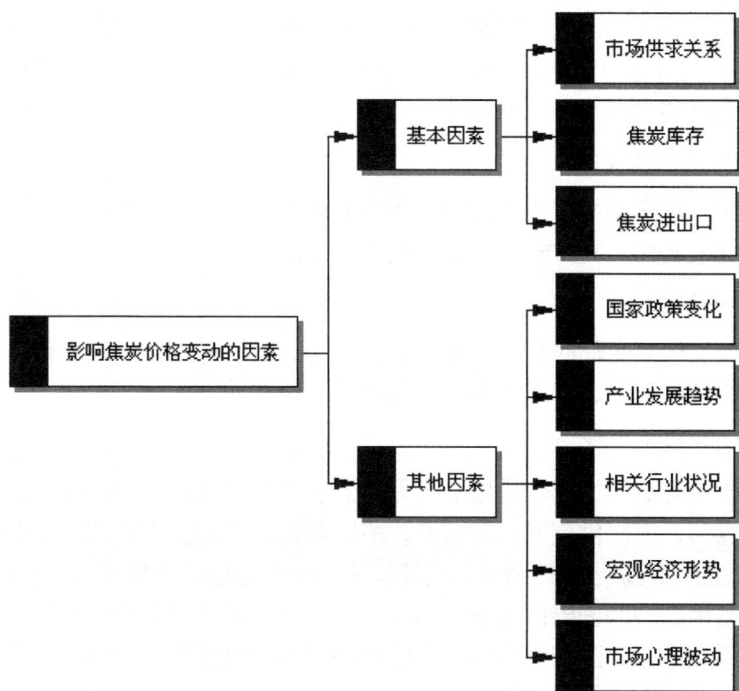

图 9.9　影响焦炭价格变动的因素

1. **基本因素**

影响焦炭价格变动的基本因素主要有 3 个，分别是市场供求关系、焦炭库存和焦炭进出口。

（1）市场供求关系

价格分析最重要的就是研究供求关系。供求关系指在市场经济条件下，商品供给和需求之间的相互联系、相互制约的关系，它是生产和消费之间的关系在市场上的反映。当供大于求时，价格下跌，反之价格则上扬。同时，价格反过来又会影响供求，即当价格上涨时，供应会增加而需求减少，反之就会出现需求上升而供给减少，因此价格和供求互相影响。

（2）焦炭库存

库存状况是供求关系分析的一个重要指标。生产、贸易、消费者主要是根据焦炭价格的变化和自身的库存能力来调整库存。库存是分析焦炭价格趋势的重要指标。例如，占全国焦炭出口 75%的天津港，已成为我国出口焦炭价格的风向标。

库存分为两种，分别是报告库存和非报告库存。

- 报告库存，又称"显性库存"，是指交易所库存。

- 非报告库存，又称"隐性库存"，指全球范围内的生产商、贸易商和消费商手中持有的库存。由于这些库存不会定期对外公布，因此难以统计，故一般都以交易所库存来衡量。

（3）焦炭进出口

分析焦炭供求关系，要关注我国焦炭的进出口情况。由于焦炭出口价格基本上与国内价格联动，同时配额数量也起到关键作用。

2. **其他因素**

影响焦炭价格变动的其他因素主要有 5 个，分别是国家政策变化、产业发展趋势、相关行业状况、宏观经济形势和市场心理波动。

（1）国家政策变化

国家政策对价格的影响是显而易见的。随着节能减排工作的推进，政府关闭了很多小煤窑，煤炭供应依然会偏紧，所以煤价还会涨，煤价的上涨必然推动焦炭价格的上涨。国家进出口政策，尤其是关税政策是通过调整商品的进出口成本，从而控制某种商品的进出口量来平衡国内供求状况的重要手段。此外，山西省大规模整合煤炭产业、国家调整出口关税税率都会影响焦炭的价格。各省加快淘汰焦化落后产能也会使供应趋紧。

（2）产业发展趋势

消费是影响焦炭价格的直接因素，而焦炭行业的发展则是影响消费的重要因素，其中生产成本是衡量商品价格水平的基础。

（3）相关行业状况

关注上下游产品的价格变化，以及其他能源资源类产品价格的变化趋势有助于焦炭价格的分析研究。例如，上游的主焦煤和炼焦配煤的资源短缺、国际石油价格的波动、钢铁行业的产能释放等。

（4）宏观经济形势

焦炭是重要的工业原材料，其需求量与经济形势密切相关。经济增长时，焦炭需求增加，从而带动焦炭价格上涨；经济萧条时，焦炭需求萎缩，从而促使焦炭价格下跌。

在分析宏观经济时，有两个指标是很重要的，一个是经济增长率，或者说是 GDP 增长率，另一个是工业生产增率。宏观经济的发展周期、景气状况，以及经济发展趋势、汇率变动等，都会对焦炭价格的变化产生影响。

（5）市场心理波动

投资者的心理因素也会影响交易市场上的焦炭商品的价格变化。心理因素起助涨助跌的作用。当投资者信心崩溃时，往往使市场价格加速下跌，当投资者信心满满时，往往让市场价格更加疯狂。

9.6.5　焦炭实战交易案例

下面通过具体实例来讲解焦炭期货实战交易。

（1）进行基本面分析，分析一下当前焦炭期货的操作策略，是做多还是做空。

（2）根据当前焦炭期货合约的持仓量选择主力合约，主力合约的日 K 线图如图 9.10 所示。

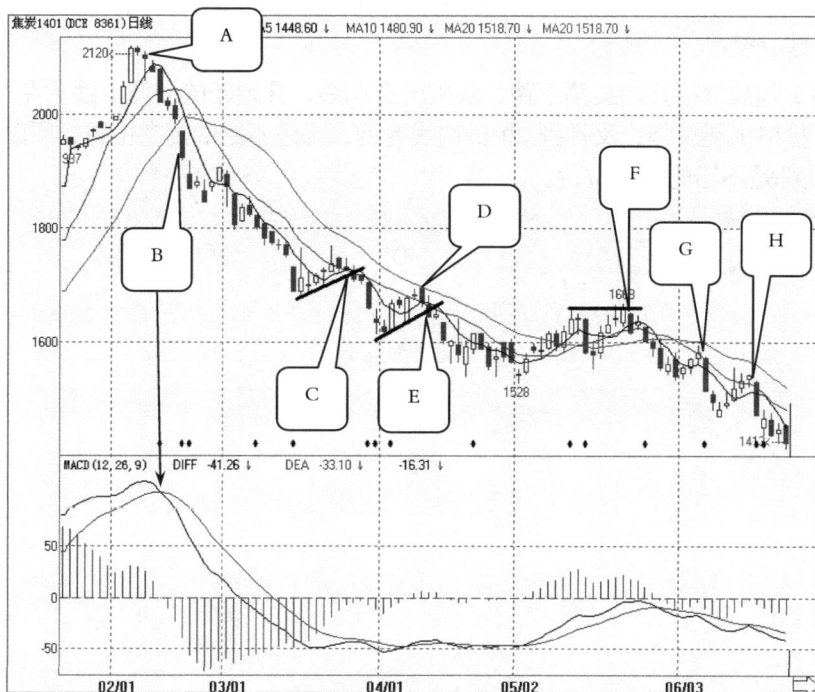

图 9.10　焦炭的日 K 线图

（3）焦炭经过一波上涨，创出 2120 高点，随后价格没有继续上涨，而是震荡下跌，并且在 A 处，价格收了一根带有下影线的诱多见底 K 线，这意味着主力在使用一切办法诱多，并且在高位建立空单。

（4）随后价格继续大幅下跌，连续跌破 5 日、10 日和 20 日均线，并且 MACD 指标在高位出现了死亡交叉，这意味着新的一波下跌行情开始了。所以前期空单可以耐心持有，并且可以继续逢高建立空单。

（5）价格连续下跌 15 个交易日，然后开始反弹，这一波反弹很弱，虽然反弹 7 个交易日，但仍没有突破 20 日均线，然后一根中阴线下跌，跌破了上升趋势线，这意味着反弹结束，后市又开始下跌，所以 C 处是不错的短线做空位置。

（6）价格又连续下跌 5 个交易日，然后开始反弹，这一波反弹也很弱，反弹 5 个交易日，仍是反弹到 20 日均线，所以 D 处是不错的高位做空位置。

（7）随后价格继续下跌，跌破了上升趋势线，即 E 处，所以 E 处是不错的短线做空位置。

（8）价格震荡下跌，然后出现较强的反弹，这一波反弹强，时间为一个月左右。需要注意的是，在 F 处，价格有一个假突破，即突破了震荡平台的高点后，价格又跌了回来，所以突破是假的，所以在 F 处，多单要及时获利了结，并且可以轻仓建立空单。

（9）随后价格开始震荡下跌，跌破所有均线，开始新的一波下跌。在下跌过程中，价格出现反弹，反弹到 20 日均线附近，都是不错的高空位置，所以 G 处和 H 处都是不错的做空位置。

第 10 章　金融期货交易的实战技巧

金融期货作为期货交易中的一种，具有期货交易的一般特点，但与商品期货相比较，其合约标的物不是实物商品，而是传统的金融商品，如证券、货币、汇率和利率等。

本章主要内容包括：

- 股指期货的特点和功能
- 股指期货的交易时间与交易方式
- 股指期货的合约规模与保证金水平
- 国外常见股指期货合约
- 沪深 300 股指期货
- 上证 50 股指期货
- 中证 500 股指期货
- 国债期货的特点和功能
- 国债期货与股指期货的区别
- 5 年期国债期货
- 10 年期国债期货
- 金融期货实战交易实例

10.1　初识股指期货

股指期货是以股票价格指数作为标的物的金融期货合约。该合约主要内容包括：合约标的、合约乘数、报价单位、最小变动价位、合约月份、交易时间、每日价格最大波动限制、最低交易保证金、最后交易日、交割日期、交割方式、交易代码和上市交易所等。

10.1.1　查看股指期货的行情信息

中国金融期货交易所推出的第一个股指期货品种是沪深 300 股指期货，其标的物是沪深 300 指数。沪深 300 指数由 300 只规模大、流动性好的股票组成，由中证指数公司公布，能够较好地反映沪深两市 A 股市场的整体走势。

打开期货行情分析软件，单击"中金所 CFFEX"选项卡，就可以看到沪深 300 股指期货、上证 50 股指期货、中证 500 股指期货等各项合约的报价信息，如图 10.1 所示。

合约名称	最新	现手	买价	卖价	买量	卖量	成交量	涨跌	涨幅%	持仓量	日增仓	开盘	最高	最低	>>
↑ 沪深300	4619.16	40万	----	----	----	----	4.90亿	97.25	2.15%	----	----	4520.46	4620.06	4504.56	
IF加权	4623.8	26	----	----	----	----	1641559	94.6	2.09%	201932	2501	4543.6	4634.0	4532.2	46
↑ IF主连	4618.6	24	4618.2	4618.8	16	74	1428010	94.6	2.09%	105687	2230	4550.0	4630.6	4528.0	46
↑ IF当月	4618.6	24	4618.2	4618.8	16	74	1428010	94.6	2.09%	105687	2230	4550.0	4630.6	4528.0	46
↑ IF下月	4630.0	1	4628.0	4629.2	14	2	183824	93.6	2.06%	64255	-259	4534.4	4638.6	4534.4	46
↑ IF下季	4626.2	1	4625.6	4626.2	1	4	27017	94.8	2.09%	30668	-160	4540.2	4637.0	4533.6	46
↑ IF隔季	4673.8	1	4670.0	4679.8	54	1	2708	104.6	2.29%	1322	690	4581.0	4679.8	4574.0	46
↑ IF1505	4618.8	5	4618.2	4618.8	16	74	1428010	94.8	2.10%	105687	2230	4550.0	4630.6	4528.0	46
↑ IF1506	4630.0	1	4628.0	4629.2	14	2	183824	93.6	2.06%	64255	-259	4534.4	4638.6	4534.4	46
IF1507	----	----	----	----			0	0.0	0.00%						
IF1508	----	----	----	----			0	0.0	0.00%						
↑ IF1509	4625.6	1	4625.4	4625.6	1	1	27017	94.2	2.08%	30668	-160	4540.2	4637.0	4533.6	46
IF1510	----	----	----	----			0	0.0	0.00%						
IF1511	----	----	----	----			0	0.0	0.00%						
↑ IF1512	4670.0	1	4670.0	4679.8	54	1	2708	100.8	2.21%	1322	690	4581.0	4679.8	4574.0	46
IF1601	----	----	----	----			0	0.0	0.00%						
IF1602	----	----	----	----			0	0.0	0.00%						
IF1603	----	----	----	----			0	0.0	0.00%						
IF1604	----	----	----	----			0	0.0	0.00%						
↑ 上证50	3214.36	24945	----	----			1.84亿	49.90	1.58%	----	----	3163.29	3214.89	3135.22	
IH加权	3235.8	8	----	----			254832	56.6	1.78%	45448	-211	3179.2	3243.6	3156.2	32

300期货　50期货　500期货　5年债期货　10年债期货　夜盘　主力　加权　连续　现货　ETF基金　相关市场

图 10.1 股指期货交易品种的报价信息

10.1.2 股指期货的特点

股指期货除了具备期货的一般特点（保证金交易和杠杆作用、双向交易、当日无负债结算制度）外，还具有几个特殊的特点，具体如图 10.2 所示。

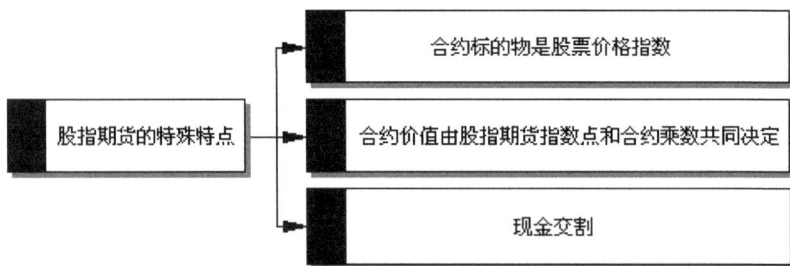

图 10.2 股指期货的特殊特点

1. 合约标的物是股票价格指数

商品期货以实物商品为标的物，如棉花期货、豆油期货等，其标的物是看得见、摸得着的实物。股指期货的标的物是股票价格指数，不是一种有形的具体商品，它代表的是一揽子股票的价格。

2. 合约价值由股指期货指数点和合约乘数共同决定

股指期货合约的价值的计算公式如下：

股指期货合约的价值 = 指数点×合约乘数

其中，合约乘数是交易所制定的把指数点换算成金额的指标，合约乘数为每点 300 元。合约乘数越大，股指期货的合约价值就越大，开仓时买卖 1 手股指期货合约所需的保证金就越多。

3. 现金交割

由于合约标的不同，股指期货与商品期货采取不同的交割方式。商品期货采用实物交割，而股指期货采用现金交割，因为到期交割时，完全按照指数比例配比的一揽子股票进行交割的操作太困难了，并且成本太高，所以到期时进行的是现金的划转。

提醒：实物交割是指当期货合约到期时，按照期货交易所的规则和程序，交易双方通过该合约所载标的物所有权的转移，了结到期未平仓合约的过程。

现金交割是指当期货合约到期时，按照期货交易所的规则和程序，交易双方按照规定结算价进行现金差价结算，以了结到期未平仓合约的过程。

10.1.3　股指期货的功能

股指期货因市场需要而产生，它具有三项基本功能，具体如图 10.3 所示。

1. 规避风险功能

股指期货的主要功能之一是规避风险。股指期货的规避风险功能是通过套期保值交易来实现的，投资者可以在股票市场和股指期货市场进行反向操作来达到规避风险的目的。

股票市场的风险可分为非系统性风险和系统性风险两部分。针对非系统性风险，投资者通常可以采取分

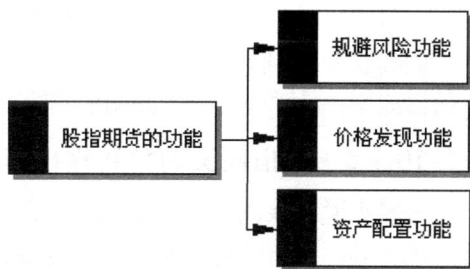

图 10.3　股指期货的功能

散化投资的方式将这类风险的影响降低到较低的程度；但对于系统性风险，却无法通过分散化投资的方法予以规避。股指期货的引入，为股票投资者提供了对冲风险的有效工具。担心股票市场下跌的投资者可以通过卖空股指期货合约来对冲市场下跌的风险，从而达到规避股票市场系统性风险的目的。

提醒：非系统性风险是由个股的经营状况、财务状况和信用状况变化而引起的风险；系统性风险是影响整个股票市场的因素发生时造成的所有股票或大多数

股票都要承受的风险，如经济危机、战争和自然灾害等。

2. 价格发现功能

股指期货是在一个公开、高效的期货市场中进行的，众多投资者的竞价产生了股指期货的价格，形成一个公开的市场信息流，在股指期货的价格中包含了来自各方对股市走势预期的信息。股指期货价格之所以对信息的反应速度更快，原因在于股期指货采用保证金交易，成本低、杠杆倍数高，投资者在收到市场信息后，更愿意先在股指期货市场调整头寸，所以股指期货具有价格发现的功能。

3. 资产配置功能

股指期货由于采用保证金交易制度，具有一定的杠杆性，且交易成本较低，因此机构投资者可以将股指期货作为资产配置的工具之一。例如，一个以债券为主要投资对象的机构投资者，认为近期股市可能出现大幅上涨，打算抓住这次投资机会，但由于对投资债券以外的品种有严格的比例限制，不可能将大部分资金投资于股市，此时该机构投资者可以借助保证金交易的杠杆效应，利用较少的资金买入股指期货，这样就可以获得股市上涨的收益，从而提高资金总体的配置效率。

10.1.4　股指期货的交易时间与交易方式

股指期货的交易时间为上午 9:15～11:30、下午 1:00～3:15；当月合约最后交易日交易时间为上午 9:15～11:30、下午 1:00～3:00，与现货市场保持一致。这种交易时间的安排，有利于股指期货实现价格发现的功能，方便投资者根据现货股票资产及价格情况调整套保策略，有效控制风险。

同商品期货相比，股指期货增加了市价指令。市价指令要求尽可能以市场最优价格成交，是国外交易所普遍采用的交易指令。

10.1.5　股指期货的合约规模与保证金水平

一般来说，保证金水平要与股指的历史最大波幅相适应，且其比率依据头寸风险的不同而有所区别。因此，股指期货套利头寸保证金比率应最小，套保头寸次之，投机头寸最大。但从目前有关征求意见稿可以发现，交易所未对套利与套保头寸的保值金做出具体规定，只能理解为 8% 的保证金适用所有交易头寸。因此，笔者建议交易所应就套保与套利头寸的保证金另做具体规定。

根据有关规定，股指期货投资者必须通过期货公司进行交易，为了控制风险，期货公司会在交易所收取 8% 的保证金的基础上，加收一定比例的保证金，一般会达到 12%。经过一段时间试探性交易以后，期货公司才可能逐渐降低保证金的收取比例。

如果按期货公司 12% 收取客户保证金计算，那么交易 1 手股指期货就需要约 5 万元的保证金。据有关统计，我国股市资金规模在 10 万元以上的个人投资者账号占总数比例不到 5%，因此估计股指期货上市初期，中小投资者参与股指期货的数量不会太多，市场投机份额有可能不足，机构保值盘也或将缺乏足够的对手盘，市场流动性可能会因此出现问题。

10.2　股指期货的交易品种

国外主要的股指期货交易合约为标准普尔 500 指数期货、道琼斯平均工业指数期货、纳斯达克 100 指数期货、英国金融时报指数期货和日经 225 指数。

我国主要的股指期货交易合约为沪深 300 股指期货、上证 50 股指期货和中证 500 股指期货。

10.2.1　国外常见股指期货合约

国外常见股指期货合约如表 10.1 所示。

表 10.1　国外常见股指期货合约

标的名称	SP500	DowJonesIndustrialAverage	NASDAQ 100	FTSE 100	Nikkei-225
	标准普尔 500	道琼斯平均工业指数期货	纳斯达克 100 指数期货	英国金融时报指数期货	日经 225 指数
交易所	CME	CBOT	CME	LIFFE	SIMEX
商品代码	SP	DJ	ND	FTSE-100	SSI
最小变动价位	0.1 点（$25）	1 点（$10）	0.5 点（$50）	0.5（5 英镑）	5 点（￥2500）
契约价值	$250×SP	$10×DJ	$100×ND	英镑×FTSE-100	￥500×SSI
交易月份	3、6、9、12	3、6、9、12	3、6、9、12	3、6、9、12	3、6、9、12
最后交易日	合约月份第 3 个星期四	合约月份第 3 个星期四	合约月份第 3 个星期四	合约月份第 3 个星期四	合约月份第 2 个周五的前一个营业日

10.2.2　沪深 300 股指期货

中国金融期货交易所推出的第一个股指期货品种是沪深 300 股指期货合约，该合约以沪深 300 指数作为标的物。下面具体讲解一下沪深 300 指数。

沪深 300 指数在 2005 年 4 月 8 日正式发布，由沪深两市 A 股中规模大、流动性好、最具代表性的 300 只股票组成，以综合反映沪深 A 股市场的整体表现。目前，沪深 300 指数被境内外多家机构开发为指数基金和 ETF 产品，跟踪资产在 A 股的股票指数中高居首位。

沪深 300 股指期货的交易代码为 IF，IF 是 Index Futures（股指期货）的缩写。IF 加上相应的交割年月就成为具体的合约代码，如 IF1612 表示 2016 年 12 月到期交割的合约代码。沪深 300 股指期货合约的合约月份为当月、下月和随后两个季月，共四个月份的合约，其中季月包括 3 月、6 月、9 月和 12 月。

合约乘数是以点来计量的，将点和货币金额对应起来需要借助合约乘数进行转换。合约乘数是指一个指数点所代表的货币金额。沪深 300 股指期货的合约乘数是每点 300 元。

合约价值等于股指期货价格乘以合约乘数，所以一张合约的价值随股指期货价格和合约乘数的变动而变动。在其他条件不变的情况下，合约乘数越大，股指期货合约的价值越大。

提醒： *近年来，境外期货市场为了吸引投资者参与股指期货，纷纷推出迷你型股指期货合约，即降低合约乘数。*

报价单位是指在公开竞价过程中对期货合约报价所使用的单位，沪深 300 股指期货合约的报价单位是指数点。

最小变动价位是股指期货合约最小波动的点数，即在交易报价时，价格应该是最小变动价位的整数倍，沪深 300 股指期货合约的最小变动价位是 0.2 点。

例如，沪深 300 股指期货合约的当前成交价格为 3160 点，投资者在买卖报价时只能是以类似于 3160.0、3160.2、3160.4 等的价格进行报价，而类似于 3160.1、3160.3、3160.5 等的报价都是无效的。最小变动价位乘以合约乘数，就是该合约的最小变动价，所以沪深 300 股指期货的最小变动值为 300×0.2=60 元。

沪深 300 股指期货合约如表 10.2 所示。

表 10.2　沪深 300 股指期货合约

合约标的	沪深 300
合约乘数	每点 300 元
报价单位	指数点
最小变动价位	0.2 点
合约月份	当月、下月及随后两个季月
交易时间	周一至周五上午 9:15~11:30，下午 1:00~3:15
最后交易日交易时间	周一至周五上午 9:15~11:30，下午 1:00~3:00
每日价格最大波动限制	上一个交易日结算价的±10%
最低交易保证金	合约价值的 12%
最后交易日	合约到期月份的第 3 个周五，遇国家法定假日顺延
交割日期	同最后交易日
交割方式	现金交割
交易代码	IF
上市交易所	中国金融期货交易所

10.2.3　上证 50 股指期货

上证 50 股指期货是以上证 50 指数作为标的物的期货品种，在 2015 年 4 月 16 日由中国金融期货交易所推出，买卖双方交易的是一定期限后的股市指数价格水平，通过现金结算差价来进行交割。

上证 50 股指期货合约的标的为上海证券交易所编制和发布的上证 50 指数，交易代码为 IH。上证 50 股指期货合约的交割月份分别为交易当月起连续的两个月份，以及 3 月、6 月、9 月、12 月中两个连续的季月，共四期，同时挂牌交易。

其中，上证 50 指数是用科学、客观的方法，挑选上海证券市场中规模大、流动性好、最具代表性的 50 只股票组成的样本股，以便综合反映上海证券市场最具市场影响力的一批龙头企业的整体状况。上证 50 指数自 2004 年 1 月 2 日起正式发布。其目标是建立一个成交活跃、规模较大、主要作为衍生金融工具基础的投资指数。

上证 50 股指期货如表 10.3 所示。

表 10.3　上证 50 股指期货

合约标的	上证 50 指数
合约乘数	每点 300 元
报价单位	指数点
最小变动价位	0.2 点
合约月份	当月、下月及随后两个季月
交易时间	周一至周五上午 9:15～11:30，下午 1:00～3:15
最后交易日交易时间	周一至周五上午 9:15～11:30，下午 1:00～3:00
每日价格最大波动限制	上一个交易日结算价的±10%
最低交易保证金	合约价值的 8%
最后交易日	合约到期月份的第 3 个周五，遇国家法定假日顺延
交割日期	同最后交易日
交割方式	现金交割
交易代码	IH
上市交易所	中国金融期货交易所

10.2.4　中证 500 股指期货

中证 500 股指期货合约标的为中证指数有限公司编制和发布的中证 500 指数，交易代码为 IC。中证 500 股指期货合约交割月份分别为交易当月起连续的两个月份，以及 3 月、6 月、9 月、12 月中两个连续的季月，共四期，同时挂牌交易。

2015 年 3 月 16 日，中金所发布《中证 500 股指期货合约》（征求意见稿）和《中国金融期货交易所中证 500 股指期货合约交易细则》（征求意见稿）。根据最新的征求意见稿，中证 500 股指期货合约的合约乘数为每点人民币 200 元。合约价值为股指期货指数点乘以合约乘数。合约以指数点报价，合约的最小变动价位为 0.2 点指数点，交易报价指数点为 0.2 点的整数倍。中证 500 股指合约每日涨跌幅度为上一个交易日结算价的 ±10%。中证 500 股指期货合约的最低交易保证金为合约价值的 8%。合约到期交割方式为现金交割。合约最后交易日为合约到期月份的第 3 个周五，遇法定节假日顺延。合约最后交割日同最后交易日。手续费标准为不高于成交金额的万分之零点五。交割手续费标准为交割金额的万分之一。

中证 500 股指期货如表 10.4 所示。

表 10.4　中证 500 股指期货

合约标的	中证 500
合约乘数	每点 200 元
报价单位	指数点
最小变动价位	0.2 点
合约月份	当月、下月及随后两个季月
交易时间	周一至周五上午 9:15～11:30，下午 1:00～3:15
最后交易日交易时间	周一至周五上午 9:15～11:30，下午 1:00～3:00
每日价格最大波动限制	上一个交易日结算价的±10%
最低交易保证金	合约价值的 12%
最后交易日	合约到期月份的第 3 个周五，遇国家法定节假日顺延
交割日期	同最后交易日
交割方式	现金交割
交易代码	IC
上市交易所	中国金融期货交易所

10.3　初识国债期货

国债期货是指通过有组织的交易场所预先确定买卖价格并于未来特定时间内进行钱券交割的国债派生交易方式。国债期货本质上是一种以政府债券为标的物的期货合约，由于标的物政府债券直接受市场利率影响，因此国债期货与利率互换一样，也属于利率衍生品的范畴。

10.3.1　查看国债期货的行情信息

2013 年 9 月 6 日，5 年期国债期货正式在中国金融期货交易所上市交易。由于 5 年期国债期货交易良好，于是 2015 年 3 月 20 日，10 年期国债期货在中金所挂牌交易，标着着我国国债期货市场又向前迈进了一步。

打开期货行情分析软件，单击“中金所 CFFEX”选项卡，就可以看到 5 年期国债期货、10 年期国债期货的各项合约的报价信息，如图 10.4 所示。

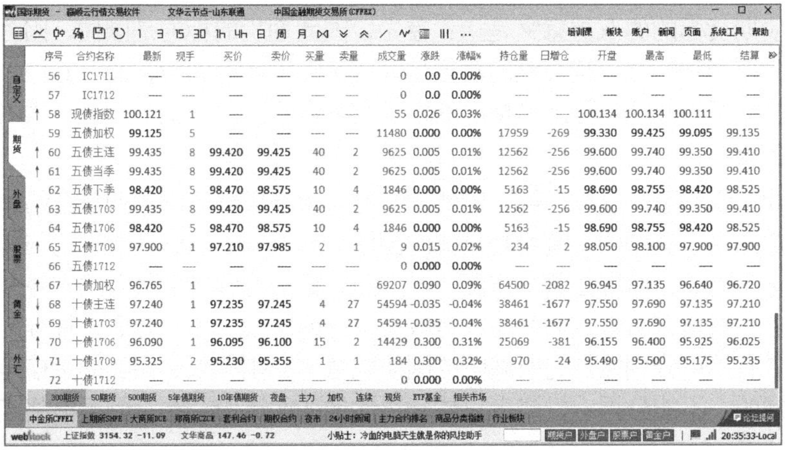

序号	合约名称	最新	现手	买价	卖价	买量	卖量	成交量	涨跌	涨幅%	持仓量	日增仓	开盘	最高	最低	结算
56	IC1711	—	—	—	—	—	—	0	0.0	0.00%	—	—	—	—	—	—
57	IC1712	—	—	—	—	—	—	0	0.0	0.00%	—	—	—	—	—	—
↑ 58	现债指数	100.121	1	—	—	—	—	55	0.026	0.03%	—	—	100.134	100.134	100.111	—
59	五债加权	99.125	5	—	—	—	—	11480	0.000	0.00%	17959	-269	99.330	99.425	99.095	99.135
↑ 60	五债主连	99.435	8	99.420	99.425	40	2	9625	0.005	0.01%	12562	-256	99.600	99.740	99.350	99.410
↑ 61	五债当季	99.435	8	99.420	99.425	40	2	9625	0.005	0.01%	12562	-256	99.600	99.740	99.350	99.410
62	五债下季	98.420	5	98.470	98.575	10	4	1846	0.000	0.00%	5163	-15	98.690	98.755	98.420	98.525
↑ 63	五债1703	99.435	8	99.420	99.425	40	2	9625	0.005	0.01%	12562	-256	99.600	99.740	99.350	99.410
64	五债1706	98.420	5	98.470	98.575	10	4	1846	0.000	0.00%	5163	-15	98.690	98.755	98.420	98.525
↑ 65	五债1709	97.900	1	97.210	97.985	2	1	9	0.015	0.02%	234	2	98.050	98.100	97.900	97.900
66	五债1712	—	—	—	—	—	—	0	0.000	0.00%	—	—	—	—	—	—
↑ 67	十债加权	96.765	1	—	—	—	—	69207	0.090	0.09%	64500	-2082	96.945	97.135	96.640	96.720
↓ 68	十债主连	97.240	1	97.235	97.245	4	27	54594	-0.035	-0.04%	38461	-1677	97.550	97.690	97.135	97.210
↓ 69	十债1703	97.240	1	97.235	97.245	4	27	54594	-0.035	-0.04%	38461	-1677	97.550	97.690	97.135	97.210
↑ 70	十债1706	96.090	1	96.095	96.100	15	2	14429	0.300	0.31%	25069	-381	96.155	96.400	95.925	96.025
↑ 71	十债1709	95.325	2	95.230	95.355	1	1	184	0.300	0.32%	970	-24	95.490	95.500	95.175	95.235
72	十债1712	—	—	—	—	—	—	0	0.000	0.00%	—	—	—	—	—	—

图 10.4　国债期货交易品种的报价信息

10.3.2　国债期货的特点

国债期货主要有 6 个特点，具体如下。

1. 国债期货的成交与交割具有不同步性

在期货交易中，成交与最终的交割是分开来的，这一点与现货交易成交后即进行钱券交收两清的交易方式有明显的不同。

国债期货的成交与交割的时间间隔，一般是以月为单位计算的，或者是以每年特定的某几个日期作为交割日。从这种成交与交割分离的情况来看，国债期货与国债远期有诸多相似的地方，均是在未来的某一个特定时间，买卖双方按照预先规定的价格和数量进行钱券交收。

其实，国债期货本来就是在国债远期的基础上发展起来的交易方式。不过，国债期货在技术性、复杂性及规范性等方面都要远远高于国债远期。

2. 国债期货必须在指定的交易场所进行

国债期货交易是一种规范化的交易，通常是在证券交易所或者期货交易所进行的，不允许在场外或私下里进行交易，不允许私自对冲。

交易所是期货交易的中介，它不仅为交易双方提供交易场所，而且还要制定、颁布有关交易的各项规章制度以保证交易的有序进行。更为重要的是，它还是期货交易中所有买方的对手卖方，同时又是所有卖方的对手买方，即期货表现为投资者与交易所之间签订契约。这一点也是国债期货与国债远期所不同的地方，国债的远期交易可以是投资者之间直接签订买卖合同，而且买卖双方也可以在场外自行交易。

3. 国债期货的标的具有双重意义

国债期货标的的双重意义是指：首先，国债期货的标的是国债，因为国债期货如果到期交割的话，其交割的对象是政府实际发行的国债，而非其他债券。其次，国债期货的标的实际上是标准的期货交易合约，因为交易双方买卖的是标准的期货合约。

因此，我们可以这样理解：国债期货的对象是标准的国债期货合约，而期货合约规定的用于交割的交割物是具体的国债。而标准的国债期货合约与实际的国债是完全不同的，体现在两个方面。一方面，标准的国债期货合约本身并不是政府的债务，只是它所规定的交易物是政府发行的国债。另一方面，标准的国债期货合约具有不可分割性。它所载明的国债数量、交割期限、买卖的价格等都是事先确定好的，不能分拆。投资者只能一次性地买卖这份合约，而不能将其分解为若干份。

4. 国债期货实行的是保证金交易

在国债交易中，投资者一般只要交付很少的保证金，就可以买卖一份国债期货合约，而这份国债期货合约所规定的到时交割的国债数量则相对较大。国债期货合约规定的面值除以保证金的数值就是国债期货交易的放大倍数。

例如，我国以前开展的国债期货交易中，当时上海证券交易所曾规定非会员公司投资者每买卖一份国债期货合约仅需要缴纳500元的保证金（会员则要求的保证金数额更低，甚至可以透支，这也是后来酿成震惊中外的"327"风波的重要原因之一），而当时上海证券交易所规定的一个国债期货合约的面值是20 000元，于是放大了40倍。

正因为国债期货交易属于杠杆交易，具有放大风险和收益的功能，所以其可能发生的盈亏一般都比较大，属于典型的高风险交易品种。也正因为如此，国债期货交易一般实行无负债的每日结算制度，以便控制风险，即投资者的盈亏在每天交易结束后都要计算出来，出现盈利，投资者可以提取出来，出现亏损，投资者必须在限定的时间之前补足。

5. 国债期货一般很少发生最终的实物交割

由于国债期货买卖的是标准的期货合约，而且其成交与交割不同步，因此，大多数的国债期货投资者在交割之前往往已经做了一个与原先买卖交易相反但数量相同的交易，这样也就结束了原先的期货合同，最终的盈亏则表现为两次交易的价差。这一点也是国债期货交易与国债远期交易不同的地方。

国债远期交易到交割日时，买卖双方一般是要按照事先确定好的价格进行钱券交收。在国债期货交易中，投资者既可以选择先买后卖，也可以选择先卖后买。而在国债现货交易中，除了信用交易外，只能是先买后卖。

6. 国债期货交易是一种风险远大于现货交易的金融衍生交易

由于国债期货交易实行保证金交易，在正式交割或者结算之前，投资者只需要缴纳少量的保证金，所以其蕴含的风险和可能的获利都是巨大的（其交易具有放大风险或者收益的特点）。投资者稍有不慎，就可能被强行平仓扫地出门，而不是像现实交易那样，即使套牢，只要不割"肉"，还是有扭亏为盈的可能的。期货交易是有时间约束的，过了交割日，就是废纸一张了。这也是为什么期货交易有一定资金门槛的重要原因之一。

10.3.3　国债期货的功能

国债期货的功能主要有 7 项，分别是价格发现、风险转移、避险工具、投资组合久期的调节器、更有效的资产配置工具、提高资金运用效率和增加交易的灵活度，如图 10.5 所示。

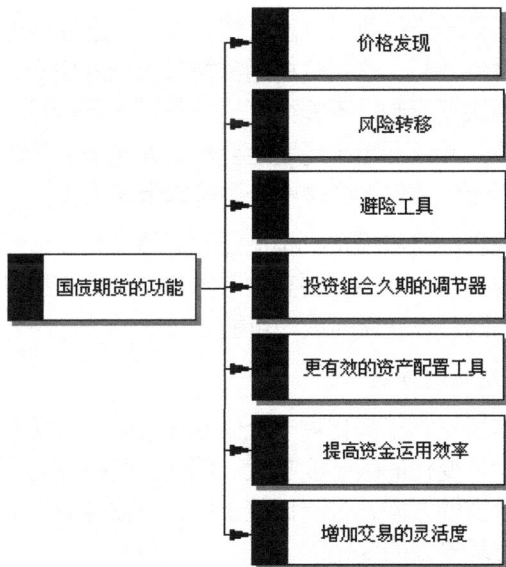

图 10.5　国债期货的功能

1. 价格发现

期货于未来时间的交割结算特性，使得价格发现功能成为期货最重要的功能。依据持有成本理论，期货价格应为现货价格加上期间的持有成本扣掉交易成本。实际上，现货价格一直在变，期货的价格也会随着市场变化而变动，期货的交易者会根据各种因素对未来现货价格进行判断而做出买卖决策，因此期货与现货价格的不一致会反映出市场未来的走向。

另外，期货市场是集中交易市场，期货价格代表了大多数人共同决定的价格，因此期货价格往往成为现货市场价格的重要指标。

最后，期货市场存在着大量的套利者，这些套利者不断地监视着现货与期货市场的价格，从而进行套利交易，这使期货价格与现货价格之间一直维持着合理的关系，更好地促进了期货的价格发现功能。

2. 风险转移

一个良好的金融市场，一定会满足三类投资人的需要：投机型投资人、避险型投资人及套利型投资人。

有了套利型的投资人，市场价格形成机制更有效率；有投机型投资人的存在，避险型投资人才能将其风险转移给投机型投资人，也就是说，投机型投资人是风险的承接者。而利率期货则在这三类投资人之中扮演最有效也最灵活的桥梁角色。

3. 避险工具

我国的债券市场交易成员除了一般投资人以外，还有证券公司、保险公司、基金公司、银行及财务公司，这些机构通常持有大量的债券，而这些债券多数因为营运上的原因或是法规限制，不能很好地在市场上进行灵活的交易，甚至有些券种根本没有流动性。所以，当市场发生变化，如利率上升时，这些库存的债券价值将降低，从而不无可避免地给这些金融机构带来损失。

如果有了国债期货，这些投资机构便能利用债券期货进行避险，因为期货避险时，只要在到期前平仓，便不需要实物债券的交付，直接以保证金进行结算，在降低了交易成本的同时也让避险成为可能。

4. 投资组合久期的调节器

投资组合久期是衡量利率变化对一个债券投资组合价值变动的敏感性，久期越大，投资组合受利率变化的敏感度越大。因此，当投资者预期利率会发生改变时，必须判别利率改变的方向，进而调整手中持有债券组合的成分，以改变投资组合的久期，适应市场未来的变化。

以往，这样的做法必须通过买卖债券来完成，比如说，要想延长投资组合的久期，需先卖掉久期较小的债券，用得到的钱买入久期较长的债券，这样做的交易成本很高。

由于国债期货的交易标的物是一个虚拟的债券，本身也是一个固定收益证券，因此通过债券期货的交易就可以在不进行实物债券买卖的情况下，仅需保证金交易就能达到调整久期的效果，这对投资人，尤其是大型机构来说特别方便，也特别有效率，对安定市场可起到正面的帮助作用。

5. 更有效的资产配置工具

保险、基金、银行等大资金的投资组合管理者，常会为了顺应市场环境的变迁而调整其投资组合中的各种资产来达到提高操作绩效的目的。以往，必须通过现货的买卖才能达到，有了国债期货，就可以通过保证金交易来达到相同的效果，而且效率更高。

6. 提高资金运用效率

期货交易可以通过保证金交易来完成，因此进行国债期货交易并不需要全部的本金，只须付出小额度的保证金就能进行大金额的交易，交易成本比现券交易成本低。投资者运用低成本的期货进行避险、套利或资产配置时，所需资金不需太多，多余的资金可做其他用途，相应地也就提高了资金运用效率。

7. 增加交易的灵活度

不需实物，通过保证金来交易的国债期货，带给投资人以更大的交易灵活度。在传统现货买卖上，如果投资者因看好某个债券想买进，苦于手中无钱，就只能望券兴叹，但是通过国债期货，投资者只要缴纳少量的保证金就能取得买入该券的权利，到期交割时再交付全部的交割金取得债券，或者在到期前期货价格上升时卖出，获利了结。

同样的推论也可以应用在看空债券上。因此，有了国债期货，投资人对交易时机的掌控将会变得更高，国债期货交易常会比现货交易更容易达到资产配置的目的。

10.3.4　国债期货与股指期货的区别

与商品期货不同，国债期货与股指期货作为金融期货，其标的都是金融产品，但国债期货与股指期货的交易规则仍存在不少重要区别。

1. 合约月份

股指期货合约为当月、下月和随后两个季月，同时有四个合约挂牌交易。国债期货的合约月份为最近三个季月，同时只有三个合约挂牌交易。

2. 合约标的

股指期货沪深 300 是实实在在、独一无二的沪深 300 指数，5 年期国债期货却是虚拟的"名义标准券"，即面值为 100 万元人民币、票面利率为 3%的中期国债。其可交割券种包括在交割月首日剩余期限 4~7 年、可用于交割的"一篮子"固定利率国债。由于各券种票面利率、到期时间等各不相同，故须通过"转换因子"（面值 1 元的可交割国债在最后交割日的净价）折算为合约标的名义标准券。"转换因子"由中金所在合约上市时公布，其数值在合约存续期间不变。

提醒：10 年期国债期货推出后，5 年期国债期货合约的标的为中期国债，可交割券为剩余期限为 4~5.25 年的记账式付息国债。

3. 交易时间

平时国债期货的交易时间与股指期货的交易时间一致，即工作日上午 9:15~11:30，下午 1:00~3:15，但最后交易日股指期货下午的交易时间为 1:00~3:00，而国债期货却只交易上午半天。这样做一是为了与国际惯例接轨，二是为了在覆盖国债现货交易活跃时段的基础上，让交割的卖方有更充分的时间融券，以保障顺利交割，减少违约风险。

提醒：由于股指期货对股票市场影响太大，在 2015 年后半年发生股灾后，工作日交易时间改为上午 9:30~11:30，下午 1:00~3:00。

4. 涨跌停板和最低交易保证金

对于涨跌停板和最低交易保证金，股指期货分别为 10%和合约价值的 12%，而国债期货均为 2%。股指期货最后交易日和季月合约上市首日涨跌停板为 20%，国债期货上市首日为挂盘基准价的 4%。这是由于国债为固定利率产品，期、现货价格波动都很小，现货日均波动通常仅 1 角钱，期货仿真交易日间绝对平均波幅仅在 0.2 元以内。

5. 交割方式

股指期货采用现金方式，于最后交易日即交割日集中交割，交割结算价为沪深 300 指数最后 2 小时的算术平均价。国债期货采用实物交割，将在 4 个交割日中进行滚动交割，交割结算价为合约最后交易日全天成交价格按照成交量的加权平均价，计算结果保留至小数点后两位。

所有期货品种完成交易后均以统一价格水平进行交割，而国债期货由于名义标准券对应券种同期多达 30 多个（其中最合适的约 4 个），故最终交割时，买方支付的金额也因卖方选择的券种和交割时间的差异而不尽相同。买方接收每百元国债支付给卖方的实际金额即为"发票价格"，其金额为期货价格乘以交割债券的转换因子再加上交割债券的应计利息。

10.4　国债期货的交易品种

目前，国债期货合约有两个品种，分别是 5 年期国债期货合约和 10 年期国债期货合约，下面进行具体讲解。

10.4.1　5 年期国债期货

先推出 5 年期国债期货合约的具体原因如下。

第一，从国际经验看，5 年期是国际国债期货市场上最为成功的产品之一。

第二，5 年期国债期货对应的可交割券范围为剩余期限 4～7 年的国债，目前其存量达 1.9 万亿，且流动性较好，市场代表性广泛。

第三，可交割国债范围包含 5 年期和 7 年期两个关键期限的国债，发行量稳定，具有较强的防逼仓和抗操纵能力。

第四，从套期保值需求看，商业银行交易账户持有国债的久期基本在 5 年以内，当前我国公司债、中期票据的发行期限在 5 年左右，与 5 年期国债期货久期较为匹配，有利于投资者使用 5 年期国债期货进行套期保值。

5 年期国债期货合约内容如表 10.5 所示。

表 10.5　5 年期国债期货合约内容

合约标的	面值为 100 万元人民币、票面利率为 3%的名义中期国债
可交割国债	合约到期月份首日剩余期限为 4～5.25 年的记账式附息国债
报价方式	百元净价报价
最小变动价位	0.005 元
合约月份	最近的三个季月（3 月、6 月、9 月、12 月中的最近三个月循环）
交易时间	周一至周五 09:15～11:30，　13:00～15:15
最后交易日交易时间	周一至周五 09:15～11:30
每日价格最大波动限制	上一个交易日结算价的±1.2%
最低交易保证金	合约价值的 1%
最后交易日	合约到期月份的第 2 个星期五
最后交割日	最后交易日后的第 3 个交易日
交割方式	实物交割
交易代码	TF
上市交易所	中国金融期货交易所

10.4.2　10 年期国债期货

由于爆发了"327"国债期货风险事件，所以在 1995 年 5 月 7 日，证监会宣布暂停上交所国债期货交易试点。

作为第二个国债期货产品，10 年期国债期货将成为长期利率定价的重要参考，将建立以市场为基础的收益率曲线，进一步推进利率市场化改革。

2015 年 3 月 20 日，首批三个 10 年期国债期货合约分别为 T1509、T1512 和 T1603 合约，挂盘基准价分别为 96.150 元、96.190 元和 96.230 元。

10 年期国债期货合约的内容如表 10.6 所示。

表 10.6　10 年期国债期货合约内容

合约标的	面值为 100 万元人民币、票面利率为 3% 的名义长期国债
可交割国债	合约到期月份首日剩余期限为 6.5～10.25 年的记账式附息国债
报价方式	百元净价报价
最小变动价位	0.005 元
合约月份	最近的三个季月（3 月、6 月、9 月、12 月中的最近三个月循环）
交易时间	周一至周五 09:15～11:30，13:00～15:15
最后交易日交易时间	周一至周五 09:15～11:30
每日价格最大波动限制	上一个交易日结算价的 ±2%
最低交易保证金	合约价值的 2%
最后交易日	合约到期月份的第 2 个星期五
最后交割日	最后交易日后的第 3 个交易日
交割方式	实物交割
交易代码	T
上市交易所	中国金融期货交易所

10.5　金融期货实战交易案例

下面以沪深 300 股指期货为例，讲解金融期货的实战交易技巧。

（1）进行基本面分析，分析一下当前股指期货的操作策略，是做多还是做空。

（2）根据当前股指期货合约的持仓量选择主力合约，主力合约的日 K 线图如图 10.6 所示。

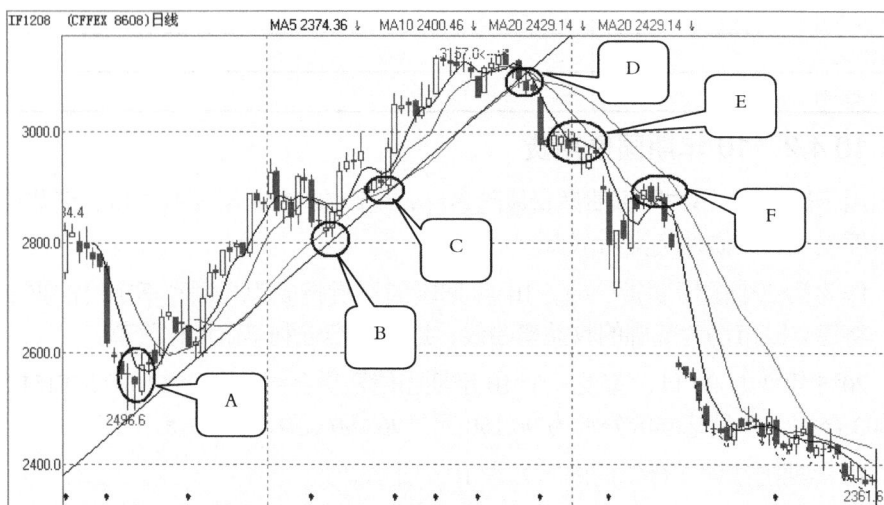

图 10.6　IF 的日 K 线图

（3）股指期货的价格经过一波下跌之后，创出 2496.6 低点，这一天价格收了一根十字线，表明多空双方进行激战后打成了平手。

（4）第二个交易日，价格虽然仍在下跌，但没有再创新低，并且收了一根带有下影线的小阴线，即连续两天收见底 K 线。

（5）随后价格拉出中阳线，并且站上了 5 日均线，这表明价格有反弹要求，所以空单最好及时获利出局，并且可以沿着 5 日均线轻仓做多，即 A 处。

（6）价格不断震荡上涨，经过 19 个交易日的上涨之后，创出 2950.8 高点，然后开始横盘整理，经过几个交易日的调整，回调到上升趋势线附近，即 B 处，价格得到支撑，再度上涨，所以 B 处是一个不错的做多位置。

（7）同理，C 处也是一个不错的做多位置。

（8）随后价格继续上涨，创出 3157 高点，然后开始震荡下跌，在 D 处价格跌破了上升趋势线，这表明上涨行情可能结束，所以多单要及时获利出局，并且可以逢高建立空单。

（9）随后价格开始震荡下跌，在 E 处，价格出现了震荡盘整，但均线是明显的空头排列，反弹力量弱，意味着下跌力量强，所以 E 处可以采取逢高做空的思维。

（10）同理，在 F 处，价格经过几天反弹之后，反弹到 20 日均线附近，价格再度下跌，所以 F 处也是不错的做空位置。

（11）随后价格继续下跌，在这里可以看到，价格每反弹到 20 日均线附近，就会再度下跌，所以 20 日均线是其趋势线，即只要价格没有站稳 20 日均线，就采取逢高做空的策略。

第 11 章　期货交易的套期保值和套利

套期保值是期货的基本功能，投资者可以通过套期保值操作来管理投资组合所面临的系统性风险。套利是指人们利用市场上两个相同的或相关资产暂时存在的不合理价差关系，同时分别买进和卖出这两个相同或相关的资产，待这种不合理价差缩小或消失后，再进行相反方向的交易，从相对价差变动中赚取差价收益的交易行为。

本章主要内容包括：

- 套期保值的原理和类型
- 基差与套期保值
- 影响套期保值效果的其他因素
- 套利交易
- 跨月套利
- 跨市套利
- 跨商品套利

11.1　期货交易的套期保值

期货市场基本的经济功能之一就是为现货企业提供价格风险管理的机制。为了避免价格风险，最常用的手段便是套期保值。期货交易的主要目的是将生产者和用户的价格风险转移给投机者。当现货企业利用期货市场来抵消现货市场中价格的反向运动时，这个过程就叫套期保值。

套期保值，又称为"对冲交易"，它的基本做法就是买进或卖出与现货市场交易数量相当，但交易方向相反的商品期货合约，以期在未来某一时间通过卖出或买进相同的期货合约来对冲平仓，结清期货交易带来的盈利或亏损，以此来补偿或抵消现货市场价格变动所带来的实际价格风险或利益，使交易者的经济收益稳定在一定的水平。

11.1.1　套期保值的原理

第一，期货交易过程中期货价格与现货价格尽管变动幅度不会完全一致，但变动的趋势基本一致。即当特定商品的现货价格趋于上涨时，其期货价格也趋于上涨，反之亦然。这是因为期货市场与现货市场虽然是两个各自分开的不同市场，但对于特定的商品来说，其期货价格与现货价格主要的影响因素是相同的。这样，引起现货市场价格涨跌的因素，也同样会影响到期货市场价格同向的涨跌。套期保值者就可以通过在期货市场上做与现货市场相反的交易来达到保值的功能，使价格稳定在一个目标水平上。

第二，现货价格与期货价格不仅变动的趋势相同，而且到合约期满时，两者将大致相等或合二为一。这是因为，期货价格包含有储藏该商品直至交割日为止的一切费用，这样远期期货价格要比近期期货价格高。当期货合约接近于交割日时，储存费用会逐渐减少乃至完全消失，这时，两个价格的决定因素实际上已经几乎相同了，交割月份的期货价格与现货价格趋于一致。这就是期货市场与现货市场的市场走势趋同性原理。

当然，期货市场并不等同于现货市场，它还会受一些其他因素的影响，因此，期货价格的波动时间与波动幅度不一定与现货价格完全一致，加之期货市场上有规定的交易单位，两个市场操作的数量往往不尽相等，这些就意味着套期保值者在冲销盈亏时，有可能获得额外的利润，也可能产生小额亏损。因此，我们在从事套期保值交易时，也要关注可能会影响套期保值效果的因素，如基差、质量标准差异、交易数量差异等，使套期保值交易能达到满意的效果，为企业的生产经营提供有效的服务。

11.1.2　套期保值的类型

按照在期货市场上所持的头寸，套期保值可分为卖方套期保值和买方套期保值。

卖出套期保值（卖期保值）是套期保值者首先卖出期货合约，持有空头头寸，以保护他在现货市场中的多头头寸，旨在避免价格下跌的风险，通常为农场主、矿业主等生产者和仓储业主等经营者所采用。

例如，春耕时，某粮食企业与农民签订了当年收割时收购玉米 10000 吨的合同。7 月份，该企业担心到收割时玉米价格会下跌，于是决定将售价锁定在 1080 元/吨，因此，在期货市场上以 1080 元/吨的价格卖出 1000 手合约进行套期保值。

到收割时，玉米价格果然下跌到 950 元/吨，该企业以此价格将现货玉米出售给饲料厂。同时，期货价格也同样下跌，跌至 950 元/吨，该企业就以此价格买回 1000 手期货合约来对冲平仓，该企业在期货市场赚取的 130 元/吨正好用来抵补现货市场上少收取的部分。这样，他们通过套期保值回避了不利价格变动的风险。

买入套期保值（买期保值）是套期保值者首先买进期货合约，持有多头头寸，以保障他在现货市场的空头头寸，旨在避免价格上涨的风险，通常为加工商、制造业者和经营者所采用。

如果一位现货商现在缺少商品，将来要购买这个商品，那么他可以在期货市场中进行买入套期保值。买入套期保值为那些想在未来某时期购买一种商品而又想避开可能的价格上涨的现货商所采用。如果价格上涨，他在现货市场购买该商品要支付更多的资金，但同时他能在期货市场中赚钱而抵消了在现货市场中的损失。例如，饲料企业在未来一段时期将购买饲料原料——豆粕，就可以预先买入豆粕期货，进行买入套期保值，以在期货市场买入头寸来替代未来在现货市场的购买。

当然，套期保值交易防止了价格反向运动带来的可能损失，同时套期保值商也失去了因价格正向运动带来意外收益的可能性。

11.1.3　基差与套期保值

套期保值可以大体抵消现货市场中价格波动的风险，但不能使风险完全消失，主要原因是存在"基差"这个因素。要深刻理解并运用套期保值，避免价格风险，就必须掌握基差及其基本原理。

1.　基差的含义

基差（basis）是指某个特定商品在某个特定时间和地点的现货价格与该商品近期合约的期货价格之差，即基差＝现货价格－期货价格。

例如，2015 年 5 月 30 日大连的大豆现货价格为 2700 元/吨，当日，2015 年 7 月黄大豆 1 号期货合约价格是 2620 元/吨，则基差是 80 元/吨。

基差可以是正数，也可以是负数，这主要取决于现货价格是高于还是低于期货价格。现货价格高于期货价格，则基差为正数，又称为远期贴水或现货升水；现货价格低于期货价格，则基差为负数，又称为远期升水或现货贴水。

基差包含着两个成份，即分隔现货与期货市场间的"时"与"空"的两个因素。因此，基差包含着两个市场之间的运输成本和持有成本。前者反映着现货与期货市场间的空间因素，这也正是在同一段时间里，两个不同地点的基差不同的基本原因；后者反映着两个市场间的时间因素，即两个不同交割月份的持有成本，它又包括储藏费、利息、保险费和损耗费等，其中利率变动对持有成本的影响很大。

2.　基差变化与套期保值

在商品实际价格运动过程中，基差总是在不断变动，而基差的变动形态对一个套期保值者而言至关重要。期货合约到期时，现货价格与期货价格会趋于一致，而且基差呈现季节性变动，使套期保值者能够应用期货市场降低价格波动的风险。基差变化是判断能否完全实现套期保值的依据。套期保值者利用基差的有利变动，不仅可以取得较好的保值效果，而且还可以通过套期保值交易获得额外的盈余。

一旦基差出现不利变动，套期保值的效果就会受到影响，蒙受一部分损失。

对于买入套期保值者来讲，他愿意看到的是基差缩小。

- 现货价格和期货价格均上升，但现货价格的上升幅度大于期货价格的上升幅度，基差扩大，从而使得加工商在现货市场上因价格上升买入现货蒙受的损失大于在期货市场上因价格上升卖出期货合约的获利。如果现货市场和期货市场的价格不是上升而是下降，则加工商在现货市场获利，在期货市场损失。但是只要基差扩大，现货市场的盈利不仅不能弥补期货市场的损失，而且会出现净亏损。

- 现货价格和期货价格均上升，但现货价格的上升幅度小于期货价格的上升幅度，基差缩小，从而使得加工商在现货市场上因价格上升买入现货蒙受的损失小于在期货市场上因价格上升卖出期货合约的获利。如果现货市场和期货市场的价格不是上升而是下降，则加工商在现货市场获利，在期货市场损失。但是只要基差缩小，现货市场的盈利不仅能弥补期货市场的全部损失，而且会有净盈利。

对于卖出套期保值者来讲，他愿意看到的是基差扩大。

- 现货价格和期货价格均下降，但现货价格的下降幅度大于期货价格的下降幅度，基差扩大，从而使得经销商在现货市场上因价格下跌卖出现货蒙受的损失大于在期货市场上因价格下跌买入期货合约的获利。如果现货市场和期货市场的价格不是下降而是上升，则经销商在现货市场获利，在期货市场损失。但是若基差扩大，则现货市场的盈利只能弥补期货市场的部分损失，结果仍是净损失。

- 现货价格和期货价格均下降，但现货价格的下降幅度小于期货价格的下降幅度，基差缩小，从而使得经销商在现货市场上因价格下跌卖出现货蒙受的损失小于在期货市场上因价格下跌买入期货合约的获利。如果现货价格和期货价格不降反升，则经销商在现货市场获利，在期货市场损失。但是只要基差缩小，现货市场的盈利不仅能弥补期货市场的全部损失，而且仍有净盈利。

期货价格与现货价格的变动趋势是一致的，但两种价格变动的时间和幅度是不完全一致的，也就是说，在某个时间，基差是不确定的。所以，套期保值者必须密切关注基差的变化。套期保值并不是一劳永逸的事，基差的不利变化也会给保值者带来风险。虽然套期保值没有提供完全的保险，但是它的确回避了与商业相联系的价格风险。套期保值基本上是风险的交换，即以价格波动风险交换基差波动风险。

11.1.4 影响套期保值效果的其他因素

导致现货价格与期货价格的差异变化的因素是多种多样的。

首先，现货市场中每种商品都有许多种等级，每种等级的价格变动情况不一样。但是期货合约却限定了一个或几个特定等级，这样，也许套期保值的商品等级的价格在现货市场中的变动快于合约规定的那种等级的价格。

第二，当地现货价格反映了当地市场状况，而这些状况可能并不影响反映全国或国际市场状况的期货合约的价格。例如，巴西、阿根廷等南美洲国家的大豆现货价格反映的是当地市场状况，对美国芝加哥期货交易所的大豆期货价格影响较小。

第三，当前市场的供求状况对更远交割月份的期货价格的影响小于对现货市场价格的影响。

第四，需套期保值的商品可能与期货合约规定的商品不一致。比如布匹生产商，可能用棉花期货代替纱线进行套期保值交易，但纱线的生产成本、供求关系并不与棉花的一样，因此其价格波动可能与棉花价格波动不一致。

套期保值的另一个限制是期货合约规定的具体交易量，它可能与所需套期保值的数量存在差异。例如，有一家油脂厂希望出售184吨豆粕，这时，这家工厂只能通过卖出18手豆粕合约对180吨豆粕进行保值，有4吨豆粕不能保值，如果这家工厂决定卖出19手合约，那么多出来的6吨豆粕将成为投机性交易。不管怎样，总有一些风险不能转移。

11.2 期货交易的套利

正如一种商品的现货价格与期货价格经常存在差异一样，同种商品不同交割月份的合约价格之间也存在差异，同种商品在不同交易所的交易价格变动也存在差异。由于这些差异的存在，使期货市场的套利交易成为可能。

11.2.1 套利交易概述

套利，又称套期图利，是指期货市场参与者利用不同月份、不同市场、不同商品之间的差价，同时买入和卖出不同种类的期货合约以从中获取利润的交易行为。

在期货市场中，套利有时能比单纯的长线交易提供更可靠的潜在收益，尤其当交易者对套利的季节性和周期性趋势进行深入研究和有效使用时，其功效更大。

有些人说套利交易的风险比单纯的长线交易更小，这并不确切。尽管一些季节性商品的套利的内在风险低于某些单纯长线交易，但套利有时比长线交易风险更高。当两个合约、两种商品的价格反方向运动时，套利的两笔交易都发生亏损，这时，套利成为极为冒险的交易。

因此，就整个期货交易而言，套利交易仍然是一项风险、收益都较高的投机。套利交易的收益来自以下 3 种方式。

● 在合约持有期，空头的盈利高于多头的损失。

● 在合约持有期，多头的盈利高于空头的损失。

● 两份合约都盈利。

套利交易的损失则来自刚好相反的方式。

● 在合约持有期，空头的盈利少于多头的损失。

● 在合约持有期，多头的盈利少于空头的损失。

● 两份合约都亏损。

例如，2015 年 5 月 22 日，某个交易者对 2015 年 8 月与 11 月豆粕合约进行套利交易，以 2092 元/吨的价格卖出 8 月合约 10 手，以 2008 元/吨的价格买入 11 月合约 10 手。5 月 29 日，8 月合约的价格下跌至 2059 元/吨，11 月合约的价格上涨至 2029 元/吨，套利者可发出平仓指令，结束套利交易，结果交易者在 8 月合约上盈利 330 元，在 11 月合约上盈利 210 元，共计盈利 540 元（不计手续费）。

11.2.2　套利交易的方法

期货市场的套利主要有三种形式，即跨月套利、跨市套利和跨商品套利，如图 11.1 所示。

1．跨月套利

跨月套利是投机者在同一个市场利用同一种商品不同交割期之间的价格差距的变化，买进某一个交割月份期货合约的同时，卖出另一个交割月份的同类期货合约以谋取利润的活动。其实质是利用同一种商品期货合约的不同交割月份之间的差价的相对变动来获利。这是最为常用的一种套利形式。

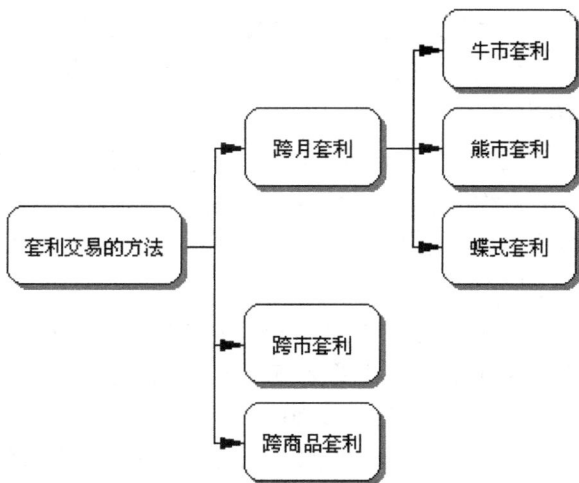

图 11.1　套利交易的方法

例如，当你注意到 5 月份的大豆价格和 7 月份的大豆价格差异超出正常的交割、储存费时，你应买入 5 月份的大豆合约而卖出 7 月份的大豆合约。过后，当 7 月份大豆合约与 5 月份大豆合约更接近而缩小了两个合约的价格差时，你就能从价格差的变动中获得一笔收益。

跨月套利与商品的绝对价格无关，而仅与不同交割期之间价差变化的趋势有关。具体而言，这种套利又可细分为三种：牛市套利，熊市套利和蝶式套利。

（1）牛市套利

牛市套利是指买入较近月份期货合约的同时卖出远期月份的期货合约的套利。当预测较近月份的期货合约价格的上涨幅度大于较远月份的期货合约价格的上涨幅度，或者较近月份的期货合约价格的下降幅度小于较远月份的期货合约价格的下降幅度时，可通过牛市套利获利。因为这两种情况均代表近期合约的市场强于远期合约的市场，所以称为牛市套利。

例如，5 月 8 日，5 月份和 6 月份的沪深 300 股指期货合约的价格分别为 3100 点和 3160 点，某个交易者预测价差会缩小，于是买进 1 手 5 月份合约的同时卖出 1 手 6 月份合约。到 5 月 20 日，5 月的沪深 300 股指期货合约的价格上涨到 3140 点，6 月份的沪深 300 股指期货合约的价格上涨到 3170 点，此时交易者同时将两个合约平仓。

这样，5 月份的沪深 300 股指期货合约的获利为 3140 – 3100 = 40 点；6 月份的沪深 300 股指期货合约的亏损为 3170 – 3160 = 10 点，这样该交易者总获利为 30 点。

这表明，在正向市场中，牛市套利，价差缩小会盈利，因为在价格较高的远月合约上做出的是卖出建仓交易，也可视为卖出套利。卖出套利，价差缩小就会盈利。

如果在反向市场，进行牛市套利，价差扩大会盈利，因为反向市场的意思是近月合约价格高于远月合约价格，而牛市套利是指买入近月合约的同时卖出远月合约，也就是买入的是高价合约，也视为买进套利，所以价差扩大时盈利，下面来举例说明。

例如，5 月 8 日，5 月份和 6 月份的沪深 300 股指期货合约的价格分别为 3180 点和 3100 点，某交易者预测价差会扩大，于是买进 1 手 5 月份合约的同时卖出 1 手 6 月份合约。到 5 月 20 日，5 月份的沪深 300 股指期货合约的价格下跌到 3080 点，6 月份的沪深 300 股指期货合约的价格下跌到 2800 点，此时交易者同时将两个合约平仓。

这样，5 月份的沪深 300 股指期货合约的亏损为 3180 – 3080 = 100 点；6 月份的沪深 300 股指期货合约的盈利为 3100 – 2800 = 300 点，这样该交易者总获利为 200 点。

总之，牛市套利就是买进近月期货合约的同时卖出远月期货合约，在正向市场中，属于卖出套利，价差缩小盈利；在反向市场中，属于买进套利，价差扩大盈利。

（2）熊市套利

熊市套利是指买入远期月份期货合约的同时卖出近期月份的期货合约的套利。当预测较近月份的期货合约价格的上涨幅度小于较远月份的期货合约价格的上涨幅度，或者较近月份的期货合约价格的下降幅度大于较远月份的期货合约价格的下降幅度时，可通过熊市套利获利。因为这两种情况均代表近期合约的市场弱于远期合约的市场，所以称为熊市套利。

例如，5 月 8 日，5 月份和 6 月份的沪深 300 股指期货合约的价格分别为 3100 点和 3160 点，某交易者预测价差会扩大，于是卖出 1 手 5 月份合约的同时买进 1 手 6 月份合约。到 5 月 20 日，5 月份的沪深 300 股指期货合约的价格上涨到 3140 点，6 月份的沪深 300 股指期货合约的价格上涨到 3280，此时交易者同时将两个合约平仓。

这样，5 月份的沪深 300 股指期货合约的亏损为 3140 − 3100 = 40 点；6 月份的沪深 300 股指期货合约的盈利为 3280 − 3160 = 120 点，这样该交易者总获利为 80 点。

这表明，在正向市场中，熊市套利，价差扩大会盈利，因为在较高的远月合约上做出的是买进建仓交易，也可视为买进套利。买进套利，价差扩大就会盈利。

如果在反向市场，进行熊市套利，价差缩小会盈利，因为反向市场的意思是近月合约价格高于远月合约价格，而熊市套利是指卖出近月合约的同时买入远月合约，也就是卖出的是高价合约，也视为卖出套利，所以价差缩小时盈利，下面来举例说明。

例如，5 月 8 日，5 月份和 6 月份的沪深 300 股指期货合约的价格分别为 3180 点和 3100 点，某交易者预测价差会缩小，于是卖出 1 手 5 月份合约的同时买进 1 手 6 月份合约。到 5 月 20 日，5 月份的沪深 300 股指期货合约的价格下跌到 2980 点，6 月份的沪深 300 股指期货合约的价格下跌到 2950，此时交易者同时将两个合约平仓。

这样，5 月份的沪深 300 股指期货合约的盈利为 3180 − 2980 = 200 点；6 月份的沪深 300 股指期货合约的亏损为 3100 − 2950 = 150 点，这样该交易者总获利为 50 点。

总之，熊市套利就是卖出近月期货合约的同时买进远月期货合约，在正向市场中，属于买进套利，价差扩大盈利；在反向市场中，属于卖出套利，价差缩小盈利。

（3）蝶式套利

蝶式套利是由两个方向相反、共享居中交割月份合约的跨期套利组成。它是一种期权策略，它的风险有限，盈利也有限，是由牛市套利和熊市套利组合而成的。

蝶式套利，它是套利交易中的一种合成形式，整个套利涉及三个合约。在期货套利中的三个合约分别是近期合约、远期合约及更远期合约，也被称为近端、中间和远端。蝶式套利在净头寸上没有开口，它在头寸的布置上，采取 1 份近端合约、2 份中间合约和 1 份远端合约的方式。其中近端、远端合约的方向一致，中间合约的方向则和它们相反，即一组是买近月、卖中间月、买远月，另一组是卖近月、买中间月、卖远月。两组交易所跨的是三种不同的交割期，三种不同交割期的期货合约不仅品种相同，而且数量也相等，差别仅仅是价格。正是由于不同交割月份的期货合约在客观上存在着价格水平的差异，而且随着市场供求关系的变动，中间交割月份的合约与两旁交割月份的合约价格还有可能会出现更大的价差，这就造成了套利者对蝶式套利的高度兴趣，即通过操作蝶式套利，利用不同交割月份期货合约价差的变动对冲了结，平仓获利。

例如，买进 1 手 5 月份的沪深 300 股指期货合约，卖出 2 手 6 月份的沪深 300 股指期货合约，买进 1 手 9 月份的沪深 300 股指期货合约，这样就实现了牛市套利加熊市套利。

再例如，卖出 1 手 5 月份的沪深 300 股指期货合约，买进 2 手 6 月份的沪深 300 股指期货合约，卖出 1 手 9 月份的沪深 300 股指期货合约，这样就实现了熊市套利加牛市套利。

总之，蝶式套利的原理是：套利者认为中间交割月份的期货合约价格与两旁交割月份的期货合约价格之间的相关关系将会出现差异。

2. 跨市套利

跨市套利是投机者利用同一种商品在不同交易所的期货价格的不同，在两个交易所同时买进和卖出期货合约以谋取利润的活动。

当同一种商品在两个交易所中的价格差额超出了将商品从一个交易所的交割仓库运送到另一个交易所的交割仓库的费用时，可以预计，它们的价格将会缩小并在未来某个时期体现真正的跨市场交割成本。

例如，小麦的销售价格，如果芝加哥交易所比堪萨斯城交易所高出许多而超过了运输费用和交割成本，那么就会有现货商买入堪萨斯城交易所的小麦并用船运送到芝加哥交易所去交割。

3. 跨商品套利

跨商品套利是指利用两种不同的、但是相互关联的商品之间的期货价格的差异进行套利，即买进（卖出）某个交割月份某一种商品的期货合约，而同时卖出（买入）另一个相同交割月份、另一种关联商品的期货合约。

第12章　期货交易的技巧和策略

思路决定出路，只有掌握好的投资理念和技巧，并且在实际期货投资过程中加以运用，才能成为真正的市场赢家。

本章主要内容包括：

- 期货交易的心理误区和交易误区
- 期货交易素质
- 期货交易战术
- 善于利用信息
- 止损是期货交易的生存法则

12.1　期货交易的心理误区和交易误区

期货因具有较大的杠杆效应，所以风险很大，投资者在进入该市场之前，要做好充分的思想准备，特别是对于资金有限的散户，更应该设好止损，否则当行情与自己的预测相反时，很可能血本无归，从身价百万变成一无所有。

12.1.1　常见心理误区

炒期货与炒股相似，但并不相同，投资者在入市之前，可能有很多错误的交易心理，下面就来简单介绍一下。

1. 能挣大钱，能一夜暴富

很多投资者对期货一无所知，想当然地认为期货交易采用保证金交易，具有放大效应，这样在一日行情中即可暴涨几倍甚至几十倍，利用少量资金就可以快速挣大钱，实现一夜暴富，其后果可想而知。不熟不做，不懂勿动，这是基本的生意常识，但在这里一再被投资者打破，无知和冲动总是要付出代价的。

2. 认为是赌博

持有这种心态的投资者往往是不会承认错误的，甚至常常会自欺欺人。炒期货是一种博弈方式，和赌博有必然的相似和联系，但两者有本质区别，如赌博可以换牌，但炒期货时双方的合约是无法替换的。把炒期货当做赌博的人，其赌性、赌行必然与市场规律相违背，从而招致败北。

3. 急功近利

一个人做生意，一年只要能赚 60%就知足了，但进入期市后，却希望赚到 200%，这是不切实际的。要想在一个领域中取得成功，特别是在高手如云的博弈市场有所收获，就必须付出艰苦的努力，同时还需要有坚韧不拔的意志。显然，大部分投资者都没有这样的准备。

4. 犹豫不决

很多投资者在操作之前制定了交易计划，但在受到他人意见的影响时，却往往犹豫不决、举棋不定，从而错过好的交易时机；或事前没有打算进场交易，看到价格在上涨，很多投资者纷纷进场操作，这时就禁不起气氛和诱惑，做出冲动的交易决策；或干脆在摇摆不定中眼睁睁看着机会与自己失之交臂，陷入该盈不盈的尴尬境地。

5. 随意操作

人的行为具有很大的随意性和自我性，特别是在没有监管和自我约束的市场。散户常常是独来独往，天马行空，自由散漫，这样面对能控制行情并且纪律严明的市场主力，不亏损是很难的。

6. 贪婪

有利都要，寸步不让，这种贪心的投资者很多。常常持有头寸待涨（待跌），不顾趋势变化而盲目坚持，往往放弃了一次次获利了结的机会。这种无止境的欲望，往往会使投资者本已到手的获利全部落空。

7. 恐惧

有些投资者禁不起挫折，一次交易亏损后便对交易产生了恐惧心理，即使很好的机会再次来临也往往不敢介入；或得了恐高症，只要看到行情上行，就以为行情顶部来临而早早出局，错失一次次在行情回调时的加仓机会。

8. 迷信

迷信往往是知识不足造成的，包括迷信书籍，特别是那些经验之谈；迷信理念，特别是那些尚不符合国情的投资大师的投资理念；迷信专家，实际上很多专家都是纸老虎；迷信基金，实际上基金公司是靠迷信者的供养才能活到今天；迷信指标，实际上指标只有统计的作用；迷信消息，热衷于消息者往往"死"于消息；迷信自己，一意孤行的人常常会失去市场。

9. 不肯认错

很多投资者一旦做错了方向，不能当机立断，而是心存侥幸，期望市场按其预测出现转机；或是给自己找市场应该回头的各种理由；或是盲目乐观，不撞南墙不回头。其实错了就是错了，要果断认错，如果还想在这个市场上"活"下来，唯一的方法就是立刻认错改正。

12.1.2　常见交易误区

投资者在入市之前，不仅有很多错误的交易心理，还存在较多的错误交易行为，下面简单讲解一下。

1. 没有交易计划

很多投资者在入市时，没有制定交易计划，这使他们不知道合理的入市资金应该是多少；后市出现什么状况时，应加（减）仓多少；以及应在什么时候止损出局、在什么时候止盈出局等。因此，他们在面对始终有计划、有目的、有纪律的市场主力时，失败是必然的。

2. 非系统性交易

非系统性交易有两种情况，第一种是按消息进行交易，即投资者到处寻找小道消息进行交易，而不是按市场规律进行交易，这种投资者的特点是不学无术，东打西探；第二种是按预期进行交易，即投资者以为市场会怎么走而采取行动，并非顺势而为。

提醒：仅凭技术分析是行不通的，还要有自己的一套操作规则。

3. 满仓操作

由于期货交易采用保证金交易，具有放大效应，所以有些投资者就认为满仓操作可以赚大钱，忽略了行情反向变动、导致资金出现负数的可能性，保证金的杠杆效应也会放大亏损。

提醒：期货交易必须坚持风险控制为先，切忌满仓操作。

4. 不懂资金管理

不懂资金管理包括两个方面，第一个方面是很多投资者不知道 5 万、10 万、50 万、100 万、1000 万资金在操作上的不同之处，因而一视同仁，套用同一种交易策略，最终招致失败；第二个方面是投资者不懂得对资金的运用和调度，尤其是缺乏建仓、加仓、减仓、平仓时的技巧和经验。要知道，即使对市场有同样的预期，懂得资金管理和不懂资金管理的投资者，其盈亏差距往往是很大的。

5. 离市场太近

人是感性动物，难免会随着行情涨跌产生情绪波动，进而影响交易行为。离市场太近，人性中原有的贪、嗔、痴便容易浮现，便会使人想去战胜市场，以获得似乎唾手可得的利润。但实际上，市场波浪就像江水一样，贴得越近，看到的就只有涟漪，而涟漪是杂乱无章的，一波才起就会被另一波打消，投资者惟有与市场保持距离，才有机会追寻获利的大浪。

6. 疲劳交易

有些投资者持续战斗在市场一线，天天盯盘和分析；有些投资者则受不得刺激，患得患失，容易失眠，但仍带着疲惫继续交易。当投资者身心疲惫时，记忆力、反应能力、感知力、决策力、协调性、敏感性都会降低，做出错误的交易决策也就在所难免。

7. 不思进取

有些投资者看起来很勤奋，到处找方法、学经验，但实际上却不愿自己思考交易方式并考虑前因后果，而是生搬硬套、囫囵吞枣；或者发明了一套盈利模式后不分时宜地反复使用，认为可以一劳永逸、万事大吉。他们不知道，市场之所以能持续发展，就是因其具有不确定的魅力及自我变异的活力，跟不上市场节奏的投资者，迟早都会被市场淘汰。

8. 无交易风格

每个投资者都应该根据性格和经验建立自己的交易风格，包括预测策略、交易规则、交易时机。没有自己的交易风格，就等于没有自己的主见，这样就很难在市场上立足。

如图 12.1 所示显示了投资者经常出错的交易心理和行为。这是一般投资者的共性思维，同时也预示着正常的交易心理造成错误的交易方式，需要投资者深思。

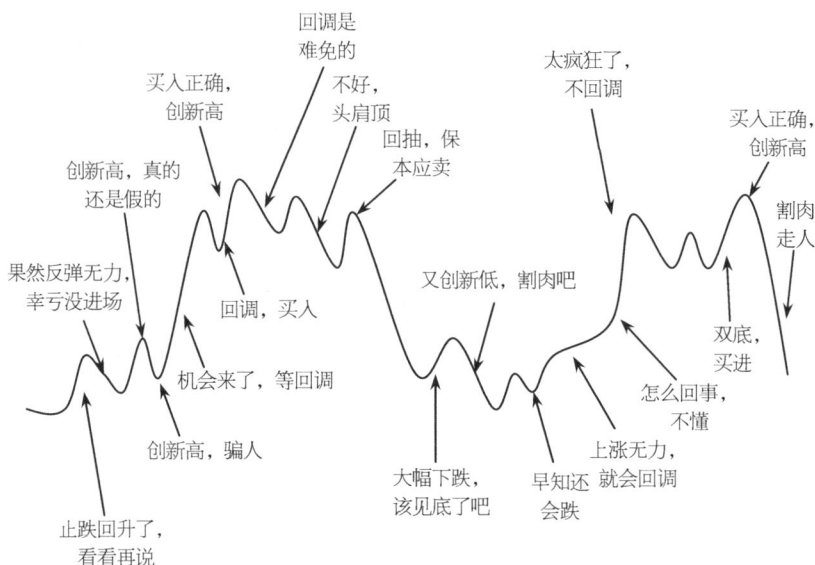

图 12.1　投资者经常出错的交易心理和行为

12.2 期货交易素质

交易素质代表着投资者在交易时的价值观、市场观、思维方式和行为表现，以及操作时的行为准则、习惯作风、优良品质和心理素质等。这些都是指导投资者采取行动的指挥系统和判断系统，是成功交易的重点。期货交易素质如图 12.2 所示。

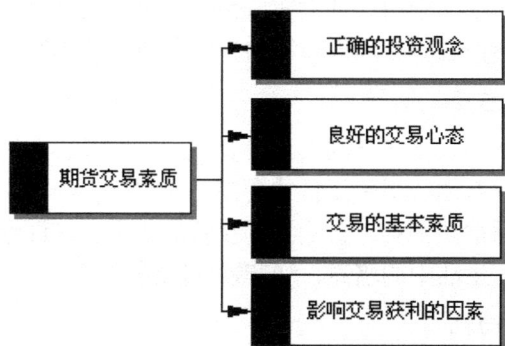

图 12.2 期货交易素质

12.2.1 正确的投资观念

很多投资者，在金融投资市场中失败的根本原因是没有正确的投资观念，心态不平稳。实际上，投资者从金融市场上可以赚到钱，从投资角度来看，只要长期看好国家经济发展，就可以长期看涨沪深 300 指数和各种大宗商品原材料（如铜、大豆等）；从投机角度看，只要把握市场平衡的节奏，就抓住了其他对手的弱点和软肋。赚到大钱的投资者得益于他们正确的投资理念或投机理念，他们的平稳心态来自于他们正确的投资观念。

投资者不能急于求成，不能为自己设置过高的盈利愿望，如果设置的目标过高，则会导致自己终日在这些欲望中煎熬，使心态变坏，进而造成冲动的错误交易，最后只能亏损累累。

如果投资者投资 10 万元，每年年回报率为 25.89%，则 10 年后是百万富翁，30 年后资产过亿。所以投资者一定要树立正确的投资观念，不要天天去抓每个机会，只要保持一个平和的心态，利用复利的威力，成为亿万富翁只是时间的问题。

12.2.2 良好的交易心态

心态，即心理状态。无论做任何事情，心态往往会决定人的判断与抉择，甚至可以说心态决定结果。很多投资者投入的都是名副其实的血汗钱，看着数字上下蹦跳，心情自然跟着反复变化，从大喜到大悲往往是瞬间的事。殊不知，很多时候正是因为心态的变化影响了投资者的正常思维，影响了生活的秩序，也影响身心健康。身处投资市场中的人很难克服这种困扰，做到心态平稳，这也是为什么只有少数人能获利的原因之一。

那么，该如何培养良好的交易心态呢？要做一个积极向上、诚实负责的人。因为人生态度会如实地反映到投资活动中，并由此形成自己的投资哲学和投资理念。所以从这个角度来说，成功的投资者并不是只在投资市场中磨练自己的心理素质，而是会在日常生活中将心理素质调整好，再把它拿到市场上去应用。投资者在日常生活中培养自己的心理素质包括 3 个方面，具体如下。

1. 积极的生活态度

一个在日常生活中只爱自己的人是没有真正的积极心态的，也是不会誓不言败、誓不低头的。只有内心坦荡无私才会在无形中产生一种积极向上的力量，这种力量往往可以克服很多困难，直到看到收获的成果。在证券市场中，一切良好的心态都得益于日常生活中的培养，绝非妙手偶得。

2. 努力挣钱的动机

如果挣钱动机不明确、不积极，挣钱的行为不正确、不高效，那么你很可能最终败离这个市场，最终的胜利总是属于那些目的明确并能坚持到底的人。

3. 内心冲突的平衡

成功的投资者往往在生活中不断扩大自己的心理容量，平衡多方矛盾和冲突，使自己能承受更多的负载。内心的冲突有情感上的、利益上的、压力上的、欲望上的，等等，平静它们最简单的方法是心平气和地面对它们、分析和理解它们，并做出局部的妥协。

12.2.3　交易的基本素质

在投资领域，成功并不单纯是一门技术，更是一种优秀品质和习惯的结晶。投资者要慢慢培养优秀的交易素质，这样才能在自己的投资生涯中有所收获。

1. 勤奋

在投资市场中，投资者除了要身体力行地实践外，更多的要用脑思考。勤奋学习、勤奋思考、勤奋实践、勤奋总结、勤奋修炼等，这样就可以使自己成为投资大师。

2. 自律

投资市场瞬息万变，没有人可以准确地预知未来。投资者只能以自律的手段驾驭自己，才可以找到市场的规律。

自律可以使投资者在别人恐惧时仍有勇气买进，也可以使投资者在大家贪婪时果断卖出，更可以使自己洗尽浮躁、顺势而为。

3. 冷静

在投资市场中，投资者不要试图抓住每一次市场机会，没有人可以做到这一点；也不要妄想卖在最高点，那是可遇不可求的事情；那些中看不中用的短线涨停板，最好让它如过眼云烟。每进行一笔交易，都应该清楚交易的理由，按照自己的计划去交易，如果心静不下来，就不要交易。只有精、气、神、脑均处于良好的状态，才能把握住绝佳的获利机会。

4. 果断

在投资市场中，每一秒都有无数的投资者在观察、思考、猜测和行动，"蝴蝶效应""羊群效应""多米诺骨牌效应"等常常发生，如果你不够果断、当断不断，就会错失良机，甚至铸成大错。根据多年投资经验可知，只有果断决策的人，才可以在投资市场中获利。但要注意，果断是艺高胆大的表现，而不是蛮干草率的行为。

提醒："蝴蝶效应"是指初始条件十分微小的变化经过不断放大，对其未来状态会造成极其巨大的差别。"羊群效应"是指投资者在交易过程中存在的学习与模仿现象，盲目效仿别人，从而导致他们在某段时期内进行同样的操作。"多米诺骨牌效应"就是一件事情引发一系列事情的发生，而这一系列的事情是连贯的。

5. 谨慎

在投资市场中，有时想果断却变成了冲动，想安心却变成了乐观，赚了钱就开始自满，输了钱就开始紧张等，这些都是投资者不谨慎所造成的后果。

不谨慎不仅是投资者缺乏心理控制的表现，也是投资者缺乏市场经验的表现。谨慎代表着严谨和中性，这是成功投资者的一贯作风，它表示：除非了解自己在干什么，否则什么也别做。

6. 自信

自信是所有成功者的特征。如果在投资市场中没有自信，那么就难抵市场日常波动的诱惑，从而快速失去资本。自信源于一贯正确的市场认知和稳定的获利能力，来源于自身的健康状态和资本实力。对于刚入市的投资者，自我心理暗示也有助于提高自信水平，引发积极思维，消除紧张、慌乱等不良情绪，使自己进入最佳的交易状态。

7. 谦逊

谦逊就是要敬畏投资市场，知道自己在市场面前的渺小。在市场中，投资者千万不要认为自己了解任何事情，因为价格的走势要靠千万投资者的实际行动，这些行动最终会反映到市场中，但何时、何量、何度，没有人可以准确预测。

投资市场没有绝对的赢家，也没有绝对的输家，但骄兵必败是永恒的道理。只有谦逊的人才能保持平和的心态，时刻警惕，不断充实自己，从而保持稳定的收益。

8. 平常心

平常心就是要拥有平和的心态，能自然地看待生活中的人和事，冷静看待事业中的名和利，轻松看待市场中的涨和跌。投资者如果有一颗平常心，就会懂得什么是必然的，什么是偶然的，抓住必然的涨，逃过必然的跌，剩余的时间就是放弃无数个陷阱，等待值得介入的机会。懂得放弃，懂得等待，懂得争取，以一颗平常心来应对客观世界，顺势而为，量力而行，就能收获丰厚。

9. 悟性

没有悟性的投资者难以步入投资大师的殿堂。悟性源于思考和体验，只有经过长期的实践经验和理论知识的积累，并当这些积累由量变达到质变的临界点时，投资者才会产生灵感或悟性，忽然顿悟一些市场规律和真相，明了交易的部分实质和内在机制。

所有投资理念的建立，都是来源于投资者的悟性，这些在实践之后的感悟心得，经过总结、分类、整理、提炼之后，就会形成投资者长久坚持的交易经验，历经时间的检验。

10. 坚持

在投资市场盈利的秘诀首先是良好品质的培养，但投资者还要明白，这些良好的交易品质要长久坚持下去，才能发挥其应有的功效。不知是愚者的表现，不行是弱者的行为，只有坚持知行合一才能最终成功。

12.2.4 影响交易获利的因素

刚入市的投资者往往不知道是谁影响了他们的交易，从而使资金源源不断地出现亏损。实际上，影响交易获利的因素主要有两个，分别是市场和自己。

1. 市场是只纸老虎

很多投资者认为市场是最重要的，因为自己的交易都要在其中完成，而挑选交易对象常常要消耗大量的时间，所以很多投资者花了很多精力去研究市场、分析市场、预测市场、跟随市场。但实际上，投资大师并不把主要精力放在市场上，如索罗斯把主要精力放在对国际政治局势、国际经济结构、地区金融冲突、地区市场机会等的研究上；林奇则把主要的精力放在资产配置上，这跟经济景气周期和资金管理艺术大有关联。

没有人可以长期预测到市场的局部趋势，将大量时间花费在此得不偿失。市场留给投资者的仅仅是需要了解的知识和规律，也就是"知"。这个"知"是意识，是感悟，只要广泛阅读、勤于思考和勇于实践即可获得，即市场是只纸老虎，不需要投资者"流血"，只需投资者阅读和思考，就可以将其收服和驾驭。

2. 自己是只真老虎

为什么面对一样的技术形态和一样的市场消息，不同的投资者会有不同的看法和行动呢？每个人的经历和所学知识都是有限的，所以每个人的世界都是残缺的，都是真假难辨的，只是残缺的大小不同、真假的程度不同而已。因此，怎么看待市场，以及看待市场的方式是否正确，就完全取决于投资者自己的综合知识和判断能力了。

只有全面而系统化地认知市场，才有可能战胜对手，获利超过市场平均收益的投资回报。可见，对市场的正确认知是很重要的。

对市场有一定的认知后，就会有自己的交易理念，加上性格习惯，就会形成自己的交易决策。市场本身经过了你的过滤，怎么变动几乎都在你的考虑之中，因此市场已不再重要，而基于市场认知之上的交易决策将直接决定你的成败。冲动、不稳定的交易决策，会将你的交易引向失败和亏损。

交易行为是一个对交易决策进行执行的过程，似乎很简单，但实际上，它几乎是所有工作的难点，很多交易者往往受到市场的冲击而改变策略，导致交易决策的犹豫、拖延、冲动、恐惧、反复等。对于一些投资者来说，在控制交易行为上所做的努力要远远大于其他环节。

另外，有些投资者对市场其他人士的指点和小道消息具有免疫功能，但更多的投资者则不具备抵抗诱惑和拒绝偷懒的能力。在当今信息化时代，无人可以隔离信息，也不敢隔离信息，真假难辨的信息就像蜜糖一样引诱着无数投资者冲向海滩。人们需要信息，但最终多数人也毁于信息，绝大部分没有独立自主能力的投资者将最终被市场吞没。

提醒：对自己而言，"行"是最关键的，但这个"行"需要有意识地引导或强制性地执行。知易行难，投资者需要在此多下工夫。

12.3　期货交易战术

期货交易战术有很多，下面讲解一些常用的、重要的交易战术。

12.3.1　金字塔式加码

在账户出现浮动利润、走势仍有机会进一步发展时加码，是求取大胜的方法。加码，属于资金运用策略范畴，如何分配，要讲技巧。

增加手中的交易，从数量上而言，基本上有 3 种情况：第 1 种是倒金字塔式，即每次加码的数量都比原有的旧货多；第 2 种是均匀式，即每次加码的数量都一样；第 3 种是金字塔式，即每次加码的数量都比前一次加量的数量少一半。

如果行情一帆风顺的话，那么上述 3 种处理方式都能赚钱。如果行情逆转的话，那么这 3 种处理方式哪种比较科学、哪种比较合理就立见高下了。

假设我们在 1920 元买入大豆合约，之后价格一路上扬，随后在 1955 元加码，到 2005 元又再加码。假设手头上的资金总共可以做 70 手合约，如果用上述 3 种方式分配，就会产生如下 3 个不同的平均价。

倒金字塔式：在 1920 元买 10 手，在 1955 元买 20 手，在 2005 元买 40 手，平均价为 1978 元。

均匀式：在 1920 元、1955 元和 2005 元三个价位都买入同等数量的合约，平均价为 1960 元。

金字塔式：在 1920 元买 40 手，在 1955 元买 20 手，在 2005 元买 10 手，平均价为 1942 元。

如果大豆期价继续上扬，手头上的 70 手合约，均匀式加码比倒金字塔式加码每吨多赚 18 元，金字塔式加码更是比倒金字塔式加码多赚 36 元。赚得最多的是金字塔式。

反过来，如果大豆期价出现反复，升破 2010 元之后又跌回 1965 元，这样一来，倒金字塔式由于平均价高，马上由赚钱变为亏钱，原先浮动利润化为乌有，且被套牢；均匀式加码虽勉强力保不失，也前功尽弃；惟有金字塔式加码的货由于平均价低，依然有利可图。

做空头时也是同样的道理。在高价空了货跌势未止时加码，数量也应一次比一次减少，这样空仓起点时的数量保持最多，最后一次加码数量最少，维持金字塔式结构，平均价就比较高，在价格变动时可以确保安全。

12.3.2　累进战术的应用

越来越多的期民意识到孤注一掷的危害，循序渐进的原则已成为大家的共识。但是，要真正落实循序渐进仍有一个如何加码的问题。而累进战术，正是循序渐进原则的具体应用。

累进战术就是：假设你在 A 点买进，刚好抓住的是谷底，接着行情上扬到 B 点，你觉得涨势才起步，没有理由急于套利，又在 B 点加码继续买入；行情涨至 C 点，你认为这不过是一个大升浪的中间点，再次加码扩大战果，最后临近浪顶才套利。因此，累进战术也可以称做顺势加码。

正确应用累进战术有以下 3 点是必须要注意的。

第一，赚钱时才加码，因为赚钱时加码属于顺市而行、顺水推舟。买入之后涨势凌厉再买，或者卖出之后跌风未止再卖，这样可使战果扩大。但是亏钱时加码就是逆市而行了，将在错误的泥潭中越陷越深。所以，经验丰富的期民都有一股加码的狠劲，但"只加生码，不加死码"。

第二，不能在同一个价位附近加码。例如，在 2090 元／吨时做了一笔大豆空头合约，应该等行情跌至 2050 元／吨再做空第二笔，跌破 2000 元／吨大关再做空第三笔。如果在 2090 元／吨时卖出第一笔，在 2080 元／吨时又卖出第二笔，在 2065 元／吨时再卖出第三笔，则平均价位在 2080 元／吨左右，这样一来岂不是变成孤注一掷了？一个反弹上涨到 2100 元／吨怎么办？

第三，不要倒金字塔式加码。当准备实施累进战术时，资金分配很重要，第二笔资金应比第一笔资金少，第三笔资金又应比第二笔资金少，这样三笔资金的平均价就比较有利。相反，如果每次加码都比原来的多，做多头的话，那么平均价就会拉得越来越高；做空头的话，平均价就会压得越来越低，行情稍微反复，就会把原先拥有的浮动利润吞没，随时由赚钱变为亏钱，这是极为不智的做法。

循序渐进是正确的原则。一个正确的原则必须配以正确的策略才能收到好的效果。做好上述 3 点，累进战术方可发挥威力，否则就会适得其反。

12.3.3　平均价战术不可乱用

在期货买卖一般策略中，平均价战术被很多人奉为经典，并且有相当一部分期民以这套战术从事期货买卖。

平均价战术的要点是：当市价在 A 点时，根据所搜集的资料判断行情会上升而买入，但可能基于某些因素市价暂时下跌。故当市价下跌至 B 点时，更应买入（因原有资料显示行情会上升），这样，总体买入的价位就是 A 点与 B 点之间的平均价，比 A 点略低。一旦行情涨回 A 点，便可反败为胜。依照这个策略，如果行情从 B 点继续下跌，则在 C 点再买，再跌又在 D 点再买……总之平均价越拉越低，只要市价回升至平均价以上则可获利丰厚。

这套战术是否切实可行呢？虽不排除有时会成功的可能，但基本上相当危险。

首先，这种做法属于逆市而行，并非顺市而行，既然在 A 点买入后行情下跌，就已证明了原先认为大市会升的判断是错误的。"不怕错，最怕拖"是期货交易的首要原则。无论你信心有多大，只要手上的合约出现浮动损失，就应按事前设好的止损点迅速认赔出场。如果太坚持自己最初的看法，一而再、再而三地逆市投入，只会带来越来越大的损失。期货是信用扩张 10 倍以上的生意，当你在 B 点再买时，要先补足 A 点买入的浮动损失；市价跌后在 C 点再买时，又要先补足在 A 点和 B 点买入加起来的浮动损失……这样就不是两套本钱、三套本钱所能应付的。有些人没有想到这一点，资金预算往往无法控制，半途就被断头。

有人说，资金充裕就可以用这招平均价战术，在一段价格小反复时当然可以，但遇到周期性转市，这套平均价战术就变成担沙填海，等于踏上不归路。

例如 1996 年 9 月，当时国内大豆期价在 3500 元／吨以上，如果在 3500 元／吨的价位买入大豆，然后大豆跌至 3300 元／吨、3100 元／吨、2900 元／吨，都坚持平均价战术，那么 3 年中大豆价格江河日下，最低跌至 1850 元／吨，坚持平均价战术不破产才怪呢！所以，平均价战术真的不可乱用。

12.3.4　反转战术的运用

当期货市场出现重大的突发性新闻时，行情就会大幅波动。如果原来已持有的合约刚好与消息走势相反的活，就有必要运用"反转"战术了。

反转战术的做法是：比如在 A 点做了多头之后，新的刺激因素使价格下挫，对行情重新分析，确认原先的判断错了，则立即在 B 点双倍卖出，变多头为空头，当价位下跌至 C 点时，除弥补原先的亏损外，尚可获利。

反转其实包含了两个层面：一是原先的合约做认赔处理，符合"不怕错，最怕拖"的原则；二是掉转枪头，争取反败为胜，符合顺市而行的原则。

反转战术在大市发生转折，即由上升趋势转为下降趋势或由下降趋势转为上升趋势时，具有特别的效果，可谓扭转乾坤全靠它。

反转战术并非时时可以使用。遇到反复盘整市或牛皮行情时，就不能乱用了。当行情在狭窄幅度内呈箱形来回穿梭，上升到某个价位左右就掉头，回落到某个界线附近又掉头而上时，如果仍做反转的话就会"左一巴掌、右一巴掌"被打得晕头转向，这时倒不如以不变应万变。

12.3.5　做反转要慎重

在期货交易中，如果判断错了，就要及早认赔出场，至于是否马上采取行动往相反的方向入市，就得"一慢、二看、三通过"了。

因为每一个价位作为出发点，在下一个价位出来之前都有向上或向下两种可能。我们不能绝对地肯定走势必涨或必跌。做了多头认赔是担心会继续下跌，是否下跌还有待观察；做了空头止损是防止会继续上涨，是否上涨仍要看发展。认赔之后不容有失，再做要很小心。立刻进行 180° 大转变采取相反的行动，除非几率很高、把握很大，否则不应如此匆忙。谁敢断定下一步必涨或必跌呢？

事实上，在买卖过程中，往往一错到底还不至于带来那么巨大的亏损，最惨的是一错再错，左一巴掌，右一巴掌。立刻做反转，就存在这样的危险。

市场走势经常会出乎预料，你做了多头，这时行情向下，你不信，它就跌给你看；你仍不信，再跌，你看涨的信心彻底动摇了，认赔出场，这时行情就回头而上。如果你认赔时马上反转，在跌势将尽时才追买，岂不是才踩完一个陷阱，又掉进另一个罗网吗！想一想也知道：走势总是一个浪接一个浪地涨跌，你在一个下降浪的顶做了多头，跌到浪底，你却反转做空头，而到了底这个浪要止跌回升，你当然被逮个正着！

顺市而行、拨乱反正、做反转战术的原则是对的，之所以要观察一下再下手，就是为了判断原先自己意想不到的这个趋势究竟是方兴未艾还是临近尾声。综合基本因素、技术分析、数据信号等，认为仍有足够活动空间时才能实施反转做法。走势总有一定的幅度，原先认赔损失越少，越值得立刻反转，因为相对剩余空间大；原先认赔损失越大，越不值得立刻反转，因为相对剩余空间小。

12.3.6　把握输少赢多的机会

期货买卖输赢的机会经常是一半对一半，除了涨跌都有可能这一点之外，还有一点就是平常的一次出击，有机会赚十个价位，也有风险亏十个价位，以赔率来讲是一赔一。一个赚钱的上佳机会，除了基本因素倾向强烈、图表信号明显之外，还必须具备"输一赢三"、"输一赢十"这样的好赔率。

期货走势，再强的牛市总有它的顶，再凶的熊市也会有个底。从阶段发展来看，更是一个波浪接一个波浪，每个浪都有它的波峰和波谷。所谓输少赢多好赔率的机会，就是在临近图表关口、心理关口、干预关口的顶部时做空头，接近底部时做多头。假如破顶穿底，立即止损，只是亏一点点。如果真的成了顶部或底部，那就大赚特赚。

第一，从图表关口找机会。例如，在一浪高过一浪的升势中，把两个以上的小浪之底连成一条直线，就是趋势线中的上升支撑线，当一个新浪回头，价位靠近支撑线时马上入货，同时设限跌破支撑线就止损。这样，亏是丢芝麻，赚是摘西瓜。

第二，从心理关口找机会。在市场上，很长时间没有涨到某个整数价位，这个价位就成为上升势的心理关口；相反，长期未跌到某个价位，这个价位就成为下跌势的心理大关。接近上升势的心理大关做空头或临近下跌势的心理大关做多头，破关认赔，亏损有限，不破的话就有暴利可图。

第三，从干预关口找机会。一个国家的政府和中央银行及交易所为了抑制过分投机、稳定金融秩序、维护正常供求，在某些时候也会采取行动对市场加以干预，令行情急转直下，在接近这些关口时也可以以小搏大。

12.3.7　淡季的月份不要做

按交割时间来说，同一种商品的期货有现货月份、近期月份、远期月份和最远期月份之分。

由于季节性或交易旺淡季的影响，有的月份交易比较活跃，有的月份则显得清淡。所谓活跃，就是买卖比较多，成交量大，无论什么时候都有买卖对手，可以把手头上的合约顺利出脱。所谓清淡，就是买卖比较少，成交量稀疏，有时想卖出没有对手承接，打算买入又没有人出货，价格要么死水一潭，要么大步空跳。

农产品类的商品，一般是播种期和收获期的月份最活跃，生长期比较活跃。另外，通常是远期月份活跃，近期月份较不活跃。在买卖时必须注意选择。

活跃的月份由于买卖盘口集中而且量大，所以市场抗震力强。即使某个大户有大笔买卖，由于活跃的月份有足够的容纳量，所以冲击力相对减弱，价位波动不会太大。然而，在不活跃的月份进行交易，因为市场容纳量小，即使一笔不大的买卖，都会引起大的震荡，容易产生无量上升或者无量下跌。做新单难有对手，想平仓难以脱手。因此，做不活跃的月份很吃亏。

期货市场变化无常。当我们入市时，首先要想到进得去是否出得来。挑选活跃的月份交易，即使后有追兵，不致前无去路。在不活跃的月份买卖，就难免被人"关门打狗"，毫无还手之力。

12.3.8　君子不立危墙之下

在期货交易中，当手头上的货处于亏损状态时，实在不宜久留，两三天都没有改善就要马上下单认赔出场，不要抱着这些亏损的单子过周末。这是贯彻"不怕错，最怕拖"原则的重要措施。

"多熬几天"是否就有翻身的机会呢？如果是一个周期性升势而你做了空头，或者是一个周期性跌势而你做了多头，那么"多熬几天"是毫无作用的。

例如，1996年9月国内大豆期价创下3570元/吨的高价，之后开始由强势转为弱势，1999年7月价格跌到1850元/吨，足足跌了3年！试想3年前如果买了大豆期货，熬到1999年的话，那是一幅多么悲惨、可怕的情景！

从技术性的角度来看走势，虽然价格是一浪接一浪地曲折发展，但绝不等于两三天或六七天就必然逆转。一个升浪或一个跌浪总会有一个过程，不会迅速到顶，也不会很快到底。到了顶或底，技术性调整也是有一定的幅度，不一定会回到你被套牢的价位让你脱身。多熬几天，于事无补。耐心可以表现在捕捉战机时，"不明朗的市不入，无把握的仗不打"。但在出现浮动损失时，"耐心"就是"束手待毙"的同义词。

12.3.9　合约要及时换月

习惯上，期民都是挑选买卖最活跃的月份交易。而随着时间的推移，远期月份会变成近期月份直至交割月份。

通常来说，到了交割月份，由于时日不多，活动空间减少，加上保证金加倍甚至全额交割，对冲避险的生产商实行收现货或交现货的冲击，所以期民一般都不会把合约拖到交割月份。因此，手头上的合约要及时换月，转移到"安全地带"，这是降低风险、提高胜算的重要措施。

所谓"换月"，就是把手中临近交割月的原有合约平仓，同时在买卖最活跃的月份立新的合约。一般情况下，换月都是保持同样数量的合约和同样的买卖方向。

合约换月要注意如下要点。

第一，要及早行动，不要拖到"最后一班车"。比如，做大连商品交易所的三月大豆，到了 3 月 1 日，就属于交割月份。在 2 月底最后一个交易日前的一两天，会有比较多的平仓单。如果前一阶段被套牢的买单比较多，那么平仓时卖单就会较为集中，会令行情更加下沉；如果前一阵子被套住的空头比较多，到时平仓性的买入也必为大量，会令价位更往上窜。所以，拖到最后关头才去换月，只会挤作一团，使价位波动加剧，令损失增加。有经验的做法是，转为交收月份之前的一个月就要着手部署，捕捉良机，尽量在还有十天就转月之前移仓换月。

第二，换月时，旧合约平仓和建立新合约要同时进行，不要一先一后。因为合约换月的一个特点是保持同样数量的合约，如果时间上错开处理，先平旧仓再建新仓或先建新仓再平旧仓，要么手上变成"一无所有"，要么"旧爱新欢共处"，都违背了换月的原意。

以上讲的是换月的技巧。合约到了要考虑如何换月的地步，就说明拖了很久，这不是件好事情。要是赚钱的单子，平仓就获利，就不用伤脑筋去换月了。

12.3.10　要把握抛空机会

期货交易是可做多头也可做空头的"双程路"。一般期民有投资股票、房地产的传统方法，在初期接触期货买卖时，往往对先买后卖易于接受，而对先卖后买则难于理解，因此对做多较有兴趣，对抛空总觉得有点不踏实，从而错过了不少赚钱的机会。

期货交易发展到现在，履行现货交割的比率很少了。绝大多数期民都是基于预期心理，以"考眼光、赚差价"为出发点去从事期货交易。如同预测某种商品将会供不应求而做多头一样，估计某种商品可能供过于求而做空头是正常的。并非手头上有实货才可以卖出，只要最后在市场上将合约买入平仓，就毋须交现货，正如做了多头只要在市场上将合约卖出平仓，便不用收现货的原理一样。

期货市场没有永远的涨势。有涨必有跌，如果只习惯于在涨市中做多头，不善于在跌市中做空头，就等于放弃"双拳出击"，浪费一半机会。

12.3.11　不要主观设想顶和底

如果你主观上认定某个价位是顶，那么等于排除了它会上涨的任何可能性；如果你主观上认定某个价位是底，那么无异排除了它仍然会下跌的任何可能性。

但是市场的无形之手是不由你指挥的。不要奢望自己能在顶价卖出和在底价买入。因为放眼一个月，成交的价位有很多个，但顶和底只有一个；回顾一整年，成交的价位非常多，但顶和底只有一个；翻开整个历史，成交的价位有无数个，顶和底亦只有一个！看对大势能赚钱已经不错了，何必强求卖到顶、买到底呢？

12.3.12 规避赚钱变亏钱

当账户有浮动利润时，是否需要平仓？这时要观察大势。比如，你做了多头，如果当时利多的供求、经济、政治、人为等基本因素没有改变，图表上仍未碰到阻力，市场人气依然旺盛，就不必匆忙了结出场。你可以假设自己手头上没有货，问一问自己：如果现在进场，究竟应该买入还是卖出？如果答案是"买入"，那么你原先持有的多头头寸就不宜平仓卖出，因为这时仍未有任何征兆会令你由赚钱变为亏钱。原则上，有迹象酝酿转势才值得担心这一点。

当然，走势的逆转往往是突如其来的，不怕一万，最怕万一，避免赚钱变亏钱主要有两种方法。

第一，在势犹未尽时，先将有浮动利润的合约平仓百分之五十，只留下一半参与追击。这个减码措施，可保障这笔买卖立于不败之地。因为即使后来形势逆转，留下的一半被"打回原形"，已经出场的一半其利润已入袋为安了。

第二，如果不分批走货，也可设限"回档十分之三"就平仓，紧跟大势，不断扩大战果，到适当时机平仓出场。例如，做了大豆期货合约的空头，有 50 元浮动利润在手，就设限价单，如果反弹 15 元上来就平仓；如果行情继续下跌，有 80 元浮动利润，再设限价单，如反弹 24 元就平仓。这个方法的好处在于稳扎稳打，保证浮动利润起码有七成进入口袋。

以上两种方法，在一般情况下颇为有用，结合起来用也可以。但是，遇到特殊的急升或急跌走势，防不胜防，也有失控的时候，没有十全十美、万无一失的方法。既然有反败为胜的机会，偶尔反胜为败亦属平常。

12.3.13 不要点太多火头

很多人强调"不要把鸡蛋放在一个篮子里"，喜欢分散投资；也有人善于横向思维，综观全局，采取围魏救赵的做法，力求以一种商品的利润弥补另一种商品的亏损。但是，这并不等于我们可以一次点起多个"火头"，同时进行多种商品的买卖。

首先，人的精神、时间是有限的。作为期民，应该是有多少闲资才做多少，另外还要有多少时间、精力才做多少。如果做多种商品的买卖，就会疲于奔命，难以应付。

其次，商品的供需、经济、政治、人为等因素千变万化。有的商品跟另一些商品"风马牛不相及";有的消息对这种商品利多,却对另一种商品利空。如果同时从事多种商品买卖,要进行不同的行情分析,留意不同的技术指标,往往会搞得自己头昏眼花、顾此失彼,造成不应有的损失。

把资金、时间、精力集中运用,做好同系的、相关的或走势特别明朗的一两种最多三种商品期货,效果就会好得多。毕竟,能够同时与很多人摆开棋盘对弈的棋王凤毛麟角,不是人人可为的。

12.4　善于利用信息

在期货市场中,信息满天飞,期民一定要善于利用信息,下面进行具体讲解。

12.4.1　要有灵敏的嗅觉

不可否认,期货交易带有强烈的投机气息。对某些信息高度敏感、快速反应,正是其投机属性的一种反映。要有灵敏的嗅觉,才能洞悉先机、入市制胜。

从某种意义上说,期货买卖财富再分配的规则就是:先知先觉的"巧取"后知后觉的,嗅觉灵敏的"豪夺"嗅觉迟钝的。

在影响期货涨跌的供求、经济、政治和人为等因素中,有时某些信息是明显的、直接的、重大的,它的影响力、指示性可以一望而知。所谓嗅觉灵敏,是指对一些表面看来与期货市场无关的信息,要善于深入发掘,在一般人不易觉察的环节,找出其中与期货供求关系重大的某种因素,抢先加以利用。别人还没想到的,你已想到,并一马当先,胜利自然在你这边。

12.4.2　应做就去做

期货走势有它自身的运动规律。商品的利多和利空因素、市场买卖力量对比、价位涨跌等无时无刻不处于变动之中。我们对某段走势的研判,无论见解如何高明、结论如何正确,都受到特定的时间与空间条件制约。今天依据这个见解、结论所做的买卖决策,立即去做会赚钱;今天没有付诸行动,第三天才去做,时间与空间的条件已经跟两天前不同了,可能就会亏钱。在一个动态的市场中迟疑不决,再好的行情也会成为过去。只有当机立断、说做就做,才能使自己付出的心血收到预期的效果。

在千变万化的期货市场,时间就是金钱,效率就是生命。买卖决策敲定之后,迅速行动才能把握机会,否则就会失去它的前瞻性和时效性。

12.4.3　慎重考虑新闻反应

从某种意义上说,外汇与商品的期货行情可以说是世界经济、政局变动的晴雨表。世事如棋局,有时一则新闻出来,要准确、恰当地估量其对期市的影响,没有想象中那么简单。

第一，要判断新闻的真实性。有的消息在发布时，先是据说、盛传等，跟着有关方面否认、澄清，这种事例屡见不鲜。市场上经常有人以讹传讹地放出流言，听到一则新闻，虽不能立即查出来源，但可以想一想流言是否合乎逻辑，要分清真假。

第二，要了解新闻的时效。传播工作的程序不同，通常是网络终端最快，广播、电视次之，报纸更迟一些。有时，以为是新消息，却早在一些人意料之中，市场已经提前消化。消息出来，人家已获利回吐，你却在追进，其实是接了一根烧火棒，不是利用消息，而是被消息利用。

第三，要分析新闻的重要性。并非所有的消息对世界经济都有同等程度的影响，也不是所有消息都与期市有关。一些消息属周期性，具有转折意义，影响深远，起长期支配的作用。而另一些消息则是偶发性、个别性的，影响只是一时。前者适宜指导长线投资，后者只能作为炒短线的依据，两者不能混为一谈。

最后，也是最重要的一点，就是研究新闻的指示性，即确定该消息是利多或利空。以金属为例，供应减少是利多，需求减少为利空；反映通货膨胀的消息利涨，显示经济衰退的消息利跌；世局动乱的新闻利好，缓和利空等。当然，一个消息利多或利空，有时不能只看表面，还要考虑连锁反应、市场心理及大户手法等因素，警惕"好消息出尽利空"、"坏消息出尽利多"、"无消息就是坏消息"、"好消息也是坏消息"等反常现象。如果仅就事论事，不加深思，往往会吃亏。

12.4.4　善用消息决策，获取利润

消息引起期货市场波动，而波动产生差价。消息给我们提供了一个赚取差价的好机会，必须善加利用。

首先，在判断消息属利多或利空之后，要在第一时间顺势而行，实行"抢帽子"。真实的消息，会有一段时间发挥作用；就算是虚假消息，到澄清亦有一段时间，这段时间把握得好，即可获利。但要注意，错过了第一时间就不要去追了，否则你入市时人家已获利回吐，将烧红的火棒交给你。

其次，就是"趁好消息出货"或"趁坏消息出尽入货"。若原先已有多头合约，一个突发性利多消息出来，就要趁高价平仓。因为消息的刺激会随着时间的流逝而逐渐淡化，应当抓住这个天赐良机，及时获利出场。反过来说，本来已有空头合约，突如其来一个利空消息，亦要把握机会，适时在低位补仓，这是大户的惯用手法。

12.5　止损是期货交易的生存法则

要想在期货市场中生存，就必须学会止损，而心理素质是成功止损的关键。投资期货谁都无法避免出错，即使看对了趋势，在入市时机和入市方向的选择上出现偏差，也有可能导致亏损。

与股票交易不同，期货市场波动所导致的不确定性是双向的。在股票交易中，投资者在做出上升趋势的判断后，即使短期内出现回调也可以坚持持有策略，并不会影响长期盈利目标的实现。但在期货市场中，由于采用了保证金机制，所以投资者必须注意及时止损。如果按照 10%的保证金率来计算，市场单边变化 10%，就有可能使持仓方向相反的投资者保证金完全亏损，甚至爆仓出局。而 10%的调整在单边市中常有出现，如果不能及时止损，投资者就有可能出现看对趋势却无缘盈利的情况。

在期货交易中，如果犯了错误，最明智的选择就是尽快了结出场。在期货市场"不怕错，只怕拖"。举个例子，如果投入了 100 万元资金，做出了错误的决策，在设置了 10%的止损并严格执行时，那么最大的亏损是 10 万元。当资金还剩下90 万后，你只需要赚取 90 万的 12%，也就是 10.8 万，你就可以完全恢复本金，甚至还小有盈利。但如果亏损达到 50%，也就是 50 万元时，你必须以 50 万元作为本金，赚取 100%，才能恢复到最初的资金水平。而在期货投资中，赚取 12%显然比赚取 100%要容易实现得多，这就是及时止损的重要意义所在。

交易.之前预先设置止损方案并不难，很多投资者真正碰到的棘手问题是难以执行止损方案，主要包括以下几种情况。

一是不肯认输，心存侥幸，总认为自己能战胜市场，获得胜利出逃的机会。

二是犹豫不决，在价格的频繁波动中失去了方向，频繁操作，频繁止损，失去了做出决策的信心和理智的判断。

三是逃避现实、彻底放弃，采取鸵鸟政策，不敢面对自己的错误。最终的结果往往都是一拖再拖，错过止损的最好时机，造成更大的亏损。

止损还有另外一个层面的理解，就是止盈。很多投资者曾经碰到过这样的情况，就是在判断正确、获得盈利的情况下没有选择好出场时机，总是为盈利减少甚至由盈转亏而懊悔。如果在投资之前提前预设好盈利目标，并严格按照止盈方案及时出场，那么在一个设定的时间区间内，获得预期盈利就不是一件遥不可及的事情了。

第 13 章　实战炒期货

真正的期市高手都是经过真枪实弹的操盘一步一步成长起来的，投资者要想真正成为期市大赢家，就要不断学习、不断把学到的技术反复应用，总结出一套简单实用的适合自己的炒期秘笈。

本章主要内容包括：

- 期货交易的流程
- 商品期货开户
- 金融期货开户
- 期货交易软件的下载和安装
- 期货交易软件的登录和银期转账
- 期货合约的买卖操作技巧

13.1　期货交易的流程

要在网上进行商品期货或金融期货交易，共有 5 个步骤，具体如下。

（1）在期货公司开立期货账户。

（2）开户时向期货公司提出网上交易要求，同时设置网上交易密码和通信密码。

（3）在期货公司指定的网站上下载相关的期货行情分析软件和交易软件。

（4）登录交易软件页面，输入资金账户、交易密码、通信密码等信息。

（5）随时交易下单。

13.2　期货开户流程

期货开户包括商品期货开户和金融期货开户，下面分别讲解。

13.2.1　商品期货开户

商品期货开户包括 6 步，具体如下。

（1）投资者拿着自己的身份证和银行卡到期货公司营业场所。

（2）期货公司工作人员会验证投资者的证件、核实身份，并向投资者提示期货风险。

（3）期货公司工作人员指导投资者签署《期货经纪合同》及相关附件。

（4）采集投资者的影像资料、留取相关复印件。在这里，个人账户和法人账户是有区别的，下面分别讲解。

对于个人账户，影像资料包括两项，具体如下。

- 投资者的头部正面照。
- 投资者身份证原件正、反面扫描件。

对于法人账户，影像资料包括四项，具体如下。

- 开户代理人头部正面照。
- 开户代理人身份证原件正、反面扫描件。
- 营业执照（副本）扫描件。
- 组织机构代码原件扫描件。

（5）期货公司工作人员向交易所申请交易编码，申请成功后，就会打电话告知投资者交易编码及交易初始密码。

（6）大部分期货公司的资金管理模式都是采用银期转账的形式。开通银期转账的具体步骤如下。

- 投资者带着身份证、银行卡、期货公司告知的交易编码到所办银行卡的银行办理银期转账。
- 填写《期货委托交易协议书》和《银期委托协议书》。
- 设置交易密码，领取协议书客户联，这样就可以进行委托交易了。

13.2.2　金融期货开户

金融期货开户流程与商品期货开户流程几乎是一样的，但由于金融期货需要的资金量大，并且是刚上市不久的新品种，所以为了控制风险，中国金融期货交易所制定了投资者适当性制度。

金融期货投资者适当性制度是指根据金融期货的产品特征和风险特性，区别投资者的产品认知水平和风险承受能力，选择适当的投资者审慎参与金融期货交易，并建立与之相适应的监管制度安排。

投资者适当性制度可分两种，分别是自然人投资者标准和法人投资者标准。

1. 自然人投资者标准

自然人投资者标准共有 3 项，具体如下。

- 有资金门槛要求，申请开户时保证金账户可用资金余额不低于人民币 50 万元。

- 具备金融期货基础知识，要通过相关测试。

- 具备金融期货仿真交易经历或者商品期货交易经历，并且须具备至少 10 个交易日、20 笔以上的金融期货仿真交易成交记录或者最近 3 年内具有至少 10 笔以上的商品期货成交记录。

另外，自然人投资者还需要通过期货公司的综合评估，具体包括投资者的基本情况、相关投资经历、财务状况和诚信状况等。

2. 法人投资者标准

法人投资者适当性标准从财务状况、业务人员、内控制度建设等方面提出要求，并结合监管部门对基金管理公司、证券公司等特殊法人投资者的准入政策进行规定。

自然人和法人投资者不能存在重大不良诚信记录；不存在法律、法规、规章和交易所业务规则禁止或者限制从事股指期货交易的情况。

与股票相比，金融期货具有专业性强、杠杆高、风险大的特点，客观上要求参与者有较高的业务专业水平、较强的经济实力和风险承受能力，不适合一般投资者广泛参与。所以，在执行投资者适当性制度的过程中，投资者应当全面评估自己，审慎决定是否参与股指期货交易。

金融期货的开户流程与商品期货的开户流程大同小异，这里不再重复。

13.3 期货交易软件的下载和安装

在浏览器的地址栏中输入"http://www.cifco.net"，然后按 Enter 键，进入中国国际期货有限公司的首页，如图 13.1 所示。

图 13.1 中国国际期货有限公司的首页

单击"软件下载"超链接，进入交易软件下载页面，如图 13.2 所示。

图 13.2　交易软件下载页面

单击"下载"超链接，弹出文件下载提示对话框，如图 13.3 所示。

单击"保存"按钮，选择保存位置后，再单击"保存"按钮，就开始下载期货交易软件，并且会弹出显示下载进度的提示对话框，如图 13.4 所示。

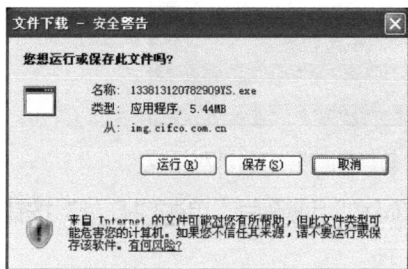

图 13.3　文件下载提示对话框

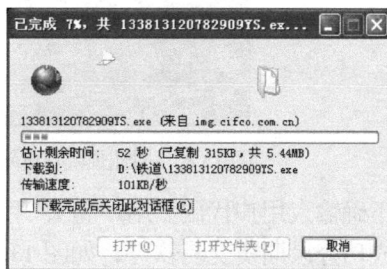

图 13.4　显示下载进度的提示对话框

下载成功后，就可以看到期货交易软件的安装文件图标 。双击该图标，弹出安装向导对话框，如图 13.5 所示。

单击"下一步"按钮，设置安装文件的位置，如图 13.6 所示。

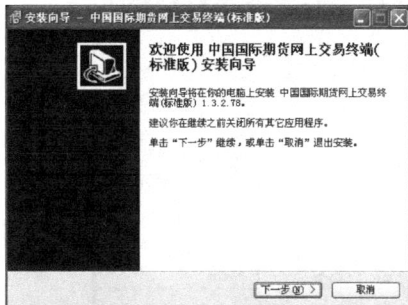

图 13.5　安装向导对话框

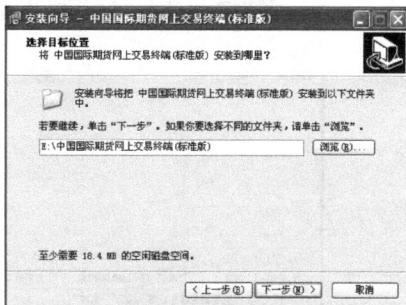

图 13.6　设置安装文件的位置

单击"下一步"按钮，即可成功安装期货交易软件。安装成功后，在桌面上可以看到一个快捷图标，如图 13.7 所示。

图 13.7　期货交易软件的快捷图标

13.4　期货交易软件的登录和银期转账

双击桌面上的 图标，打开中国国际期货网上交易终端的客户登录对话框，如图 13.8 所示。

图 13.8　中国国际期货网上交易终端的客户登录对话框

正确输入用户代码（用户名）、用户密码和验证码后，单击"登录"按钮，就可以成功登录期货交易软件，如图 13.9 所示。

图 13.9　期货交易软件成功登录后的界面

要想炒期货，首先要把银行卡中的资金转入到期货账户中。单击菜单栏中的"转账/银期转账"命令，就可以看到银期转账界面，如图 13.10 所示。

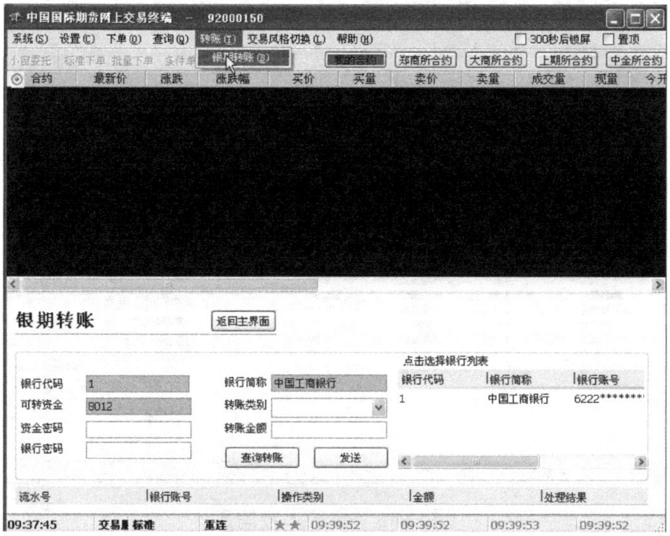

图 13.10　银期转账界面

在转账之前，可以查看一下银行卡中的资金余额。设置转账类型为"查询银行余额"，然后输入银行密码，单击"发送"按钮，就可以看到银行卡中的资金余额，如图 13.11 所示。

下面先讲解入金，即把银行卡中的资金转到期货账户。设置转账类型为"银行卡→保证金"，然后输入银行密码、资金密码和转账金额，单击"发送"按钮，就可以转账成功，如图 13.12 所示。

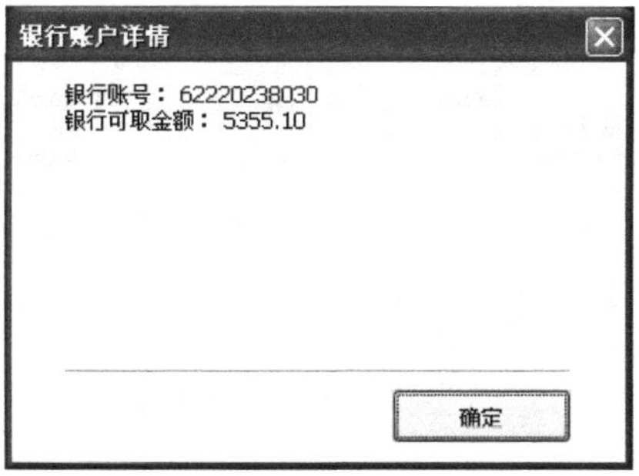

图 13.11　银行卡中的资金余额

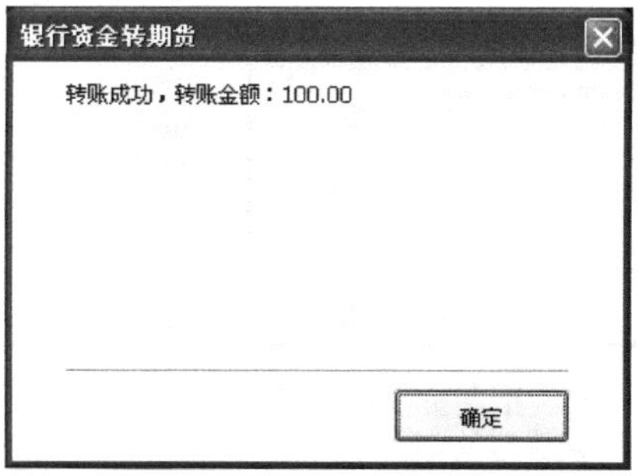

图 13.12　把银行卡中的资金转到期货账户

单击银期转账界面中的"返回主界面"按钮，然后单击"资金"按钮，就可以看到今日入金信息，如图 13.13 所示。

图 13.13　今日入金信息

如果炒期货赚到了钱，就可以把赚到的钱转到银行卡中。设置转账类型为"保证金→银行卡"，然后输入银行密码、资金密码和转账金额，单击"发送"按钮，就可以转账成功，如图 13.14 所示。

单击"查询转账"按钮，就可以看到入金和出金信息，如图 13.15 所示。

图 13.14　把期货账户中的
　　　　　　资金转到银行卡

图 13.15　入金和出金信息查询

13.5　期货合约的买卖操作技巧

成功登录期货交易软件，入金后就可以进行期货合约的买卖操作。下面以白银期货合约为例进行讲解。

　　一般情况下，可以直接进行买卖操作。但为了买卖方便，可以单击"小窗委托"，如图 13.16 所示。

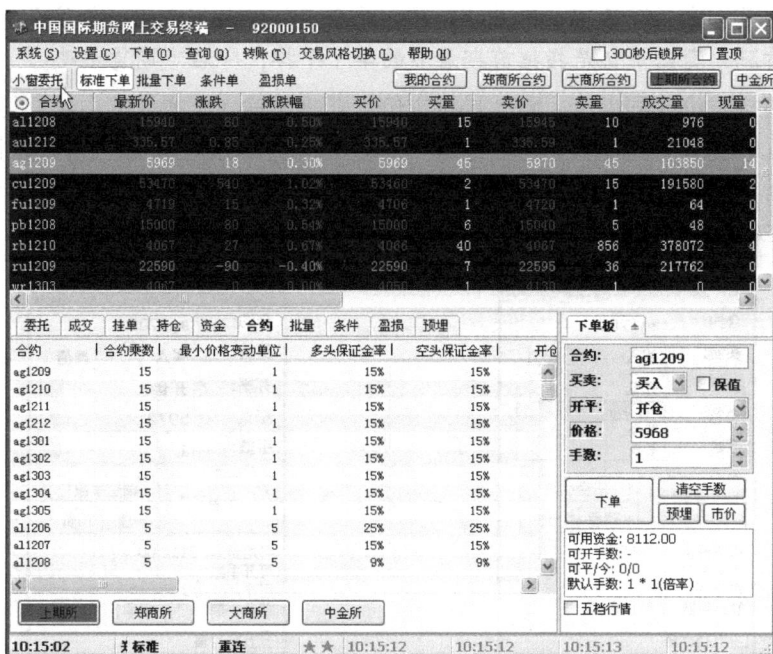

图 13.16　可以单击"小窗委托"

　　单击"小窗委托"后，委托下单界面如图 13.17 所示，然后单击"合约"对应的下拉按钮，可以选择不同的白银期货合约。

　　选择白银期货合约后，就可以设置是买入或是卖出，如图 13.18 所示。

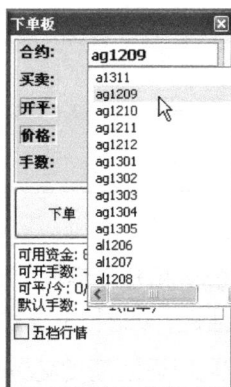

图 13.17　小窗委托下单界面　　　　图 13.18　设置是买入或是卖出

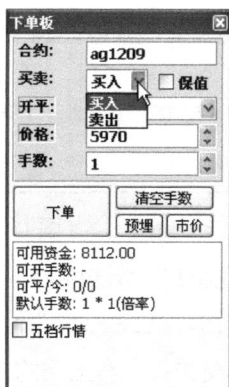

接下来设置是开仓或是平仓。开仓表示把资金变成白银期货合约；平仓表示把白银期货合约变成资金，如图 13.19 所示。

提醒：在期货操作过程中，一定要注意，买入开仓是看多，即后市期价看涨；卖出开仓是看空，即后市期价看跌；买入平仓是指把前期看空的单子平掉，即后市期价看涨；卖出平仓是指把前期看多的单子平掉，即后市期货看跌。

设置指定价或跟盘价，默认是指定价，即需要输入要操作的白银期货价格；单击"价格"标签，该标签就会变成"跟盘"，并且该标签变成红色，这时其后的文本框就会自动显示当前的期货合约价格，并且随着期货合约价格的变动而变动，如图 13.20 所示。

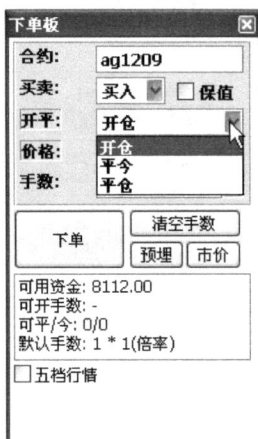

图 13.19　设置是开仓或是平仓　　　　图 13.20　设置指定价或跟盘价

正确设置各个选项后，输入买卖的手数，单击"下单"按钮，会弹出"委托确认"对话框，如图 13.21 所示。

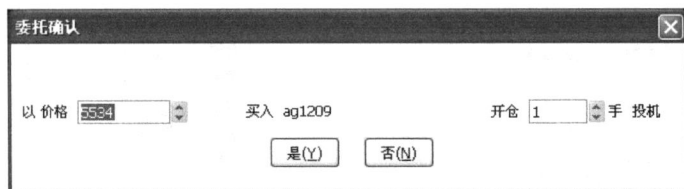

图 13.21　"委托确认"对话框

在"委托确认"对话框中，还可以修改委托价格和开仓手数，确认无误后，单击"是"按钮，就会显示"下单成功"提示对话框，如图 13.22 所示。

单击"小窗委托"右上角的"关闭"按钮，就可以返回期货交易软件的初始界面，单击"查委托"选项卡，就可以看到委托买卖的合约信息，如图 13.23 所示。

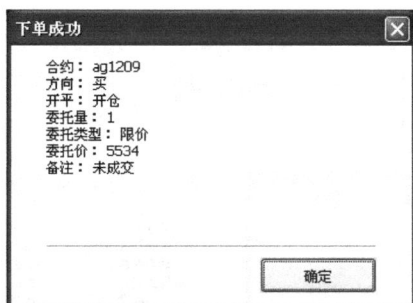

图 13.22　"下单成功"提示对话框

图 13.23　查看委托买卖的合约信息

如果下单后，又不想买卖了，这时可以选择单子，单击"撤单"按钮，会弹出"操作确认"对话框，如图 13.24 所示。

图 13.24　"操作确认"对话框

单击"是"按钮，就可以撤单成功，并且弹出相应的提示对话框，如图 13.25 所示。

单击"查成交"选项卡，可以看到成交的单子信息。

单击"查持仓"选项卡，可以看到当前持仓信息。

单击"资金"选项卡，可以看到静态权益、持仓盈亏、平均盈亏、今日入金和今日出金信息，如图 13.26 所示。

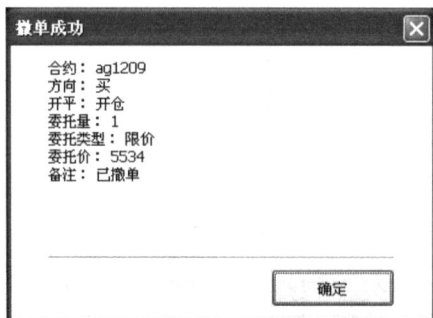

撤单成功
合约：ag1209
方向：买
开平：开仓
委托量：1
委托类型：限价
委托价：5534
备注：已撤单

委托	成交	挂单	持仓	资金	合约	批量	条件	盈损	预埋
静态权益			13,112.00		质押金额			0.00
持仓盈亏			0.00		上次质押金额			0.00
平仓盈亏			0.00		冻结资金			0.00
动态权益			13,112.00		可用资金			13,112.00
占用保证金			0.00		可取资金			13,012.00
手续费			0.00		风险度			0.00%
冻结保证金			0.00		信用金额			0.00
冻结手续费			0.00		今日入金			5,100.00
上次结算准备金			8,112.00		今日出金			100.00
上次信用额度			0.00					

图 13.25　撤单成功提示对话框　　　　　　　图 13.26　资金信息

单击"查合约"选项卡，可以看到所有合约的交易所代码、合约号、合约名称、每手数量、交割期和最小价格变动单位等信息，如图 13.27 所示。

委托	成交	挂单	持仓	资金	合约	批量	条件	盈损	预埋
合约	合约乘数		最小价格变动单位		多头保证金率		空头保证
ag1209	15		1		15%		
ag1210	15		1		15%		
ag1211	15		1		15%		
ag1212	15		1		15%		
ag1301	15		1		15%		
ag1302	15		1		15%		
ag1303	15		1		15%		
ag1304	15		1		15%		
ag1305	15		1		15%		
al1206	5		5		25%		
al1207	5		5		15%		

上期所　　郑商所　　大商所　　中金所

图 13.27　合约相关信息

轻松注册成为博文视点社区用户（www.broadview.com.cn），扫码直达本书页面。

- **提交勘误**：您对书中内容的修改意见可在 提交勘误 处提交，若被采纳，将获赠博文视点社区积分（在您购买电子书时，积分可用来抵扣相应金额）。

- **交流互动**：在页面下方 读者评论 处留下您的疑问或观点，与我们和其他读者一同学习交流。

页面入口：*http://www.broadview.com.cn/31320*

反侵权盗版声明

电子工业出版社依法对本作品享有专有出版权。任何未经权利人书面许可，复制、销售或通过信息网络传播本作品的行为；歪曲、篡改、剽窃本作品的行为，均违反《中华人民共和国著作权法》，其行为人应承担相应的民事责任和行政责任，构成犯罪的，将被依法追究刑事责任。

为了维护市场秩序，保护权利人的合法权益，我社将依法查处和打击侵权盗版的单位和个人。欢迎社会各界人士积极举报侵权盗版行为，本社将奖励举报有功人员，并保证举报人的信息不被泄露。

举报电话：（010）88254396；（010）88258888

传　　真：（010）88254397

E-mail：　dbqq@phei.com.cn

通信地址：北京市海淀区万寿路 173 信箱

　　　　　电子工业出版社总编办公室

邮　　编：100036